EUROPAVERLAG

SWETLANA GANNUSCHKINA
MIT ALEXANDRA CAVELIUS

AUCH WIR SIND RUSSLAND

IM WIDERSTAND GEGEN PUTINS NEUE WELTORDNUNG

Aus dem Russischen von Bernhard Clasen

EUROPAVERLAG

MIX
Papier aus verantwortungsvollen Quellen
FSC® C083411

Aktualisierte Neuausgabe 2022

Umschlaggestaltung: Hauptmann & Kompanie Werbeagentur, Zürich,
unter Verwendung eines Motivs von © Lothar Hennig, München
& Picture Alliance/Stringer
Dolmetscherin: Lena Prents, Berlin
Übersetzer: Bernhard Clasen, Mönchengladbach
Satz: Fotosatz Amann, Memmingen
Druck und Bindung: cpi Clausen & Bosse, Leck
ISBN 978-3-95890-524-5

www.europa-verlag.com

»Россия моя, Россия,
Зачем так ярко горишь?«
Марина Цветаева, »Лучина«, 1931 год

»Russland, mein Russland.
Warum nur brennst du so hell?«
Marina Zwetajewa, Der Kienspan, 1931

INHALT

VORWORT

von Alexandra Cavelius

Am 24. Februar 2022 hat Putin den Angriffskrieg auf die Ukraine begonnen. Am 15. März nahmen Polizisten Swetlana Gannuschkina auf dem Weg zu einer Demonstration gegen diesen Krieg fest. »Das war das Geschenk zu meinem 80. Geburtstag«, kommentiert die Trägerin des alternativen Nobelpreises nüchtern ihre vorübergehende Verhaftung. Dieser Krieg hat alles verändert. Auch in Russland.

Im Vorfeld dieses von langer Hand vorbereiteten Blutbades hatte das oberste Gericht in Moskau die Zwangsschließung von »Memorial« angeordnet, für deren Unterorganisation sich die mehrfach preisgekrönte Menschenrechtlerin Gannuschkina seit Jahrzehnten engagiert hat. »Memorial« stand für ein offenes, menschenfreundliches sowie demokratisches Russland, das die Versöhnung innerhalb der eigenen Gesellschaft und mit seinen Nachbarn anstrebt«, fasst Gannuschkina den Aufgabenbereich zusammen. Besonderes Augenmerk lag dabei auf der Auseinandersetzung mit der Repressionsgeschichte der Sowjetunion, der Rehabilitierung von Opfern und der Verteidigung der Menschenrechte. Bis Ende 2021 galt »Memorial« als das moralische Rückgrat der russischen Zivilgesellschaft.

Mit der erzwungenen Schließung einer der angesehensten Menschenrechtsorganisationen der Welt erweckt Putin mehr denn je die Gespenster aus Stalins Vergangenheit zu neuem Leben und stempelt Menschenrechtler als »ausländische Agenten« ab. Der russische Präsident will das Rad der Geschichte zurückdrehen, das alte russische Imperium wieder auferstehen lassen, und hetzt zu dem Zweck sein Volk gegen die freiheitlichen Systeme im Westen auf.

Bei diesem Kampf geht es Putin nicht ums Wohl seines Volkes, sondern um die Sicherung seiner eigenen Macht. Bei einer Großveranstaltung im Moskauer Luschniki-Stadion, zur Feier des achten Jahrestages der Krim-Annexion, erzürnt sich der Präsident über »Gesindel« und »Verräter«, vergleicht diese mit Mücken, die man einfach ausspuckt, während sein Sprecher im Anschluss daran mit weiteren »Säuberungen« im Land droht. Patriotische Lieder begleiten die Feier und deuten an, dass die Ukraine nicht das letzte Ziel dieses Krieges ist: »Ukraine und Krym, Belarus und Moldawien – das ist alles mein Land.«

Noch im Februar, vor der Olympiade in Peking, hat Putin zusammen mit Xi Jinping eine neue Weltordnung angekündigt, angeführt von der Kommunistischen Partei. Westliche Geheimdienstberichte weisen auf Absprachen hoher chinesischer und russischer Funktionäre hin, dass Putin erst nach dem Ende der Spiele die Ukraine angreifen sollte. Daran hat er sich gehalten. Offensichtlich hatten beide Führer nicht nur die Zerstörung der europäischen Sicherheitsordnung im Sinn, sondern auch einen Blitzkrieg und einen schnellen Erfolg.

Beide halten den Westen für dekadent, schwach und unfähig, sich zur Wehr zu setzen. Doch die EU steht überraschenderweise geschlossener denn je zusammen und hat härtere Sanktionen erlassen als erwartet, was ihr eine große Stärke verleiht. Augenscheinlich sind die Autokraten in diesem Fall Opfer ihrer eigenen Propaganda geworden.

Putin hat sich durch diesen Völkerrechtsbruch auf der internationalen Bühne isoliert und gleichzeitig in völlige Abhängigkeit Pekings begeben. Xi wird seither nicht müde, ihre gemeinsame »felsenfeste Freundschaft« zu betonen, um sich gleichzeitig vor der Welt als neutral darzustellen. Russlands Überfall auf die Ukraine könnte China als Lehrstück für die geplante Eroberung Taiwans dienen.

Was aber ist ein Treueschwur zwischen zwei Diktatoren wert? Eine solche Verbindung basiert auf tiefem Misstrauen, denn jeder weiß von dem anderen, dass er sich nur so lange an Regeln hält, wie sie für ihn selbst nützlich sind. Als mächtigster Diktator der Welt wird Xi Jinping Russlands Schwäche für seine Zwecke missbrauchen. Unter anderem exportiert China Überwachungstechnologie, um Kontrolle zu gewinnen und Kritik im Keim zu ersticken. Vorbild ist der größte Überwachungsstaat der Welt in der Provinz Xinjiang, die mit einem Netz moderner Konzentrationslager überzogen ist.

Unabhängige russische Medien haben im heutigen Russland kaum noch Chancen, frei zu berichten. Das Wort »Krieg« ist seit Kurzem verboten, stattdessen ist die Rede von einer »Spezialoperation«. Wer es als Demonstrantin auch nur wagt, mahnend ein weißes Plakat in die Luft zu halten, gilt bereits als Regimekritikerin und wird inhaftiert, wie Filmaufnahmen belegen.

Laut Umfragen unterstützen rund 70 Prozent aller russischen Einwohner diesen Krieg gegen die Ukraine. Viele kennen nichts anderes als die Staatspropaganda. Während die Regierung von einer »Entnazifizierung« in der Ukraine schwadroniert, hungert sie dort Kinder aus oder mordet ehemalige Holocaust-Überlebende.

Einige russische Bürger äußern aus Angst vor Bestrafung keine Kritik, und es wird zunehmend schwerer für alle, an Informationen über die Lage außerhalb Russlands zu gelangen. Soziale Netzwerke wie Facebook oder Instagram wurden bereits abgestellt.

Der Umbau in einen immer totalitäreren Überwachungsstaat macht es Putin möglich, diesen Krieg gegen ein unabhängiges Land weiter zu führen und schlimmste Verbrechen gegen die Menschlichkeit zu vertuschen. Seit Kriegsbeginn sterben in der Ukraine jeden Tag unschuldige Frauen, Männer, Kinder und alte Menschen auf grausame Art und Weise. Ein friedlicher Nachbarstaat wird zerbombt und ins Elend getrieben, um Land und Leute mit Gewalt dem russischen Reich einzuverleiben. In Zukunft aber werden auch immer mehr russische Mütter um ihre Kinder bittere Tränen vergießen, denn Putin hat den eigenen Nachwuchs in der Ukraine in den Tod geschickt.

Im März verurteilte ein Moskauer Gericht Gannuschkina wegen Beteiligung an einer Friedensdemonstration zu einer Geldstrafe von umgerechnet 80 Euro. Ihre Bekannten witzeln darüber mit schwarzem Humor: »Ich habe immer gedacht, dass ich ins Straflager nach ›Magadan‹ geschickt werde, wenn ich auf die Straße gehe. Aber für 80 Euro kann ja jeder demonstrieren …« Würde Gannuschkina jedoch als »Wiederholungstäterin« erneut auffallen, so drohte das Gericht, erwarte sie eine mehrfach höhere Mindeststrafe von 1200 Euro. Andere Demonstranten aber müssen heute sogar mit einem Freiheitsentzug von bis zu 15 Jahren rechnen.

Während Putin vorgibt, in der Ukraine ein »faschistisches System« zu beseitigen, bedient er sich selbst mustergültig wie aus einem Katalog faschistischer Methoden. In seinen Reden spricht er mitunter vom Niedergang und der tiefen Demütigung der Gemeinschaft, die ausgleichender Kräfte bedarf wie »Einheit, Stärke und Reinheit«, was aus seiner Sicht den Einsatz grenzenloser Gewalt rechtfertigt. Statt eines Hakenkreuzes wie einst Hitler nutzt Putin das »Z« als Symbol dieses Krieges.

Gannuschkina aber ist egal, ob das Wort »Krieg« in diesen Tagen verboten ist oder nicht. Sie wird die Dinge wie zuvor so benennen, wie sie sind. Mit ihren 80 Jahren kämpft sie weiter mutig für Frieden und Gerechtigkeit.

VORWORT

von Swetlana Gannuschkina

Putins Krieg: Die größte Tragödie meines Lebens

Dieser Krieg gegen die Ukraine ist die schlimmste Tragödie meines Landes in den 80 Jahren meines Lebens. Das ist sehr beängstigend und sehr beschämend.

Natürlich habe ich dennoch weiterhin viele Freunde in der Ukraine. Ich rufe sie an und schreibe ihnen, um herauszufinden, ob sie sicher sind. Es ist sehr schmerzhaft, als Antwort zu hören, dass unsere Granaten in der Nähe ihres Hauses explodieren. Aber ich verstehe, dass sie mich nicht beleidigen wollen. Es ist eine Tatsache, dass unsere Geschosse dort einschlagen und Menschen sterben. Und dafür sind wir verantwortlich.

Gemeinsam mit ukrainischen Menschenrechtsaktivisten arbeiten wir weiter gemeinsam an Fällen von Flüchtlingen aus Russland, die in der Ukraine Asyl suchen. Der Leiter der Charkiwer Helsinki-Gruppe, Evgeniy Sacharov, ist wie ich Mitglied des Vorstandes von Memorial International. Wir sind uns einig in der Einschätzung dessen, was jetzt geschieht. Meine ukrainischen Kollegen versuchen auch jetzt noch, mich bei meiner Arbeit mit Flüchtlingen zu unterstützen. Ich hoffe, dass ich umgekehrt auch für sie nützlich bin.

Die vergangenen Tage habe ich ununterbrochen dieses Déjà-vu-Gefühl gehabt. Immer wieder kam mir das Jahr 1968 in den Sinn, als alle Zeitungen geschrieben hatten: »Die Sowjetunion wird sich nicht in die Tschechoslowakei einmischen.« Diese Zusicherungen waren zwar nicht glaubwürdig, aber sie hatten uns doch einen Funken Hoffnung gelassen. Nur hatte die sich leider nicht erfüllt. Jetzt ist es wieder passiert. Wieder haben wir Lügen, Verbrechen und Schande. Aber dieses Mal ist es noch schlimmer. Dabei kommt mir der Autor George Orwell in den Sinn: »Krieg ist Frieden, Lügen sind Wahrheit.« Und der große Bruder wacht mit einem wachsamen Auge über uns.

Der Einmarsch in die Tschechoslowakei 1968, die Bombardierung von Grosny in der Silvesternacht 1995 und der Beginn des Krieges gegen die Ukraine am 24. Februar 2022 stehen für mich in einer Reihe. Im letzteren Fall ist die Sinnlosigkeit des Geschehens am offensichtlichsten: Es gibt keine russischen Interessen in diesem Krieg. Dieser Krieg zerstört Russland eher als die Ukraine.

Zwar haben in den sozialen Netzen einige prominente Persönlichkeiten unseres Landes, wie Sportler, Künstler oder Politiker, gegen diese Aggression Stellung bezogen. Doch ich glaube nicht, dass Putin diesen Intellektuellen viel Aufmerksamkeit schenkt. Wahrscheinlich denkt er vielmehr: »Denen müsste die Regierung noch einiges beibringen, sie umerziehen«, und hält ihnen im Geist warnend den Zeigefinger entgegen.

Das ist es nun mal, was alle Diktatoren von der Antike bis zu Hitler und Stalin dachten und bis heute denken.

Was kann die russische Zivilgesellschaft tun?

Wir dürfen nicht aufgeben und keine Angst haben. Wir müssen mit den Menschen in unserem Umfeld sprechen, schreiben oder uns in den Medien äußern. Wir müssen jede Gelegenheit nutzen, um uns gegen den Krieg auszusprechen. Natürlich müssen wir so viele Kontakte wie möglich mit unseren Gleichgesinnten außerhalb Russlands, insbesondere in der Ukraine, pflegen.

Was kann man von der Opposition im Land erwarten? Von welcher Opposition – den Kommunisten? Oder von Schirinowski?

Die Partei »Jabloko« hat sich selbst zur Partei des Friedens erklärt. Es gibt dort einige kluge Köpfe, aber der Einfluss von Jabloko ist in den meisten Regionen leider gering.

Ich weiß nicht, wie man diesen Krieg stoppen kann, denn leider hängt das von einer Person ab. Einer Person, der es irgendwie gelingt, dass ihr alle gehorchen. Nein, ich habe keine Ahnung, wie wir das beenden können, was wir dafür tun und was wir sagen müssen. Bereits 1,2 Millionen Menschen im Land haben die Petition »Nein zum Krieg!« unterschrieben. Aber wen kümmert es? Natürlich ist eine Million von 140 weniger als ein Prozent. Aber trotzdem ist es immer noch eine große Zahl von Menschen. Und man muss bedenken, dass die Menschen Angst haben. Sie haben Angst, ihren Arbeitsplatz zu verlieren, sie haben Angst um sich und ihre Angehörigen.

Die letzten Jahre haben wir vieles einfach widerspruchslos hingenommen. Wir haben unendliche Wahlfälschungen zugelassen. Wir haben es zugelassen, dass wir keinerlei unabhängiges Justizsystem haben. Und wir haben zugelassen, dass der Freund Ihres ehemaligen Bundeskanzlers, Boris Jelzin, den Tschetschenienkrieg vom Zaun gebrochen hat. Die Welt hat dabei zugesehen. Damals hatten viele das Gefühl, dass selbst die Menschen um einen herum nicht verstanden haben, was in Russland vor sich ging, damals, als die tschetschenische Hauptstadt Grosny in Schutt und Asche bombardiert wurde.

Ein Gebaren wie einst Nero in Rom: Putin braucht einen Psychiater

Es gibt nicht viele Menschen, die so mutig sind, hier in Russland auf die Straße zu gehen und sich für ihren Protest von der Polizei festnehmen zu lassen – doch es gibt sie. Viele haben es gewagt und deutlich gesagt, was sie über diesen Krieg denken. Jetzt aber hat die Regierung die einzige Radiostation, die die Wahrheit verbreitete, abgeschaltet. Es ist durchaus vorstellbar, dass sie bald die Kommunikation, die jetzt noch über das Internet möglich ist, ebenfalls unterbinden wird. Wir wissen einfach nicht, wie es weitergehen wird. Und auch nicht, wie wir dieser Zensur Widerstand leisten können.

Ich bin überzeugt, dass es in Putins innerem Kreis Leute gibt, die verstehen, was für einen Wahnsinn sie da gerade anrichten. Aber sie sind schon zu Komplizen dieses Verbrechens geworden, und deshalb halten sie den Mund. Und die Entscheidungen trifft Putin allein.

Ich weiß nicht, was man tun kann, um ihn zu beeinflussen. Doch ich habe den Eindruck, dass er einen Psychiater braucht. Als Nero der Legende nach Rom in Brand gesteckt hat, dachte er wohl, dass er als prominenteste Figur in die Geschichte eingehen würde. Und vielleicht ist auch Putin von der Idee beseelt, etwas zu tun, was die Welt vorher noch nicht erlebt hat. Um jeden Preis will er die Sowjetunion wiederherstellen, deren Zusammenbruch er als die größte Tragödie des 20. Jahrhunderts bezeichnet hat.

Es ist sinnlos, darauf hinzuweisen, dass Putin von seinem Umfeld nicht gesagt wird, was wirklich vor sich geht, dass er belogen wird. Zu den unverzichtbaren Eigenschaften einer guten Führungskraft gehört es, dafür zu sorgen, dass sie die richtigen Informationen erhält. So eine Person muss in der Lage sein, sich mit Menschen zu umgeben, die ihr die Wahrheit sagen. Wenn er also nicht die richtigen Informationen erhält, liegt das in seinem eigenen Verantwortungsbereich.

Wahrscheinlich läuft die Kommunikation im Kreml aber ungefähr in diesem Stil ab:

Putin fragt: Welche Informationen haben Sie mir mitgebracht?

Sein Umfeld antwortet: Die, die Sie bestellt haben!

Trotzdem möchte ich keineswegs Putin die ganze Schuld alleine zuschieben. Das wäre doch lächerlich! Die Menschen um ihn herum sind dafür genauso verantwortlich. Und wir sind dafür verantwortlich, dass er an die Macht gekommen ist. Ganz gleich, ob wir ihn gewählt haben oder nicht. Wenn es ein »wir« gibt, definiert als Nation, als Volk, dann haben wir ihn gewählt und sind für seine Handlungen verantwortlich.

Wie es weitergehen wird, ist unklar. Klar ist nur eins: Wir werden uns noch sehr lange dafür zu verantworten haben. Das muss jeder Einzelne von uns verstehen.

Zu lange haben wir weggesehen, zu lange hat der Westen mit Putin geflirtet

Natürlich ist es gut, dass Putin endlich auf der Sanktionsliste steht. Aber es kam zu spät. Zu lange hat der Westen mit ihm geflirtet und versucht, seine Wünsche zu erfüllen. Den Ereignissen in der Vergangenheit wurde wenig Aufmerksamkeit geschenkt. Er hat Höflichkeit mit Schwäche verwechselt und nun völlig den Sinn für die Realität verloren. Dieser Mann versteht und schätzt nur Stärke. Mir scheint, die Zeit, in der man diese Stärke hätte zeigen können, wurde verpasst.

Welche anderen Mittel hätten die Demokratien nutzen können, um Putin in seine Schranken zu weisen? Ich bin keine Politikerin und kann diese Frage nicht genauer beantworten. Im Moment müssen wir die Ukraine auf jede erdenkliche Weise unterstützen.

Meine Botschaft an die Ukraine lautet: »Haltet durch, Freunde! Ihr verteidigt jetzt nicht nur eure Unabhängigkeit und eure Werte, ihr kämpft auch für den Weltfrieden und die Demokratie als solche.« Aber habe ich das Recht, dies dem ukrainischen Volk zu sagen? Ich, die ich für den Einmarsch meines Landes in die Ukraine mit verantwortlich bin, habe dieses Recht nicht. Und wir müssen die nächsten Generationen um Vergebung bitten, weil wir diesen Krieg nicht verhindert haben.

Und was würde ich der internationalen Gemeinschaft mitteilen? Ich kann mir nur wünschen, dass sie bei der Auswahl ihrer Freunde in Zukunft vorsichtiger ist und mehr darauf achtet, was ein Staatschef in seinem Land tut. Nur ein ständiger Dialog zwischen Regierung und Zivilgesellschaft und die öffentliche Kontrolle einer Regierung können sicherstellen, dass Moral und Werte erhalten bleiben und Vorrang vor politischen und wirtschaftlichen Interessen haben.

Vor zwei Jahrhunderten äußerte General Carl von Clausewitz: »Der Krieg ist eine Fortsetzung der Politik mit anderen Mitteln.« Es ist an der Zeit, dass sich die Menschheit von dieser These und diesem Mittel löst. Der Preis, den wir für eine solche Politik zahlen, ist zu hoch.

Die Mehrheit der Russen muss man nicht erst davon überzeugen, dass wir kein anderes Land angreifen dürfen. Glauben Sie nicht, dass die Russen das nicht verstehen. Aber die Propaganda ist nicht untätig und arbeitet ständig daran, die Unterstützung der Menschen für diesen Krieg zu gewinnen. Es ist bequemer, auf diese Weise zu leben, als sich in jeder Sekunde für das Geschehen verantwortlich zu fühlen oder aus Angst, in eine schwierige Situation zu geraten, gar nichts mehr zu tun. Man darf nicht die Zahl der Menschen überschätzen, die die Maßnahmen der Regierung wirklich unterstützen. Aber ich muss ständig an die Worte eines Liedes von Alexander Galich denken: »Wenn du schweigst, wirst du als Henker enden!« (https://www.youtube.com/watch?v=lHYA2F_8Y9w)

Wie wird das enden? Was wird noch geschehen? Mit Russland und in Russland? Dieser dunkle Fleck wird für lange Zeit an der russischen Geschichte haften bleiben. Wenn mit dem Ende des Krieges die Zeit Putins vorbei ist, werden wir ein neues Leben und neue Beziehungen innerhalb Russlands und zu anderen Ländern aufbauen. Nicht nur wir in Russland werden unsere Fehler zugeben müssen. Aber es gibt leider noch eine andere Möglichkeit.

Und über die will ich lieber nicht nachdenken.

1 DER BRUTALE ALLTAG: EINE ATMOSPHÄRE VON HASS UND ANGST VERGIFTET DIE GESELLSCHAFT

Es ist schon lange her, es war im Jahr 2006. Ich weiß nicht, an welchem Tag ich davon erfahren habe, dass ich im Internet auf einer Todesliste stehe. Aber ich weiß noch, *wie* ich davon erfahren habe. Ich erhielt einen Anruf von einem jungen Mann, der mir verschiedene Fragen stellte.

»Stimmt es, dass Sie Swetlana Gannuschkina heißen?« »Stimmt.« »Stimmt es, dass Sie aktive Antifaschistin sind?« »Ja, selbstverständlich, wie kann jemand, der in Russland aufgewachsen ist, der hier lebt, wie kann der kein Antifaschist sein? Unsere Großväter und Väter haben den Faschismus besiegt...« Der Kerl hat daraufhin versucht, mir zu erklären, dass heutzutage Antifaschisten schlechte Menschen seien. Solche, die das russische Volk nicht liebten.

Ich widersprach. »Nein«, sagte ich. »Das ist nicht wahr. Wir helfen allen, die verfolgt, diskriminiert, ausgebeutet, misshandelt werden. Und unter denen, denen wir helfen, sind viele Russen.«

Wie ich später erfuhr, war dies auch der Grund, warum ich von den Betreibern der Website auf die Todesliste gesetzt worden war. Das Gespräch verlief dermaßen blödsinnig, dass ich endlich nachgefragt habe: »Warum rufen Sie mich überhaupt an?« Er antwortete: »Wieso? Na, Sie sind doch zum Tode verurteilt worden.«

Da ich das nicht sofort verstanden hatte, fragte ich: »Wer?« »Ja, haben Sie das denn nicht gesehen?« »Nein, nein«, antwortete ich, »keiner hat mich davon in Kenntnis gesetzt.« »Dann schauen Sie sich doch die Seite von ›Der russische Wille‹ im Netz an. Sie stehen da als Nummer eins ganz oben.« Ich war verblüfft. »Und warum rufst du mich jetzt an? Willst du nachprüfen, ob dieses Urteil wirklich vollstreckt werden soll?« Darauf antwortete er: »Ja, schon, so in der Art.« Letztendlich hat er dann doch von seinem Plan Abstand genommen.

Der junge Mann stand offensichtlich der neofaschistischen Bewegung des Landes nahe, deren Anhänger häufig solche Seiten im Netz betreiben. Scheinbar wollte er sich aber zunächst vergewissern, ob die Informationen im Netz auch richtig waren. Höflich erkundigte er sich nach meiner politischen Haltung. Wie ich aussah, wusste er ja bereits von dem Foto, das neben meiner Anschrift und Telefonnummer veröffentlicht war: kurze graue Locken und starke Brille auf der Nase.

Weiter wollte er in Erfahrung bringen, was ich als Vorsitzende der Nichtregierungsorganisation »Komitee Zivile Unterstützung« genau machte. Ich erwiderte, dass unsere Organisation sich für die Einhaltung der Menschenrechte einsetze und die erste in Russland gewesen sei, die Flüchtlingen und Vertriebenen Hilfe anbot, und zwar juristisch, psychologisch und medizinisch.

Auf dieser im Internet kursierenden Liste standen acht Personen; unter ihnen waren Sergej Kowaljow, der Vorsitzende der Gesellschaft »Memorial«, ein Dissident der alten Garde, und die bekannte Journalistin Jewgenija Albaz. Allen Namen waren Fotos, Adressen und das Urteil selbst beigefügt. Mehrere Jahre geisterte diese Liste durch das Internet, war auf verschiedenen Internetadressen zu finden. Zusammen mit meinen Kollegen habe ich mich an die Staatsanwaltschaft gewandt und sie aufgefordert, nachzuprüfen, ob man es hier nicht mit einem Aufruf zum Mord zu tun habe. Hier lägen außerdem Propaganda für Terrorismus und eine menschenfeindliche Ideologie vor, hatten wir argumentiert. Die Staatsanwaltschaft reichte unser Schreiben weiter an den FSB, den Inlandsgeheimdienst der Russischen Föderation. Dort wurde es erneut geprüft. Schließlich erhielten wir einen abschlägigen Bescheid, denn der FSB schätzte uns letztendlich nicht viel anders ein als Wladimir Putin Anna Politkowskaja nach ihrer Ermordung. »Einige von Ihnen sind weiten Schichten der Bevölkerung bekannt, trotzdem ist die Einschätzung von Ihnen in der Gesellschaft nicht eindeutig. Tatsächlich ist Ihr Einfluss auf die Gesellschaft der Russischen Föderation sogar gering.« So hatte das Antwortschreiben des FSB gelautet. Was nur sollten diese Worte bedeuten? Hieß das, dass man Menschen, die nicht einflussreich sind und wenig bedeuten, mit dem Tode bedrohen darf?

Doch der Staatsanwalt bestand auf Ermittlungen, und so wurde die Angelegenheit den Ermittlungsbehörden des Innenministeriums übergeben. Ich wurde zu einem Gespräch mit einem Ermittler geladen. Dieser fragte mich, ob ich nicht Angst habe, dass die Drohung vielleicht umgesetzt werden könnte. Ich antwortete: »Sie müssen diese Frage so stellen, wie das vom Gesetz verlangt wird. Sie hätten demnach fragen müssen: ›Halten Sie diese Drohung objektiv für eine reale Bedrohung?‹ Und auf diese Frage kann ich antworten: ›Ja.‹« Anschließend hatten wir ein Schreiben des Innenministeriums erhalten. Darin hieß es, man habe sich entschieden, kein Verfahren einzuleiten, »da es nicht möglich ist, die Personen näher zu bestimmen, die strafrechtlich verfolgt werden müssen«. Leider ist das eine nur allzu typische Antwort, die wir immer wieder erhalten, wenn wir Anfragen wegen Tschetschenen stellen. Eine Antwort, die wir immer dann erhalten, wenn man einfach nicht ermitteln will. Doch in der Sache mit der Todesliste wäre es einfach gewesen, herauszufinden, wer hinter diesen Aufrufen steht. Man hätte sich nur die Mühe machen müssen, die entsprechende Internetseite aufzurufen, um dort die Gesichter der Betreiber anzusehen. Damit waren unsere Bemühungen erschöpft, von staatlicher Seite Schutz zu finden.

Dieser Schutz kam dann von anderer Stelle, nämlich von den Internetprovidern. Einige Provider hatten sich in dieser Sache mit ihren Kollegen unterhalten, auf deren Servern die Mordaufrufe gehostet worden waren, und in der Folge hatten sie die Nationalisten aufgefordert, diese Listen aus dem Netz zu nehmen.

Es gab viele solche Listen von Feinden der Nation oder des russischen Volkes. Man kann sie heute wieder im Internet finden, allerdings beinhalten derartige Listen mittlerweile keine Fotos und Adressen mehr. Doch potenzielle Mörder brauchen weder Foto noch Adresse. Sie brauchen nicht einmal eine Liste. In meinem Adressbuch stehen die Telefonnummern von Personen, die in der postsowjetischen Zeit aufgrund ihrer menschenrechtlichen Arbeit, ihrer Arbeit als Journalist oder Rechtsanwalt ermordet wurden. Und sie alle waren auf keiner Liste verzeichnet. Einer dieser Ermordeten war Nikolai Girenko, der in Prozessen immer wieder gegen Rechtsradikale ausgesagt hatte. Am 19. Juni 2004 hatte man ihn erschossen. Eine Woche vor diesem Mord war auf der Internetseite »Russische Republik« das »Todesurteil Nr. 1« veröffentlicht worden. Doch die Staatsanwaltschaft hatte es abgelehnt, gegen den Verantwortlichen dieser Seite vorzugehen. Dieses »Urteil« kann man auch heute noch im Internet finden, wie auch eine Liste von 100 »Feinden« des russischen Volkes. Viele auf dieser Liste sind nicht mehr am Leben. Das letzte Opfer war Boris Nemzow.

Vor nicht allzu langer Zeit sind auch Drohungen gegen einen meiner Kollegen laut geworden, der auf dem Gebiet Menschenrechte in Zentralasien arbeitet, doch die Rechtsschutzorgane unternehmen keine Maßnahmen zum Schutz der Bedrohten.

Gleichzeitig ist auch zu sagen, dass in den letzten Jahren einige nationalistische Banden zerschlagen worden sind, unter ihnen auch die Bande »Woewodinaq-Borowikowa«. Sie hat neben der Ermordung von Nikolai Girenko auch den Mord an einem achtjährigen tadschikischen Mädchen namens Churscheda Sultamnowa zu verantworten. Die Verbrecher hatten ihr elf Messerstiche zugefügt. Dem Anführer dieser Gruppe, Dimitri Borowikow, hatte man bei seiner Festnahme in den Hals geschossen. Die Umstände dieser Festnahme müssten eingehend untersucht werden. Wenig später tauchten in unserer Organisation mehrere Drohbriefe auf, alle angeblich in seinem Namen. 2011 wurden die Bandenmitglieder zu hohen Gefängnisstrafen verurteilt.

Erst kürzlich fand in Moskau ein Prozess gegen die Organisation BORN (Kampfgruppe russischer Nationalisten) statt. Diese Gruppe war 2008 gegründet worden und ist für den Mord an mindestens sieben Personen verantwortlich, unter ihnen auch der Rechtsanwalt Stas Markelow, der seine Menschenrechtsarbeit bei »Memorial« begonnen hatte. Damals war er noch Student und trug einen Zopf im Nacken. Und ein weiteres Opfer dieser Bande war Nastja Baburowa, die ein Praktikum bei der *Nowaja Gaseta* absolviert hatte.

Machen Drohungen Angst?

Ob mir solche Drohungen Angst machen? Ich nehme sie einfach zur Kenntnis als einen Teil der Realität. Vielleicht bin ich deswegen so, weil mir eigentlich noch nie etwas wirklich Besorgniserregendes zugestoßen ist.

Natürlich weiß ich, dass hinter derartigen Drohungen Leute stehen, die zu allem in der Lage sind. Doch wenn es sowieso klar ist, dass ich nicht viel für meine eigene Sicherheit tun kann, warum sollte ich dann noch allzu viel darüber nachdenken und Angst haben?

Angst ist ein physiologisches Gefühl, das bei den Menschen unterschiedlich stark ausgeprägt ist. Ich habe schon ein langes Leben hinter mir und oft schon über den Tod nachgedacht. Aber natürlich ist es seltsam, wenn ein Mensch, der über den Tod nachgedacht hat, Überlegungen anstellt, wie man ihn wohl in seinem Hausflur töten könnte.

Im Januar 2005 war ich mit Anna Politkowskaja unterwegs, wir wollten gemeinsam zu einer Konferenz, die vom finnischen Parlament organisiert worden war. Thema der Konferenz war die Frage, wie sich der Konflikt in Tschetschenien friedlich regeln lassen könnte. Plötzlich erhielt ich einen Anruf. Der Anrufer redete wirres Zeug, drohte mir. Normalerweise legen derartige Anrufer immer gleich den Hörer auf. Doch dieser Mann blieb dran, schwieg einfach nur. Ich fragte ihn: »Na, hast du dich jetzt endlich ausgesprochen, mein Lieber?« »Ja.« »Dann alles Gute, mein Täubchen.« Und er verabschiedete sich mit ruhiger Stimme. Wahrscheinlich war es gar nicht seine Idee gewesen, mich anzurufen, wahrscheinlich hat er nur irgendjemandes Befehl ausgeführt. Eine meiner Kolleginnen fragte mich: »War das dein geliebter Enkel?« »Nein, das war ein junger Mann, der mir gedroht hat, mich zu ermorden.« Derartige Drohungen nehme ich nicht so ernst. Wer wirklich töten will, der ruft nicht noch vorher an.

Wir können doch nicht den Menschen, die bei uns Hilfe suchen, einfach sagen, dass wir unser Büro nun schließen, weil wir Angst haben und gerade in einer Depression stecken. Das ist der entscheidende Punkt in der Menschenrechtsarbeit: Wenn man einmal angefangen hat, kann man nicht mehr zurück.

Immer wieder werde ich gefragt, wie es eigentlich gekommen sei, dass ich Menschenrechtlerin geworden bin. Und ich antworte dann immer: »Menschenrechtler ist man erst dann, wenn man von seinem Umfeld so genannt wird.« Schließlich ist Menschenrechtler ja keine Berufsbezeichnung. Das ist vielmehr eine ganz bestimmte Sicht von der Welt und von dem Platz, den man in dieser Welt einnimmt. Ich denke, was wir haben, ist ein Verantwortungsgefühl für die Menschen um uns herum.

Der Mord an Boris Nemzow

Anna Politkowskaja hätte keinen großen politischen Einfluss in Russland gehabt. So abfällig äußerte sich Wladimir Putin nach dem Mord an der international bekannten Journalistin. Viele schlossen aus seinen Worten, dass der Staat folglich nicht der Auftraggeber sein könne. Doch Boris Nemzow hatte ganz offensichtlich politischen Einfluss.

Drei Stunden vor seinem Tod um acht Uhr abends am 27. Februar 2015 war Nemzow vom Sender »Echo Moskau« interviewt worden. Und dabei sprach er aus, was derzeit die Menschen besonders beunruhigt: der im Osten der Ukraine entfachte Konflikt. Und er machte Putin auch direkt verantwortlich. Seiner Überzeugung nach, so Nemzow, sei auch unsere Armee an diesem Konflikt beteiligt. Nemzow hatte einen unabhängigen Bericht unter der Überschrift: »Putin. Krieg« veröffentlicht. Dieser Bericht war nach seinem Tod veröffentlicht worden. »Nun ist es Aufgabe der Opposition, aufzuklären und die Wahrheit zu sagen. Und die Wahrheit ist: Putin ist Krieg und Krise«, hatte er auf seiner Facebook-Seite am 31. Januar geschrieben. Und gegenüber dem Sender »Echo Moskau« nannte er Putin einen »pathologischen Lügner«.

Boris Nemzow hatte die Bürger aufgerufen, am Anti-Krisen-Marsch »Der Frühling« teilzunehmen, der für den 1. März um 14 Uhr in Marino, einem am Rand von Moskau gelegenen Stadtteil, stattfinden sollte. Die Moderatorin hatte Nemzow noch vorgeworfen, er sehe das zu positiv »vor dem Hintergrund des endlosen Blutes und schrecklichen Krieges«. Nemzow hatte gehofft, dass eine starke Bewegung im Volk »die Situation Richtung Frieden wenden und den Kreml ernüchtern« werde. Ja, das wollte er, das Volk mit seinem Optimismus anstecken, aber die Entwicklung war eine andere.

Um halb zwölf Uhr nachts wurde auf Nemzow auf der Großen Moskwa-Brücke das Feuer eröffnet. Ein Unbekannter feuerte aus einer Pistole mehrmals von hinten auf Boris Nemzow, vier Kugeln trafen ihn in den Kopf, das Herz, die Leber und den Magen. Der oder die Täter flohen.

Ich kam in jener Februarnacht erst spät nach Hause und fuhr wie üblich meinen Computer hoch. Als Erstes schlug mir die Meldung entgegen, dass Boris Nemzow erschossen worden sei. Sofort hatte ich die Bilder unserer ersten und nun auch letzten persönlichen Begegnung in der US-amerikanischen Botschaft im Kopf. Anlässlich der Verabschiedung des damaligen Botschafters Michel McFault unterhielt ich mich dort mit meinem Kollegen Kowaljow von »Memorial«, als Nemzow auf uns zusteuerte. Trainiert und sportlich wirkte er, voller Lebenskraft und sehr optimistisch gestimmt.

Wenn in einem Menschen das Leben nur so sprudelt, ist es schwierig, nicht ebenfalls optimistisch zu werden, obwohl die politische Realität das Gegenteil vermittelt. Was für eine Energie er ausstrahlte! Und mit einem Schlag hatte irgendein Unmensch dieses sprudelnde Leben ausgelöscht.

Der Mord an Boris Jefimowitsch Nemzow, symbolhaft, inszeniert wie ein Schauspiel – das war nicht nur ein Mord an einem Menschen, das war auch eine Herausforderung für die Gesellschaft.

Als Hintergrund für die Tat vermute ich die öffentliche Sympathie, die Nemzow für seine Äußerungen zur Ukraine entgegengebracht wurde. Seine Worte haben viele Vertreter der Staatsmacht sehr nervös gemacht. Und sie hatten Grund zur Nervosität, denn die Logik von Putin ist nicht berechenbar. Der Wunsch, sich die Ostukraine anzueignen, ist auch wirtschaftlich unsinnig; wir haben doch jetzt schon mehr als genug Probleme in Russland. Wie sollen wir nur aus diesem schrecklichen historischen Fehler wieder herauskommen, aus diesem Verbrechen?

Trauermarsch: »Der schlimmste Feind Russlands sitzt im Kreml!«

Anstelle des geplanten Marsches »Der Frühling« fanden am 1. März in verschiedenen Städten Trauermärsche zur Erinnerung an Nemzow statt. In Moskau kam es zu einem genehmigten Trauermarsch im Stadtzentrum.

Zehntausende Menschen aus allen Altersgruppen gingen mit Rosen und Nelken in den Händen in den Reihen der Trauernden. Wir überquerten die Große Moskwa-Brücke und hinterließen Blumen an dem Ort, an dem er getötet worden war. Die Miliz und die Sonderpolizei OMON überwachten die Veranstaltung.

Direkt neben mir lief ein älterer Herr. Er sagte mir, dass seine Frau ihm verboten habe, an dem Trauermarsch teilzunehmen. Sie habe gesagt: »Dich können sie genauso töten wie Nemzow.« Viele waren tatsächlich sehr verängstigt. Ein Mann sagte zu einem anderen: »Ich bin gekommen, um den Machthabern zu zeigen, dass wir viele sind.«

Auch die jungen Leute waren emotional sehr mitgenommen. Alle hatten lange gewartet, bis sich der Zug endlich in Bewegung setzen konnte.

Wenn sich in dieser aufgeheizten Stimmung irgendwer als Führungspersönlichkeit gesehen hätte, wäre es ihm vielleicht sogar möglich gewesen, diese Menge Richtung Kreml zu lenken. Die Leute riefen in Sprechchören: »Der Hauptfeind ist im eigenen Land, und er sitzt im Kreml!«

Die drei Säulen der Propaganda

»Glaubt Putin daran, was er selbst sagt, oder weiß er, dass das Lügen sind?«, fragen mich immer wieder Journalisten. In meinen Augen unterscheidet Putin nicht die Lüge von der Wahrheit. Das ist typisch für einen ehemaligen Geheimdienstler. Typisch für eine Institution, welche die Lüge als Produkt hervorbringt. Man macht dort keinen Unterschied zwischen »Gut« und »Böse«, zwischen »Wahrheit« und »Lüge«.

Und worauf beruhen denn die hohen Umfrageergebnisse für Putin und seine Propaganda?

Erstens: Durch den Zerfall der Sowjetunion fühlte sich das russische Volk erniedrigt. Auf einmal aber hieß es: »Wir bauen das große Reich wieder auf! Jetzt haben wir Russland die Krim wieder zurückgeholt.« Daran glauben die Menschen, wird ihnen doch damit das Gefühl ihrer Würde wiedergegeben. Die Einverleibung der Krim hat das Selbstwertgefühl vieler Menschen angehoben.

Zweitens: Warum ist es für uns so wichtig, zu behaupten, dass in der Ukraine Faschisten an der Macht sind? Der Sieg über den Faschismus im Zweiten Weltkrieg ist ein heiliges Kapitel in der Geschichte unseres Landes. Tatsächlich hat das Volk damals eine heroische Haltung an den Tag gelegt. Im kollektiven Gedächtnis ist dieses Ereignis noch sehr stark verankert. Jeder wusste: Wir stehen auf der Seite des Guten, mal abgesehen von einigen Details, wie man auf diese Seite gelangt ist. Die Menschen glauben, dass wir heute erneut gegen den Faschismus kämpfen, und sie sind bereit, dafür jegliche Schwierigkeit auf sich zu nehmen. Erwähnenswert ist dabei, dass am 4. November 2014 die Faschisten in unserem Land das erste Mal seit vielen Jahren nicht durch Moskau marschieren durften. Wenn man es ihnen nämlich erlaubt hätte, hätten die Menschen sich natürlich die Frage gestellt: »Warum kämpft ihr gegen den Faschismus in der Ukraine, während gleichzeitig eure eigenen Faschisten marschieren?« Das hätte alles nicht zusammengepasst.

Drittens: Wir helfen unseren Brüdern, den Russen, die im Osten der Ukraine leben und die heute von den Nationalisten oder Faschisten unterdrückt werden.

Das sind die drei Stützpfeiler der Kreml-Propaganda. Sie werden mithilfe der Massenmedien in den Köpfen der Menschen verankert.

Man erzählt die unglaublichsten Geschichten. So wird von einem Mann berichtet, dem, nur weil er Russisch gesprochen hatte, in den Kopf geschossen wurde. Den Gipfel bildete die Erzählung einer Frau aus Donezk. Sie habe angeblich mit eigenen Augen gesehen, wie ukrainische Soldaten einen Jungen gekreuzigt hatten. Man habe ihn an ein Brett genagelt, und das alles habe sich vor den Augen der weinenden Mutter abgespielt. Diese habe man dann an einen Panzer gebunden und hinter diesem hergeschleift. Es ist schon lange nachgewiesen, dass diese Geschichte eine Lüge ist.

Leider entstehen in allen Konflikten immer wieder die seltsamsten und unglaublichsten Gerüchte. Sie prägen sich tief in das Denken der Menschen ein und werden gewissermaßen Teil des nationalen Gedächtnisses. Da kommt man auch mit Logik nicht weiter.

Jetzt haben wir eine gespaltene Gesellschaft. Die Spaltung geht durch die Familien und Freundeskreise; sie trennt Menschen, die sich gestern noch nahe waren.

So hatte sich beispielsweise eine junge Journalistin wegen der Krim heftig mit ihrer Mutter gestritten. Und dieser Konflikt heizte sich immer mehr auf. Irgendwann einmal sagte eine Freundin zu der Journalistin: »Was ist dir eigentlich wichtiger – deine Position zur Krim oder deine Mutter?« Daraufhin vermied die junge Frau weitere politische Auseinandersetzungen mit der Mutter.

Ich wollte, der Westen würde die Ukraine vor der russischen Aggression schützen, aber der Westen ist selbst Opfer der meisterhaft geführten Propaganda geworden. Ich will, dass dieser Krieg beendet wird.

Als ich auf meiner letzten Ukraine-Reise am Flughafen in ein Taxi gestiegen bin, war das Erste, was der Fahrer zu mir gesagt hat: »Sie denken wahrscheinlich, dass wir hier alle Faschisten sind.« »Nein, nein, so denke ich nicht«, antwortete ich. »Aber denken nicht viele Menschen bei euch so?« »Leider ja.« »Sagen Sie ihnen: Das ist nicht wahr. Wir haben ein gutes Verhältnis zu den Russen. Ich bin selbst Halbrusse. Mein Vater und mein Bruder leben in Russland. Verstehen Sie, ich bin 45, und ich bin Scharfschütze. Als der Krieg ausbrach, hat mein Sohn gesagt: ›Bitte, gib mir dein Wort, dass du nicht zum Kämpfen gehst.‹ Aber was bleibt mir denn übrig? Und ich werde seither von einem Traum verfolgt, dass ich durch die Zielscheibe meines Gewehrs das Gesicht meines Bruders sehe.« Ohne falschen Pathos erwecken zu wollen, aber in der Stimme des Mannes haben Tränen mitgeklungen. Russlands Beteiligung an den militärischen Handlungen in unserem Nachbarland halte ich für ein Verbrechen. Und dieses wird immer ein Fleck in unserer Geschichte sein.

2 DIE KRIM IST MEIN

Auf die Frage: »Wem gehört die Krim?«, habe ich eine sehr einfache Antwort: »Die Krim ist mein.« Mein Großvater Grischa mütterlicherseits, der mit vollem Namen Grigori Egorowitsch Prochorow hieß, wurde 1885 auf der Krim geboren. Er lebte in dem Dorf Kurzy, in der Nähe von Simferopol. Sein Vater wiederum, ein Russe, stammte aus einem russischen Dorf und seine Mutter aus einem estnischen. Auf der Krim gab es völlig unterschiedliche Dörfer: russische, estnische und ukrainische. Diese sind wohl entstanden, weil Katharina die Große irgendwann versucht hatte, die Krim mit Christen zu besiedeln. Meine Urgroßmutter war die Tochter eines schwedischen Pfarrers. Dieser heilige Mann hat sie für die Entscheidung, einen Russen zu heiraten, verflucht. Mag sein, dass der Russe ein Trinker war, aber geliebt haben sich die beiden auf jeden Fall. Doch der Fluch des Vaters wirkte offenbar. Meine Urgroßmutter wurde von ihrem geliebten Russen 18-mal schwanger, jedoch erreichten 16 ihrer Kinder das erste Lebensjahr nicht.

Erst auf dem Sterbebett hat der Pfarrer seiner Tochter verziehen. Nach seinem Tod brachte sie noch, obwohl sie nicht mehr jung war, zwei Kinder zur Welt, eine Tochter und einen Sohn. Das jüngere Kind war mein Großvater Grischa. Er wurde als sehr schwaches

Baby geboren, aber er hat überlebt und ein langes Leben geführt. Er war schön, mit goldenen lockigen Haaren, der zudem wunderschön singen konnte.

Mit 15 Jahren nahm mich Großvater Grischa das erste Mal in sein Dorf Kurzy mit. Er selbst war etwa im gleichen Alter das erste Mal wegen seiner politischen Aktivitäten verhaftet worden. Danach ließ er die Revolution ruhen und machte sich mit dem Schiff auf den Weg nach Amerika. Dort auf dem Deck waren einmal »Cowboys aus Amerika« und Italiener aneinandergeraten. Plötzlich hatte einer der Italiener ein Messer gezückt, woraufhin sich Großvater Grischa in die Schlägerei einmischte und aufseiten der Cowboys kämpfte.

Dort in Amerika schloss mein Großvater Kurse in Finanzbuchhaltung ab und wurde ein hoch qualifizierter Buchhalter.

Als jedoch seine Mutter schwer erkranke, kehrte er nach Russland zurück. Wieder wurde er zum Revolutionär, wieder war er viel unterwegs in Sachen Aufbau der »Republik Noworussia«. Das war 1905. Die Revolution hatte man niedergeschlagen, und nachdem mein Großvater seine Mutter beerdigt hatte, siedelte er nach Baku über. Dort führte ihn das Schicksal mit der jüdischen Familie Bekker zusammen. Auch diese Familie war, wie viele jüdische Familien, sehr revolutionär eingestellt. Von den sechs Schwestern dieser lauten Familie hatte sich mein Großvater ausgerechnet für die stille Anja entschieden, die Medizin studierte und der jegliche Politik absolut fremd war. Später wurde sie seine Frau.

In diesem Haus verkehrte auch ein gewisser Iosif Koba (Dschughaschwili), der sich später Stalin nannte. Mein Großvater hielt zu den Menschewiki, war Anhänger von Plechanow. Zu diesem Zeitpunkt waren Menschewiki und Bolschewisten noch zusammen. Mein Opa und Stalin hatten gleichzeitig eine Parteizelle geleitet. Meine Uroma, Fejga Bekker, die in ihrem Haus viele Menschen aufgenommen hatte, konnte Koba nicht ertragen. Sie sagte, er sei ein sehr schlechter Mensch und voller Falsch. Jedem würde er nach dem Mund reden.

Dank seiner organisatorischen Fähigkeiten wurde mein Großvater Grischa bald der Manager eines Mühlenwerkes. Für die damaligen Verhältnisse hat er gut verdient. Und in seiner Freizeit besuchte er regelmäßig die Familie Bekker.

1914 heirateten Grischa und Anja. Sie musste dafür den christlichen Glauben annehmen. Die Logik war einfach: Entweder ließ der Großvater sich beschneiden, oder die Großmutter trat zum Christentum über. Das Letztere erschien einfacher.

Nach der Eheschließung wandte sich der Großvater etwas enttäuscht von der revolutionären Tätigkeit ab.

Wurzeln besitzen

Mit meinem Großvater Grischa habe ich alle unsere Verwandten besucht, und überall mussten wir Borschtsch und Wareniki, gefüllte Teigtaschen, essen. Das war recht anstrengend, kann ich sagen.

Tante Maria war Lehrerin von Beruf. Durch sie habe ich viel über den Zweiten Weltkrieg und die Krimtataren erfahren. Nach dem Krieg seien die tapferen Männer mit Orden zurückgekehrt, berichtete sie. Doch niemand empfing sie, denn ihre Frauen und Kinder waren verschwunden. Sie wussten nicht, dass Stalin sie 1944 nach Sibirien hatte deportieren lassen. Mehr als ein Drittel dieser Menschen starben dort an Hunger, Erschöpfung und seelischer Qual.

Zum ersten Mal habe ich mich da gefragt, welche Rechte ein Staat besitzt. Zu Hause habe ich mit meinen Eltern darüber gesprochen. Sie rechtfertigten nicht die Deportation, aber sie versuchten, diese zu erklären. »Ja, manche Tataren haben sich auf die Seite der Deutschen gestellt … und ja, dafür wurden sie verbannt.«

Tante Maria hatte keine Schlussfolgerungen gezogen, nichts bewertet; sie hatte sich einzig, voller Schmerz, an das Leben ihrer Nachbarn in diesem Dorf erinnert. An eine Frau, die mit ihr zusammen in der Schule gearbeitet hatte und die mit der Tochter auf der wochenlangen Fahrt, eingepfercht im Viehwaggon, umgekommen war.

So kam es, dass ich schon als Kind die einfache Wahrheit für mich formulierte: »Der Staat darf nicht über die Völker verfügen.« Vielleicht habe ich mich damals zum ersten Mal als Bürgerin dieses Landes verstanden, weil ich zum ersten Mal Schmerz und Scham für die eigene Heimat empfunden habe. Und aus diesem Gefühl der Nähe zu den Menschen im Dorf meines Großvaters ist genau damals mein Gefühl für meine Wurzeln entstanden.

Noch oft bin ich in meinem Leben auf der Halbinsel am Schwarzen Meer gewesen. Mein Vater, der sich im Krieg eine offene Form der Tuberkulose zugezogen hatte, machte jedes Jahr im Sommer eine Kur an der »russischen Riviera«, um das mediterrane Klima zu genießen. Mutter und ich begleiteten ihn. Viele Jahre später, als die Sowjetunion zerfallen war, habe ich meinen Enkelsohn mit auf die Krim genommen.

Der Umstand, dass die Krim an die Ukraine übergegangen war, hatte keinen Einfluss auf mein Verhältnis zu diesem Ort. Ich hatte nicht das Gefühl, dass man mir etwas weggenommen hatte. Die Krim war, ist und wird immer mir gehören. Das ist deswegen so, weil uns gehört, was wir lieben und womit wir unsere frühen Erinnerungen verknüpfen. Außerdem ist Koktebel mit dem silbernen Zeitalter unserer Literatur verbunden, mit dem Namen von Woloschin, und – dies ist für mich wichtiger – mit dem Namen Zwetajewa. Ich fühle meine kulturelle Verbundenheit mit diesem Ort.

Heute wissen wir von dem Memorandum aus dem Jahr 1994, als sich Russland und die Ukraine unter der Garantie der USA und

Großbritanniens geeinigt haben, dass die Ukraine auf den Status einer Atommacht verzichtet und Russland sich gleichzeitig verpflichtet, keine Änderung von Grenzen anzustreben. Wenn ich daran denke, ergreift mich erneut ein Gefühl der Scham. Und deswegen habe ich auf der Demonstration gegen die Einverleibung der Krim im März 2014 gesagt: »Uns gehört das, was wir lieben und wofür wir Verantwortung empfinden, und nicht das, was wir mit geschmiedeten Stiefeln betreten.« An dieser Demonstration hatten sich einige Tausend beteiligt. Als ich auf der Tribüne stand und vor mir die Massen von Menschen sah, dachte ich, sie seien endlos. Auch Nemzow ist auf dieser Demonstration aufgetreten. Es waren viele Menschen dort, die Mitgefühl mit der Ukraine hatten. Und viele waren dort, die der Ukraine und Russland Freiheit wünschten.

Acht Nationalitäten in einer Person

Ich bin fest mit der russischen Kultur verbunden, aber ich verspüre kein Bedürfnis, meine ethnische Zugehörigkeit bestimmen zu lassen. Wenn man weit genug zurückblickt, könnte ich in meinem Stammbaum allein acht Nationalitäten feststellen. Wenn ich meine Nationalität in die entsprechende Spalte eines Dokuments eintragen muss, schreibe ich: »Ich besitze keine.« Andernfalls müsste ich alle acht hinschreiben. Ich würde sogar in der Spalte »Nationalität« nicht »ich besitze keine«, sondern »ich brauche keine« vermerken. Diese bunte Mischung in mir betrachte ich als großen Reichtum.

Lange habe ich über die Verbindung zwischen den Generationen und den Zeiten nachgedacht. Heute spricht man oft davon, dass wir eine andere Moral haben, dass die Menschen anders leben und fühlen als früher. Aber mir scheint es, dass viele Generationen meiner Vorfahren die gleiche Moral hatten wie ich und in etwa gleich lebten. Ich denke, wir haben viele Gemeinsamkeiten, was die Einstellung zum Leben und den eigenen Platz in der Welt angeht, obwohl sich die Zeiten von den heutigen unterscheiden und die Situationen andere waren. Die öffentliche Moral ändert sich vielleicht, aber es bleibt auch etwas, was die Menschen vereint.

Nur was ist das? Ich denke, dass fast allen meinen Vorfahren eine gewisse materielle Askese eigen war. Askese ist natürlich nicht immer eine gute Sache, dennoch ist sie auch mir eigen. Wenn dir das Leben etwas anbietet, musst du dich zwischen »haben« und »sein« entscheiden. Und für mich hat letztlich das »Sein« Vorrang vor dem »Haben«. Und etwas zu viel zu haben ist mir ebenfalls unangenehm.

Immer hielt man es für wichtig, etwas Nützliches und Sinnvolles für die Menschen zu tun. Meine Großeltern und meine Urgroßeltern entstammten unterschiedlichen Schichten, gehörten jedoch alle zur Intelligenzia. Die Mutter meines Großvaters väterlicherseits, Olga Mascharowa, entstammte einer verarmten Familie. Sie und ihr Mann, Boris Michailowitsch Gannuschkin, ein Landarzt, lebten zunächst in dem Dorf Novoselka im Gubernium Rjasan und danach in dessen Hauptstadt Rjasan. Der Urgroßvater war der Direktor des Kinderheims von Alexandrina. Noch heute besitzen wir ein Küchentuch, in das einige Worte der Dankbarkeit an ihn eingestickt sind.

Biografen berichten, Boris Michailowitsch stamme väterlicherseits aus einer ländlichen jüdischen Familie. Welcher Herkunft seine Mutter, also meine Ururoma, Anna Nikolaiewna war, weiß ich nicht. Ich habe jedoch ein Schreiben von ihr an meine Uroma Olga. Das Schreiben fand sich als winziger Zettel in einem Täschchen, das man gewöhnlich ins Theater mitnimmt. Und darin beklagt sie sich darüber, dass meine Uroma auf sie böse sei. Ein ewiges Problem familiärer Beziehungen.

Über die Großmutter, die eine psychiatrische Klinik aufbauen will

Großmutter Sofia Wladimirowna hatte mit 20 das erste Mal geheiratet, eine Tochter bekommen und sich fast sofort wieder scheiden lassen. Was hieß hier Scheidung? Jeder ging wieder seiner eigenen Wege. Das waren die freien Zeiten, als die Traditionen auseinanderbrachen. Babuschka interessierte sich für Medizin. Ich mutmaße, dass sie von einer Erzählung Tschechows sehr beeindruckt war, und zwar von *Das Krankenzimmer Nummer 6.*

Diese Erzählung vermittelt eine sehr gute Vorstellung davon, wie es damals in der russischen Psychiatrie zugegangen ist. Manchmal waren Erkrankte in einer derart schlechten Verfassung, dass es den Familienangehörigen kaum möglich war, sie bei sich zu Hause zu behalten. Andererseits gab es keine Unterbringungsmöglichkeiten, und wenn, dann nur unter übelsten Bedingungen in Krankenhäusern, durchaus mit denen in Gefängnissen vergleichbar. So gründete Großmutter eine Aktiengesellschaft, mit deren Unterstützung sie eine Klinik für psychisch Kranke aufbauen wollte, und zwar ausgerichtet an den höchsten Standards, wie sie damals schon in Europa gängig waren.

Mit ihren Aktionären, die selbst alle psychisch kranke Angehörige in ihren Familien hatten, erwarb sie ein Grundstück und begann, das Gebäude zu errichten. Allerdings stellte sich bald heraus, dass auf der Baustelle noch kein Kanalanschluss gelegt war. Sofort, so erzählte meine Großmutter, habe sie ihr blaues Kleid übergestreift, auf ihre platinblonden Haare einen großen Sommerhut mit vielen Blumen darauf gestülpt und den Gouverneur aufgesucht. Als sie in der Pferdekutsche zurücktrabte, sah sie, dass die Baustelle bereits wieder in Betrieb genommen worden war. Stellen Sie sich diese Geschwindigkeit vor, mit der die Anweisungen aus der Verwaltung umgesetzt wurden! So etwas würde heute nie funktionieren.

So erbaute Großmutter dieses Krankenhaus. Oft betonte sie, dass dort eine besonders moderne Scharko-Dusche eingebaut werden sollte, von der das Wasser nach allen Seiten spritze. Für sie bildete dies die Spitze aller technischer Raffinesse. Sie war zwar voller Energie und Elan, doch planen und kalkulieren konnte sie nicht. Dabei verlor sie ihr ganzes Vermögen. Das heißt, auch die Aktionäre hatten ihr Geld in den Sand gesetzt.

Der Diagnostikapparat oder eine Koryphäe auf dem Gebiet der Psychiatrie

Zu diesem Zeitpunkt war Großmutter Sofia mit meinem Großvater Piotr bekannt, der damals bereits eine Koryphäe auf dem Gebiet der Psychiatrie war. Sie hatte ihn eingeladen, damit er sie bei diesem Bauprojekt beriet. Wenn ich richtig verstanden habe, verband die beiden damals bereits eine Affäre. Mein Großvater war klein, mit einem dicken Bauch und einer großen Nase. Sein Übergewicht hatte er seiner Vorliebe für Süßigkeiten zu verdanken, aber irgendwie hatte er es geschafft, Großmutter zu bezirzen.

Meine Oma betonte mit einem gewissen Stolz, dass sie mindestens hundert Mal hübscher sein wollte als ihr Mann. Damit alle sehen, was für einen Wert er doch hat! Man sagt: »Die Frauen lieben mit den Ohren.« Und Großvater war natürlich ein Meister darin, mit Worten zu bezaubern.

Zeitlebens blieb das Paar in der Ehe beim »Sie«. Sie haben einander respektvoll in der Höflichkeitsform mit Vor- und Vatersnamen angeredet. Zum Beispiel sagte Großmutter: »Aber Piotr Borisowitsch, früher haben Sie doch das und das zu mir gesagt.« Und er antwortete: »Aber Sofia Wladimirowna, damals befand ich mich in einem Zustand ähnlich dem eines Pfaus, als ich meinen Schwanz und meine Federn im Zuge der Eroberung eines Weibchens aufgespreizt habe!« Das erfuhr ich alles von meiner Mutter.

Von ihr weiß ich auch, dass Großmutter ihn daraufhin gefragt hatte: »Na gut, und wie viel Zeit brauchen Sie überhaupt, um eine Frau zu erobern?« Er antwortete: »Zwei Wochen Gespräch.«

Großvater hat sich vermutlich so wichtiggemacht, weil seine erste Frau, Ada Gannuschkina, eine Schriftstellerin, ihm einen Korb gegeben hatte. Als er im Ersten Weltkrieg von der Front nach Hause kam, ließ ihn seine Frau aus Bohème-Kreisen wissen: »Piotr Borisowitsch, Sie müssen ankündigen, bevor Sie nach Hause kommen. Jetzt habe ich einen anderen gefunden.« Wenn diese Frau keinen Liebhaber gehabt hätte, hätte es uns alle nicht gegeben.

Und so war meine Großmutter Sofia bankrott, die Aktiengesellschaft auseinandergebrochen, aber das Krankenhaus Nr. 12 in Moskau wurde trotzdem fertiggestellt – und zwar mit der besagten Scharko-Dusche. Als die Aktionäre erfuhren, dass alles in andere Hände überginge, stürzten sie sich wie Raubtiere auf Großmutter. Wütend warfen sie ihr vor, dass sie unfähig sei, Menschen zu führen. Wahrscheinlich stimmte das auch, aber immerhin hatte sie doch das Krankenhaus für deren Angehörige errichtet.

Bei einer dieser Auseinandersetzungen saß mein Großvater still in einer Ecke und beobachtete das ganze Szenario mit dem Blick eines weisen Mannes. Wegen seiner genauen Beobachtungsgabe bezeichneten ihn Freunde und Bekannte auch als »Diagnostikapparat«. Gesagt aber hat er nichts. Seine geliebte Sofia hatte mehr Geld ausgegeben, als vorhanden war. Das ist ein Grund, warum ich selbst heute in meinen beiden Organisationen auf jede Art von Tätigkeiten verzichte, die Profit erwirtschaften könnten. Sonst würde ich wahrscheinlich auch alle in den Bankrott treiben.

Bei Großmutter wurde alles gepfändet, wie es hieß, bis zu den Nachthemden. Sie hatte sich mit Großvater darüber nicht verständigt. Dafür war sie zu stolz. Ohne weitere Worte reiste sie stattdessen mit einem anderen Verehrer, ebenfalls einem Mediziner, zwei Jahre lang durch Europa. Nach einiger Zeit merkte dieser jedoch, dass etwas nicht stimmte. »Sofia Wladimirowna, wir müssen uns trennen. Ich merke, Sie sind noch immer in den Professor Gannuschkin verliebt.« Dann brachte er – ein vornehmer Mensch – Großmutter nach Hause.

Als Großmutter zurück nach Russland kam, soll sie gleich bei der ersten Begegnung meinem Großvater an den Kopf geworfen haben, dass er sie damals im Stich gelassen hatte. »Wie konnten Sie bei dieser Sitzung der Aktionäre schweigen, da ich so tief beleidigt wurde?« Mein Großvater gab zurück: »Es hat sich nicht gelohnt, die Kraft aufzubringen, um diesen Menschen zu antworten.«

Das muss sich im Jahr 1919 abgespielt haben. Dazwischen lag die Oktoberrevolution, die sich auf das Leben dieses Paares kaum merklich ausgewirkt hatte. Großvater hatte mit Oma Sofia nicht nur eine Frau geheiratet, die bereits ein Kind in die Ehe mitbrachte, sondern auch einen Ehemann, der unter einer fortgeschrittenen Erkrankung litt. Meine Großmutter war der Meinung, dass sie dessen Erkrankung verschuldet habe, weil sie ihn verlassen hatte, und hielt es für ihre Pflicht, ihn zu pflegen. Sie hat ihn in ein Zimmer unserer Wohnung einquartiert, zusammen mit ihrer gemeinsamen Tochter. Vermutlich hatte Großvater sich darauf eingelassen, weil dieser Mann auch auf psychiatrische Hilfe angewiesen war. Am Ende allerdings überlebte der Schwerkranke Opa Piotr um viele Jahre.

Großmutter Sofia war bereits 42 Jahre alt, der Großvater 45, als ein Jahr nach der Hochzeit ihr gemeinsamer Sohn, mein Vater Alexej Petrowitsch Gannuschkin, das Licht der Welt erblickte. In diesem Alter noch Kinder zu bekommen war damals sehr selten.

Über meinen Großvater Piotr Gannuschkin sind viele biografische und wissenschaftliche Arbeiten geschrieben worden. Großmutter hat sich derweil mit völlig anderen Dingen beschäftigt. Sie hielt sich für ein Medium und war spirituell sehr bewandert. Sie schaffte es, sich in Trance zu versetzen und sich mit Geistern zu unterhalten.

Es gibt ein Theaterstück von Leo Tolstoi, das heißt »Früchte der Aufklärung«. Darin geht es um die spirituellen Séancen reicher Leute und wie sich die Bediensteten darüber lustig machen. Mein Vater und meine Mutter haben sich später dieses Stück angeschaut. Das ist eigentlich eine Komödie. Alle im Publikum haben sich kaputtgelacht. Nur mein Vater konnte nicht lachen und stöhnte: »Oh Gott, das sind ja meine Mutter und Onkel Kostja!«

Um Großmutter Sofia herum passierten ständig irgendwelche fantastischen Geschichten. Mein Großvater war ein sehr guter, tiefsinniger Psychologe und der Ansicht: »Lass das! Das schadet der Psyche, wenn man sich diese spirituellen Seiten so stark aneignet. Das sind die Tiefen unseres Unterbewusstseins, die noch nicht erforscht sind.«

Hetzkampagne gegen den Großvater

1933 ist Großvater auf dem Operationstisch gestorben. Er litt unter Darmkrebs und wusste davon, wollte aber nicht ins Krankenhaus. Diese Abneigung gegenüber medizinischen Behandlungsmethoden wurde auf meinen Vater und danach auch auf mich weiterübertragen. Wir haben unsere Gründe dafür, weil wir viel zu oft krank waren in bestimmten Zeiten.

Großmutter erzählte, dass der alte Herr sich immer wieder auf den dicken Bauch geklopft und dabei gesagt habe: »Sofia Wladimirowna, mein Krebslein wächst hier weiter, immer weiter.« Erst als sein Darm verschlossen war, legte er sich in die Klinik. Der Chirurg, sein Freund Alexej Wasiljewitsch Martinow, konnte nicht schnell genug operieren. Das Narkosemittel musste Großvater zweimal verabreicht werden, bis es wirkte. Die zweite Dosis aber hat sein Herz nicht mehr verkraftet. Die Leute sagten, der operierende Arzt sei schon nicht mehr der Jüngste gewesen, seine Hände seien nicht mehr so geschickt gewesen für eine derartige Operation. Es kann sein, dass dem so war.

Später gab es Spekulationen darüber, ob Großvater ermordet worden sei – wie viele andere unter Stalin. Wir in der Familie glaubteb aber nie daran, dass Derartiges geschehen war. Stalin war von dem Arzt und Mitglied der Akademie der Wissenschaften Bechterew untersucht worden. Dieser hatte bei Stalin Paranoia diagnostiziert. Danach starb Stalin unter seltsamen Umständen.

Eine andere Sache ist die, dass mein Großvater tatsächlich so hätte enden können wie zahlreiche Menschen jener Zeit. Eine Hetzkampagne gegen ihn hatte bereits eingesetzt. Großvater hatte nämlich zwei Artikel veröffentlicht, einen über erworbene Invalidität und einen anderen darüber, wie man die Gesundheit von Parteiaktivisten erhalten könne. Er hatte geschrieben, dass solche Menschen traumatisiert seien, bis zum Niveau der Behinderung. Daraus ließ sich die Schlussfolgerung ableiten, dass diese Menschen in ihren führenden Parteifunktionen nicht nur das eigene Leben gefährdeten, sondern auch eine Gefahr für ihr Umfeld darstellten.

Für seine beiden Artikel erntete mein Großvater deutliche Unmutsbekundungen. Man beschuldigte Piotr Borisowitsch, er würde eine schnelle Entwicklung des Staates verhindern. Und diejenigen, die diese Hetzkampagne losgetreten hatten, waren ausgerechnet Schüler von ihm gewesen.

Mein Großvater starb 1933 im Alter von 58 Jahren. Dass er so früh gestorben ist, war auf eine Art gut gewesen. Vielleicht hat das ihn und seine Familie vor Repressalien bewahrt. Vielleicht hat sein Tod uns das Leben gerettet.

Heute tragen ein Institut, ein Krankenhaus und ein Stück des Flussufers Großvaters Namen.

Vaters Neffe Schenja soll Spitzel werden

Mein Vater ist mit dem Tod seines Vaters erwachsen geworden. Da war er zwölf Jahre alt. Als Professorensohn besuchte er noch ein Jahr lang die bekannte MOPSch, eine Moskauer »Musterschule«. Mit ihm waren dort noch sehr viele andere Kinder berühmter Eltern eingeschult. Die Besonderheit der Schule bestand darin, dass an ihr hervorragende Bildung durch eine hoch qualifizierte Lehrerschaft angeboten wurde. Die Klassenkameraden waren untereinander eng befreundet.

Viele von Vaters Mitschülern kamen Ende der 1930er-Jahre im Zuge der »Säuberungen« hinter Gitter; dorthin waren sie den bereits ermordeten Eltern gefolgt.

Auf dem Sparbuch waren der Familie von Opa Piotr noch 30 Rubel geblieben. So lebten sie von der kargen Rente meiner Oma und der anderer Verwandter. Fortan hat sich Vater um seinen Neffen Schenja gekümmert, der mit seiner Mutter bei uns wohnte und nur fünf Jahre jünger war als er selbst. Schenja war schon früh ein von Gott begnadeter Künstler gewesen. Diese Gabe hatte er von seinem Vater geerbt, dem Künstler und Fotografen Alexander Grinberg. Er wurde 1936 ein Opfer der Stalin'schen »Säuberungen«. Man bezichtigte ihn der »Pornografie«, weil er ein Nacktmodell fotografiert hatte. Deswegen nahm sein Sohn Schenja den Namen von Babuschka an, also unseren Namen Gannuschkin.

Das Ganze spielte sich folgendermaßen ab: Im Krieg haben Geheimdienstler des NKWD den 17-jährigen Schenja eine Zusammenarbeit vorgeschlagen. Weinend bat er Großmutter, ihm zu helfen. Doch die Begabung meiner Großmutter, irgendwo anzurufen, Beziehungen ins Spiel zu bringen und zu verhandeln, wurde hier außer Kraft gesetzt. Sie konnte nichts erreichen, hat aber trotzdem noch viel herumtelefoniert. »Mein Enkel kann so etwas nicht tun. Er hat einen anderen Charakter.« Aber dort sagte man ihr: »Nein, Genossin Gannuschkina. Wir werden ihm eine Lektion erteilen.«

Mitten im Krieg kehrte Artjom Sergejew, ein ehemaliger Mitschüler meines Vaters und Sohn des legendären Bolschewisten Fjodor Sergejew, für einen kurzen Heimaturlaub zurück. In der Partei nannten sie ihn nur »Artjem«. Ihm zu Ehren wurde eine Stadt im Gebiet Donezk »Artjomsk« benannt. Ihm erzählte man die Geschichte.

»Kein Problem, er kann mit mir an die Front kommen!«, hat Artjom angeboten. Das hat der 17-jährige Schenja dann auch gemacht. Lieber Soldat als Spitzel.

An der Front war Schenja Schriftführer. Von dort schrieb er einen Brief an Großmutter mit der Bitte, er möchte ihren Namen annehmen. Großmutter antwortete: »Nein, warum möchtest du den Namen von Piotr Borisowitsch Gannuschkin. Dann nimm doch meinen Mädchennamen an.« Vater aber rügte sie: »Mutter, schämst du dich nicht? Er ist an der Front. Wenn ihm etwas zustößt, würdest du dir das nie verzeihen.« So schrieb Großmutter: »Der adlige und großherzige Aljoscha ist bereit, dir seinen Namen zur Verfügung zu stellen.«

Schenja hat dem Namen dann auch alle Ehre gemacht. Er wurde ein sehr bekannter Künstler. Und mit seinem neuen Familiennamen stellte ihm auch niemand mehr unangenehme Fragen nach seinem Vater, der ein Opfer der Säuberungen geworden war. Als Alexander Danilowitsch nach Moskau zurückkehrte, half Schenja dem Vater in allen Fragen des Alltags. Und der Mann, der immerhin 88 Jahre alt wurde, hatte auch viel Unterstützung nötig.

Später wurde ein Freund meines Vaters, Artjom Sergejew, zum General ernannt. Er war Stalins Zögling und bis zu seinem Tod von dessen großartigen Fähigkeiten überzeugt, obwohl so viele seiner Freunde unter dessen Führung getötet oder gequält worden waren. Zu seinen Mitschülern aber stand Artjom ein Leben lang treu.

Wie Großvaters Akte in Baku im Kamin landete

Mein Großvater Grigori Egorowitsch Prochorow hatte zwar seine revolutionäre Tätigkeit aufgegeben, aber er blieb weiter in Baku und geriet dort in Gefahr. Im Rahmen der Vernichtung aller Volksfeinde besaß der Geheimdienst NKWD die Möglichkeit, auch auf die Archive aus der Zarenzeit zuzugreifen. Dort ließen sich die Menschen ausfindig machen, die in den Anfangszeiten der Revolution politisch aktiv gewesen waren. Seit der Oktoberrevolution wurden die Menschewiki von den Bolschewiki als Feinde verfolgt.

In diesen Archiven fand Großvater eine Mitarbeiterin, die ihn darüber in Kenntnis gesetzt hatte, dass ihr Gatte abkommandiert war, sie zu bespitzeln. Großvater hielt es für seine Pflicht, seinen Arbeitgeber Kuliew zu benachrichtigen, dass er ausspioniert werde. Daraufhin lud Kuliew diesen Polizeiagenten und meinen Großvater zu sich nach Hause ein. Zu dritt saßen sie in einem Zimmer, das Kaminfeuer prasselte. Auf Bitte von Kuliew brachte der Agent die Akte mit, die man über meinen Großvater angelegt hatte. Kuliev schlug sie gar nicht erst auf, sondern warf sie sofort ins Feuer. Der Spitzel war entsetzt: »Wie konnten Sie das nur tun? Wissen Sie denn nicht, was jetzt mit mir passiert?« Kuliew blieb gelassen. »Sie brauchen hier keine unnötigen Worte zu verlieren. Sagen Sie einfach, was das kostet.« So war diese Akte verschwunden.

Zu Sowjetzeiten wurde Großvater ein paarmal festgenommen. Meine Mutter erinnerte sich daran, wie sie ihm regelmäßig die Essenspakete in die Untersuchungshaft gebracht hat. Doch da es über ihn keine Akte gab, ließ man ihn schließlich in Ruhe.

Etwa in den 1930er-Jahren lud das Finanzministerium meinen Großvater nach Moskau zu einem Vorstellungsgespräch ein. Doch Oma war dagegen. Sie war leidenschaftliche Ärztin, sprach Aserbaidschanisch, fuhr viel durch die Dörfer und behandelte sehr gerne die Menschen dort.

Großmutter wollte nicht nach Moskau, »weil die russischen Frauen Ärzte nicht genug respektieren«. Die aserbaidschanischen Frauen aber würden alles tun, »um ihren Kindern zu helfen, und auf ärztlichen Rat hören«. Und so sind meine Großeltern in Baku geblieben. Auch in den ersten Jahren nach der Revolution, als sehr viele Bandenkämpfe um sie herum tobten.

Großvater hat erzählt, dass er einmal abends nach Hause ging, schon ziemlich spät. Da hat ihn irgendeine Bande aufgehalten, ihm Geld, Mütze und Mantel abgenommen. Plötzlich erkannte ihn einer von den Kerlen: »Das ist doch der Ehemann unserer Ärztin! Entschuldige!« Er hat sofort wieder alles zurückbekommen. Als er das nächste Mal ausgeraubt wurde, hat Großmutter einen ihrer Patienten angerufen. Eine Stunde später klingelte es an der Tür. Als sie öffneten, stand niemand in der Tür, aber sie fanden dort ein Paket mit den geklauten Sachen.

Zwei völlig verschiedene Großmütter

Meine zurückhaltende Großmutter mütterlicherseits war der absolute Gegensatz zu dieser exaltierten Oma Sofia väterlicherseits.

Diese war in der Familie eines Anwalts in Moskau aufgewachsen. Sie war zur Hälfte Deutsche aus Tallinn, denn ihre Mutter stammte aus Deutschland. Alle Kinder waren bestens ausgebildet, inklusive der Mädchen. Deutsch und Russisch waren für sie gleichwertige Sprachen.

Diese verrückte Großmutter hatte schon einige Flausen im Kopf. Als Großvater Piotr noch lebte, waren bei uns am Tisch viele Professoren zum Essen versammelt. Großmutter sagte: »Übrigens, Piotr Borisowitsch, heute habe ich folgenden Satz gehört ...« Sie wiederholte den Satz, der mit den gröbsten und schlimmsten Schimpfwörtern gespickt war. »Was bedeutet denn das?«

Einem Professor unter den Gästen fiel vor Schreck das Monokel aus dem Auge. Er brummte: »Sofia Wladimirowna, bei Ihnen fehlt es aber irgendwo ein bisschen!« Die Antwort meines Großvaters folgte prompt. »Nein, nein, Verehrter. Sie hat viel zu viel. Sie hat eher so einen Überfluss an allem.« Und das war auch so.

Meine andere Großmutter mütterlicherseits war unter völlig anderen Umständen aufgewachsen als sie, und zwar in der lauten jüdischen Familie Bekker, in der es immer Streit und danach wiederum Versöhnung gab. Die fünf Schwestern unterstützten einander, ihre Beziehung zueinander war sehr impulsiv. Die Schwester meiner Oma hat als überzeugte Bolschewistin damals Nahrungspakete erhalten. Diese beinhalteten Frühstück, Mittagessen und Abendbrot. Allein schon von dem Frühstück konnte die ganze Familie leben, und sie hat alles an die Familie weitergegeben.

Eine andere Schwester war mit dem Autor der *Roten Teufel,* Pawel Bljachin, verheiratet. Die nächste Schwester, Tante Ljuba, wiederum hatte einen Litauer zum Ehemann erwählt. Er hatte perfekt zum System gepasst und war dann auch vom System bestraft worden. Das letzte Amt, das Juozas Vareikis bekleidet hatte, nannte sich »Vorsteher des Gebiets im Fernen Osten« der Bolschewisten. Dieser Mann war im Fernen Osten zuständig für die Deportation der Bevölkerung nach Zentralasien. Ihm aber blieben nur wenige Tage, bis er selbst zum Volksfeind erklärt worden ist. Die Grenzen zwischen Henker und Opfer sind manchmal sehr schmal. Juozas Michailowitsch Vareikis war 1937 verhaftet worden. Am 29. Juli 1939 hatte man ihn auf der Grundlage eines Urteils des Militärischen Kollegiums des Obersten Gerichtes der UdSSR auf dem Schießplatz des NKWD »Kommunarka«, unweit von Moskau, erschossen. In unserer Familie erzählt man sich, dass Tante Ljuba, die ebenfalls verhaftet und zum Tode verurteilt worden war, sich bei einem Verhör auf den Ermittler gestürzt habe, als dieser sie aufforderte, gegen ihren Mann auszusagen. Der Ermittler habe sie sofort erschossen.

Offiziellen Angaben zufolge ist sie am 26. Mai 1938 in Chabarowsk erschossen worden.

Ihre Kinder Julja, Sascha und noch ein zweijähriger Bruder wurden in ein Lager für Kinder der Volksfeinde verfrachtet. Julja war die Älteste. Sie hat mir später erzählt, wie miserabel das Essen im Lager war, dort habe man 300 Gramm feuchtes Schwarzbrot und einen Teller Brennnesselsuppe pro Tag erhalten. Nach der Mahlzeit mussten alle Kinder aufstehen und zusammen aufsagen: »Vielen Dank, Genosse Stalin, für unsere glückliche Kindheit.« Der kleine Bruder ist schwer krank geworden. Niemand durfte zu ihm in die Kammer hinein, in der er fiebernd lag. Julja stand vor der Tür und flehte: »Helft ihm!« Die Frauen, die diese Einrichtung geleitet haben, gaben zurück: »Wir helfen nicht Feinden des Volkes.« Der Feind des Volkes war zwei Jahre alt. Er ist ohne jegliche Hilfe vor den Augen seiner Schwester gestorben.

Ich glaube, dass ihr dieses Bild immer vor Augen geblieben ist und sie nachhaltig beeinflusst hat. Auch gesundheitlich. Mit 49 Jahren ist Julja an einer Hirnhautentzündung verstorben.

Ja, so mutig war Tante Polja

Der sogenannte »Große Terror« streifte auch die jüngste der Bekker-Schwestern. Tante Polja war mit einem Künstler verheiratet, Solomon Benediktinowitsch Telingater, einem der wichtigsten Vertreter des Konstruktivismus. Solomon Telingater, mein Onkel Monja, war ein kleiner, witziger Mann mit runden Brillengläsern, der sehr charmant sein konnte. Auch er war bereits Repressalien ausgesetzt. Seine Werke, so der Vorwurf, seien »formalistisch in der Kunst«. 1938 wurde er beim KGB vorgeladen, zusammen mit weiteren Künstlern. Die ganze Nacht wurden die Männer verhört. Danach haben Wachen die Gefangenen in verschiedene Richtungen auseinandergeführt. Das war in der Geheimdienstzentrale Lubjanka.

Die Gefangenen liefen durch ein Gewirr langer Flure und verschiedener Keller. Solomon Telingater war absolut sicher, dass das sein Ende war. Plötzlich öffnete sich eine Tür vor ihm, und er sah, dass er auf der Straße stand. Er lief nach Hause und rief sofort alle seiner Künstlerfreunde an, aber keiner von ihnen war zurückgekommen. Tante Polja, eine temperamentvolle jüdische Frau, reiste anschließend in das Lager, in dem die Kinder ihrer Schwester festgehalten wurden. Irgendwie hat sie es geschafft, bis zur Lagerleitung vorzudringen, und man übergab ihr die Kinder. Sascha und Julja Vareikis blieben verschwunden, doch dafür waren Sascha und Julja Bekker aufgetaucht. Die beiden trugen nun den Nachnamen Bekker. Die Frau hatte wirklich sehr mutig gehandelt.

Tante Polja arbeitete in einem staatlichen Verlag, oft die ganze Nacht hindurch. Eines Tages wurde sie in die Personalabteilung bestellt und aufgefordert, ihr eigenes Kündigungsschreiben aufzusetzen. Ärgerlich fuhr sie hoch. »Warum soll ich das tun?« »Weil Sie Kinder eines Volksfeindes erziehen.« Und diese furchtlose Frau schrieb folgenden Antrag: »Ich bitte um Kündigung, weil ich Kinder eines Volksfeindes erziehe.« Die Leitung hat ihre Kündigung aber nicht in der Form weitergegeben, sondern ließ Tante Polja ein einfaches Schreiben aufsetzen, dass sie auf eigenen Wunsch die Arbeitsstelle verlasse, aber sie hat es zum Glück nicht weitergereicht, was mutig war.

Tante Poljas Mann Solomon Benediktinowitsch Telingater war übrigens der erste Ausländer, der in Deutschland 1963 Träger des Gutenberg-Preises wurde. Er durfte aber nicht dorthin ausreisen, deshalb wollte man einen Kollegen zur Preisannahme schicken. Doch die Deutschen ließen sich nicht darauf ein, und so konnte Onkel Monja letztendlich doch zur Entgegennahme des Preises nach Deutschland fahren.

Nichte eines Volksfeindes

Großvater Grischa war ein »alter Menschewik«, das hat auch seiner Tochter, meiner Mutter, viel Leid gebracht. Mutter hatte Schwierigkeiten, sofort nach ihrem Schulabschluss einen Platz an einer Hochschule zu finden. Seit sie 16 Jahre alt war, lebte sie bei einer Tante in Moskau. Parallel zur Arbeiterfakultät musste sie im Tupolev-Werk schuften. Auf diese Weise verwandelte sie sich von der Tochter eines Spezialisten in ein Kind der Arbeiterklasse.

In der Montageabteilung fertigte meine Mutter, die schöne goldene Locken und braune Augen hatte, Teile für Flugzeugtechnik. »Liolka« haben Freunde sie genannt. Zu der Zeit entwickelten sie in dem Werk einen neuen Flugzeugtyp namens »Maxim Gorki«. Sogar Antoine de Saint-Exupéry, der im Frühjahr 1935 mit einer französischen Militärdelegation in Moskau weilte, war einmal mit diesem Flugzeug geflogen. Zur Einweihungsfeier im Mai 1935 sollte diese Maschine ihren Jungfernflug absolvieren. Eine Brigade von etwa 25 Komsomolzen – eine Abkürzung für »Kommunistische Union der Jugend« – hatte man als erste glückliche Passagiere auserwählt.

Als sich all die aufgeregten jungen Leute vor dem Flugzeug versammelt hatten, erschien beim Aufruf des Mädchennamens meiner Mutter »Prochorowa« noch eine andere junge Frau. Diese andere Prochorowa führte ihre kleine Tochter an der Hand mit sich. Das Mädchen war bitterlich enttäuscht, als ihr mitgeteilt wurde, dass nicht ihre, sondern meine Mutter gemeint war. So baten andere Komsomolzen meine Mutter: »Liolka, du kannst doch bei der nächsten Runde mitfliegen.«

Der Stolz war groß, dass wir in unserem Land so fortschrittlich im Flugzeugbau waren. Alles war sehr feierlich, und endlich startete die »Maxim Gorki«. Neben diesem großen Flugzeug stieg noch eine kleine Maschine in die Lüfte. Ihr Pilot wollte sein Können vorführen und zeigte verschiedene Figuren wie Loopings, Schleifen und Überschläge, was er nicht hätte machen dürfen. Bei seinem dritten Kunststück geriet das kleine Flugzeug in Berührung mit dem großen, sodass beide zusammenstießen und explodierten. Alle Insassen starben und wurden auf dem Nowodewitschje-Friedhof begraben. Seither liegen dort mit all den anderen eine Prochorowa-Mutter und ihre Prochorowa-Tochter. 65 Jahre später wurde auch meine Mutter dort begraben. Damals hatte das Schicksal ihr das Leben gerettet, aber um diesen hohen Preis. Und dadurch konnten wir auf die Welt kommen

Nach Abschluss der Arbeiterfakultät wechselte meine Mutter gleich zum Studium an das Moskauer Institut für Luftfahrt. Ihr geliebter Vater hatte ihr deutlich gemacht: »Unser Land braucht Ingenieure.« Meine Mutter hat getanzt und besaß eine schöne Stimme; es wäre besser gewesen, sie hätte aus ihren künstlerischen Talenten etwas gemacht. Womöglich lag es auch daran, dass sie ihr Leben immer für gescheitert erachtete. Sie hatte eine sehr schöne Figur, wirkte sportlich, obwohl sie nie Sport getrieben hatte in ihrem Leben. Sie musste sich entscheiden, hätte gerne etwas gewählt, was ihren Talenten entsprach, aber »das Land brauchte Ingenieure«. Und so ging sie auf das technische Institut.

Dort traf sie auf einen Kerl im Wachschutz von Warejkis. Er drohte ihr, wollte das von ihr haben, was derartige Männer von einer Frau gerne verlangen. Natürlich erteilte sie ihm eine Abfuhr. Er drohte ihr erneut und lieferte im Büro der Komsomolzen einen Bericht ab, dass in der Fakultät die Nichte eines Volksfeindes studiere. Dabei spielte er auf ihren Onkel Vareikis an. In einer Versammlung vereinbarte man daraufhin, sie demnächst aus dem Komsomol auszuschließen.

Um dem Hinauswurf zuvorzukommen, ist Mutter gleich zur Personalabteilung gegangen, um ihre Papiere abzuholen. Eine freundliche Frau im Büro hielt sie aber davon ab. »Lass deine Unterlagen hier. Finde lieber einen Arzt, der dir für eine Weile ein Attest ausstellt und dich beurlaubt. So ein Hirngespinst kann ja nicht ewig dauern.« Da Mutter unter Herzproblemen litt, stellte das kein großes Problem dar. Während ihrer Beurlaubung, die etwa zwei Jahre dauerte, hat sich tatsächlich die ganze Aufregung in Luft aufgelöst. In dieser Zeit jobbte sie als Zeichnerin und wechselte dann ans Literaturinstitut. Am Institut für Luftfahrt holte sie ihre Papiere ab.

Das Land braucht Ingenieure, keine Schriftsteller

Die gleiche nette Frau, die ihr damals geraten hatte, ein Attest zu besorgen, empfahl ihr nun: »Schreib dich wieder ein! Das Soll ist erfüllt. Neffen und Nichten von Volksfeinden müssen fortan nicht mehr exmatrikuliert werden.«

Auch meine Mutter kehrte an die Universität zurück und nahm im ersten Semester ihr Studium auf. Mein Vater hatte in diesem Jahr die Schule bereits beendet und immatrikulierte sich gemeinsam mit Artjem Sergejew an der Artillerieakademie. Beide haben ihre Examina abgeschlossen, aber mein Vater durfte nicht studieren. Ausschlaggebend war seine Gesundheit. Er hatte die medizinische Prüfung nicht geschafft, weil er als Kind einmal an Tuberkulose erkrankt war. Doch am Luftfahrtinstitut nahm man ihn ohne Aufnahmeprüfungen, und Mitte September besuchte er die erste Vorlesung. Er setzte sich dabei neben ein Mädchen, das meine Mutter war. Im Unterschied zu Großvater Piotr war er mit 1,90 Meter sehr groß gewachsen, aber fast genauso dick; sein Kopf war kahl geschoren. Nach der Vorlesung wechselten die Studenten die Räume. So betrat er den Seminarraum, machte meine Mutter wieder unter den anderen Studenten aus, warf seine Aktentasche mit Freude in die Luft und rief: »Hurra!« Er hat ihr sehr aktiv den Hof gemacht. Der Arme musste sie und ihre Freunde zu

Konzerten begleiten, was er nicht so gern mochte. Er ist dort immer eingeschlafen.

Vater war mit seinen 18 Jahren vier Jahre jünger als meine Mutter, die viele Verehrer hatte. Später habe ich sie einmal darauf angesprochen: »Was hast du mit diesen Verehrern gemacht?« Mutter antwortete mir sehr ernst: »Ich habe sie in den Status von Freunden überführt.« »Und warum hast du das nicht mit Vater getan?« »Ich wollte ihn auch in diesen Zustand transferieren, aber er hat das nicht zugelassen.«

1940 haben meine Eltern geheiratet. Am 3. Juli, dem Geburtstag meiner Mutter. Das war auch der Tag, an dem sich Großvater und Großmutter das Jawort gegeben hatten.

Die Alten waren zu schwach für die Evakuierung

Während des Krieges brachte Vater seine junge Ehefrau zu sich nach Hause in die Brotgasse, wo die große Gannuschkin-Familie und andere Verwandte lebten. Außer meinem Vater und meiner Oma wohnten dort ihr erster Mann, ihre Tochter Natalia, die sie mit ihrem zweiten Mann hatte, und der Sohn Schenja, die ältere Schwester meiner Oma Nadeschda Wladimirowna Musalewskaja und die ältere Schwester von Großvater, Maria Borisowna Gannuschkina. Bis zur Revolution leitete sie das Frauengymnasium, das dann von Vertretern des Proletariats geschlossen wurde. Marias gesamte Habseligkeiten legte man auf ein Wägelchen, auf das man auch sie und ihren Bruder setzte. Außerdem lebten in diesem Haus in einem dunklen Zimmer bei der Küche mein Kindermädchen Anja, ihre Gäste aus dem Dorf und vier weitere Frauen, die meine Oma praktisch auf der Straße eingesammelt hatte. Ich weiß nicht, wie sie da alle Platz gefunden haben, aber im Küchenbereich war es ihnen zumindest warm. Sie lebten lange bei uns, auch noch nach dem Krieg. Ich bin immer gerne in die Küche gegangen, habe ihnen von mir und meinem Bruder Wanja erzählt, natürlich alles im Stil russischer Märchen. Mich haben sie immer mit schwarzem Brot und etwas Salz bewirtet; das war damals das Beste, was man einem anbieten konnte. Meine Mutter erinnert sich noch daran, dass ich das erste Plätzchen, das man mir angeboten hatte, abgelehnt habe. Schade nur, dass ich inzwischen zu Süßigkeiten ein anderes Verhältnis habe.

Das Luftfahrtinstitut hatte man nach Alma-Ata evakuiert, doch meine Eltern konnten Moskau nicht mehr verlassen. Meine Mutter war mit mir schwanger gewesen und trug nun die Verantwortung für die Familie.

Der Gesundheitszustand meines Vaters verschlechterte sich, er litt an offener Lungentuberkulose. Er hustete, spuckte Blut und hatte ständig Fieber. Trotzdem war er für den Luftschutz unseres Hauses verantwortlich. Das bedeutete, er musste nachsehen, ob die Fenster im Haus gut zugeklebt waren. Während der Bombardements machte sich mein Vater immer auf den Weg zum Dach, wo er mit anderen Bewohnern herabgefallene Zündbomben aufsammelte und ins Wasser warf. Eines dieser deutschen Bombenzündteile befindet sich heute immer noch auf dem Fenstersims als Erinnerung an diese Zeiten. Außerdem mussten wir in zerstörten Häusern den Schutt wegräumen. Eine Bombe ist in das gegenüberliegende Haus gefallen. Daraufhin krachte in einer Wohnung die Decke zu Boden, direkt zwischen den Eltern und ihrem schlafenden Kind. Der Vater hat immer wieder erzählt, wie er als Erster in diese Wohnung kam und den Schutt zur Seite räumte. Glücklicherweise war das schlafende Mädchen nicht zu Schaden gekommen. Es handelte sich um die Familie des bekannten Kunstwissenschaftlers Radlow. In seiner Familie wurde viel über diesen Vorfall erzählt, u. a. auch das: »Plötzlich stand ein junger Mann aus dem Nachbarhaus vor mir, ich weiß nicht mehr, wie er heißt.« Ich habe mir das im Fernsehen angesehen und laut gerufen: »Ja, aber das war doch mein Vater.«

Und dann fährt sie fort. »Jetzt erinnere ich mich. Es war der Sohn der Witwe des Psychiaters Alexej Gannuschkin.« Mein Sohn sagte in dieser Situation zu mir: »Ich glaube, sie hat dich eben gehört.« Konnte sie aber nicht, da es ja eine Aufzeichnung war.

Unsere Familie konnte auch deswegen nicht evakuiert werden, weil die Mutter meines Vaters, Sofia Wladimirowna, mit Diabetes und Herzproblemen ans Bett gefesselt war. Regelmäßig musste sie sich ihre Injektionen setzen. So kam es, dass unsere Familie die gesamte Kriegszeit in unserer Wohnung in Moskau verbrachte.

Großmutter Sofia lag im Bett und war trotzdem gesellschaftlich hoch aktiv. Draußen tobte der Krieg, doch im Haus funktionierte nach wie vor das Telefon. Sie hatte ständig den Hörer am Ohr und beschwerte sich lautstark beim Moskauer Rat, dass der Fahrstuhl im Wohnblock wieder in Betrieb genommen werden müsse, weil in unserem sechsstöckigen Haus sehr viele alte Menschen lebten, die darauf angewiesen waren.

Dieses sechsstöckige Gebäude in der Brotgasse, im europäischen Stil erbaut, steht heute noch. Und an einer Wand ist eine Tafel zum Gedenken an Piotr Borisowitsch Gannuschkin angebracht. An unserer Haustür im fünften Stock stand die Nummer 20. Direkt links von unserer Wohnung aus konnte man in die Praxis gelangen, in der mein Großvater seine Patienten empfangen und behandelt hat.

Hinter dem Empfangszimmer befand sich ein 35 Quadratmeter großes und fast fünf Meter hohes Wohnzimmer mit zwei großen Fenstern, das mit schweren Möbeln aus Eiche und teurer karelischer Birke eingerichtet war. Dazu gehörten eine Couchette, ein Kanapee und ein Sofa mit einer großen Lehne am Kopfende. Sie waren von orangegelber Farbe und glänzend poliert. All diese Möbel haben meine Eltern nach dem Krieg an irgendeine Botschaft verkauft. Die Stücke hätten gründlich restauriert werden müssen, doch dazu fehlte meinen Eltern das Geld. In der Mitte dieses Wohnzimmers stand ein Ofen, der den ganzen Raum heizte. Einige Zimmer waren während des Krieges geschlossen, weil es im Winter, bei minus 40 Grad, darin zu eisig war.

3 VIELE PFLEGEFÄLLE, GRIESSBREI UND EIN SCHWANZWEDELNDER HUND

Am 6. März 1942 wurde ich geboren. Das war angeblich an dem Tag, als in Moskau zum letzten Mal Bomben fielen. Bis zum zweiten Lebensjahr erinnere ich mich noch an einige Episoden aus meinem Leben, als ob ich davon viele kleine Bildchen in mir gesammelt hätte.

Es war klar, dass ich meinen kranken Vater nur selten sehen durfte. Meine Oma, meine Mutter und ich belegten zusammen ein Schlafzimmer, in dem zwei große Betten mit hohen Stirnseiten aus Bronze standen. In einem davon schlafe ich heute noch. Ich habe aus dieser Zeit eine Erinnerung, wie ich in meinem Bett stand und mein Vater den Raum durchquerte.

Wahrscheinlich hatte er sich gerade gewaschen, denn er kam mit nacktem Oberkörper aus dem Badezimmer. Bestimmt war er gut gelaunt. Er lief auf mein Bett zu, und ich sah diese haarige Männerbrust und schrie: »Ein Hund!« Vielleicht, weil wir tatsächlich einen Hund zu Hause hatten, einen rotbraunen Irish Setter. Wir waren gut miteinander befreundet.

Meine Mutter hat mir erzählt, dass er mich dauernd ablecken wollte. Wenn sie nicht im gleichen Raum war, konnte sie hören, wie der Hund vor meinem Bett saß und mit dem Schwanz wedelte, der dabei im schnellen Takt auf den Parkettboden schlug. Solange es

»Tack-Tack-Tack« machte, bedeutete es, dass alles in Ordnung war. Wenn Mutter dieses Geräusch nicht mehr hörte, war das ein deutliches Zeichen dafür, besser einmal nach mir zu sehen.

Ich wusste auch, dass man den Hund nicht streicheln sollte. Wenn man ein Tier gestreichelt hatte, musste man sofort die Hände waschen. Kaum war meine Mutter wieder draußen, habe ich dem Hund zugerufen: »Komm her! Komm her!«

Unser Hund hieß Ralf. Ein deutscher Name. Während des Krieges hatten wir kein Futter mehr für Ralf. Artjem, ein Freund meines Vaters, hat ihn deshalb mitgenommen. Er wurde aber bald darauf an die vorderste Front abkommandiert. Dort verschwand Ralf; wahrscheinlich ist er einfach umgekommen.

Wir hatten nicht viel zu essen, und das wenige, das es gab, war eintönig. Trotzdem mussten wir nicht hungern. Jeden Tag servierte Mutter auf Milchbasis gekochten Grießbrei. Die Milch stammte von unserer eigenen Kuh, die wir mit Verwandten zusammen gekauft hatten. Die Kuh lebte bei einer Frau auf dem Dorf, und diese Frau hatte sich verpflichtet, uns alle zwei Tage deren Milch zu bringen. Den Rest durfte sie selbst verbrauchen.

Außerdem erhielten wir auf dem Dorf Lebensmittel, die man gegen Kleidung und Schmuck eintauschte. Großzügig war man bei diesen Tauschgeschäften nicht, sondern nutzte eher die Notlage unserer Familie aus. Und so waren bald alle Ringe und weiterer Schmuck meiner Großmutter weg. Von unseren Vorfahren sind uns nur noch die Bücher geblieben, außerdem noch etwas Tafelsilber, das von meiner Urgroßmutter Olga Mascharowa stammte.

Als Hauptnahrungsmittel war Grießbrei sehr verbreitet. Eines Tages aber wurde mir ein anderer Brei vorgesetzt. Er sah anders aus, er schmeckte anders, er roch anders. Das Breipulver stammte aus amerikanischen Paketen, die mit »Land Lease«, einem staatlichen Programm der USA, in die UdSSR geschickt worden waren. Mit diesem Hilfsprogramm hatten die Alliierten im Zweiten Weltkrieg Lebensmittel, Kleidung, Munition, Technik und strategische Wertstoffe, darunter auch Produkte der Petrochemie, geschickt.

Außer diesem säuerlich schmeckenden Brei habe ich auch noch andere Kindheitserinnerungen an Amerika: meine ersten Latschen. Das waren weiße, glänzende Schuhe mit großen Zungen. Ich weiß noch zu gut, wie ich mich gebückt habe, um sie zu schnüren. Ich wollte die Schleifen zuziehen, doch immer wieder haben mich meine eigenen Beine daran gehindert. Und dieses Bild meiner Schuhe vor mir, an die ich so unheimlich schwer gelangen konnte, blieb mir bis heute gestochen scharf im Gedächtnis. Konnte ich nach diesen Erlebnissen ein schlechtes Verhältnis zu Amerika haben? Natürlich nicht!

Ein schmutziges Küken auf langen Beinen erweckt mich zum Leben

Mit zwei Jahren wurde ich das erste Mal krank. Ich litt unter hohem, anhaltendem Fieber. Alle Urinproben waren dermaßen schlecht ausgefallen, dass man Angst um mein Leben hatte. Natürlich besaß Großmutter noch weit gefächerte Beziehungen unter angesehenen Ärzten. Mit heißer Stirn lag ich in diesem großen deutschen Bett; um mich herum standen ältere Herren in weißen Kitteln und schüttelten traurig ihre Köpfe. Sie wussten nicht, was mir fehlte.

Ein Professor hatte bei uns zu Hause nach einer medizinischen Beratung seine Galoschen vergessen, die Überzieher, die man über die Lederschuhe streifte. Seine junge Frau erschien, um diese Gummischuhe wieder abzuholen. Sie war Kinderärztin. »Mein Gott, so ein Unglück!«, sagte sie zu Mutter und bat darum, mich auch einmal ansehen zu dürfen. »Hat einer von ihnen irgendwann mal Malaria gehabt?«, hakte sie nach. Mutter antwortete: »Natürlich.« Sie hatte ihre Jugend im Süden verbracht, und Malaria war dort verbreitet. Da schlug die Ärztin als Therapiemaßnahme vor: »Versuchen Sie es mit Chinin.« Man hat mir dieses Arzneimittel verabreicht ohne große Hoffnung auf Heilung. Kurz erholte ich mich tatsächlich etwas, blieb aber weiterhin sehr schwach, und bald darauf hatte ich den Willen zu leben ganz verloren. Ich lag da, wollte nichts essen, nicht einmal amerikanischen Grießbrei, was sehr untypisch für mich war.

Dann trat diese Frau, die uns regelmäßig die Milch lieferte, eines Tages in mein Zimmer und schwärmte mir vor: »Komm doch zu uns ins Dorf! Wir haben Kühe, Hühner und sogar Küken.« Das war der Moment, in dem ich gesagt habe: »Ich wünsche mir ein Küken.« Und man hat mir ein Küken gebracht. Das war aber nicht so ein kleines, gelbes, süßes Klümpchen. Das war ein Teenager. Ein schmutziges Küken, ziemlich dünn, auf hohen Stelzenbeinchen. Dieses Wesen durfte über mein Bett stolzieren. Ich weiß noch, wie es verschreckt über meine Decke lief und überall dunkle, schwarze Spuren hinterließ. Doch ich wollte es unbedingt fangen und streicheln. Dieses junge Leben hat mich wieder zum Leben gebracht.

»Gebt mir ein Gewehr! Und ich schieße aus dem Fenster!«

In unser Haus kamen Gäste. Sie baten meine Großmutter, sie möge sich für sie einsetzen. Meine Großmutter gab nicht nur in unserer Wohnung, sondern im ganzen Haus den Ton an. Nach Beginn des Krieges hatte sich eine Nachbarin an Großmutter gewandt, weil sie ein Problem hatte. In ihrem Pass stand nämlich, dass sie Deutsche sei. Dies hatte zur Folge, dass sie Moskau verlassen musste. »Bitte tun Sie etwas für mich«, hatte sie gesagt.

Ich weiß nicht genau, wie meine Oma das geschafft hat, aber die Nachbarin durfte bleiben. Sonst wären die Aussichten für sie sehr trüb gewesen.

Als die Truppen der Wehrmacht schon kurz vor Moskau standen, rief meine deutsche Großmutter bei einem Militärdienst an und verlangte: »Gebt mir einen Minenwerfer! Sie werden mir zeigen, wie man damit umgeht, und dann werde ich aus dem Fenster schießen!« Ich glaube, sie meinte das absolut ernst.

Als der Krieg zu Ende war, erhielt Großmutter einen Anruf. »Genossin Gannuschkina! Wir möchten Ihnen eine Medaille verleihen für die Verteidigung Moskaus!« Großmutter wehrte ab. »Ich bin ein alter Mensch, ich brauche keine Auszeichnung.« Aber so ganz wollte sie auf diese Medaille auch nicht verzichten und schlug deshalb vor: »Geben Sie diese Medaille doch meinem Enkelsohn.« Tatsächlich erhielt er die Medaille. Unabhängig davon bekam auch mein Vater eine Medaille verliehen.

Als Kind eine Haltung zum Schrecken finden

Sobald eine russische Stadt von unserer Armee zurückerobert und befreit wurde, gab es in Moskau ein Feuerwerk des Sieges. Das fand immer abends statt, wenn ich ins Bett gehen musste. Vater wickelte mich in eine Decke ein und trug mich ans Fenster im Bad, damit ich das bunte Lichterspektakel betrachten konnte.

Der Krieg war zu Ende, ich war gerade mal dreieinhalb Jahre alt und durfte endlich auf die Straße gehen.

Gegenüber von unserem Wohnblock befand sich ein vierstöckiges Haus mit einem kleinen Blumengarten davor. Der Zaun drum herum war sicherlich sehr niedrig, aber mir reichte er bis zum Kinn. Wir spielten in diesem kleinen Vorgarten, als plötzlich einer der Erwachsenen rief: »Guckt mal, da werden die Deutschen durch die Straßen getrieben!«

Ich wusste nicht, was Krieg war. Ich wusste nur, dass irgendwelche Deutschen etwas sehr Schlechtes getan hatten. Ich hatte noch nichts von all diesen Vorgängen verstanden, aber etwas gespürt.

Und auf einmal schlichen diese schrecklichen Deutschen, von denen ich schon nebenbei gehört hatte, die irgendwo in meinem Unterbewusstsein saßen, durch unsere Gasse.

Die Gefangenen trugen keine Uniformen mehr. Die Gesichter der Männer waren ebenso grau wie ihre Wattejacken. Sie hatten spitze Nasen und hielten die Köpfe gesenkt. Eine sehr gespannte Stille machte sich um uns herum breit. Schweigend stand ich am Zaun im Vorgarten und betrachtete diese Menschen. In mir wühlte eine tiefe Unruhe, aber auch eine Unsicherheit: »Was muss ich gegenüber diesen Männern empfinden? Soll ich sie hassen? Soll ich sie bemitleiden?« Das vermochte ich natürlich nicht in Worte zu fassen, aber in meinem Inneren brodelte dieser quälende Wunsch: »Ich muss eine Haltung finden.«

Auf einmal stöhnte mein Kindermädchen Anna – sie war die älteste von uns Kindern, ihre Eltern hatten sie in der Not aus dem Haus gegeben: »Ach, du lieber Gott. Ihr Armen, Armen! Was habt ihr nur angestellt?« Und ich empfand so eine Erleichterung in diesem Moment, weil ich sie bemitleiden durfte. Dieses Gefühl, eine Haltung gefunden zu haben, bezog sich nicht nur auf diese Deutschen, sondern auf die ganzen Geschehnisse um mich herum. Möglicherweise war das der entscheidende Augenblick für die Herausbildung meiner Persönlichkeit. Wenn ich in diesem Moment gehört hätte: »Das sind Feinde! Jetzt laufen sie hier herum, diese Erniedrigten, aber das haben sie verdient.« Vielleicht hätte mich diese Einstellung auf eine gänzlich andere Weise beeinflusst.

Wir brauchen nicht zum Volk zu gehen

Fjodor Michailowitsch Dostojewski schildert in seinem *Tagebuch eines Schriftstellers* in einer Episode seine Begegnung mit dem Bauern Marej, an den er sich während seiner Zeit in der Verbannung (Strafe der »Katorga«) immer wieder erinnert.

Als Neunjähriger war Dostojewski einmal im Wald spazieren gegangen. Plötzlich überkam ihn das Gefühl, ein Wolf sei hinter ihm her. Er rannte sofort aus dem Wald hinaus zur Schlucht und fiel dem dort ackernden, leibeigenen Bauern Marej buchstäblich in die Arme. Dostojewski, ein nervöser Mensch, der an Epilepsie litt, erinnerte sich sein ganzes Leben lang an den liebevollen Trost, den ihm dieser leibeigene Bauer spendete. »Nun, geh ruhig weiter«, habe dieser ihm aufmunternd zugeflüstert. »Ich werde dir hinterherschauen und dich mit meinen Augen begleiten. Ich werde dich nicht dem Wolf überlassen«, habe dieser noch zu ihm gesagt. Und dabei habe er ihm mütterlich zugelächelt. »Nun, Christus ist mit dir, geh weiter.« Dostojewski schreibt: »Dann bekreuzigte er mich und anschließend sich selbst. Ich bin weitergelaufen, habe mich fast alle zehn Meter zu ihm umgedreht. Und die ganze Zeit, während ich so gegangen bin, stand Marej neben seinem Gaul und sah mir hinterher. Dabei nickte er mit seinem Kopf, wenn ich zu ihm blickte. Mir war es, ehrlich gesagt, ihm gegenüber etwas unangenehm, dass ich solche Furcht gehabt hatte. Und ich ging weiter, von der Angst vor dem Wolf getrieben. Schließlich gelangte ich an den Hang der Schlucht, direkt an der Getreidedarre. Hier nahm die Angst noch einmal zu. Doch dann kam mir unser Haushund ›Woltschok‹ entgegen und drängte sich an mich. Als ich ›Woltschok‹ spürte, wurde ich munterer. Nun drehte ich mich ein letztes Mal zu Marej um. Sein Gesicht konnte ich schon nicht mehr klar erkennen, aber ich war mir sicher, dass er immer noch so liebevoll lächelte und mit dem Kopf nickte. Ich winkte ihm zu, er winkte zurück und machte sich mit seinem Gaul wieder an die Arbeit.«

Diese Erzählung fügte Dostojewski an der Stelle ein, an der er die vier Jahre seiner Verbannung (Strafe der »Katorga«) schildert. Dort traf er mit vielen politischen Gefangenen zusammen, unter ihnen nicht wenige Polen, die für die Unabhängigkeit ihres Landes gekämpft hatten. Am Osterfest durften die Verurteilten Wodka trinken, so viel sie wollten. Und in diesen Tagen schlugen sie vollkommen über die Stränge: Sie tranken, spielten Karten, gerieten in wilde Schlägereien. Irgendwann einmal hatte ein Pole – Dostojewski nennt ihn »M-zkij« – zu ihm gesagt: »Je hais ces brigands!« (Ich hasse diese Räuber).

Und in dieser Situation erinnerte sich Dostojewski wieder an Marej. »Und dann plötzlich sah ich mich um, sah auf diese armseligen Menschen mit einem ganz anderen Blick, und wie durch ein Wunder verschwand der ganze Hass, der ganze Zorn aus meinem Herzen. Ich habe mir die Menschen, die mir begegnet sind, angesehen und mir gedacht: ›Ach, dieser kahl geschorene Mann, dem man auf seine Stirn eingebrannt hat, dass er ein Verbannter ist, und der betrunken ein Lied vor sich her singt, könnte vielleicht eben dieser Marej sein; ich kann den Menschen ja nicht in ihr Herz sehen.‹ An diesem Abend habe ich auch M-zkij gesehen. Was für ein unglücklicher Mensch ist er doch. Er hat niemals einen Marej kennengelernt und er sah die Menschen nur durch sein ›Je hais ces brigands!‹. Ja, die Polen haben es damals schwerer gehabt als unsere Leute.«

Diese Geschichte von Dostojewski hat mich in meinem Studium, als ich die Tagebücher von Dostojewski gelesen habe, sehr geprägt. Damals hat man viel von einer Rückkehr zu den Wurzeln geredet, davon, dass man zum Volk, so wie es in der Vorstellung der russischen Intelligenzia Ende des 19. und Anfang des 20. Jahrhunderts existierte, zurückkehren müsse. Doch meine Generation ist aufgewachsen in einer Umgebung, die weit weniger gespalten war als zu Dostojewskis Zeiten. Wir brauchten nicht zum Volk zu gehen, wir waren schon das Volk.

Wir lebten lange in einer Wohnung gemeinsam mit anderen Familien. Meine Eltern haben immer bis spätabends gearbeitet, verbrachten zahlreiche Überstunden im Büro, weil man doch das neueste Modell eines Flugzeugs von Tupolev unbedingt zu einem bestimmten Termin fertigstellen wollte. Auch der Nachbar hat in seiner Fabrik den Plan immer übererfüllt. Und meine Nachbarin nahm ihre Zeichnungen sogar mit nach Hause. In der gemeinsamen Küche kochten wir gleichzeitig und tauschten gegenseitig die wunderbarsten Rezepte aus.

Das Leben in der Gemeinschaftswohnung, der sogenannten »Kommunalka«, war alles andere als idyllisch. 1960 kaufte sich mein Neffe Schenja, ein Künstler, eine Gemeinschaftswohnung und vermietete eines der Zimmer an den Staat. Es dauerte nicht lange, und eine Frau zog mit ihrem Mann dort ein, die beim Geheimdienst NKWD arbeitete. Ich erinnere mich noch gut daran, wie sie sich in der Küche mit der schon alten Schwester meiner Oma gezankt und diese angefaucht hatte: »Ich hätte schon gewusst, was ich mit dir mache, damals 1937.« Sie schimpfte laut, und jeder wusste, was die Frau aus dem NKWD damit meinte.

In der Regel ging das Ganze meist so aus, dass ihr Mann irgendwann im Türrahmen auftauchte und seine schreiende Frau langsam aus der Küche hinauszog. Damit nahm er ihr die Möglichkeit, ihre für sie sicherlich sehr wertvollen Erinnerungen mit uns zu teilen.

Gleichzeitig waren wir aber auch von sehr vielen wunderbaren Menschen umgeben, die vom Land nach Moskau gekommen waren und in der Großstadt ihre Nische gefunden hatten.

Noch gut erinnere ich mich an Nastja Nikanorowna, die bei uns aufgeräumt und sich um die Wäsche gekümmert hat. Sie zog von Haus zu Haus und erledigte die Wäsche für verschiedene Familien. Obwohl sie eine einfache russische Frau vom Land war, war sie auf ihre Art mit einem unglaublichen Selbstwertgefühl ausgestattet; außerdem konnte sie wunderbar erzählen. Sie arbeitete Tag und Nacht, um ihre Kinder, die schon erwachsen waren, über die Runden zu bringen.

Nastjas Arbeitsbedingungen waren folgende: Sie verlangte Geld und Essen. Über eine Familie, die wir ihr als zusätzliche Arbeitgeber empfohlen hatten, äußerte sie sich abfällig: »Nein, nein. Zu diesen Leuten gehe ich nicht mehr. Sie respektieren einen nicht. Sie haben schlecht für mich gekocht.« Natürlich hätte sie die Lebensmittel auch selbst einkaufen und das Essen selbst kochen können, aber für sie galten nun einmal andere Bedingungen. Man musste sie zum Mittagessen einladen. Dann blieb sie. Für sie war auch wichtig, auf welche Weise sie empfangen wurde, welches Essen auf dem Tisch stand und auf welche Art sie bewirtet wurde. Erst all das zusammen vermittelte ihr das Gefühl, anerkannt zu werden. Mein Vater meinte einmal, Nastja Nikanorowna könnte auch Ministerin werden.

Mein Großvater Piotr hatte zum Beispiel einen privaten Fahrer namens Arkadi Iwanowitsch. Vater, der schon als kleiner Junge Interesse an Technik gezeigt hatte, hielt diesen für seinen ersten und besten Lehrer im Ingenieurwesen. Arkadi hat ihm gezeigt, wie ein Auto aufgebaut ist und wie der Motor funktioniert. Er hat ihm auch gezeigt, wie man mit den Instrumenten umgeht und wie man lötet. Ihre Freundschaft hielt das ganze Leben.

Sofort nach dem Ende des Krieges stieß unsere Haushälterin Lida zu uns. Sie war vielleicht 15 Jahre alt und aus den besetzten Gebieten nach Deutschland verschleppt worden, als die Nazis auf dem Rückzug waren, das heißt, man benutzte sie sozusagen als lebenden Schutzschild. Wenn die Truppen in die Offensive gingen, trieben sie diese kleinen Mädchen vor ihren Gewehren her. Die deutschen Soldaten nannten sie verachtungsvoll »Dreck«. Um sich besser vor Vergewaltigungen zu schützen, hatten die Mädchen ihre Gesichter mit Mist beschmiert. Lida erzählte, wie sie während des Vormarsches der sowjetischen Armee gerannt sind und den sowjetischen Soldaten auf der anderen Seite zugeschrien haben: »Schießt jetzt!« So ein Leben musste dieses junge Mädchen führen.

Jetzt war Lida bei uns im Haushalt tätig. Damals erhielt man Waren nur gegen Lebensmittelkarten. Es war eine Katastrophe, wenn man seine Marken verloren hatte. Überall mussten die Menschen in langen Schlangen anstehen. Und überall nahm Lida mich mit hin. Mama und Papa waren arbeiten, und Lida stand mit mir an den Läden an für ein Stück Seife oder für ein bisschen Mehl. Die Schlange war so lang, dass wir zwischendrin durchaus mal für eine Stunde verschwinden und uns dann wieder einreihen konnten.

Auf der Hand notierte jemand vorher eine Nummer, mit speziellen chemischen Bleistiften, sodass man die Schrift nicht so leicht wegwischen konnte. Eigentlich durfte man pro Person, das heißt pro Hand, wie man damals sagte, nur ein Stück Seife erhalten, aber weil ich als Kind dabei war, konnten wir zwei Stück einheimsen. Deswegen standen manche Kinder mehrfach an, immer mit anderen Erwachsenen.

Das alles zusammen fand ich sehr lustig. Jede Person in der Schlange trug einen Spitznamen. Dabei reduzierte man den Menschen auf eine Besonderheit, zum Beispiel hieß ein Mann nach seiner bügellosen Brille »Kneifer«. Oder man sagte: »Ich stehe hinter dem Flaumtuch.« Damit war eine Frau gemeint, die ein Tuch aus Gänseflaum um den Kopf trug. Lida und ich hießen »junge Frau mit Mädchen«.

Da Schlangestehen sehr viel Zeit und Kraft kostete, gingen wir derweil irgendwo in ein Lebensmittelgeschäft und kauften eine Tüte mit Fischen. Wir zogen einen nach dem anderen am Schwanz heraus und schoben ihn in den Mund.

Später ging Lida auf eine Fachschule für Verkaufskräfte und heiratete. Das letzte Mal, als wir uns trafen, war sie Direktorin eines großen Lebensmittelgeschäfts.

In den Tagen meiner Kindheit arbeiteten vor allem Tataren auf den Höfen und Straßen. Wir nannten sie »Limitschiki«, weil sie zu den Tataren gehörten, die noch unter das »Limit« gefallen waren und deswegen die begehrte Registrierung, die »Propiska«, erhalten hatten. Sie verrichteten zumeist Arbeiten, welche die Moskauer nicht machen wollten. Normalerweise hatte ihnen die Hausverwaltung ein Zimmer zur Verfügung gestellt, das für gewöhnlich im Keller lag. Damals hatte auch eine nicht korrekte Anekdote die Runde gemacht: »Die Tataren haben es nicht geschafft, Moskau mit Waffengewalt einzunehmen, nun tun sie es mit dem Besen.« Direkt in unserem Hof arbeiteten »Tante Sonja« und »Onkel Abdul«, wie wir sie nannten. Beide sprachen nicht gut Russisch, doch sie wurden von allen sehr geschätzt. Und sie nahmen sich der Kinder im Hof an. Immer wieder machten die Mütter ihren Kindern Vorhaltungen: »Tante Sonja hat gesagt, dass du dich schlecht betragen hast. Und du schämst dich nicht einmal dafür.«

Man hat uns in der UdSSR immer wieder einzureden versucht, dass eine neue historische Gemeinschaft von Menschen, die aus unterschiedlichen sozialen und ethnischen Gruppen stammen, entstanden sei und dass man diese Gruppe das »sowjetische Volk« nenne. Die Zeit hat gezeigt, dass es nicht so war – und möglicherweise muss man hinzufügen »leider«.

Ich war ein sehr krankes Kind

Einen Tag in der Nachkriegszeit habe ich besonders gut in Erinnerung. An diesem Tag wurden nämlich die Lebensmittelmarken abgeschafft. Das war 1947. Es grenzte an ein Wunder, dass die Menschen in den dermaßen überfüllten Geschäften nicht zu Schaden gekommen sind. Die Kunden durften nicht nur ein Bonbon aus der Schale nehmen, sondern sogar mehr. Stellen Sie sich dieses Glück vor! Die Schlangen vor den Geschäften sind trotzdem geblieben.

Im September 1949 wurde ich eingeschult, aber das bedeutete nichts Gutes für mich. Mein Kopf arbeitete bestens, meine Hände jedoch überhaupt nicht. Für meine erbärmliche Handschrift kassierte ich schlechte Noten. Meine Eltern hatten mich überhaupt nicht auf die Schule vorbereitet, wenn man davon absieht, dass Mutter mir immer viel vorgelesen hatte.

Nach dem normalen Unterricht musste ich noch zum Förderunterricht bleiben und irgendwelche Texte und Zahlen abschreiben. Im Nachhinein wundere ich mich über den mangelnden Ehrgeiz meiner Eltern in Bezug auf ihr einziges Kind. Sie haben sich überhaupt nicht für meine schulischen Leistungen interessiert. Ohne Murren unterschrieb Mutter meine schlechten Noten, es waren meistens Dreier. Niemand machte mir Vorwürfe: »Nimm dir mal dieses Mädchen oder jenen Jungen zum Vorbild! Die sind gut in der Schule, aber du dagegen!«

So verging das erste halbe Jahr bei mir in der Schule. Man brachte mich dorthin, man holte mich ab, und ich habe versucht, möglichst schnell meine Hausaufgaben zu erledigen, damit ich Zeit für interessantere Beschäftigungen hatte. Nach Neujahr aber erkrankte ich an einer sehr schweren Form von Scharlach. Ich war acht Jahre alt. In unserer Gemeinschaftswohnung lebten damals keine alten Leute mehr. Eine neue Familie war eingezogen, ihre Tochter hieß Lena. Wegen der Ansteckungsgefahr für die anderen Kinder brachten mich meine Eltern ins Krankenhaus.

Als ich das akute Stadium überstanden hatte, holten meine Eltern mich wieder zurück. Dann aber litt ich unter Herzkomplikationen, denen acht rheumatische Attacken folgten. Mein Zustand verbesserte sich etwas im Sommer. Wir mieteten uns eine Datscha in der Nähe des Landhauses meiner Lehrerin. Meine Eltern bezahlten sie, damit sie mir dort Privatunterricht erteilte. Mit ihrer Hilfe habe ich das Programm der jeweiligen Klassen absolviert. Sie gab mir auch Jahresnoten, zunächst für die erste, dann für die zweite und die dritte Klasse. Kaum aber war ich wieder in der Schule, bekam ich eine Angina.

Zweieinhalb Jahre lang verbrachte ich weiter in dem großen Bett. Aufstehen war streng verboten, weil der Arzt zu verstehen gegeben hatte: »Je länger Sie das Kind in der Rückenlage halten, desto größer ist die Wahrscheinlichkeit, dass es zu einer Besserung kommt.« Also lag ich im Bett und las Bücher. Immer wieder stöberte ich in *Onkel Toms Hütte* von Harriet Beecher Stowe. Darin ging es um Sklaven in Amerika und Dialoge wie: »Es stimmt nicht, dass niemand dich liebt. Ich habe dich so gern! Und bitte, sei mal netter zu mir, denn ich sterbe bald.« Ich las diese Zeilen und heulte vor Vergnügen. Einmal, zweimal. Ich hatte so viel Mitleid mit diesen Figuren. Und so blätterte ich dieses Kapitel zurück und las wieder von vorne. Und das endete mit einer erneuten Schmerzattacke.

Meine Krankheiten dauerten insgesamt drei Jahre. Diese Zeit habe ich mit Literatur und Radiosendungen verbracht. Bald kannte ich alle Theaterstücke und Märchen. Man hat diese Sendungen sehr oft wiederholt, sodass ich bis heute manche Szenen daraus auswendig aufsagen kann. Ich hörte ausschließlich »Theater am Mikrofon« – es waren Stimmen von Stepanowa, Tarasowa *(Drei Schwestern)*, Alissa Koonen *(Die Herrin vom Kupferberg)*. Ich kannte Majakowski in der Aufführung von Jakhontow auswendig. *Verse vom Sowjetpass* ... Das war ein Glück, diese Übertragungen zu hören. Alles andere in meinem Leben berührte mich kaum.

Die politischen Beiträge im Radio interessierten mich überhaupt nicht. Bei uns im Haus sprach man nicht über Politik. Wenn meine Eltern in den späten Abendstunden endlich nach Hause kamen, blieb sowieso nur wenig Zeit für Kommunikation. Ich wusste, dass es einen Herrscher namens Stalin gab, aber ich empfand keine Ehrfurcht ihm gegenüber. Als einmal die Eltern meiner Mutter aus Baku angereist waren, hatte sich Großvater Grigori Prochorow nicht sehr respektvoll über diesen Mann geäußert.

Mein Großvater hatte nie Hemmungen gehabt, alles zu sagen, was er dachte. Er war sehr frei in seinem Denken, und auch mit seiner Meinung über Stalin hielt er nicht hinterm Berg.

Und wieder in der Schule

Zu Beginn der vierten Klasse wurden mir die Mandeln entfernt. Nach und nach erholte sich auch mein Herz, aber leider hatte keiner der Erwachsenen darauf geachtet, wie sich mein Körper entwickelte, während ich da im Bett lag. Der Krieg war zu Ende gegangen, die ersten Lebensmittel wurden wieder in den Geschäften angeboten. Die Eltern bekamen einen guten Lohn, mein Vater war an seiner Arbeitsstelle ein sehr geschätzter Mann.

Das arme kranke Kind lag die ganze Zeit, das Kind wurde gefüttert und wog am Ende 80 Kilogramm mit zehn Jahren. Ich musste erst wieder lernen zu gehen. Mein Vater begleitete mich nach draußen und erklärte mir, wie ich meine Füße bewegen sollte. Es kam aber niemand auf die Idee, mir eine Diät zu verordnen.

Das Schlimmste begann aber erst, als ich wieder die Mädchenschule besuchte. Die Mitschülerinnen in der 4. Klasse steckten in einem Alter, in dem Mädchen das maximale Stadium der Zickigkeit erreichen. So habe ich das volle Programm von meinen Klassenkameradinnen abbekommen. Als Erstes tauften sie mich »Fettfabrik«. Dieses dicke Mädchen da konnte nicht schreiben, es gehörte nicht mal zur Jugendorganisation der Pioniere. Man wusste überhaupt nicht, was es war. Die Existenz eines solchen Exemplars beleidigte jedes weibliche Gefühl.

Ich war total irritiert. Bislang war ich auf mich allein gestellt gewesen. Ich kannte nur die Einsamkeit in meinem behüteten Krankenzimmer, und auf einmal waren so viele Mädchen und so viel Lärm um mich herum. Wir waren 42 Schülerinnen in dieser Klasse. Die Lehrerin hatte uns in drei Gruppen aufgeteilt, die man im Pionierjargon »Glieder einer Kette« genannt hat. Jedes Glied musste zwischen den Tischen tatsächlich in »Reih' und Glied« stehen, und jede Schülerin musste einen Rapport abgeben, wie gut sie im Lernen sei.

Diese »Glieder einer Kette« konkurrierten untereinander, und ich verdarb meinen Mitschülerinnen die Stimmung, ich und ein weiteres Mädchen, das man ein Jahr später auf die Schule für Minderbegabte schickte.

Das alles war schrecklich für mich. Ich hatte überhaupt keine Lust mehr auf die Schule. In der Not habe ich sogar versucht, einmal eine Herzkrankheit zu simulieren. Am nächsten Tag hörte mich der Arzt ab, aber er konnte nichts feststellen. Da ich aber schwer krank gewesen war, ließ man mich prophylaktisch wieder zu Hause.

Ich erinnere mich noch sehr gut, wie mich die Lehrerin einmal an die Tafel rief. »Zeige die Wolga!« Das war ein fetter, blauer Streifen auf der Landkarte. Angespannt hielt ich den Zeigestock in der Hand und wiederholte leise für mich: »Man muss einen Fluss von der Mündung bis zur Quelle zeigen. Von der Mündung zur Quelle.« Ich sah diese mir verhasste Wolga auf der Landkarte und verfolgte ihren Lauf mit meinen Augen. Hin und zurück. Ich schaffte es jedoch nicht, meinen Arm zu heben und darauf zu deuten. So voller Angst war ich. Ich wollte nicht in die Augen dieser 40 Mädchen blicken und wartete darauf, dass mir die Lehrerin endlich die Erlaubnis erteilte, wieder an meinen Platz zu gehen. Alle waren bei den Pionieren, nur ich nicht. Also, ich hatte so meine Probleme.

Nichtsdestotrotz, die Zeit verstrich. Ich musste das Bett wieder verlassen. Und ich gewöhnte mich daran. Morgens flocht ich meine dünnen blonden Haare, die wie Rattenschwänzchen bis zur Schulter hingen. Dann schlüpfte ich in meine braune Schuluniform und band die schwarze Schürze um. Jedes Mädchen besaß nur eine Schuluniform, die jedes Halbjahr in den Ferien einmal gewaschen wurde. Deodorants standen damals noch nicht zur Verfügung.

Doch es gab Mädchen, die in dieser Aufmachung sehr elegant ausgesehen haben. Überhaupt gingen sehr viele, sehr hübsche Mädchen auf meine Schule, aber dazu gehörte ich nicht. Ich hatte auch keine Freundinnen in meiner Klasse. Dafür aber hatte ich meinen

Freund Giorik und meine Freundin Valera zu Hause. Sie wohnte einen Stock tiefer und war vom Typ her ebenfalls recht stämmig. Nach der Schule oder in den Ferien besuchten wir einander. Unsere Hauptbeschäftigung bestand darin, klassische Theaterstücke zu spielen. Dabei mussten wir sehr viel improvisieren. Valera besetzte alle weiblichen Personen, während ich alle männlichen spielte. Und wenn Giorik dazukam, übernahm er die restlichen Figuren. In dieser Welt spielte es keine Rolle, wie ich aussah, und keiner sah uns dabei zu. Wir haben dieses Spiel ziemlich lange gespielt.

Alles änderte sich dann, als ich in der 6. Klasse den gemeinsamen Unterricht besuchen musste. Es ging gleich mit schwieriger Mathematik los. Mathematik, so zeigte sich bald, fiel mir besonders leicht. Meine Klassenkameraden benötigten dagegen oft meine Hilfe. Sie besuchten mich gleich in Gruppen zu Hause, manchmal half ihnen dann auch mein Vater. Und es entstanden Freundschaften. Ich habe in dieser Klasse meinen Platz gefunden. Ich war gut im Schreiben, war eine gute Schülerin.

Über Stalins Tod informierte man uns an meinem Geburtstag

Das Leben lernte ich aus dem Radio und aus Büchern kennen, aber es war nicht das eigentliche Leben. Ich habe auch die Angst in den Augen der Menschen um mich herum nicht gesehen, ich wusste nichts vom Schicksal meiner Mutter und der Freunde meines Vaters. Und ich hatte auch keine Kindheit als Pionierin, ich war ja erst mit elf Jahren Pionierin geworden – zwischen zwei neuerlichen Herzmuskelentzündungen.

Stalins Name war in unserem Haus nie mit Respekt oder Begeisterung ausgesprochen worden. Ich kann mich auch noch an einen heftigen Wortwechsel zwischen meinem Vater und Opa Grischa erinnern; allerdings habe ich nur Wortfetzen des Gesprächs mitbekommen. Und ich habe auch nicht begriffen, worüber sie sich genau stritten.

Die sowjetischen Kinder wurden in der Schule und der Pionierorganisation im Geist und nach dem Vorbild des heldenhaften Jungen Pawlik Morosow erzogen. Dieser hatte das Verhalten seiner Eltern gemeldet. Dafür hatte er mit seinem Leben bezahlen müssen, dem die Feinde der Sowjetmacht ein Ende gesetzt hatten. Mit dieser Geschichte wurde die junge Generation geimpft. Eine Freundin aus meinen Studienjahren, Nina Brumberg, hatte mir erzählt, dass sie nach einigen Monaten Behandlung in einem Kindersanatorium auf einmal begriffen habe, was ihre Eltern zu Hause sprachen. Sie hatten kein Blatt vor den Mund genommen. Und so habe sie im Alter von zwölf Jahren ernsthaft überlegt, ob sie nicht verpflichtet sei, die Äußerungen ihres Vaters zu melden. »Und wie hast du dich dann entschieden?«, hatte ich sie gefragt. »Ach, ehrlich gesagt, diese Gedanken sind dann wieder von selbst verschwunden.« Und schon als erwachsene Frau erzählte Nina ihrem Vater davon. »Ja« habe dieser nur gesagt. »Wo wären wir jetzt wohl, wenn du das gemacht hättest?«

Anfang März 1953 wurde im Radio bekannt gegeben, dass Stalin erkrankt sei. In der Schule weinten Lehrerinnen und Schülerinnen, und alle wiederholten: »Stalin ist krank geworden, Stalin geht es schlecht …« Zwei Tage lang ging das so weiter. Vermutlich ist den anderen dabei aufgefallen, wie ungerührt ich diese Tatsache aufgenommen habe. Ich habe sie sogar wegen ihrer Tränen ermahnt: »Man soll mutig sein und Gefühle zurückhalten.« Dafür erntete ich verachtungsvolle Blicke, denn das »Sich-gehen-Lassen« war genau die Reaktion, die verlangt war.

Am 5. März durften wir früher vom Unterricht nach Hause gehen. Am 6. März war mein elfter Geburtstag. Mutter gratulierte mir am Morgen und erwähnte nebenbei: »Stalin ist gestorben.«

So traf ich erneut in der Schule auf meine heulenden Mitschülerinnen. Mit Taschentüchern in der Hand gifteten sie mich an. »Was nun? Willst du dich etwa auch heute wieder zurückhalten?« Die Lehrerin stand mit dem Rücken zu uns. Sie weinte so sehr, dass ihre Schultern zitterten. Ihre Haare waren äußerst gerade und kurz geschnitten, wie es damals Mode war, so kurz, dass man den Nacken sehen konnte. Er war rot. Purpurrot. Das blanke Elend herrschte um mich herum, und ich empfand ein schreckliches Unbehagen, dass ich dieses Gefühl nicht teilen konnte.

Zu Hause sagte ich enttäuscht zu meiner Mutter: »Mama, mein Geburtstag ist jetzt für immer verdorben.« Mutter aber blieb gelassen. »Geh Hände waschen, lass uns Tee trinken und Törtchen essen. Gleich kommt Giorik.« Ich war innerlich tief gespalten. Einerseits verstand ich, dass eine schreckliche Tragödie passiert war, andererseits war es vielleicht nicht richtig, dass niemand zu Hause das als tragisch empfand. Wenn ich aber heute trotzdem meinen Geburtstag feiern durfte, obwohl Stalin gestorben war, konnte es bei den nächsten Geburtstagen nicht noch schlimmer kommen. Meine Laune besserte sich zusehends. Wir spielten Billard mit Giorik, tranken Tee und aßen Törtchen aus der Stoleschnikow-Gasse, denn mein Freund war so erzogen, dass er keine anderen Törtchen aß. Alles andere trat in den Hintergrund.

Als Stalin beerdigt wurde, lag ich schon wieder mit einer rheumatischen Herzmuskelentzündung darnieder. Kurz zuvor war ich noch bei den Pionieren aufgenommen worden. Mutter drehte das Radio auf, und ich verlangte vom Krankenbett aus, dass mir mein Pionierhalstuch gereicht werde. Mit dem Kopf auf dem Kissen und dem roten Pionierhalstuch um den Hals lauschte ich dem Bericht über Stalins Beerdigung.

Alle um mich herum waren aufgeregt. Mamas Bruder und Papas Neffe Genia gingen zur Beerdigung. Danach erzählten sie, was für ein Gedränge auf den Straßen geherrscht hatte, so fürchterlich, dass Menschen dabei zu Tode gekommen waren. Es war eine richtige

Massenpsychose. Zwei meiner heutigen Kolleginnen – sie sind beide zehn Jahre älter als ich und stammen aus Familien von Opfern der Repressionen – berichteten mir, dass sie in dieser Menge von einem seltsamen, schwer definierbaren Gefühl ergriffen wurden. Eine Bekannte von mir hatte Glück gehabt. Ein Mann hatte sie kurzerhand am Ärmel aus diesem Gedränge herausgezogen und unter ein parkendes Auto geschoben. Die zweite Kollegin hatte ein Soldat buchstäblich aus der Menge herausgestoßen. Beide sind sich sicher, dass sie das Gedränge nicht überlebt hätten, wenn man ihnen nicht noch im letzten Augenblick geholfen hätte. Ich verstehe nicht, warum die Leute alle dorthin drängten, aber offensichtlich wollten sie sich vergewissern, dass dieses Ungeheuer tatsächlich gestorben war. Ich selbst neige eher dazu, vom Gedränge wegzulaufen; ich mag keinen Menschenauflauf. Unsere Verwandten kletterten auf den Dächern zurück und kamen somit heil nach Hause.

In der Schule tauchten nach Stalins Tod für mich schreckliche, antisemitische Gespräche auf. Auch über die sogenannten jüdischen »Mörder-Ärzte«. Dieser Fall einer angeblichen Verschwörung von Menschen, die bewusst Schaden anrichten wollten, Ärzte gegen Stalin, bildete einen letzten traurigen Höhepunkt des Stalin-Regimes. Um das Gegenteil zu beweisen, habe ich die blödeste Begründung angeführt, die man nur hätte anführen können. Ich wollte zeigen, dass nicht alle Juden schlecht sind. »Das stimmt nicht, meine Oma ist eine gute Ärztin und eine Jüdin.« Dafür bekam ich das, was ich verdient hatte. Ein Mädchen sagte: »Du verteidigst Juden nur, weil deine Oma jüdisch ist.« Ich hatte verstanden, mein Argument zog nicht.

Der Auftrag der Lehrerin

Einmal erhielt ich von einer Lehrerin den Auftrag, die Familien einiger Sitzenbleiber aufzusuchen und den Müttern Vorladungen in die Schule zu überbringen. Einer meiner Mitschüler, auch ein Sitzenbleiber, der fast schon einen Schnurrbart im Gesicht trug, warnte mich: »Sag der Lehrerin, du erledigst diesen Auftrag nicht. Sie versteht nicht, wohin sie dich schickt.«

»Aber nein«, gab ich zurück, »das ist doch ein Auftrag.« Er schimpfte über die Lehrerin. »Mein Gott, was für ein Dummkopf! Wohin schickt sie so ein junges Mädchen? Dann lass uns wenigstens zusammen gehen!« Die erste Frau, die wir aufsuchten, war seine Mutter. Sie war gerade von ihrer Schicht gekommen, hatte sich wie üblich anschließend betrunken und schlafen gelegt.

Wir stiegen hinunter in den Keller, wo sie in einem Zimmer lebten. Mein Mitschüler klopfte an. Eine Frau trat heraus, sie sah nicht sehr sympathisch aus. »Du, Bengel! Wo treibst du dich herum? Und jetzt bringst hier noch irgendein Flittchen mit!« Der Junge packte seine Mutter an den Schultern und schüttelte sie. »Hör auf! Hier musst du unterschreiben, und dann kannst du wieder ins Bett gehen.« Er schob ihr den Zettel unter die Hand. Ich kam gar nicht dazu, zu erklären, dass das ein Auftrag der Lehrerin sei und dass sie in die Schule kommen solle.

Sie musste unterschreiben, dass sie den Zettel entgegengenommen hatte, und das tat sie. Dabei schimpfte sie ununterbrochen weiter und schlurfte dann zurück in ihr Bett. Der Junge drehte sich zu mir um. »Na, hast du jetzt kapiert? Geh mal nach Hause.« Er verteilte diese Zettel dann allein.

Das waren die Folgen des Krieges: Viele Kinder waren ohne Vater aufgewachsen, und die Frauen waren von der Arbeit und dem harten Alltag sehr mitgenommen.

Der ausgabefreudige Direktor

Meine Schuljahre gingen dem Ende entgegen. Chruschtschow prangerte den Persönlichkeitskult an, Opfer der Repressionen wurden rehabilitiert, Gefangene kehrten aus Stalins Lagern zurück. Diese

Zeit nannte man den »Chruschtschow'schen Frühling«. Immer noch werden auf seinem Grab am Friedhof Nowodewitschje Blumen abgelegt. Trotz all seiner merkwürdigen Taten und Auftritte lässt sich doch sagen, dass die Menschen unter Chruschtschow Erleichterung spürten. Die Angst war langsam aus dem Leben der Menschen gewichen. Man hatte keine Angst, Anekdoten über Chruschtschow zu erzählen, und man lachte ganz offenherzig über sein Versprechen, »unsere Generation wird im Kommunismus leben«.

In der Schule hatte ich mich immer als Fremdkörper gefühlt. Insbesondere im letzten Jahr, als man unsere Mädchenschule № 100, die lange demokratische Traditionen und sehr qualifizierte Lehrkräfte hatte, mit der Nachbarschule № 110 fusionierte, an der andere Sitten herrschten. Unser Direktor und sein Stellvertreter gingen in den Ruhestand, ein hervorragender Mathematiklehrer wurde entlassen. In der neuen Schule unterrichtete eine Lehrerin Mathematik, die nicht einmal eine mathematische Ausbildung hatte, und der Direktor war kein sonderlich kluger Mann. Dafür erhielt man in der neuen Schule bessere Zensuren.

In dieser 110. Schule trug ich meinen ersten offenen Kampf für Menschenrechte aus. Im September hatten sie uns für ein paar Tage in der Nähe von Moskau aufs Land entsandt. Wir sollten Gemüse ernten, uns mit dem Leben außerhalb der Stadt vertraut machen. Sofort am ersten Tag unseres Aufenthaltes hatte unser Sportlehrer – er war schon etwas angetrunken – einen Klassenkameraden für irgendein Vergehen ins Gesicht geschlagen. Wir waren alle erbost darüber, und ich erklärte, ich werde auf der großen Autostraße nachts zu Fuß nach Moskau gehen. Bei meinem Orientierungssinn wäre ich wohl nie angekommen, aber die Lehrer konnte ich mit meiner Ankündigung beeindrucken. Nach dem Aufenthalt auf dem Land musste ich auf das Direktorat. Man verlangte von mir zu sagen, der Vorfall mit der Ohrfeige habe gar nicht stattgefunden. Doch ich lehnte ab. Dem Lehrer ist nichts weiter passiert. Wie ich hörte, haben sie sich irgendwie geeinigt. Doch nun nahmen meine Probleme mit der Schulverwaltung ihren Lauf. Unsere Klassenlehrerin sagte mir, der Direktor habe auf der Lehrerversammlung gesagt, »Gannuschkina darf wegen ihres schlechten Betragens keine Medaille bekommen«. Und so gab man mir auch keine Medaille. Im Zeugnis stand zweimal die Note »Vier« (entspricht der »Zwei« eines deutschen Zeugnisses). Und ein Jahr nachdem ich die Schule verlassen hatte, wurde der Direktor einer überhöhten Ausgabetätigkeit überführt und strafversetzt.

4 BEFREIT IN DER STUDENTENZEIT: VERSCHIEDEN UNTER VERSCHIEDENEN!

Als ich begann, an der »Fakultät für Mechanik und Mathematik« der Staatlichen Universität zu studieren, habe ich mich unter diesen zahlreichen unterschiedlichen Menschen, die da zusammentrafen, zum ersten Mal richtig wohlgefühlt. Sie passten zu mir in ihrer Verschiedenheit. Ich wurde akzeptiert und fand Freunde.

Unsere Gruppe traf sich oft bei uns in der Wohnung. Ein richtiges Studentenleben begann. Ich hatte bis dahin schon etwas abgenommen, und im ersten Studienjahr habe ich weitere 16 Kilo abgeschüttelt.

Mit dem Studium begann ein komplett anderes Leben für mich. »Ich werde gesund«, hatte ich beschlossen. Und ich habe mich befreit und emanzipiert.

Gleichzeitig hatte eine neue Periode in der Geschichte unseres Landes begonnen: Das Bewusstwerden darüber, was in der Stalinzeit und in der Dissidentenbewegung geschehen war. Nachdenken und Reflexion darüber setzten ein. »Wo lebe ich? In welchem Land? Wie ist diese Welt aufgebaut?«

Die erste Begeisterung, dass ich endlich in meinem richtigen Umfeld, in meinem Leben angekommen war, dass ich so viele interessante und talentierte Menschen um mich herum hatte, war in dem Moment verflogen, als ich verstanden hatte, dass meine Vorstellung von der Welt gar nicht der Realität entsprach. Das Leben verpasste mir anschließend noch ein paar heftige Lektionen. Die Welt um mich herum war überhaupt nicht so schön, wie ich mir das ausgemalt hatte. Die dunklen Seiten unserer Geschichte, von denen ich plötzlich erfahren habe, waren unerwartet für mich. Dabei ging es nicht nur um die stalinistischen Repressalien. Mir war nicht klar gewesen, dass unser Land beispielsweise im sogenannten »Winterkrieg« 1939 das kleine neutrale Finnland überfallen hatte.

Das größte Trauma aber war der vorherrschende Antisemitismus, als ich verstanden hatte, wie stark er verbreitet und wie tief er in unserer Gesellschaft verankert war. Ich fühlte mich nicht als Jüdin und Opfer. Ich fühlte Schuld und Verantwortung für diese ungeheure Ungerechtigkeit.

Die russische Literatur hat uns geprägt: Dostojewski, Tschechov, Korolenko, Kuprin und Gorki. Auch Gogol. Ein Dichter mit einer einzigartigen Vorstellungskraft. Man sagt nicht umsonst: »Wir stammen alle aus Gogols Mantel.« Und das betrifft nicht nur die Literatur. Russische Literatur und russische Dichtung – sie ist so unterschiedlich und so ganzheitlich und allumfassend.

Schade, dass wir heute nicht mehr die Kultur des Vorlesens in der Familie haben. Dabei sollte man Kindern nicht nur Märchen, sondern auch ernsthaftere Werke vorlesen, damit sie sich früh an die Musik der Sprache gewöhnen. Diese ist nämlich gerade bei Poeten äußerst unterschiedlich.

Mir hat es Spaß gemacht, den Kindern und später den Enkelkindern laut vorzulesen, beispielsweise Gogols Werk *Die Abende auf dem Hof bei Dikanka*. Das ist auf Russisch geschrieben, dabei klingt aber eine ukrainische Melodie mit. Die Kinder müssen diese Melodie erspüren – und zuhören können sie.

Kleine sowjetische Hinterlistigkeiten

Die Arbeitsgruppen unserer Studenten konkurrierten miteinander. Alle wollten sie eine Belohnung. Das konnte beispielsweise eine Reise nach Leningrad sein. Bereits im ersten Semester legte unsere Gruppe sehr gute Ergebnisse an den Tag. Unser Mitbewerber war die Gruppe des zweiten Semesters. Dort fühlte man sich durch unsere Ambitionen herausgefordert. Letztendlich durften dann beide Gruppen nach Leningrad reisen. Wir waren fröhlich und besuchten die Museen, doch mit den Studenten der anderen Gruppe sprachen wir nicht, sondern tauschten uns die zehn Tage unseres Zusammenlebens in einem Wohnheim nur über die notwendigsten Dinge aus.

Im dritten Semester wurden wir nach Lehrstühlen aufgeteilt. Nun mussten wir den Professoren über unsere gesellschaftlichen Aktivitäten berichten. Für die Professoren selbst war dies eine zusätzliche Belastung und lästige Aufgabe, denn nun mussten sie an den Abenden, nach dem Abendseminar, auch noch im Hörsaal bleiben und sich viele unwichtige Geschichten anhören. Doch ohne gesellschaftliches Engagement konnte man sich nicht für eine Doktorarbeit anmelden. Und so nahm sich der Chef unseres Lehrstuhls, Professor Kurosch, dieser Aufgabe an, führte sie sehr sorgfältig aus und hörte sich die Studenten an, wenn sie der Reihe nach über ihr gesellschaftliches Engagement berichteten. Ich selbst war Sprecherin der Gruppe.

Einen Tag vor der Sitzung des Lehrstuhles erstellten wir eine Liste von Studenten und übertrugen jedem von ihnen eine Aufgabe. Einer stand auf und sagte: »Ich bin der Kulturbeauftragte der Gruppe.«

Irgendeiner der Professoren fragte nach: »Okay, und was machen Sie so als Kulturbeauftragter?« »Heute gehen wir um 22 Uhr ins Kino, wir haben Eintrittskarten für den Film *Third Time.*« Wir hatten alles genau einstudiert. Und die Professoren freuten sich. »Ja aber sie könnten ja zu spät kommen. Oder haben Sie die Eintrittskarten schon gekauft?«, fragte ein Professor nach. »Die haben wir schon vor zehn Tagen gekauft«, gab man ihm zur Antwort. Allen war klar, dass dies eine Lüge war, doch alle waren zufrieden: Wir konnten ins Kino und die Professoren nach Hause gehen.

Die Jugendorganisation »Komsomol« nahmen wir schon nicht mehr ernst, denn wer dort einen Posten innehatte, tat dies in der Regel, um dadurch irgendwelche Privilegien zu erhalten. Ich glaube nicht, dass zu diesem Zeitpunkt noch irgendjemand ernsthaft an den Kommunismus geglaubt hat. Doch dies bedeutete noch lange nicht, dass die Leute dort nicht etwas Nützliches tun wollten.

Übrigens handelte der Film vom »Todesspiel«, das war ein Fußballspiel zwischen unserer Mannschaft »FC Start« und einer deutschen Mannschaft aus Mitgliedern der Flugabwehr, das 1942 in Kiew ausgetragen wurde. Unsere Mannschaft, die überwiegend aus ehemaligen Spielern von »Dynamo Kiew« bestand, gewann das Spiel trotz der Drohungen der Besatzungsmächte. Nach dem Spiel wurden die Fußballspieler in ein Konzentrationslager gebracht, einige von ihnen wurden später erschossen. Dieser Film hatte in uns das Gefühl von Stolz auf diese Jungs geweckt, Achtung gegenüber der Vergangenheit und auch eine Art Patriotismus, wenn man so will. Also all das, um das sich die derzeitige staatliche Propaganda so sehr bemüht und das sie doch nicht schafft, trotz aller Popularitätsraten für unseren »nationalen Leader«.

Auf zur Eroberung des Neulands!

Vor mir öffnete sich immer mehr die Welt, in der ich lebte. Ich wollte sie so weit wie möglich sehen und erfassen. Nach dem zweiten Jahr bot man uns Studenten an, wegzufahren und sozusagen »Neuland« zu erobern. Mit Neuland waren Gebiete in Kasachstan gemeint, die bislang nicht besiedelt waren.

Dieses Vorhaben der Partei wurde 1958/59 ausgerufen, als ich schon fast fertig mit der Schule war. Junge Menschen sollten an der Bewirtschaftung dieses Landes teilnehmen. Es war so geplant, dass unsere Gruppe ein Krankenhaus aufbauen sollte. Der ganze Jahrgang stimmte zunächst ab, ob man zur Bezwingung dieses Neulands fahren wollte oder nicht. Ich wollte unbedingt, mein Jahrgang aber stimmte dagegen. Doch wir Aktivisten haben diese Entscheidung nicht akzeptiert. Wir haben eine neue Versammlung organisiert. Zweimal haben wir noch bei dieser Versammlung abgestimmt, bis der Jahrgang endlich seine Stimmen so vergeben hat, wie wir uns das vorgestellt hatten. Solche Demokraten waren wir! Ich schäme mich noch immer dafür.

Mein zukünftiger Mann Jenka, der auch in unserer Arbeitsgruppe war, wollte ebenfalls nicht mitkommen. Von Zeit zu Zeit macht er mir deswegen heute noch Vorwürfe, ich hätte ihn damals zum Mitfahren gezwungen. Ich zucke dann nur mit den Achseln. »Ihr habt doch selber so abgestimmt!« Er antwortet: »Aber ihr habt diesen Druck auf uns ausgeübt!« »Ihr hättet doch Widerstand leisten können, wir waren ja nur fünf Kommilitonen gegen euch alle.« Das war ein Beispiel für Manipulationen, an denen ich selbst teilgenommen hatte.

Also, auf zum Neuland! Jenka hat dort wirklich eine schlimme Zeit durchgemacht. Er wurde krank, litt an Vitaminmangel, weil es nur Brei gab. Ich habe diesen Brei gar nicht erst angerührt, stattdessen habe ich mich zweieinhalb Monate von Brotrinde ernährt, ein bisschen Zucker darübergestreut und Tee dazu getrunken. Dabei fühlte ich mich in Ordnung. Allerdings war das nicht so gut für meine inneren Organe, und ich zog mir auch noch chronische Erkrankungen zu.

Mein zukünftiger Mann war zum Sägen von Platten eingeteilt, die bei uns anschließend an die Außenwände genagelt wurden. Er ist handwerklich recht geschickt. Ein anderer Student trennte sich die Finger mit einer Kreissäge ab. Doch irgendwie schaffte man es, sie wieder anzunähen. Später konnte er sie auch wieder bewegen.

Die Aktivistinnen sollten draußen bei Spachtelarbeiten mithelfen. Andere junge Frauen, die weniger Enthusiasmus an den Tag gelegt hatten, sollten kleine Holzplatten anbringen, damit der Putz besser daran kleben blieb. Anschließend wurde verspachtelt und verputzt. Ich war weder sehr begabt, noch hatte ich vorher viel Sport getrieben. Plötzlich musste ich das Gerüst hochklettern und in der Höhe herumhantieren. Zweimal bin ich vom dritten Stock hinuntergefallen, meine Arme und Beine waren völlig zerkratzt; überall blaue Flecken und dazu noch Splitter in der Haut.

Zuerst mussten wir gemeinsam mit den Arbeitern schuften, aber dann beschloss die Leitung der Studierenden, uns besser zu trennen, weil die Bauarbeiter – so die Begründung – schlechte Arbeit leisteten.

Jedes Mal musste man nach einem Regen neu spachteln, weil dieser den frisch angebrachten Stuck sofort wieder weggespült hatte. An der Sägestation hatte sich die Führung der Jugendorganisation »Komsomol« mehrfach und regelmäßig blicken lassen.

Sie haben sogar mitgearbeitet, zehn Minuten lang. Danach zählten sie ab, wie viele Platten sie gesägt hatten, und prahlten: »Sehen Sie mal, so sollten hier alle arbeiten!« Es war eine Sache, zehn Minuten lang so zu arbeiten, aber eine völlig andere, acht Stunden lang an dieser Säge zu stehen. Am Ende unseres Einsatzes arbeiteten wir sogar bis zum Sonnenuntergang.

Nachts haben wir in Scheunen geschlafen. Zu dritt in zwei Betten mit Metallrahmen und aufgespannten Gittern dazwischen. Darüber lagen dünne Matratzen, die wir zuvor mit Heu ausgestopft hatten. Den Matratzenbezug mussten wir selbst nähen und mitbringen. Obwohl der Eisenrahmen von unten durchdrückte, haben wir geschlafen. So hundemüde waren wir.

Ein- oder zweimal im Monat lieferte man Wodka in unser Lager. Sofort haben die Arbeiter alles stehen und liegen lassen, denn sie wollten ja nicht zu spät kommen. Dann trank man mehrere Tage hintereinander, und das war auch so gedacht. Man hatte den jungen Leuten zuvor sehr viel versprochen. Zum Beispiel, dass man gleichzeitig neben den Bauarbeiten auch studieren darf. Doch man konnte dort nicht studieren, es gab keine kulturellen Angebote, nur diese Bauarbeiten.

Zweimal in der Woche jedoch konnte man einen Club und eine Filmvorführung besuchen. Allerdings eröffneten sich den Menschen dort keine Perspektiven. Deswegen heirateten alle so früh wie möglich und träumten davon, von diesem Ort wieder wegzukommen. Solange man jedoch nicht weg war, trank man weiterhin seinen Wodka.

Warum schmeckt das Essen so schlecht?

Da keinerlei kulturelle Ablenkungen geboten waren, haben wir einen Chor gegründet. Was hätte man auch sonst machen sollen im Nichts? Geleitet wurde der Chor von Jura Posoiski, der eine musikalische Ausbildung hatte. Wir trafen uns abends und sangen die verschiedensten Lieder. Unser nachfolgender Auftritt war ein großes Ereignis für diese Siedlung, in der auch junge Leute aus anderen kleinen russischen Dörfern zur Arbeit angereist waren.

Nur eine ältere Lehrerin merkte an, dass ein Lied kein fröhliches Studentenlied gewesen sei, wie Jura angekündigt hatte, sondern ein Lied der Weißgardisten.

Anfangs haben wir weiter mit den Bauarbeitern in einer Einheit gearbeitet. Dann hat man uns getrennt, weil man erkannte, dass die Arbeiter nur Pfusch produzierten. Ab sofort waren wir gezwungen, die Baugerüste selbst aufzubauen, die langen, schweren Bretter zu schleppen und Zementmischungen nach oben zu wuchten.

Einer jammerte: »Das kann ich nicht.« Der andere sagte: »Ich kann das, kein Problem.« Ich selbst habe mich völlig übernommen und mir dabei eine chronische Krankheit zugezogen, die später eine Operation nach sich zog. Für die Lebenserfahrung aber, die ich in dieser Zeit erworben habe, hat sich das gelohnt. Ich hatte gelernt, wie mein Land funktionierte, wie die Menschen lebten und was ich selbst wert war.

Einmal in der Woche durften wir die »Banja« aufsuchen. Es war eine Qual, dass ich nicht jeden Tag duschen konnte, aber immer wieder musste ich auf die Banja verzichten, weil eine Versammlung der Komsomolzen einberufen wurde. Ich verkniff mir diesen Drang, weil ich es für wichtiger hielt, eine Rede auszuarbeiten.

Vor dem Abendessen setzten sich alle Führungskräfte aus den verschiedenen Komsomolzen-Gruppen zusammen. Wir unterhielten uns über die Erfolge bei der Arbeit. Ich habe dort alles angesprochen, was mich störte. »Warum sprechen Sie mit uns, als ob Sie unsere Chefs wären? Wir sind doch freiwillig hierhergekommen. Und warum werden wir dermaßen respektlos behandelt? Die Mädchen müssen diese schweren Eimer mit Bausubstanz schleppen, und dann stehen da irgendwelche kräftigen Jungs daneben und kommandieren uns herum. Warum nur ist man zu den Arbeitern so respektlos?«

Noch viele Fragen habe ich an diesem Abend gestellt: »Warum helfen uns die Bauarbeiter nicht mehr? Warum ist das Essen so schlecht?« Da sperrten sie ihre Münder auf, und ihre Kinnladen klappten herunter. Entweder hätten sie mich wegscheuchen oder unterbrechen müssen. Stattdessen räumte dieser Komsomolzen-Führer ein – immerhin war ja die Zeit des Tauwetters: »Wenn alle so gut wie Sie vorbereitet wären, dann gäbe es bei uns hier überhaupt keine Schwierigkeiten.«

Die Ernährung besserte sich in der Folgezeit etwas, und unsere Gruppe wurde wieder mit den Bauarbeitern zusammengelegt. Weiterhin sollten wir bei Sonnenaufgang zur Arbeit erscheinen, nach Sonnenuntergang legten wir den Spachtel zur Seite. Doch dafür konnten wir mit Fachkräften zusammenarbeiten. So bauten wir dieses Krankenhaus fertig.

Und noch ein weiteres interessantes Detail: Die Männer, die für den Verputz zuständig waren, haben zugesagt, in Anwesenheit unserer Frauenbrigade keine unflätigen Schimpfworte mehr zu benutzen. Und sie haben sich tatsächlich an ihr Versprechen bis zum Ende der gemeinsamen Zeit gehalten. Es kann natürlich sein, dass sie von ihrem Vorgesetzten einen entsprechenden Befehl erhalten haben. Dieser war ein nach Kasachstan zwangsumgesiedelter Wolgadeutscher gewesen, der sich als Einziger nie mit Wodka betrunken hatte. Zu gerne hätte ich gewusst, was dieser Mann beruflich gemacht hatte, bevor er nach Kasachstan zwangsumgesiedelt wurde.

Als wir nach Moskau zurückkehrten, haben wir erst einmal vier Tage lang freibekommen. Wir wurden wie Helden empfangen, obwohl wir nichts Heroisches vollbracht hatten. Für mich war es interessant gewesen zu beobachten, wie verschieden sich die Menschen unter diesen schwierigen Bedingungen gezeigt hatten. Die Studenten, die auf der mathematischen Fakultät fachlich bislang nicht aufgefallen waren, hatten auf dem Neuland das Befehlen gelernt und wollten das weiter so an der Universität betreiben. Wenn sie dort jedoch eine Abfuhr erhielten, brachen sie fast zusammen. An den Folgen dieser neuen Erkenntnisse haben wir noch lange zu tragen gehabt. Wir hatten uns alle verändert.

Insbesondere mich hat diese Zeit sehr verändert, habe ich doch das erste Mal mit dem realen Leben Bekanntschaft gemacht. Mag sein, dass ich vor unserem Aufbruch in das »Neuland« noch irgendeinen Funken von Begeisterung für die »Komsomol« hatte. Doch davon ist nichts übrig geblieben.

»Ihre Tochter saß im falschen Raum, deshalb ist sie durchgefallen«

An der Universität habe ich den uns umgebenden Antisemitismus besonders deutlich zu spüren bekommen. Als ich jedoch zu Hause mit meinen Eltern darüber geredet habe, antwortete mir mein Vater: »Das stimmt nicht. Dort, wo ich bin, gibt's keinen Antisemitismus.« Doch er wusste genau, dass auch dort in seinem abgeschotteten Konstruktionsbüro jemand saß, der anderen Leuten die Anweisung gab, keine Juden einzustellen. Und trotzdem hat er nicht gelogen, denn offen hatte ihm sicherlich niemand gesagt, dass man jemanden allein wegen seiner Abstammung besser nicht einstellen sollte. Diese Vorschriften waren nirgends schriftlich niedergelegt. Wer sie aber nicht einzuhalten gedachte, der riskierte einen Karriereknick. All das Böse wäre nicht möglich, wenn es nicht so viele Menschen gäbe, die einfach das ausführen, was von ihnen verlangt wird, und die gleichzeitig fest davon überzeugt sind, »dass von ihnen ja sowieso nichts abhängt«. Und diese Leute verstehen die Signale ihrer Chefs auf Anhieb.

Zum Studium an unserer Fakultät »Mechanik und Mathematik« der Moskauer Staatlichen Universität (MGU) wurde nur eine begrenzte Anzahl an Juden zugelassen. Diese Leute bekamen auch Schwierigkeiten, wenn sie ihr Doktoratsstudium aufnehmen wollten. Als ich Doktorandin wurde, benötigte ich dafür ein Empfehlungsschreiben. Mein Professor sagte zu mir: »Ihre Chancen liegen irgendwo zwischen einer jüdischen Studentin, die man mit diesen Noten wohl nicht immatrikuliert hätte, und einem jüdischen Studenten, den man wohl aufnehmen würde.« Damit machte er mit wenigen Worten deutlich, dass es zwei Formen der Diskriminierung gab: die eine aufgrund des Geschlechts und die andere aufgrund der Abstammung.

Doch unsere Generation hatte Glück.

Als Chruschtschow 1964 gegen Ende unseres Studiums abgesetzt wurde, legten wir für die Promotion unsere Prüfung im Fach Geschichte der Kommunistischen Partei der Sowjetunion ab.

Ein Student fragte nach: »Muss man die Reden von Chruschtschow jetzt noch auswendig lernen?« Diese waren bekanntlich ewig lang. Der Dozent, der vor Kurzem Chruschtschow noch in den höchsten Tönen gelobt hatte, meinte gelangweilt: »Wenn das für euch interessant ist...« Ja, die Welt kann man nicht ohne Verwunderung betrachten, wie Kozma Prutkow gesagt hat.

Die Generation, die uns nachfolgte, bekam die Folgen des Antisemitismus härter zu spüren. Einer unserer ehemaligen Kommilitonen saß später in der Aufnahmekommission, die für die neuen Studenten zuständig war. Schnell hatte er seinen Spitznamen erhalten, nämlich »Stellvertretender Leiter der Kommission in Nicht-Aufnahme«. Er wachte streng darüber, dass keine Juden unter den Studenten waren.

Da er als Mathematiker nicht sehr talentiert war, hätte er in wissenschaftlicher Hinsicht nicht vorwärtskommen können. Als ehemaliger Student aber an der Uni bleiben zu dürfen, das galt als große Ehre. Nur die Fähigsten durften das. In der Regel. Und so hat man eben nur ganz wenige Juden genommen, und dies sehr ungern. Einfach deswegen, weil das doch »die eigenen Leute« waren, Kinder von Kollegen eben. Manche wurden auch nur deswegen immatrikuliert, weil sie viel Lärm um ihre geplante Aufnahme gemacht und sich beschwert hatten.

Ein Mitarbeiter der Universität erschien bei dieser Aufnahmekommission und beschwerte sich: »Meine Tochter ist gerade bei den Prüfungen durchgefallen. Warum? Ihre Arbeit ist gut geschrieben.« Die Leute im Büro wollten von ihm wissen: »In welchem Raum hat sie denn die Prüfung geschrieben?« Im weiteren Verlauf des Gesprächs stellte sich heraus, dass man sie aus Versehen in den Raum gesetzt hatte, der für die jüdischen Bewerber vorgesehen war.

Es ist ja schon erstaunlich, wodurch man überhaupt erkannt haben wollte, wer ein Jude war und wer nicht. Damals machte folgende Anekdote die Runde: »Ich bin kein Jude, ich habe nur ein intelligentes Gesicht.«

Und was hat Russland davon? Wissenschaftler haben mitsamt ihren Familien das Land Richtung Westen verlassen, allen Hindernissen und Verboten zum Trotz.

Von vielen habe ich mich damals verabschiedet, von einigen für immer. Meine früheren Kommilitonen vom Institut für Mechanik und Mathematik der späteren Semester arbeiten an den führenden Universitäten der USA und Europas. Dort unterrichten sie Studenten – nicht selten solche, die selbst mit ihren Familien emigriert waren. Was ist aus der berühmten Moskauer Schule für Mathematik geworden, einer der besten weltweit? Ich will nicht sagen, dass sie schon darniederliegt, aber die Emigration hat ihr doch schwer zu schaffen gemacht.

Das Tauwetter ist vorüber

Nachdem ich meine Prüfungen für die Doktorarbeit abgelegt hatte, hatte ich auf einmal viel Zeit. Ich musste nicht mehr zu den Vorlesungen, musste weder Arbeiten schreiben noch Examina machen. Auch die Vorbereitungen für meine Doktorarbeit in Mathematik nahmen nicht viel Zeit in Anspruch. Was mir an der Mathematik immer gefallen hat, war die Logik, ihre Schönheit und die Verschiedenartigkeit ihrer Strukturen, die alle ein Produkt der menschlichen Vorstellungskraft sind und auf einmal auch die Realität wiedergeben. In meinen Jahren auf der Schule gab mir die Mathematik die Möglichkeit, mich in der realen Welt zu verwirklichen. Doch nun war ich an einem Punkt angelangt, wo ich diese Welt auch verstehen und ihr nicht durch schöne Konstruktionen und Formeln entfliehen wollte.

Bei anderen Gegebenheiten, das schließe ich nicht aus, hätte ich auch Mathematik-Wissenschaftlerin werden können. Doch mir erschien es irgendwie nicht sehr attraktiv, noch mehr Energie in meine Doktorarbeit zu stecken. Nicht, dass mir das nicht gelegen hätte. Nur waren mir inzwischen andere Dinge wichtiger geworden, wie z. B. die Lektüre des Journals *Novij Mir,* das durch seine freiheitlich gesinnten Texte bekannt war, oder auch das Journal *Ausländische Lektüre,* die beide Werke zeitgenössischer ausländischer Schriftsteller abdruckten, darunter auch die von amerikanischen und japanischen Autoren. Und mit großem Interesse habe ich auch die Stenogramme der Lenin-Akademie der landwirtschaftlichen Wissenschaften von 1947 gelesen, die die Genetik und ihre Wissenschaftler zu vernichten suchte.

Erst in meinen letzten Studienjahren formte sich aus einem großen Kind und einer aufgeregten Studentin eine Persönlichkeit. In meiner Entwicklung zur Zeit der Doktorarbeit hat mich meine Freundin Nina Brumberg sehr beeinflusst, genau die, die fast einmal ihre Eltern bei den Behörden angeschwärzt hätte. Sie war drei Jahre älter als ich, ihr Vater war nach dem Krieg aus der Armee entlassen worden und konnte keine Arbeit finden. Sie wohnten in einem alten Haus ohne Bad. Lediglich in der Küche hatten sie einen Wasserhahn. Sie lebten in einer »Kommunalka«, das heißt, sie mussten sich die sanitären Anlagen mit ihren Nachbarn teilen. Und diese hatten kein Verständnis dafür, dass die Familie in ihrem kleinen Raum auch noch ein Klavier stehen haben musste. Nina wusste besser als ich, wie das Volk lebte. Und wenn sie vom Volk sprach, dann sprach sie ohne Pathos und mit viel Respekt.

Meine Lebensausbildung wurde abgeschlossen von einer Reise während der Ferien. Diese Reise machte ich zusammen mit Nina und einigen Studenten der Philologie. Sie führte uns im Rahmen einer Folkloreexpedition in den Norden, vorbei an Dörfern des Gebiets Wologda. Die Philologen sammelten die traurigen Volkslieder und Souvenirs. Und wir sprachen stundenlang mit den alten Leuten dort, die uns voller Freude von ihrem harten und grausamen Leben berichteten. Trotzdem waren diese alten Leute fröhlicher und gebildeter als die Menschen, die von der Sowjetunion geprägt wurden. Sie hatten sich ihre Kultur erhalten. Mit großem Vergnügen holten sie für uns ihre alten Kleider aus ihren Kisten. Sie waren nicht nur handgenäht und gewoben, sondern auch noch aus einem besonderen Material hergestellt. Eigens für uns zogen sie diese bunte Kleidung an; unter dem Kopftuch trugen sie eine selbst angefertigte Mütze, kleideten sich wie Brautleute und trugen uns dann ein Lied vor, das gewöhnlich der Bräutigam für seine Braut sang.

Von der nächsten Generation war kaum noch jemand in dem Dorf geblieben. Als Chruschtschow den Kolchosenbauern Pässe gegeben hatte, machten sich diese nach und nach in Richtung der Städte auf, um der schrecklichen Armut zu entgehen, in der die Menschen damals auf dem Dorf lebten. Und viele junge Männer gingen zur Armee. Bei ihrer Entlassung aus dem Militärdienst erhielten sie Pässe ausgehändigt. Dann kamen sie nur noch nach Hause, wenn sie ihre Eltern sehen wollten. Und sie ließen auf den Dörfern die jungen Mädchen zurück, häufig mit den Folgen ihrer Zärtlichkeiten. So kam es, dass das Gesicht der Dörfer weiblich und kindlich wurde.

Irgendwann im Herbst 1965 war das Gerücht im Umlauf, die Schriftsteller Sinjawski und Daniel wären verhaftet worden. Sofort entschieden Nina und ich uns, bei der Union der Schriftsteller anzurufen und uns nach dem Schicksal der beiden zu erkundigen. Wir haben die Telefonnummer auch gefunden, wählten sie und auf der anderen Seite der Leitung meldete sich ein Mann, der zu diesem Zeitpunkt Telefondienst hatte. Ich fragte ihn. »Sagen Sie bitte, stimmt es, dass die beiden Schriftsteller Daniel und Sinjawski verhaftet worden sind, weil sie im Ausland publiziert haben?« Zuerst hörte ich überhaupt nichts. Schließlich sagte die Stimme am anderen Ende der Leitung: »Junge Frau, jetzt erklären Sie mir erst einmal, wer Sie überhaupt sind.« Ich machte die geforderten Angaben zu meiner Person. Und er sagte mit Ironie in seiner Stimme: »Wir werden uns schon überlegen, wie wir weiter vorgehen werden.«

Doch die Botschaft hatten wir begriffen: Der Frühling war vorüber. Wir hatten die Wahrheit über die Zeiten Stalins erfahren, und in unserer romantischen Vorstellung waren wir uns sicher, dass das alles der Vergangenheit angehören würde. Wir hatten uns geirrt.

5 MEINE HEIRAT

Nach meiner Rückkehr aus Wologda holte mich Schenja Reznikow, ein Mitstudent, am Bahnhof ab. Wir hatten vom ersten Kurs an gemeinsam in einer Gruppe studiert; er war oft bei mir zu Hause, aber nie hatte es irgendwelche Kontakte romantischer Art zwischen uns gegeben. Sein vollständiger Vorname lautete Jewgeni.

Beim Abschlussball stand er unlustig herum und klagte: »Ah, das ist so langweilig hier. Lasst uns doch anderswo hingehen.« Ich habe ihn zu meiner Freundin geschickt. Die beiden sind gegangen, während ich mich bis zum Morgengrauen auf dem Abschlussball vergnügt und im Wohnheim übernachtet habe.

Einige Tage danach stand er überraschend vor meiner Haustür. Wir waren zwar schon lange befreundet und besuchten einander oft ohne Vorankündigung, aber jetzt hatte ich das Gefühl, das war ein Besuch der besonderen Art. Dieses Mal hatte Reznikow nämlich einen Koffer dabei, vollgestopft mit seinen Kinderfotos. Und der Junge sah auf diesen Fotos so süß aus und blickte mich offen an.

Sicher war das eine seltsame Idee, eine Frau auf diese Weise um den Finger zu wickeln, aber es hat offenbar funktioniert. Bald kam er jeden Tag ins Haus. Das war damals sehr schwierig für ein junges Paar. Ich lebte in dem großen Durchgangszimmer, durch das auch meine Eltern gingen. Wo sollte man sich da ungestört treffen? Es bot sich eine günstige Gelegenheit im Winter 1966, als meine Eltern in den Urlaub fuhren. Jeden Tag riefen sie mich aus dem Urlaub an. Kurz bevor meine Eltern zurückkamen, setzte ich sie am Telefon in Kenntnis: »Wisst ihr was? Ich habe Jenka geheiratet!« Als sie ihre Koffer auspackten, mussten wir nicht mehr weiter erklären, warum wir ab sofort zusammenwohnten.

Vermutlich verstanden meine Eltern nicht, warum Jenka und ich unsere Ehe auf so eine Weise geschlossen hatten, aber ich lehnte dieses ganze Prozedere drum herum ab. Dann muss man noch auf das Standesamt gehen und das Ganze auch noch öffentlich machen, damit alle anderen es wissen und alle zusammen Hochzeit feiern. Nein, ich wollte nicht wie so ein Dummchen in so einem blöden, weißen Kleid herumsitzen.

In unser großes Wohnzimmer haben wir eine spanische Wand gestellt. Das war alles sehr unkompliziert. Ein Jahr nach unserer Eheschließung wurde unsere Tochter Anna geboren, ein wunderbares, fröhliches und sehr energisches Wesen. Anna war für mich die Rettung. Sie gab mir die Möglichkeit, die Welt in mich aufzunehmen, in ihr zu leben.

Kindern und Studenten habe ich immer die Wahrheit gesagt

Nach dem Abschluss meiner Doktorarbeit habe ich meine Papiere aus der Komsomol-Organisation geholt, ihnen mitgeteilt, dass ich mich nicht mehr als Komsomolzin verstehe, und sie gebeten, mich nicht mehr weiter in ihren Unterlagen zu führen. Meine Familie und das Kind erforderten meine ganze Aufmerksamkeit. Und ich musste mich auch entscheiden, wie ich in dieser Epoche des Breschnew-Systems mit seinem ganzen Lug und Trug weiterleben wollte, sodass ich mir selbst noch in die Augen sehen konnte.

Zum Dissidentenleben war ich nicht bereit. Ich hatte begriffen, dass ich, auch wenn ich mit meinem Protest etwas bewirkt hätte, gleichzeitig meinen Vater in Gefahr gebracht hätte. Er war ein begeisterter Ingenieur und Flugzeugbauer. Er war hochbegabt und ganz in seine Arbeit verliebt. Ich glaube, mein Vater hätte nicht überlebt, wenn man ihn wegen meiner Aktivitäten entlassen hätte. Und das wollte ich nicht. Jetzt bin ich froh darüber, dass ich ihm keine Unannehmlichkeiten bereitet habe. 1974 verstarb mein Vater. Er war damals in die bulgarische Hauptstadt gereist, wo er den Unfall einer Tupolev-Maschine untersuchen sollte. Im Zentrum von Sofia wollte er sich fotografieren lassen, inmitten von großen alten Bäumen. Er stand hinter einem Baum, trat einen Schritt zurück, wobei er nur eine einzige Minute unaufmerksam war, und wurde genau in dieser Minute von einer Straßenbahn überfahren. Er überlebte den Unfall nicht. Seinen Brief aus Sofia, in dem er von seiner Arbeit berichtete und mitteilte, dass er bald zu Hause sein werde, haben wir zwei Wochen nach der Beerdigung erhalten. Er war erst 54 Jahre alt gewesen.

Und so bin ich ganz im Familienleben aufgegangen, auch wenn ich gleichzeitig gespürt habe, dass mich das nicht völlig ausfüllt. Mein Vater hatte immer wieder versucht, mich zu einer Habilitation zu bewegen, aber ich wollte nicht. »Warum willst du nicht?«, hatte er gefragt. Ich sagte ihm: »Ich will ein zweites Kind, und dann möchte ich wieder in den Unterricht einsteigen.« »Aber du verstehst doch, dass beides gleichzeitig nicht möglich ist?«, hat er dann immer gerne noch eingeworfen.

Mein Vater wollte sein Elternhaus nicht verlassen – es gab schon nicht mehr viele »Kommunalkas«, und in unserer Kommunalka lebten noch fünf Familien –, aber Mutter bestand darauf. »Wenn du so sehr an diesem Haus hängst, kannst du hier wohnen bleiben. Wir lassen uns scheiden, ich ziehe aus, und du lebst hier weiter mit so einer Memorial-Tafel draußen an der Tür.« Natürlich hatte meine Mutter das nur im Scherz gesagt. So eine Tafel hatte man zu Ehren des Großvaters bereits dort angebracht. Daraufhin schrieb mein Vater einen Brief an den Moskauer Rat und bat um Unterstützung. Bis wir 1969 eine neue Wohnung bekommen haben, sind aber noch zwei Jahre ins Land gezogen. Da war meine Tochter bereits zwei Jahre alt.

In unserem neuen Wohnblock hatten nach meiner Einschätzung früher KGB-Leute gewohnt. Zu diesem Zeitpunkt haben die Angestellten beim Geheimdienst bereits bessere Wohnungen zugewiesen bekommen. So sind wir in den sechsten Stock in eine Vierzimmerwohnung eingezogen, in der wir heute noch wohnen.

1970 kam unser Sohn Petr auf die Welt. Wir haben ihn in Erinnerung an unseren Urgroßvater Petr genannt. Und man kann mittlerweile erkennen, dass zwischen beiden eine große Ähnlichkeit besteht. Ihm haben wir meinen Nachnamen gegeben, Gannuschkin, und unserer Tochter den Nachnamen des Vaters, Reznikowa. Noch vor ihrer Geburt habe ich wieder angefangen, zu unterrichten, und zwar im Institut für Geschichte und Archivwesen, das später umbenannt wurde in Russische Staatliche Humanitäre Universität. Zwei Kinder und einen Mann versorgen, an den Abenden und an den Samstagen arbeiten, das war alles nicht einfach. Doch es war ein Glück zu beobachten, wie der kleine Mensch, den uns das Schicksal geschenkt hatte, wächst und zu denken lernt. Und die Studenten zu unterrichten war eine sehr attraktive Aufgabe. Die Mathematik brachte ihnen nicht nur Logik bei, sondern auch die Freiheit des Denkens näher.

Die Grenze des Kompromisses war, dass ich mir vorgenommen hatte, niemals meine Kinder und meine Studenten anzulügen. Neben meinen Mathematikvorlesungen führte ich mit meinen Studenten auch noch »zusätzliche Gespräche«. Dabei ging es um die Dinge, die jeden von uns in seinem Leben bewegen. Kürzlich schrieb mich eine meiner ehemaligen Studentinnen an. Sie hatte mich im Internet gefunden und teilte mir mit, dass sie sich vor allem an diese Gespräche erinnere, wenn sie an die Zeit des Studiums zurückdenke.

Oma, halt die Klappe!

Mit Jenkas Familie machte ich mich erst nach unserer Eheschließung bekannt. Davor war ich noch kein einziges Mal bei ihm zu Hause gewesen.

Das war nicht verwunderlich, denn seine Familie hauste zu fünft in einem kleinen Zimmer. Eine von den vielen Türen im Flur führte zur Gemeinschaftsküche. Aus einer anderen drängte uns Jenkas Familie entgegen: die Mutter, der Stiefvater, der zehn Jahre jüngere Bruder und die Großmutter. Das Zimmer war vielleicht 15 Quadratmeter groß. Es gab eine Ecke, abgetrennt vom übrigen Raum, dort standen das Bett und der Schreibtisch meines Mannes. Die Betten wurden tagsüber zusammengeklappt.

Ansonsten standen im Zimmer noch ein Sofa und ein Tisch, der den zentralen Platz einnahm. An diesem Tisch konnten mehrere Handlungen gleichzeitig ablaufen, einer erledigte Hausaufgaben, ein anderer aß etwas, ein Dritter nähte. Das Leben der Familie spielte sich demnach an und um diesen Tisch herum ab.

Großmutter Klara war recht groß für ihre Generation; sie war beleibt, aber zeigte Haltung, mit einem sehr schönem Gesicht, einer dünnen Nase und kleinen, aber höchst ausdrucksvollen Augen. Ihre grauen Haare hatte sie zu einem Dutt zusammengebunden, so wie man das früher getragen hat. Die alte Dame sah mich, drehte sich zu ihrer Tochter um und flüsterte ihr mit dem Ausdruck von Zufriedenheit zu: »Schau mal, sie ist doch auch eine Jüdin.« Alle flüsterten daraufhin sofort in ihre Richtung: »Oma, halt die Klappe!«

Das war mein erster Eindruck von Babuschka Klara.

Die jüdische Großmutter meines Mannes

Klara Borisowna Komarowskaja, 1896 in einem kleinen jüdischen Ort in der Ukraine geboren, wurde fast 90 Jahre alt. Ihr genaues Geburtsdatum war niemandem bekannt, mit dem Datum im Pass stimmte es jedenfalls nicht überein. Deswegen feierte auch keiner ihren Geburtstag.

Sie wuchs in einem Land auf, das nicht nur mehrfach die Besitzer gewechselt – von Weißgardisten über ukrainische Unabhängige bis hin zu deutschen Truppen und Bolschewiki –, sondern auch mehrfach unter blutigen Gemetzeln gelitten hatte.

Mit ungefähr 20 Jahren heiratete sie einen Mann aus dem Nachbarort. Alle Männer flohen aus diesem Ort, aber Klara war hochschwanger, sie musste bleiben. Die Geburt verlief sehr schwer, zwei Hebammen halfen ihr. Draußen vor dem Haus tobten die Randalierer. Das waren Bauern aus dem Dorf, den Kopf voller nationalistischer Ideen.

Sie warteten auf die Mitteilung, ob ein Mädchen oder ein Junge geboren worden sei. Sollte es ein Junge werden, so würden sie ihn als Stammhalter sofort umbringen. Eine Hebamme hielt die Ikone von Nikolaus von Myra an der Tür hoch und versperrte damit dem Mob den Zutritt, die andere blieb bei der Gebärenden.

Nikolaus von Myra hat geholfen, ein Mädchen wurde geboren, meine Schwiegermutter Alexandra, die bei ihrer Geburt den Namen Schifra erhielt. Als sich der Mob verzogen hatte, kehrten langsam die Männer in den Ort zurück. Sie luden Hab und Gut auf Pferdekarren und machten sich zusammen auf den Weg durch den Wald nach Tschernobyl, wo die Mutter von Klara Borisowna lebte. Doch die Schläger erwischten die Kolonne im Wald. Sie töteten alle Männer und nahmen deren Pferde mit.

Der jungen Großmutter Klara gelang es, mit dem Säugling auf dem Arm, zwei Tage zu Fuß zu ihrer Mutter zu laufen. Erst ein Jahr später war es ihr möglich, zu der Stelle im Wald zurückzukehren, an der ihr Mann ermordet worden war. Sie barg seine Überreste und begrub sie. So tragisch begann das Leben dieser Frau, das stets durch eine tiefe Liebe zum Menschen gekennzeichnet war.

Als ihre Tochter acht Jahre alt war, verheirateten die Verwandten Großmutter Klara mit einem nicht mehr jungen Witwer, der vier Kinder in die Ehe mitbrachte. Die Familie zog erst nach Kiew, dann weiter nach Moskau. Dort hausten sie in einer winzigen Wohnung. Mittlerweile waren sie zu acht, denn sie hatten noch einen gemeinsamen Sohn in die Welt gesetzt. Für diese ganze Horde kochte, wusch und putzte Großmutter Klara. Das hinderte sie nicht daran, glücklich zu sein und sich über alles zu freuen, worüber man sich nur im Leben freuen kann.

Das Schicksal wiederholt sich

1940 heiratete ihre erstgeborene Tochter, ein Jahr darauf wurde mein Mann geboren, und zwei Wochen später trat die Sowjetunion in den Zweiten Weltkrieg ein. Der Vater meines Mannes zog mit 29 Jahren als Soldat in die Schlacht, wenig später erhielt meine Schwiegermutter die Benachrichtigung über seinen Tod. Das Schicksal ihrer eigenen Mutter wiederholte sich: Auch ihr Kind hat, wie sie selbst, nie den eigenen Vater kennengelernt.

Großmutter Klara übernahm die Fürsorge für den Enkel. Als auch ihr zweiter Mann verstarb, musste sie arbeiten, um die Familie der Tochter und deren heranwachsenden Sohn durchzubringen. Nach sowjetischen Gesetzen galt sie als unterhaltsbedürftig und erhielt keine Rente. Auf der Nähmaschine nähte die alte Dame Kragen für Soldaten; beinahe ist sie gestorben, als ihr dabei ein Magengeschwür platzte.

Großmutter Klara war Analphabetin, weil jüdischen Mädchen Lesen, Schreiben und Rechnen nicht beigebracht wurden. Dabei konnte sie jedoch rechnen wie ein Taschenrechner. Alle Kassiererinnen waren böse auf sie, was sie jedes Mal mit einem verlegenen Lächeln erwiderte: »Was soll ich machen? Ich kann gut rechnen.« Sie wusste alle Telefonnummern auswendig, verstand es, Ziffern zu notieren, konnte aber nicht den Namen aufschreiben, zu dem diese Zahlen gehörten.

Als ich zum ersten Mal ins Haus meines zukünftigen Mannes kam, empfing mich Großmutter Klara etwas misstrauisch. In ihren Augen galt ich als ziemlich inkompetent in Sachen jüdischer Kultur, doch wenn ich sie fragte, was dieses oder jenes jüdische Fest bedeutete, Dreifaltigkeit zum Beispiel, konnte sie mir das selbst auch nicht erklären. Um besser jene Grundlagen zu verstehen, die Großmutter Klaras Wahrnehmung der Welt bestimmten, las ich einige Bände der *Geschichte des jüdischen Volkes* von Semion Markowich Dubnow, dazu die Bibel.

An diese Kultur, die sich für mich neu eröffnete, wollte ich auch meine eigenen Kinder heranführen. Für Großmutter Klara war mein Interesse von ungeheurer Bedeutung, denn sonst zeigte niemand um sie herum Neugier auf die jüdische Kultur. Sie war stolz, dass ihre Enkelkinder den Sinn der jüdischen Festtage verstanden und jüdische Lieder auf für sie unverständlichem Ivrit sangen. Dass ich zudem keine Hemmungen hatte, in eine Synagoge zu gehen und für sie Matze (dünne Brotfladen) zu besorgen, brachte uns einander noch näher.

Großmutter Klara hatte kein Geld, wollte aber trotzdem anderen eine Freude bereiten. Das war so selbstverständlich für ihre Umgebung, dass man ihr selten dafür dankte. Diese 80-jährige Frau schnitt Zeitungen in Stücke, faltete daraus Papiertüten und fuhr damit um sechs Uhr morgens zum Zentralen Markt. Dort verteilte sie die Tüten unter den Verkäufern mit den Worten: »Damit du heute Glück hast!« Dafür schenkten ihr die Verkäufer eine Handvoll Süßkirschen oder Erdbeeren, die damals sehr teuer waren.

Zu Hause bot sie unseren Kindern die frischen Früchte an. Wir tranken Tee mit ihr und begleiteten sie zum Bus. Sobald sich seine Türen öffneten, streckte diese schwere alte Frau ihre Arme aus und rief den Fahrgästen darin zu: »Bitte, helft mir einzusteigen!« Der halbe Bus eilte ihr zu Hilfe, denn in der Bitte dieser alten Frau lag etwas so Ungezwungenes, klang so ein tiefer Glauben an das Gute im Menschen mit, dass man gar nicht anders konnte, als ihr zu helfen. Sie wiederholte oft: »Man sagt, die Juden sind unbeliebt. Aber ich merke das nicht. Wenn ich vom Markt nach Hause gehe, hilft mir immer irgendjemand, meine Tasche zu tragen.«

Die Schtetl-Kultur: eine der verschwindenden Farben der jüdischen und russischen Kultur

Als Oma Klaras jüngster Enkel einmal grob mit seinem Vater umging, schimpfte sie mit ihm: »Was bist du für ein Idiot! Wie sprichst du mit deinem Vater?« Wenn sie an etwas zweifelte, so sagte sie: »Ganz sicher bin ich nicht. Ist nicht ja und nicht nein.« Großmutter verstand es, aus sehr einfachen und nicht unbedingt qualitätsvollen Lebensmitteln leckere Gerichte zu zaubern und unerwartete Gäste damit zu bewirten. »Ich kann selbst für hundert Menschen kochen« – sagte sie stolz und fügte seufzend hinzu: »Aber wissen Sie, manchmal fällt es mir schon schwer, die Lebensmittel nach Hause zu tragen.«

Obwohl sie in ihrem Leben oft das an sie gerichtete »zhidovka« (Anm: abfällig für Jüdin) gehört hatte, behielt sie die wundersame Eigenschaft, von Menschen stets das Gute zu erwarten. Eine unglaubliche Person und eine unglaubliche Kultur, die es einem Menschen ermöglichte, glücklich zu sein, obwohl er nichts besaß.

Nichts und von niemandem etwas zu verlangen und dankbar für alles zu sein. Sich über Kleinigkeiten zu freuen. Die Menschen so zu nehmen, wie sie sind. Das war eine hohe Lebensbegabung.

Nie neidisch zu sein, nie böswillig in Bezug auf fremde Erfolge zu reagieren und viel feinen Humor in jedem einfachen Satz zu zeigen. Diese Begegnung hat mir viel geschenkt und oft im Leben geholfen.

Für mich war das die erste enge Erfahrung mit einer anderen Kultur, und zwar jener, die man als Schtetl-Kultur bezeichnet und die von der jüdischen Intelligenz oft belächelt und geschmäht wird. Ich empfinde so etwas wie zärtliche Liebe zu dieser Kultur. Das ist auch eine der verschwindenden Farben der russischen Kultur.

Es herrscht die verbreitete Meinung, dass die Juden das Geld sehr schätzen. Auch Großmutter Klara übersetzte alles in seinen Geldwert. Meine Tochter und ich fanden im Wald viele Steinpilze. Klara Borisowna rief später meine Mutter an und teilte ihr mit: »Wir haben so viele Pilze hier! Vielleicht für fünf Rubel!« Hierbei schwang kein bisschen Eigeninteresse mit – das Geld verstand Oma Klara als allgemeines Äquivalent. Sie besaß es nie, aber darüber war sie nicht sehr betrübt.

Zu Sowjetzeiten gab es zwei Attribute des Wohlstands – die Datscha und das Auto. Beides besaß ich nie. Wenn mir etwas angeboten wird, überlege ich lange, ob ich das wirklich brauche. Das passiert mir zum Teil aus Bequemlichkeit. Wozu brauche ich eine Datscha? Man muss das Dach vom Gartenhaus reparieren, man muss ständig dorthin fahren ... Es ist einfacher, ohne Datscha zu leben.

Die Welt durch ein kleines Guckloch sehen

Mein Mann hatte die Uni als einer der Besten in seiner Gruppe beendet und eine Arbeitsstelle im »Akademischen Institut für Physik der Erde«, kurz Geophysik, angenommen. Die Mitarbeiter dort hatten die Aufgabe, Erdbeben zu prognostizieren. Jenka verteidigte seine Dissertation und arbeitet bis heute dort, mittlerweile als Berater.

Nun müsste man annehmen, dass er viel herumgereist sei zu wissenschaftlichen Konferenzen. Doch auch hier kam wieder eines der bekannten Probleme zum Tragen: der Antisemitismus. Ja, er wurde eingeladen. Daraufhin aber hat man ihm im Parteikomitee ein Papier unter die Nase gehalten, dass er aufgrund seiner Familienverhältnisse freiwillig auf diese Reise verzichten würde. Jenka weigerte sich, seine Unterschrift darunterzusetzen.

Weitaus einfacher war es, mit einem Forschungsschiff auf Reisen zu gehen. Allerdings bestand da nur selten und nur für kurze Zeit die Möglichkeit, an Land zu gehen. Mathematiker durften auf diese Forschungsschiffe, weil sie die Computer bedienen konnten, die zur Bearbeitung des gesammelten Datenmaterials dienten. Sobald man mit diesen Aufgaben fertig war, nutzte jeder Mathematiker den Computer für Dinge, die er sich extra von zu Hause mitgenommen hatte. Damals war das eine wertvolle Möglichkeit, seine Aufgabenstellungen von einem Computer erledigen zu lassen. Heute hat ja jeder Student einen Computer in seiner Tasche.

Damit man die Genehmigung erhielt, an so einer Reise teilzunehmen, musste man sich einer Prüfung unterziehen. Diese fand ausgerechnet im Parteibüro des Stadtbezirks statt. Das erste Mal fiel Jenka beim lokalen Komitee der Partei durch. Man hatte ihn aufgefordert, das sowjetische Staatswappen zu beschreiben. Er sagte: »Hammer und Sichel.« » Und was noch?« »Na ja, der fünfzackige Stern.« »Was symbolisieren Hammer und Sichel?« »Die Einheit der Arbeiterklasse und der Bauern.« »Und der Stern?« Jenka antwortete: »Das ist das Symbol unserer Armee.« Und sie riefen im Chor: »Wie das. Auf unserem Wappen ist keine aggressive Symbolik!«

Allerdings handelt es sich um eine historische Tatsache, dass dieser Stern genau für diese Armee stehen sollte. Später aber hatten die Regierenden beschlossen, diese Erklärung aus der Beschreibung des Wappens zu entfernen. In der offiziellen Version hieß es fortan, dass der Stern die Freundschaft der Menschen aus den fünf Kontinenten symbolisierte.

Als Jenka nach Hause kam und erzählte, dass er durchgefallen sei, meckerte ich: »Wie konntest du das nicht wissen, das haben wir doch in der Schule gelernt?« Er war sehr nervös aufgrund dieses ganzen Prozedere. Nicht weil er durchgefallen war, sondern weil er es als so erniedrigend empfunden hatte, vor diesen Menschen zu stehen, die – außer ihre bescheuerten Fragen zu stellen – zu nichts Vernünftigem fähig waren. Da saßen irgendwelche Kommunistinnen und Kommunisten und Karrieristen.

Einen promovierten Wissenschaftler aus Jenkas Institut hatten diese Menschen wie einen kleinen Jungen gefragt, ob er den Text der sowjetischen Hymne kenne. Er sagte: »Wissen Sie was? Ich singe Ihnen jetzt die Hymne vor, und ich möchte Sie alle bitten, sich nun zu erheben.« Und diesen Nichtstuern blieb nichts anderes übrig, als aufzustehen und die Hymne mitzusingen. Er hat dort also eine eigene Performance gestartet. Das war seine kleine Rache, mit der man auf diesen Unfug antworten konnte.

Der Parteileiter dieses Instituts lud Jenka noch ein zweites Mal zu einer Prüfung ein. Diesmal sagte er alles richtig auf und durfte mitkommen. Jenka verbrachte zwei Tage in New York, besuchte St. Helena und die Vulkaninsel Tristan da Cunha. Von dort brachte er ein Stück Vulkangestein mit.

Zweimal hatte er an solchen Reisen auf Forschungsschiffen teilgenommen. Wenn sie auf den Ozeanen unterwegs waren, legten sie meist fünf bis sechs Tage lang irgendwo auf dem Festland an. Obwohl man nur für so eine kurze Zeitspanne an Land durfte, sind viele Menschen mitgefahren, weil dies die einzige Möglichkeit war, das Ausland zu besuchen. So durfte man wenigstens einen Ausschnitt der Welt durch ein kleines Guckloch sehen. Außerdem erhielten die Reisenden Devisen, die sie sehr sparsam verwaltet haben. Auf dem Festland war es ihnen möglich, dafür ihren Angehörigen verschiedene Artikel zu kaufen, die es bei uns nicht gab. Jenka hat mir einmal einen synthetischen Pelzmantel mitgebracht. Auf dem Etikett stand »Paris«, aber gekauft hatte er ihn in irgendeinem Kellerladen im Senegal.

Wenn man an Land gehen wollte, durfte man das Schiff nur zu dritt verlassen. Man kann sich vorstellen, welche Streitereien dabei entstanden. Jeder wollte woandershin und etwas anderes sehen. Jenka kaufte auf einer dieser Reisen für sich selbst einen Plattenspieler. Seitdem begann er, sehr viel Musik zu hören. Wir haben jetzt zu Hause Hunderte von Schallplatten und CDs, immer ist im Haus Musik zu hören.

Als ich selbst das erste Mal – die Zeiten hatten sich geändert – ins Ausland reiste, musste man nicht mehr extra zuvor beim Parteikomitee vorsprechen. Aber es war nötig, vom Parteikomitee seiner Arbeitsstelle eine Empfehlung vorzulegen. Außerdem musste man bei der Rückkehr seinen Pass abgeben. Und lange noch verlangte unser Parteileiter die zusätzliche Beglaubigung des Papiers durch die oberen Instanzen. Er wollte nicht wahrhaben, dass die Macht der Partei schwächer wurde.

Mein Reiseziel war Bulgarien. Es war 1982. Eine ehemalige Studentin von mir hatte mich zu sich eingeladen. Als wir abends spazieren gingen, war ich völlig überwältigt. »Oh, mein Gott, ich bin im Ausland. Das kann nicht sein.« Wir hatten in der Sowjetunion so ein tiefes Gefühl der Isolation erlebt, und auf einmal befand ich mich in einer anderen Welt. Heute ist das normal; es wundert niemanden mehr, dass man einen Reisepass besitzt und zu Hause aufbewahrt. Ich habe zwei Mehrfach-Visa in meinem Pass. Jederzeit kann ich ein Ticket kaufen und fliegen, wohin ich will, nach Amerika oder Europa. Das ist natürlich wunderbar. Es scheint so, als ob sich das auch nicht mehr ändern lässt. Wieder glaube ich, dass es Prozesse gibt, die sich nicht mehr rückgängig machen lassen. Ich wünschte, dass das immer so wäre. Diese Isolation der Bürger war bereits im russischen Reich typisch gewesen. Selbst Puschkin war es verboten, aus der Heimat auszureisen. Für ihn war Französisch seine zweite Muttersprache, er hatte französische Gedichte geschrieben, aber er durfte kein einziges Mal nach Paris fahren. In dieser Hinsicht blickten wir also auf eine lange Tradition zurück.

Gelber Sichtschutz für Nixon auf allen Balkonen

1972 existierte bereits eine größere Dissidentenbewegung, darunter befanden sich auch die sogenannten »Abgesagten«. Das waren diejenigen, denen die Emigration aus der Sowjetunion verweigert worden war. Viele Leute beantragten offiziell die Ausreise nach Israel »in die historische Heimat«, wie es so formuliert stand, und reisten von dort weiter nach Amerika. In der frühen sowjetischen Zeit kursierte ein Spruch: »Ein Auto ist kein Luxus, sondern ein Fortbewegungsmittel.« Und damals kam es zur Umwandlung dieses Spruchs: »Eine jüdische Ehefrau ist kein Luxus, sondern ein Fortbewegungsmittel.«

Die Menschen reisten aus, weil sich diese Möglichkeit bot und der staatliche Druck nicht mehr so spürbar war wie zu Stalins Zeiten. Im Mai kündigte Präsident Richard Nixon seinen Besuch in der Sowjetunion an. Allein diese Tatsache demonstrierte, dass bestimmte gesellschaftliche Veränderungen stattgefunden hatten. Die Staatsmacht hatte aber Angst davor, dass diese »Abgesagten« irgendeine Möglichkeit fänden, den amerikanischen Präsidenten um Unterstützung bei der Ausreise zu bitten.

In diesen Tagen brachen viele Männer wie gewohnt zur Arbeit auf, kamen dort aber nicht an. Meine Freundin rief mich an. »Wieder ist jemand verschwunden.« Meine Nachbarin war alarmiert. Auch ihr Mann war nicht mehr auffindbar. Erst eine Weile später verstanden wir, dass sie nicht verschollen oder ermordet worden waren. Staatsorgane hielten sie an einem Ort gefangen, damit sie sich nicht verbünden und Nixon um Hilfe bei der Ausreise bitten konnten. Große Empörung herrschte unter uns allen, doch wir beruhigten uns ein wenig, als wir begriffen, dass ihnen nichts Schlimmes zugestoßen war.

Das Fest der Dreifaltigkeit näherte sich, und Richard Nixon, der ein religiöser Mensch war, musste zu diesem Fest den Gottesdienst besuchen. Die dafür ausgewählte evangelische Kirche befand sich, nur durch einen Hof getrennt, nah an unserem Haus. Zwei Tage vor dem Feiertag erhielten wir Besuch von unserem Hausmeister Zina, der von einem KGB-Mann begleitet wurde. Höflich fragte er bei mir an: »Entschuldigung, darf ich mir Ihren Balkon anschauen?« Ich sagte: »Hm, Zina, Sie kenne ich ja, aber ich möchte, dass Ihr Begleiter sich auch vorstellt und seinen Ausweis zeigt.«

Im Hintergrund tauchte die Frau des Hausmeisters auf und flüsterte mir zu, dass das jemand vom Geheimdienst sei. »Umso besser, dann möchte ich ihn erst recht kennenlernen.« Doch er wollte mich nicht kennenlernen. »Dann kann ich Sie nicht in meine Wohnung lassen, weil die Unversehrtheit des Wohnraumes durch die Verfassung garantiert ist.« »Das ist ja in Ordnung«, lenkte er ein, »aber Sie haben Ihren Balkon mit solch gelben Sichtschutzplatten abgedeckt, nehmen Sie diese bitte ab.« »Und warum?« »Na, so fällt Ihr Balkon zu sehr auf und hat nicht, wie alle anderen, dieses normale Aussehen.«

Ich habe mich sehr gewundert. »Meine Kinder sind zwei und fünf Jahre alt, wenn ich diese Plastikabdeckung wegnehme, würde man ja sämtliche Höschen von ihnen sehen, die ich da zum Trocknen aufgehängt habe. Und überhaupt werde ich das nicht abnehmen, weil es mir so gefällt. Und das ist mein Recht.« Der KGB-Mann verlor zunehmend die Geduld mit mir. »Sind Sie die Hauptmieterin?« »Nein, mein Vater. Kommen Sie später wieder, wenn er von der Arbeit zurück ist, aber wir werden das nicht abmontieren.« Ehrlich gesagt hätte mein Vater diesen Sichtschutz wahrscheinlich sofort abgebaut. Er war toleranter diesem Regime gegenüber und natürlich hatte er andere Erfahrungen gesammelt als ich. Wenn mein Vater in seiner Arbeit etwas für richtig hielt, dann hätte er dafür mit dem Kopf gegen die Wand rennen können. Und er hätte sicher das erreicht, was er wollte, aber bei solchen, wie er fand, Kleinigkeiten hätte er sofort nachgegeben.

Also gingen diese Besucher wieder, dafür eilte die Nachbarin aufgeregt herbei. Eine alte Dame aus einer Adelsfamilie, die ihr Leben lang gezittert hatte; alle ihre Verwandten waren unter Stalin in der Verbannung umgekommen. »Swetlana, ich verstehe nicht, was hier geschieht. Mir haben sie befohlen, sofort meinen grünen Sichtschutz abzumontieren und stattdessen gelbe Platten anzubringen wie bei Gannuschkins. Warum bevorzugen diese Leute die gelbe Farbe?« Sie hatte den KGB-Mann auch noch gefragt: »Wer sind diese Gannuschkins, dass sie das bestimmen können?« Aber sie hatte dessen Antwort darauf nicht verstanden. Ich stutzte. »Und haben Sie dann diese Plastikplatten abgenommen?« »Ja natürlich.« »Sehen Sie, ich habe meine nicht abgenommen.« »Was? Sie haben Nein gesagt? Auf die Idee bin ich gar nicht gekommen«, antwortete sie kopfschüttelnd, »einfach verneinen, wenn der KGB etwas von einem verlangt.«

Kurz darauf fuhr ein Auto vor, und Männer installierten überall an unserem Wohnblock, wo vorher grüner Sichtschutz war, einen in gelber Farbe. Das ganze Haus wurde gelb. Ich habe zuerst nicht begriffen, was da vor sich ging. Diese Plastikplanen waren nämlich knapp zwei Wochen nach der Abreise Nixons installiert worden.

Offensichtlich hatte der KGB diese Anweisung gegeben, um dem amerikanischen Präsidenten, der die Kirche vor unserem Haus aufgesucht hatte, ein einheitliches Bild in einer Farbe zu präsentieren. Wie das früher üblich war, hatten sie diese Maßnahmen aber nicht zum richtigen Termin geschafft. Aber sie waren immer noch schneller, als es heute üblich ist.

Letztes Jahr wurde unser Wohnblock saniert. Dabei wurde das alte gelbe Plastik durch weißes von besserer Qualität ersetzt. Eigentlich ein bisschen schade, denn dadurch sind auch die Reste dieser lustigen Geschichte verschwunden.

Der Wucherer, die Studentin und die Staatsanwältin

Da ich ständig meine Nase in die Angelegenheiten anderer Leute steckte, hat mich dauernd irgendwer als Vertrauensperson mit seinen Problemen aufgesucht. Wenn ich mich bemühte, dieses fremde Leid zu vergessen, hat es meistens nicht geklappt, weil es sich bereits in meine Seele geschlichen hatte. Ich konnte es auch nicht an andere weiterdelegieren, und so sah ich mich schließlich gezwungen, mich selbst damit auseinanderzusetzen.

Eine meiner Studentinnen hatte 1978, zu Sowjetzeiten, Geld geliehen und diese Schulden nicht zur »Deadline« zurückzahlen können. Letztendlich hatte sie dieses Geld zurückgezahlt, aber eben nicht rechtzeitig. Der Geldverleiher nutzte ihre schwierige gesundheitliche Lage aus (sie litt an einem gutartigen Gehirntumor) und zwängte ihr notariell beglaubigte Schuldscheine auf, die mit den hohen Zinsen die Schulden auf das Zehnfache hatten anwachsen lassen. Natürlich war das gesetzeswidrig. In der Sowjetunion war Zinswucher verboten. Und weil beide etwas Verbotenes gemacht hatten, hatte er sie erpresst, forderte von ihr das Geld und drohte ihr eine harte Abrechnung an.

Wie das zu Sowjetzeiten üblich war, fanden wir über Beziehungen Zugang zu dem Problem. Ein uns bekannter Polizist bestellte den Wucherer auf die Wache, woraufhin meine ehemalige Studentin zunächst einmal von weiteren Nachstellungen verschont blieb. Von seinen Forderungen aber wollte der Mann nicht weiter abrücken. Ja, er klagte sogar vor Gericht gegen die junge Frau. Sie hatte inzwischen einen Bulgaren geheiratet, doch sie durfte nicht ausreisen, weil sie angeblich Schulden hatte. Ihre Lage war verzwickt.

Zu dem Zeitpunkt fand ein Kongress der Kommunistischen Partei statt. Gemeinsam haben wir im Namen von Walja – der jungen Frau – ein Telegramm an Breschnew und die Abgeordneten geschickt. Darin war unter anderem vermerkt: »Ich lebe hier ohne wohnbehördliche Anmeldung. Ich habe keine Arbeit, wohne bei meiner Dozentin und bin einem Wucherer in die Hände gefallen.« Das Telegramm brachte Bewegung in die Sache. Es war zunächst an die Vorbereitungskommission des Parteitages gegangen und von dort aus zur Staatsanwaltschaft und an das Innenministerium.

In der Folge schickte man die junge Frau zur Staatsanwaltschaft. Sie hatte Angst, alleine dorthin zu gehen, aber ich besaß keine Genehmigung, sie zu begleiten. Was tun? Im Warteraum sagte ich zuerst zum Milizionär »Guten Tag« und wandte mich dann, mit herrischer Stimme, an meine Begleiterin. »Jetzt holen Sie endlich mal die Vorladung und den Pass und zeigen Sie das dem Genossen Milizionär.« Brav erledigte sie das, und wir gingen zusammen weiter.

Auf diese Weise hatten wir die Möglichkeit, die Geschichte bei der Staatsanwältin noch mal gemeinsam aufzurollen. Der Geldverleiher war ebenfalls erschienen. Die Staatsanwältin forderte uns auf, zusammen eine Lösung zu finden. Der Mann notierte daraufhin auf einem Stück Papier die Summe, die er haben wollte. Das war immerhin schon weniger als das, was er ursprünglich verlangt hatte. Fragend blickte mich Walja an. Ich schlug vor: »Streich mal eine Null durch.« Wir haben uns schließlich geeinigt, diese Summe – ohne diese zusätzliche Null – zu bezahlen.

Bevor wir hinausgingen, fragte ich die Staatsanwältin: »Wie ist es Ihnen gelungen, den Wucherer davon zu überzeugen, dass es besser ist, wenn er auf seine Forderungen verzichtet?« Sie sagte, dass sie zuvor mit beiden Beteiligten gesprochen habe. Der Studentin hatte sie gedroht: »Ich bringe Sie vier Jahre ins Gefängnis, weil Sie Lügen über etwaige Mordabsichten dieses Mannes verbreitet haben.« Die junge Frau habe eingeschüchtert reagiert: »Was soll ich tun? Im Gefängnis wird man zumindest ernährt, das werde ich schon überleben.« Dasselbe hatte sie diesem Geldverleiher unter die Nase gerieben: »Ich werde dich hinter Gitter bringen, wenn sich herausstellen sollte, dass du ihr gedroht und sie erpresst hast.« Daraufhin hatte er versucht, einen Kuhhandel mit ihr zu treiben. »Wenn ich jetzt nicht mehr die gesamte Summe fordere, ist das immer noch Erpressung?« Nun wusste die Staatsanwältin, wer von den beiden im Recht war.

Für ihr Engagement bedankte ich mich bei ihr. »Sie haben Mitleid mit diesem jungen Mädchen gehabt.« Sie schüttelte den Kopf. »Ich habe überhaupt kein Mitleid gehabt, ich muss einen Bericht für den Parteitag abgeben.« Das ist eine gute Beschreibung dessen, wie die sowjetischen Mechanismen funktioniert haben. Diese Staatsanwältin musste im Vorfeld des Parteitages berichten. Sie verfügte aber nur über einen sehr begrenzten Zeitrahmen, um dieses Problem zu lösen. Das Gesetz ist unwichtig, die Berichterstattung ist wichtiger. Und die hatte sie erledigt.

Zum Abschied verlangte sie: »Jetzt geben Sie mir diese Vorladungen, damit Sie das Gebäude wieder verlassen können.« Ich musste zugeben, dass ich so ein Schreiben gar nicht besaß. »Und wie sind Sie hier hereingekommen?« »Ich habe am Eingang ›Guten Tag‹ zu Ihrem Milizionär gesagt.« »Gut«, sagte sie, und dabei lachte sie sogar. »Dann schreibe ich Ihnen eben selbst eine Vorladung und werde sie auch gleich gegenzeichnen. Darauf vermerke ich, dass wir hier fertig sind. Sonst könnten Sie doch noch Pech haben, wenn Sie unten dem Milizionär ›Auf Wiedersehen‹ sagen und er dann Verstärkung holt.« Das Gebäude der Staatsanwaltschaft konnte ich somit auf legalem Weg wieder verlassen.

Leider aber war das noch nicht das Ende der Geschichte. Eine Kopie unseres Telegramms war auch an das Innenministerium weitergeleitet worden. In dem ganzen Text war der Miliz nur ein einziger Satz aufgefallen. »Ich wohne ohne polizeiliche Meldung, wohne bei meiner Dozentin.« Anstatt der jungen Frau nun die Gelegenheit zu geben, sich polizeilich bei mir melden zu dürfen, haben sie angefangen, meine Familie zu schikanieren. Zur Strafe dafür, dass wir in unserer Wohnung jemanden aufgenommen hatten, der ohne Meldebescheinigung lebte. In deren Vorstellung war dafür die Hauptmieterin verantwortlich. Das war meine alte Mutter. Und so wurde meine Mutter zu einer Geldstrafe von zehn Rubel verurteilt.

Anschließend kamen sie noch öfter, immer um sechs Uhr morgens, schoben meine Mutter mit der Schulter zur Seite, gingen in ihr Zimmer und guckten unter das Bett und in die Schränke, kamen aber nicht auf die Idee, dass sich unsere illegale Bewohnerin auch in einem der anderen Zimmer aufhalten könnte. Da diese illegale Bewohnerin aber unauffindbar blieb, haben sie ihre Besuche mit der Zeit eingestellt. Das ist ein Beispiel dafür, dass die polizeilichen Behörden, die eigentlich die Bürger beschützen sollten, vor allem den Staat schützen und nicht die Interessen einer Person. Und so ist es bis zum heutigen Tage geblieben.

Das humanste Gericht der Welt

Wir schrieben die Zeit des großen Stillstands, es waren die öden Breschnew-Jahre. Neue Verhaftungen, neue Verbannungen. Wichtigste Literatur in dieser Zeit waren die Samisdat-Zeitungen. Es waren nicht wenige und sehr unterschiedliche Menschen, die wegen der Verbreitung dieser Zeitung hinter Gitter wanderten. 1969 wurde ein Kommilitone von mir und Nina, Ilja Burmistrowitsch, wegen Verbreitung von Samisdat-Literatur verurteilt, und zwar auf der Grundlage von § 190-1 StGB der RSFSR: »Verbreitung von offensichtlichen Unwahrheiten, die die sowjetische staatliche und gesellschaftliche Ordnung untergraben«. Gemeint war die Verbreitung von Samisdat-Literatur, in erster Linie von Texten aus der Feder von Sinjawski und Daniel. Zu diesem Zeitpunkt war ich bereits mit dem zweiten Kind schwanger, bin aber trotzdem zur Gerichtsverhandlung gegangen. Zum ersten Mal stand hier ein Mensch vor Gericht, den ich persönlich kannte.

Vor dem Gebäude sah ich ungefähr zehn mir unbekannte Personen, die offensichtlich keinen Zutritt zum Saal erhalten hatten. An der Tür stand ein Milizionär. In den Gerichtssaal kam nur, wer von ihm durchgelassen wurde. Ich machte ein paar Schritte zurück, setzte mein Barett-Mützchen zurecht und sagte mit lauter Stimme – es hätte die Stimme eines Kommissars sein können – zu ihm: »Genosse, lassen Sie mich bitte durch.« Alle machten mir bereitwillig Platz, der Milizionär wich einen Schritt zur Seite, und schon war ich im Innern des Gebäudes. Ich frage mich, wieso dieser Milizionär, der doch die Aufgabe hatte, den Zutritt zum Gebäude zu kontrollieren, nicht die leisesten Zweifel an meiner Berechtigung hatte, den Saal zu betreten. Warum hat mir sonst niemand den Weg versperrt? Das Beispiel zeigt: Jedes Regime stützt sich auf einen ungeschriebenen gesellschaftlichen Vertrag. Und Macht hat es nur so lange, wie sich alle an diesen Vertrag halten. In meinem Fall wirkte das tief sitzende Gefühl: Wer selbstbewusst auftritt, hat offensichtlich recht.

Der Saal, in dem gegen Ilja verhandelt wurde, war bis auf den letzten Platz gefüllt. Der Angeklagte saß auf einem Stuhl direkt dem Richter gegenüber. Wir grüßten uns. Einige von Iljas Freunden, die schon lange vor Prozessbeginn im Saal waren, konnten auf der Anklagebank Platz nehmen. Alle Plätze, die für das Publikum vorgesehen sind, waren von Personen besetzt, die sich alle irgendwie ähnelten, nicht nur, weil sie alle die *Prawda* in der Hand hielten.

Zwischen sich hatten sie einen großen Abstand gelassen. Deswegen bat ich einen von ihnen, er möge doch etwas aufrücken, damit ich mich auch setzen könne. Doch er lehnte dies strikt ab. Nun kam der Milizionär und verwies alle diejenigen des Saales, die keinen Sitzplatz gefunden hatten. Einer meiner Bekannten, den ich im Saal entdeckte, hatte einen kleinen Koffer in der Hand – normalerweise führten arme Studenten in derartigen Koffern Papier mit sich. Ich nahm den Koffer, stellte ihn auf den Kopf und setzte mich darauf. Der Milizionär murmelte irgendetwas vor sich hin, als er mich so entdeckte, ließ mich aber schließlich in Ruhe. Nun betraten der Richter und zwei Beisitzer den Saal.

Anschließend entspann sich ein zehnstündiger Dialog zwischen Richter und Angeklagtem. Der Anwalt selbst spielte nur eine untergeordnete Rolle, genauso wie übrigens auch der Staatsanwalt. Die Richterin, die aussah wie eine Kassiererin an der Ladenkasse, las die Anklageschrift selbst vor und fragte den Angeklagten, ob er alles verstanden habe. Ilja erwiderte, er wolle von seinem Recht, Verständnisfragen zu stellen, Gebrauch machen, und fing an, Fragen zu stellen. Wie ein Mathematiker nahm er den Text als Ausgangspunkt für seine Überlegungen und ergänzte, die Anklage gegen ihn müsse aus dem Text gestrichen werden. Er fragte: »Bedeutet die Anklage, dass ich meine Freunde bezüglich der sowjetischen Gesellschaftsordnung betrügen wollte? Anhand welcher Kriterien wird festgestellt, welche Äußerungen die sowjetische Ordnung unterhöhlen und welche Äußerungen dies nicht tun?« »Bitte teilen Sie mir mit«, fuhr er fort, »an welcher Stelle eines künstlerischen Textes man erkennt, dass er die Ordnung untergräbt.« »Ist es erforderlich, dass eine derartige Äußerung ganz direkt artikuliert wird? Sinjawski und Daniel waren nach § 70 StGB der RSFSR angeklagt gewesen. Im Urteil gegen die beiden hatte es geheißen, ihre Werke seien aus einer antisowjetischen Position heraus geschrieben worden. Gleichzeitig findet sich jedoch im Urteil kein Hinweis darauf, dass sie auch beschuldigt werden, unwahre Dinge erfunden zu haben.«

Die Richterin lehnte es ab, Ilja seine Verständnisfragen zu beantworten. Dazu, so die Richterin, seien nur ungebildete Omas berechtigt, aber nicht Menschen mit einem Doktortitel. Weiterhin ging es um drei oder vier Texte, deren Verbreitung durch Ilja von vier Zeugen bestätigt worden war. Ilja soll die Samisdat-Zeitung also im großen Stil verteilt haben. Insgesamt waren Dutzende von Personen verhört worden. Doch nicht einer von ihnen bestätigte das, was die vier Zeugen gesagt hatten. Es wurde auch behandelt, wie viele Exemplare es gewesen sein könnten, die Ilja verbreitet haben soll, zehn oder elf. Man kam schließlich zu dem Schluss, dass es zehn gewesen sind, jeweils fünf Blätter waren doppelseitig beschrieben worden.

Als die Verhandlung unterbrochen wurde, verließen viele das Gebäude, um zu rauchen. Eine ältere Dame (in der Folge zeigte sich, dass es die Frau von Petr Grigorenko war) und ich blieben auf der Bank sitzen. Als die Verhandlung fortgeführt wurde, zeigte sich, dass zwei Personen, die vom Rauchen zurückgekehrt waren, keinen Platz mehr finden konnten. Einer von ihnen sagte zu mir: »Da bin ich gesessen.« »Und jetzt sitze ich hier«, erwiderte ich. »Nein, das ist mein Platz«, gab er mir zur Antwort. »Haben Sie denn auf diesen Platz eine Karte gelöst«, fragte ich nach. »Gegen meinen Freund wird hier verhandelt. Und was machen Sie hier?«, fragte ich weiter. »Ich bin hierhergeschickt worden«, erwiderte er. »Und wer hat sie hergeschickt?«, hakte ich nach. In diesem Augenblick stupste ihn sein Kollege an und sagte ihm: »Komm, lass gut sein. Gehen wir lieber ein Bier trinken.« Tatsächlich verließen sie den Gerichtssaal, und wir konnten uns die Farce bis zum Ende ansehen. Es wurde bis in den späten Abend verhandelt. Und am gleichen Tag noch wurde das Urteil verkündet: »Drei Jahre Lagerhaft, allgemeines Regime.« Wenig später wurde Ilja in das Gebiet

Krasnojarsk gebracht. Dort war er zusammen mit Verbrechern inhaftiert. Es war keine leichte Zeit in seinem Leben, immerhin waren es keine Stalin'schen Lager. Ilja kam gebräunt und muskulös zurück. Auf meinen Scherz: »Das Lager hat dir gutgetan«, sagte er nur: »Gott vergebe dir diese Worte.« Ob Ilja mir diese Worte vergeben hat, weiß ich nicht.

Stummer Dialog mit einer Ratte

Die Lebenssituation vieler Menschen war nicht einfach. Nina Karpenko, der alleinerziehenden Freundin meiner Mutter, einer ungestümen wunderhübschen Ukrainerin mit schwarzen Augenbrauen, war beispielsweise ein Urlaub bei ihrer Familie in der Ukraine zum Verhängnis geworden. Als der Krieg dort ausgebrochen war, hatte sie sich von einem Tag auf den anderen auf besetztem Territorium befunden.

Was tun? Der Reiseschein war abgelaufen, sie stand von heute auf morgen auf der Straße. Und da wäre sie wohl auch geblieben, wenn nicht eine einheimische Familie sie bei sich aufgenommen hätte, bei der sie die ganzen Kriegsjahre hindurch leben konnte. Glücklicherweise gehörte diese Familie auch nicht zu einer Volksgruppe, die später deportiert werden sollte. Und so musste sie mit ansehen, wie ihre Nachbarn, einer nach dem anderen, zwangsumgesiedelt wurden. Sie jedoch und die Familie, bei der sie wohnte, konnten bleiben.

Nach Ende der Kämpfe war sie wieder nach Moskau gereist. Dort aber hatten die Behörden ihr mitgeteilt, dass sie kein Recht mehr darauf habe, weiter dort zu leben, weil sie den Krieg in besetztem Gebiet verbracht hatte. Diejenigen, die unglücklicherweise in deutsche Kriegsgefangenschaft geraten waren und nun nach Russland zurückkehrten, steckte die Miliz in Gefängnisse, und denjenigen, die in besetzten Territorien gelebt hatten, wurde großes Misstrauen entgegengebracht. Man erlaubte ihnen nicht, in Großstädten wie Leningrad oder Moskau zu bleiben.

Die Freundin meiner Mutter schickten die Behörden nach Riga. Lettland aber war gerade erst Teil der Sowjetunion geworden, genauso wie die anderen baltischen Republiken, infolge der Abmachungen zwischen Hitler und Stalin, ohne dass die Menschen dort vorher gefragt worden wären. Die Diskussion über diesen Geheimvertrag, den sogenannten »deutsch-sowjetischen Nichtangriffspakt« oder »Ribbentrop-Molotow-Nichtangriffspakt«, ist bis heute in Russland und der Europäischen Union nicht abgebrochen. Und während es noch vor nicht allzu langer Zeit Konsens war, dass es sich dabei um einen verbrecherischen Vertrag handelte, versucht man gegenwärtig, ihn mit einer angeblichen politischen Notwendigkeit zu rechtfertigen.

Nina Karpenko wurde nun an eine Arbeitsstelle im Kombinat »Maxlag« entsandt. Dort hatte sie eine Arbeit als Künstlerin und Designerin erhalten. Das Verhältnis der Kollegen zu ihr war sehr distanziert. Sie hatte nicht einmal das Recht, nach Hause zu fahren, galt sie doch als Vertreterin eines Okkupationsstaates. Doch ihr Charme musste irgendwann gesiegt haben, denn sie war ein beeindruckender Mensch. Sie war immer guter Laune, erfüllte ihren Job als Designerin und Künstlerin zur vollen Zufriedenheit ihrer Umgebung. Und sie hatte einen großen Freundeskreis. Als dann all die Verbote aufgehoben wurden und Nina endlich nach Moskau zu Ausstellungen reisen konnte, kam sie natürlich auch zu uns. Und das Haus war erfüllt von ihrer Aura; man lachte, und es wurden Späßchen gemacht und die neuesten Witze weitererzählt. Dann hat sie Mutter und Vater immer wieder ins Theater mitgeschleppt, und als wir Kinder hatten, verlangte sie immer wieder von uns, auch mal das Haus zu verlassen. Ich habe das »Sweta und Schenja, ab ins Theater!« noch heute im Ohr. Und während wir im Theater waren, hat sie sich um die Kinder gekümmert. All die Abwertungen hat sie nie persönlich genommen; ihr war bewusst, dass das abwertende Verhalten ihr gegenüber nicht persönlich gemeint war. Sie hatte schlicht das Pech, in dem Moment die verhasste Besatzermacht zu verkörpern.

Auf diese Weise war eine Ukrainerin, die in Moskau gelebt hatte, nach Riga geraten. Als ich sie besuchte, das war ungefähr 1979, lebte sie in einem abbruchreifen Holzhäuschen am Waldrand. Es gab keine Dusche und kein fließend Wasser. Draußen auf dem Plumpsklo rieselte der Putz an den Wänden herunter. In der Ecke kauerte eine dicke Ratte und blickte mich mit großen Augen fragend an: »Traust du dich jetzt, hier dein Geschäft zu verrichten, oder lässt du mir mein Reich?« Nach diesem stummen Dialog mit der Ratte habe ich mir meine Freundin geschnappt und bin mit ihr zu den lokalen Behörden gegangen, um dort zu fragen, ob sie eine andere Wohnung bekommen könne.

Manchmal erwacht in mir mein Abenteurergeist, darum habe ich den dortigen Mitarbeitern gesagt: »Wir versuchen von Moskau aus, Ihnen zu helfen.« Ich wollte den Eindruck erwecken, als ob ich über die entsprechenden Kontakte verfügte. Geholfen hat es nicht viel. An eine neue Wohnung war überhaupt nicht zu denken. Dann habe ich ein Telegramm an Breschnew geschickt. Ich habe geschrieben, dass sie Kriegsveteranin ist, dass sie schon alt ist, dass sie unbedingt bessere Lebensbedingungen braucht.

Meine Mutter wollte es nicht glauben. »Bist du verrückt geworden? Was hast du denn da geschrieben? Sie soll eine Veteranin des Großen Vaterländischen Krieges sein? Das stimmt doch nicht, sie hat doch nur während des Krieges auf besetztem Territorium gelebt.« Ich habe ein unschuldiges Gesicht gezogen. »Oh, tut mir leid, da habe ich wohl alles durcheinandergeworfen.« Mir ist nicht klar, ob das jemand überprüft hatte oder nicht, aber sie hat tatsächlich daraufhin eine andere Wohnung zugewiesen bekommen.

Ich habe nicht wenige solcher Geschichten erlebt, auch im Zusammenhang mit illegalen Kündigungen, bei denen ich mein gestecktes Ziel erreicht habe.

Zuvor hatte ich mir den Arbeitskodex für die Sowjetunion gekauft, diese Broschüre erhielt man an jedem Kiosk. In Anlehnung an diese Richtlinien habe ich Bekannten geholfen, einen Brief zu formulieren oder medizinische Versorgung für Kranke zu beschaffen. Und das hat auch immer dann funktioniert, wenn es nichts mit Politik zu tun hatte. Das war der Versuch, in einem System zu überleben, indem man dessen Vor- und Nachteile nutzte – ohne dabei das Gesetz zu brechen, ohne Korruption zu begünstigen, ohne Schmiergeld zu zahlen.

Daran hat sich bis heute nichts geändert. So kann ich auch heute arbeiten.

Dreifacher jüdischer Vater, dem gekündigt werden soll

In meinen ersten Arbeitsjahren an der Universität stellte die Fakultät einen Mann als Dozent für Physik ein, bei dem nachträglich festgestellt wurde, dass mit ihm das Limit an zugelassenen jüdischen Mitarbeitern überschritten worden sei. Man versuchte, ihn loszuwerden, und hatte ihm schließlich gekündigt, aber der Mann klagte gegen seine Entlassung. Auf diese Weise waren sie gezwungen, mit ihm zu reden und ihn zu überzeugen, dass er aus freien Stücken gehen müsste. Doch der Mann hatte drei Kinder und wusste nicht, wie er ohne Anstellung überleben sollte.

Möglicherweise übte daraufhin das Parteikomitee oder vielleicht auch bereits der KGB Druck auf die Personalabteilung aus. Und so schickte man eine Kommission zu seinen Vorlesungen, die zu dem Schluss kam, dass er beruflich ungeeignet für diesen Job sei. Am Ende sollte der Lehrstuhl in einer Versammlung ein Urteil über seine professionelle Unzulänglichkeit fällen. Damit hätte man ihm ein sogenanntes »Wolfsticket« ausgestellt, das einem Berufsverbot glich. Ich versuchte, meine Kollegen aus der Mathematik auf meine Seite zu ziehen, und sprach mit allen unter vier Augen.

An der Versammlung des Lehrstuhls nahmen der Dekan der Fakultät, Vertreter des Rektorats, Professoren und Mitglieder des Parteikomitees teil. Ich hatte mich verspätet, weil mein einjähriger Sohn erkrankt war. Als Assistentin, ohne Doktortitel, nicht sehr hoch vom Rang her, suchte ich mir einen Platz ziemlich weit hinten. Plötzlich aber winkte man mir zu, ich solle nach vorne kommen und mich dort gegenüber der gesamten Leitung hinsetzen. Allen war klar, dass hier irgendeine unschöne Sache vorbereitet wurde. Allen war auch klar, dass ich darüber berichten sollte. Zuerst aber erzählten die anderen, was für ein schlechter Mathematiker und Dozent dieser Mann sei, welche schrecklichen Fehler ihm unterlaufen wären: So habe er etwas aus einer linken Hälfte fälschlicherweise in die rechte Hälfte übertragen, habe entscheidende Zeichensetzungen nicht vorgenommen und seinen Fehler erst eine Minute später bemerkt. Schrecklich! Mir wurde das Wort erteilt, obwohl ich mich noch gar nicht gemeldet hatte. Die Leute im Saal hatten begriffen, was da ablief. Und nun war es ein Leichtes, die Schlussfolgerungen der Kommission zu zerpflücken. Ich hatte kaum geendet, da sagte einer der Dozenten: »Jetzt haben wir uns alle Reden angehört. Und alle haben versucht, uns davon zu überzeugen, dass dieser Mann für diese Arbeit nicht geeignet sei. Und dann kommt Gannuschkina und sagt, dass das nicht stimme, dass der Mann sehr wohl etwas von seiner Aufgabenstellung verstehe und man einen kleinen Fehler nicht gleich als mangelnde Qualifikation abtun dürfe. Ich habe es mir überlegt. Ich werde mich bei der Abstimmung der Stimme enthalten.« Und so stimmten vier Personen gegen den Antrag, den Dozenten für ungeeignet zu erklären, sechs stimmten für den Antrag und zehn enthielten sich. Damit ging die Sache weiter, denn nun musste auch die Gewerkschaft eine Entscheidung treffen.

Während die Gewerkschaften diskutierten, verteidigte einer unserer Mathematiker, der für ihn gestimmt hatte, seine Doktorarbeit in Philosophie. Dieser Mann hatte bereits den Doktortitel fast in der Tasche und wartete auf seine Stelle als Professor. Auf einmal bestellte ihn die Leitung zu sich. »Wie hast du hier bloß abgestimmt? Du willst doch eine Professorenstelle bekommen.« Und dieser Anwärter auf eine Professorenstelle zog seine Stimme wieder zurück mit der Begründung, dass er zufällig im falschen Augenblick seinen Arm gehoben habe. Als wir uns mit ihm trafen, gab er zu: »Ich habe eine Gemeinheit begangen, aber ich halte mich deswegen nicht für einen schlechten Menschen. Trotzdem ist mir selbst übel wegen meiner Entscheidung.«

Ich weiß nicht, warum er mir das erzählte, aber ich antwortete ihm: »Ich kann Sie beruhigen. Bei uns in Russland gibt es keinen anderen Typus vom schlechten Menschen. Ein russischer Mensch versteht immer, dass er eine Gemeinheit begeht, und macht es trotzdem. Und dann quält es ihn, und er belästigt mit seiner Qual auch noch sein Umfeld. Das ist unser nationaler Charakterzug. Deswegen können Sie sich mit vollem Recht für einen schlechten Menschen halten.« War ich zu hart? Vielleicht. Doch er hätte ja nicht sein Leben riskiert, wenn er seine Stimme nicht zurückgezogen hätte. Der Mann war klug. Früher oder später wäre er auf jeden Fall Professor geworden.

Die Sache wäre fast gut ausgegangen. Die oberste Entscheidungsebene der Gewerkschaft trug die Entscheidung der Fakultät nicht mit: sechs Ja-Stimmen, vier Nein-Stimmen, eine große Zahl von Enthaltungen und dann schließlich die Stimme eines Mannes, der seine Stimme nachträglich zurückgenommen hatte, all das hatte die Gewerkschafter nicht sonderlich beeindrucken können. Hinzu kam auch noch, dass eine der Stimmen gegen den Dozenten von einem

60-jährigen Professorenanwärter aus dem Fernstudium stammte, der überhaupt nicht zur Abstimmung berechtigt gewesen wäre. Unser Physiker hat jedenfalls seine Schlüsse gezogen. Er blieb noch eine Weile auf der Fakultät, und wenig später trat er einen neuen Job an einem anderen Institut an.

6 JETZT IST PERESTROIKA

Er war nach Chruschtschow der erste Generalsekretär der KPdSU, der einen menschlichen und wachen Blick hatte. Beide Großväter von Gorbatschow waren Bauern, beide waren in den 1930er-Jahren Opfer der Repressionen geworden: der eine, weil er seinen Plan nicht erfüllt hatte, und der andere wegen »Trotzkismus«. Beide mussten in der Haft einiges erleiden und waren erst freigekommen, als man »gegen die Auswüchse im System« angegangen war. Gorbatschow selbst hatte 13 Jahre auf einer Kolchose gearbeitet; er wusste demnach aus eigener Erfahrung, wie die Menschen außerhalb der Städte lebten.

Im Gegensatz zu seinen Vorgängern war Gorbatschow gesund, für diese Position sehr jung und zu Veränderungen bereit. Man legte einen Zahn zu, versuchte, die Industrie effizienter zu gestalten und den Lebensstandard anzuheben. Wir hatten Hoffnung …

Und Menschen, die schon lange aus dem Land emigrieren wollten, durften nun endlich ausreisen. Unter ihnen war auch meine Freundin Nina Brumberg mit ihrem zehnjährigen Sohn. Und auf einmal wollte Nina gar nicht mehr ausreisen. Viel zu spannend war das Leben im Land geworden. Plötzlich konnte man lesen, was man wollte, ohne Angst haben zu müssen; man durfte sich versammeln, miteinander sprechen, ohne Angst. Man konnte auch ganz offen die

Machthaber kritisieren. Und der Samisdat war nun nicht mehr Literatur, die man diskret unter dem Tisch weiterreichte, sondern wurde jetzt offen gedruckt und verbreitet.

Allerdings entdeckte ich in Gorbatschows Handlungen auch viel in sich Widersprüchliches.

Der Kampf gegen nicht mit eigener Arbeit erzielte Einkünfte – gemeint war natürlich das Privatunternehmertum –, endete schließlich mit der Verabschiedung eines neuen Gesetzes mit der Bezeichnung »Individuelle Arbeit«. Damit wurde per Gesetz erlaubt, was zuvor noch bekämpft worden war: Man konnte privaten Unterricht oder Transportleistungen anbieten, man konnte eine eigene Bäckerei, ein eigenes Café etc. führen. Doch gleichzeitig verschwanden aus den Geschäften immer mehr Waren und Lebensmittel.

Gorbatschow, Anhänger eines nüchternen Lebensstils, versuchte, auch anderen seinen Lebensstil aufzuzwingen. Irgendwie scheint er die Worte von Fürst Wladimir I., dem bedeutendsten Herrscher der Kiewer Rus, vergessen zu haben: »Lustig ist es, wenn in Russland getrunken wird, wir können nun mal nicht anders leben!«

Doch gleichzeitig wurde unter Verschluss gehalten, was in Tschernobyl passiert war, weil man eine Panik verhindern wollte. Gorbatschow hat einfach das ganze Ausmaß dieser Katastrophe nicht erfasst. Und sich einfach mal bei Fachleuten einen Rat zu holen, das hatte ihm zu diesem Zeitpunkt sein bisheriger Werdegang als Parteimitglied nicht erlaubt.

1986 hatte Gorbatschow Andrej Dmitriewitsch Sacharow aus der Verbannung wieder nach Moskau geholt. Und er hatte Sacharow gebeten, eine Liste politischer Gefangener zusammenzustellen. Diese Personen wurden dann auch sehr zeitnah in die Freiheit entlassen. 1989 war Gorbatschow auch außenpolitisch ein riesiger Durchbruch gelungen. Er beendete den Krieg in Afghanistan und zog die sowjetischen Truppen aus diesem Land ab. Gleichzeitig wurden jedoch in unserem Land interethnische Konflikte unter dem Deckel gehalten und antikoloniale Bewegungen verboten.

Aus diesen und anderen Gründen war die Perestroika eine Zeit voller Widersprüche.

Gerne sagt man: »Wir haben unsere Freiheiten erkämpft und ein Ziel erreicht.« Das kann man so sehen, ich jedoch würde es etwas anders formulieren: Unsere Generation hat ein zweites Mal die Chance erhalten, eine demokratische Gesellschaft aufzubauen. Diese Chance hat uns die Macht in die Hand gegeben. Doch dass die Machthaber überhaupt dazu bereit waren, ist das Ergebnis der Arbeit der dissidentischen Gemeinschaft. Ich weiß nicht, ob ich das Recht habe, mich dieser Community zugehörig zu fühlen. Doch nun fürchte ich, dass wir erneut eine Chance verspielen. Einer meiner Weggefährten antwortete mir auf meine Frage, ob am Ende des Tunnels Licht sei. »Ja, da war Licht, aber wir haben die Kurve nicht gekriegt.«

1000 Jahre nach der Taufe Russlands

Wir schrieben das Jahr 1988. Ich war 46 Jahre alt und bereits ein Jahr Großmutter. Mein geliebter Enkelsohn Aljoscha war auf die Welt gekommen. Ich kümmerte mich viel um ihn, denn meine Tochter und mein Schwiegersohn waren mit ihrem Studium sehr eingespannt. Die Perestroika begann. Viele Kräfte wurden damals freigesetzt. Einerseits hatten zwar auch die nationalistischen und religiösen Bewegungen die Freiheit, sich weiterzuentwickeln, andererseits aber konnten die Menschen frei über Themen wie Antisemitismus und die Abwesenheit von Demokratie diskutieren.

Plötzlich tauchten anlässlich der tausendjährigen Feier der Taufe Russlands und der Annahme des Christentums Briefe auf, die für Antisemitismus warben und zu Pogromen aufriefen. Auf Bahnstationen im Gebiet Moskau hingen auf einmal Flugblätter an den

Masten, die ein Pogrom mit Ort und Zeit ankündigten. Mit den Pogromen, so diese Hetzflugblätter, werde der Feiertag gebührend begangen.

Als ich das mitbekommen habe, schrieb ich gleich einen Brief an das Zentralkomitee der Partei. Zusätzlich habe ich dem Verantwortlichen beim Stadtkomitee der Partei die Informationen übergeben, die ich gesammelt hatte. Er notierte alles, sah mich an und fragte verständnislos: »Ja gibt es denn wirklich Antisemitismus bei uns?« Ich habe mich furchtbar aufgeregt. »Ich bin hier Absolventin der Fakultät für Mathematik und ich finde, dass das eine Schande ist, was dort gerade geschieht!« »Wo ist das genau? Dort werden Juden wirklich nicht aufgenommen? Können Sie das beweisen?« Plötzlich erkannte ich lebhaftes Interesse in seinen Augen.

Das Ergebnis des Gesprächs beim Stadtkomitee der Partei fiel überraschend aus. Ich stand gerade am Pult und hielt meine Vorlesung, als mir eine Sekretärin die Nachricht überbrachte: »Sie erhalten gleich einen Anruf vom KGB, kommen Sie sofort mit.« Ich habe auf diese Störung ungehalten reagiert. »Kann der KGB nicht nach der Vorlesung anrufen?« »Nein, das tun sie nicht.« Es blieb nichts anderes übrig, als den Seminarraum zu verlassen. Am Telefon fragte mich jemand: »Können wir uns treffen?« »Aber natürlich«, entgegnete ich, »kommen Sie mich doch besuchen.« Eine kurze Pause folgte, dann sprach der Mann weiter: »Normalerweise kommt man zu uns.« »Gut, wenn das so ist, dann sagen Sie mir, wann ich kommen soll.« »Kommen Sie sofort.« »Nein, nein, aber das geht nicht. Ich habe hier Studenten.« Etwas mürrisch kam zurück: »Sie können gehen, Ihr Vorgesetzter wird Sie gehen lassen.« »Nein, tut mir leid. Ich habe ein anstrengendes Programm zu absolvieren. Ich muss arbeiten« So haben wir einen Termin miteinander vereinbart. Zu Hause waren alle Freunde und Verwandten in heller Aufregung. Die Erinnerung an die Verbrechen des KGB war noch allzu präsent.

Vorladung zum KGB

Einerseits war ich neugierig auf diesen Termin, wollte wissen, was man von mir wollte; andererseits war mir beim Besuch des KGB nicht so richtig wohl. Das Gebäude der Moskauer Abteilung des KGB in der Straße Malaja Lubjanka ist nicht sehr repräsentativ. Alt, aber in gutem Zustand und in einem sympathischen Gelb gestrichen. Verhörkeller oder andere Gruseligkeiten habe ich dort nicht entdeckt. Ein manierlicher Herr half mir aus dem Mantel und hängte ihn an der Garderobe auf. Er zeigte mir auch gleich seinen Ausweis, hielt ihn recht lange vor mein Gesicht, sodass ich Zeit hatte, seinen Vornamen, den Namen seines Vaters und seinen Nachnamen laut vorzulesen und noch mal für mich leise zu wiederholen. Seinen Mitarbeiter hat er mir auch vorgestellt. Alle grüßten mich überaus freundlich.

Mir gegenüber saß ein weiterer Mann, der überhaupt nicht wie ein KGB-Mann aussah, sondern eher wie ein Vertreter der künstlerischen Intelligenz. Er trug ein Wildledersakko in beigen Tönen und hatte tolles Haar, recht lang für KGB-Leute, die Kurzhaarfrisuren bevorzugten. Ich habe mich direkt an ihn gerichtet. »Wir haben uns ja alle bereits vorgestellt – und wer sind Sie?« Beide, der KGB-Mann und dieser Vertreter der künstlerischen Intelligenz, sagten fast zeitgleich: »Das ist nicht so wichtig.« »Na, wenn das nicht so wichtig ist, dann möchte ich Sie bitten, diesen Raum zu verlassen. Ich möchte hier nicht mit jemandem sprechen, den ich nicht kenne.« Da stellte er sich mir vor, und endlich verstand ich den Zusammenhang.

Kurz davor hatte ich für eine Zeitung über einen hinterhältigen Artikel mit dem Titel »Spielereien um die jüdische Frage« geschrieben, den dieser Mann vor mir verfasst hatte. Schurawski lautete sein Name. Inhaltlich ging es um eine Gruppe, die in einem Brief über den Antisemitismus in der Sowjetunion berichtet und diesen in den Westen übermittelt hatte, angeblich aus eigennützigen Gründen.

Wir begannen ein Gespräch, und ich berichtete über die Flugblätter, die ich aufgespürt hatte, und über Briefe, in denen stand: »Scheren Sie sich hier zum Teufel.« Die Männer forderten mich auf, dass ich Zeugen solcher Vorgänge zu ihnen bringen sollte. Ich antwortete ihnen, dass ich mit den Betroffenen selbst gesprochen hatte, und dabei hatten mir die Zeugen berichtet, dass sie dieses Gespräch nicht wollten und auch nicht daran dachten, zum Geheimdienst zu gehen. »Warum?«, fragten sie. Und ich erwiderte: »Weil sie Angst vor ihnen haben.« Und dieser Geheimdienstler, der mir noch wenige Minuten zuvor mit seinem seltsamen Lächeln seinen Ausweis vor die Nase gehalten hatte, fragte mit demselben zynischen Lächeln: »Und Sie? Haben Sie denn keine Angst vor uns?« »Ich habe vor Ihnen keine Angst.« »Und warum nicht?« »Weil ich es einfach leid bin! Und bald wird niemand mehr vor Ihnen Angst haben«, sagte ich ihm. Und sie gaben sich richtig Mühe, mich davon zu überzeugen, dass es bei uns keinen Antisemitismus gebe und man daher auch keinen Grund zur Beunruhigung habe. Da wollte ich von ihnen in Erfahrung bringen: »Und wie lautet Ihre Version? Wer steckt hinter solchen Aktionen?«

»Dahinter stehen nationalistisch gesinnte Juden. Sie wollen den anderen Juden einen Schrecken einjagen, damit diese nach Israel auswandern«, erläuterte der Journalist. »Nun gut«, sagte ich ihm. »Dann machen Sie sich weiter keine Sorgen – ich geh dann mal wieder nach Hause.« Der Geheimdienstmann schien die Welt nicht mehr zu verstehen: »Wie, Sie gehen jetzt nach Hause. Es könnte sein, dass Sie hier nicht so einfach rauskommen. Ich muss dafür erst einmal Ihre Vorladung unterschreiben.« Es war offensichtlich, dass dieser Mann die Angst in meinen Augen sehen wollte. Ich reichte ihm das Schreiben, und er unterzeichnete. Dieses Mal machte sich der Mann, der mir noch wenige Minuten zuvor so elegant aus dem

Mantel geholfen hatte, nicht mehr die Mühe, diesen mir auch nur zu reichen. Ich zog ihn an, ging auf die Straße und atmete tief die frische Mai-Luft ein.

Mir war absolut klar, dass dieser Journalist nur aus einem Grund in diesem Raum saß: Er plante, in der nächsten Ausgabe über die etwas unterbelichtete Dame zu schreiben, die auf die Provokation der Zionisten hereingefallen war. Stattdessen aber bin ich ihm zuvorgekommen und habe diesen Zwischenfall wenig später in einer jüdischen Samisdat-Zeitung veröffentlicht.

Weitere Auswirkungen des Briefes

Mein Brief, den ich per Post abgeschickt hatte, war in der Zwischenzeit beim Zentralkomitee der Partei eingegangen, das ihn direkt an das Innenministerium weitergeleitet hatte. Auch von dort erhielt ich eine Einladung zum Gespräch. Sie beschwichtigten mich, dass ich nicht die Einzige mit solchen Informationen sei. »Seien Sie unbesorgt, bei diesen offiziellen Feiern wird es so viel Miliz auf den Straßen geben, dass keiner sich trauen wird, auch nur einen Stein gegen einen anderen zu werfen.« Es war ein normales, sachliches Gespräch. Und tatsächlich haben sie sich daran auch gehalten.

Am 5. Juni, zu Beginn der 1000-Jahr-Feier, lief ich mit meinem Enkelsohn in den Park. Der Kleine buddelte im Sandkasten, während ich auf einer Parkbank saß. Nicht weit von mir standen zwei Typen, die so gekleidet waren, wie das damals Nationalisten taten. Sie trugen schwarze Hemden und setzten sich auf eine Bank. Der eine erzählte dem anderen, dass sie extra einen Bus gemietet hätten und damit nach Moskau gefahren seien. Unterwegs habe die Miliz sie angehalten, ihre Ausweise kontrolliert und sich nach dem Ziel ihrer Reise erkundigt. Nachdem sie sich erklärt hatten, durften sie nicht mehr weiterfahren. So hatte ich eine Bestätigung dafür erhalten, dass die Miliz tatsächlich antijüdische Aktionen verhindert hatte.

Die Geschichte ging aber noch weiter. In diesem Parteikomitee hatte man angefangen, sich für die Situation der Juden an unserer Fakultät zu interessieren. Ich vermittelte ein Treffen mit denen, die viele Jahre lang Fakten über Antisemitismus an der Fakultät gesammelt hatten. Die Kommission wurde neu besetzt, die Anordnung, Juden nicht aufzunehmen, außer Kraft gesetzt. Dies alles ist sehr gut beschrieben von Michail Zalenko, Professor der technischen Wissenschaften. Seine Erinnerungen *Ein Blick zurück* beschreiben die Situation sehr gut. Zalenko war direkt von diesen Ereignissen betroffen; er ist Kommilitone von Nina Brumberg und für mich praktisch der letzte Leiter dieser Fakultät.

Vom Antisemitismus zu Bergkarabach

Ende der 1980er-Jahre begann die Sowjetunion bereits zu bröckeln. Lange unter dem Deckel gehaltene ethnische Konflikte brachen einer nach dem anderen auf. Am 9. März 1989 veranstaltete das städtische Komitee der Partei im »Haus der Wissenschaftler« eine Diskussion über Antisemitismus und Antizionismus. Jeder war willkommen, der auf irgendeine Weise bereits begonnen hatte, mit dem Staat diesen Dialog über Antisemitismus zu führen.

Ironischerweise machte auf diese Art ausgerechnet ein ZK-Funktionär verschiedene Leute miteinander bekannt, die sich aus beruflichen und moralischen Gründen für nationale Probleme interessierten. Wir waren unten im Saal und bemerkten auf einmal, dass auf dem Podium ganz andere Leute Platz genommen hatten. Es waren auch Kämpfer, aber sie kämpften gegen den Zionismus. Das war schon in der Sowjetunion ein beliebtes Thema, und es gab zu Sowjetzeiten ein eigenes »Komitee der sowjetischen Gesellschaft gegen Zionismus« (AKSO). Das war eine Nichtregierungsorganisation, die jedoch auf Initiative des ZK der KPdSU gegründet worden war. In ihrem ganzen Wesen war es eine durch und durch sowjetische Organisation, die natürlich von staatlichen Geldern lebte. Ihre Aufgabe war eine gegen die Ideologie des Zionismus gerichtete Propaganda. Vorsitzender der AKSO war General Dragunski. Mitglieder dieser Organisation waren bekannte Kulturschaffende und Wissenschaftler jüdischer Herkunft.

Das Ziel der Organisatoren des Treffens war es, die Diskussion so zu gestalten, dass die Personen auf dem Podium die Runde als Gewinner verlassen würden. Doch allein der Umstand, dass man diese Diskussion angesetzt hatte, zeigte bereits eines: Man war davon ausgegangen, dass es in unserem Land Antisemitismus gibt.

Auf unserer Seite traten kluge und interessante Persönlichkeiten an: beispielsweise der Wissenschaftler Igor Krupnik, ein Historiker, der inzwischen eine Professur in den USA hat. Ein weiterer Referent war Sergej Ljosow, ein Philologe, Arabist und Übersetzer, der das Neue Testament in ein modernes Russisch übersetzt und wenig später eine Stelle als Dozent auf der Moskauer Staatlichen Humanitären Universität (RGGU) angetreten hat, natürlich auch meine Freundin Nina Brumberg und viele andere.

Wir waren gekommen, um über Antisemitismus zu reden. Auf dem Podium hatte man jedoch andere Überlegungen. Und auf der anderen Seite wurden Stimmen laut, die die Frage in den Raum warfen: »Lasst uns lieber über den Nationalismus allgemein sprechen, zum Beispiel über die Schwarzen in Amerika oder Russophobie.«

Das war damals ein sehr beliebtes Thema.

Auch ein Armenier namens Ambarzum Galstjan, der Mitglied im »Karabach-Komitee« war, befand sich unter den Diskussionsteilnehmern. Während der Diskussionen hatte er sich immer wieder von seinem Platz erhoben und sehr aufgewühlt und temperamentvoll über die Situation in seinem Land berichtet. »Hört mal, was besprecht ihr hier? Gerade geschahen blutige Pogrome in Sumgait. In Baku sind bereits die nächsten geplant. Damit sollten wir uns beschäftigen!« Ich wendete mich an Ambarzum: »Wissen Sie, das ist schrecklich, aber wir müssen uns damit beschäftigen, wofür wir unsere persönliche Verantwortung spüren. Ich bin nicht verantwortlich für das, was in den USA oder derzeit in Baku und Aserbaidschan geschieht. Aber ich bin für den Antisemitismus hier verantwortlich. Und genau deswegen haben wir uns doch zusammengetan, um darüber zu diskutieren.«

Ein Stenogramm dieses Treffens wurde veröffentlicht und von Hand zu Hand weitergereicht. Zwei Tage später habe ich darum gebeten, diesem Schriftstück eine Fußnote unter meinen Beitrag hinzuzufügen, weil ich mich inzwischen meiner Worte schämte: »Heute ist die Autorin dieser Zeilen anderer Auffassung. Wir sind alle Bürger dieses Landes und dafür, was in Aserbaidschan geschieht, tragen wir auch Verantwortung.« Das Stenogramm wurde mit dieser Fußnote veröffentlicht.

Ich war eigentlich zunächst skeptisch, als ich von Igor Krupnik angerufen wurde. Er hatte mich in dem Telefonat gebeten, Mitbegründerin einer Sektion der »Assoziation für nationale und politische Beziehungen« in der Sowjetunion zu werden. Mir war eigentlich nicht so klar, was ich in dieser Funktion überhaupt tun sollte. Dazu noch allein als Mathematikerin unter Soziologen, Historikern und Ethnografen? Ich hatte da so meine Bedenken. »Ich habe eine große Familie, bin schon Großmutter und weit über 40 Jahre alt. Ich weiß nicht, was ich dort machen soll?« Igor antwortete: »Aber ich weiß es.« Da zuckte ich die Achseln. »Na gut, wenn Sie es wissen, dann treffen wir uns eben.« Und so ging ich zu diesem Treffen und habe die Sektion mitgegründet. Als Co-Vorsitzende wählte man Igor Krupnik und die soeben aus Leningrad in Moskau eingetroffene Galina Starowojtowa. Auf weiteren Treffen haben wir in der Sektion nationale Probleme in der Sowjetunion erörtert. Und das erste Thema war natürlich Karabach.

In Bergkarabach war die Stimmung bereits am Kochen.

Klar, dass wir alle die Anziehungskraft spürten, die diese neue wunderbare Welle ausübte. Jerewan erschien allen als die großartigste und fortschrittlichste Stadt unseres Landes. Und im Gegensatz dazu erschien uns Aserbaidschan, das sich diesen demokratischen Veränderungen widersetzte, konservativ zu sein. Allerdings gilt zu betonen, dass wir alle unsere Informationen ausschließlich von der armenischen Seite bezogen.

Nach einem dieser Treffen wandte ich mich an Igor Krupnik und schlug ihm vor: »Wir sollten auch jemanden aus Aserbaidschan einladen.« »Warum? Wir kennen da doch niemanden.« »Und wenn wir selbst dorthin fahren?« »Das ist zu gefährlich.«

Nun gut, dachte ich mir. Ich werde in der Zeit zwischen zwei Examen nach Jerewan fahren, um dort in Kontakt mit der Volksbewegung zu treten. Doch als ich schon am Schalter stand und mir mein Ticket nach Jerewan kaufen wollte, machte es in meinem Kopf klick. Und spontan habe ich mich entschieden, nicht nach Jerewan zu fliegen, sondern ein Ticket nach Baku zu lösen.

Reise nach Baku

»Sei vorsichtig!«, haben mir Freunde wegen meiner Reisepläne geraten. Meine Familie dagegen nahm meine Entscheidung unaufgeregt hin. Ihnen war zum einen klar, dass mich sowieso nichts aufhalten konnte, und zum anderen war Baku für meine Mutter ihre vertraute Heimatstadt.

Im Dezember 1988 hatte ein schweres Erdbeben Armenien erschüttert. Man erzählte sich, dass die Aserbaidschaner wegen des Elends der anderen getanzt hätten vor Freude. »Wieso sind alle so verrückt geworden?«, wollte ich herausfinden. In mir spürte ich eine tiefe Ablehnung dem aserbaidschanischen Volk gegenüber. Letztlich aber war es einer der Beweggründe, warum ich nach Baku gereist bin.

Im Kopf hatte ich dabei meine Erinnerungen, wie ich mit vielleicht sechs Jahren in Aserbaidschan Mädchen beim Tanzen auf einem großen Platz zugesehen hatte. »Komm her!«, hatten sie mich eingeladen, mich bei ihrem Reigen einzureihen. Meine Großmutter, die in Aserbaidschan als Ärztin gearbeitet hatte, stellte mir zudem ihre kleinen Patienten vor. Ich wusste, dass es verschiedene armenische, aserbaidschanische und auch russische Kinder gab und wie warmherzig sie alle gewesen sind. In nur wenigen Tagen hatte ich damals gespürt, was viele über das alte Baku berichteten, eines der wichtigsten Erdölzentren und eine Stadt, in der viele Nationalitäten lebten. Da dachte ich mir: »Es kann nicht sein, dass sich das alles so schnell verändert hat.«

Das Erste, was ich am Flughafen in Baku gesehen habe, waren sowjetische Panzer. Die Sowjetmacht trat dafür ein, dass Bergkarabach weiter zu Aserbaidschan gehörte. Die Sonne schien hell, es roch nach Meer, und die Panzer riefen kein Gefühl der Unruhe in mir hervor. Ein Hotel konnte ich mir nicht leisten, aber in meiner Tasche steckte die Adresse einer Familie, Verwandte meines Schwiegersohns, bei denen ich unterkam.

Im Wohnzimmer war eine Ecke mit einem Vorhang abgetrennt, hinter dem mein Gästebett stand. Meinen Gastgebern erklärte ich, dass ich verstehen wollte, was hier im Lande vor sich ginge. »Oh, da können wir helfen«, sagte meine Gastgeberin, »ich kenne eine junge Frau; sie ist die Tochter eines armenischen Akademikers, und ihr Mann ist Aserbaidschaner.« Sofort vereinbarte sie das erste Treffen.

So zog ich durch die Stadt, traf mich mit den Menschen bei ihnen zu Hause, in Teehäusern, den »Tschajhanas«, oder auch einfach nur auf der Straße. Und sofort nach den Gesprächen setzte ich mich, holte meinen Block heraus und schrieb alles schnell auf, was ich soeben gehört hatte. Dabei bemühte ich mich, auch die letzten Details genau wiederzugeben und den Sprachstil meiner Gesprächspartner beizubehalten. Hier kam mir sehr zu Hilfe, dass ich ein geradezu akustisches Gedächtnis habe.

In sechs Tagen habe ich mir 90 Seiten lange Notizen gemacht, um diese später an die Teilnehmer der »Sektion für nationale und politische Beziehungen« und andere Interessierte weiterzugeben.

Meine aserbaidschanischen Gesprächspartner hatten mir immer wieder gesagt: »Wir sind keine wilden Tiere. Wir wollen keine Pogrome, haben selbst vor ihnen Angst.« Und, so versicherten sie mir, es sei nicht richtig, dass man in Aserbaidschan bei der Nachricht von einem Erdbeben in Armenien vor Freude auf den Straßen getanzt habe. Mag sein, dass dies einige Verrückte getan haben, aber nur ganz wenige. Doch viele meiner Gesprächspartner, vor allem die Armenier, hatten eine sehr tief sitzende Angst, und ihnen war klar, dass sie das Land verlassen mussten, sofort und für eine sehr lange Zeit.

Eine Gruppe junger Leute hatte mich in eine Künstlerwerkstatt eingeladen. Sie hatten das »Initiativzentrum der Volksfront« ins Leben gerufen. Auch in anderen Republiken der UdSSR hatten sich in dieser Zeit »Volksfronten« gegründet. Dort konnte ich Menschen kennenlernen, die schon wenig später verschiedene politische Strömungen Aserbaidschans anführten. Die wichtigsten dieser Menschen waren für mich Lejla und Arif Junusow. Beide sind Historiker und waren damals wissenschaftlich an der Universität tätig. Inzwischen sind beide in Aserbaidschan zu langen Haftstrafen verurteilt worden und sitzen heute im Gefängnis. Vor Gericht gestellt hatte man sie wegen ihrer langjährigen Tätigkeit für Demokratie und Menschenrechte im Kaukasus.

Aserbaidschan war damals wie ein weißer Fleck auf der Landkarte. Alles, was es an Informationen zu dieser Region gab, stammte aus armenischen Quellen. Die Herausgeber der *Express-Chronika,* Alexander Podrabinek und Sergej Ljosow, hatten mich gebeten, vor meiner Rückreise aus Aserbaidschan eine Person zu finden, die in Zukunft für die *Express-Chronika* als Aserbaidschan-Korrespondent arbeiten könnte. Zwar war die *Express-Chronika* noch eine Samisdat-Zeitschrift, aber sie wurde inzwischen schon offen vertrieben, auch wenn niemand wusste, ob das auch weiterhin möglich sein werde. Ich hatte viele Personen angesprochen, aber nur Lejla Junusowa war bereit, diese Aufgabe zu übernehmen. Alle anderen fürchteten sich vor möglichen Unannehmlichkeiten. Zu diesem Zeitpunkt wusste in Moskau noch niemand von der in Aserbaidschan ins Leben gerufenen »Volksfront«.

Nach meiner Rückkehr nach Moskau hatte sich Serjescha Lezow das ganze Jahr 1989 mehrfach mit Lejla am Telefon unterhalten. Und manche Details dieser Gespräche tauchten wenig später in westlichen Medien auf. Doch ein Jahr später musste er Moskau für längere Zeit verlassen und bat mich, ihn zu vertreten. So kam es, dass ich, für mich vollkommen unerwartet, Mitarbeiterin dieser Zeitung wurde und auch selbst einiges geschrieben habe.

Wie Gerüchte zu Elementen der Geschichte werden

Die tatsächlichen Ereignisse waren umrankt von Gerüchten und Legenden. Alle sprachen sie davon, dass das Pogrom in Sumgait eine Provokation gewesen sei und reiche Armenier bereits vorab davon erfahren hätten.

Kurz vor meinem Eintreffen in Aserbaidschan im Dezember 1988 war auf dem Lenin-Platz (heute heißt er Asadlyk-Platz, also Platz der Freiheit) eine dreitägige Demonstration aufgelöst worden. Hunderttausende hatten an dieser Demonstration teilgenommen. Die Positionen waren zunächst sehr unterschiedlich, wurden jedoch zunehmend radikaler. Die Demonstranten wurden unterstützt, man brachte ihnen Lebensmittel und Geld. Die Machthaber hatten dieses Ereignis nicht mehr im Griff. In ihrer Nervosität kesselten sie mit ihren Sicherheitskräften die Demonstranten ein und verhinderten den Kontakt zu ihren Unterstützern. Bald herrschten katastrophale hygienische Verhältnisse in diesem Kessel. In der Nacht vom 4. auf den 5. Dezember griff die Armee ein, teilte die Demonstranten zunächst in Sektoren auf und vertrieb sie vom Platz.

Ein Student schilderte mir, wie die große Kundgebung Ende Dezember sehr brutal aufgelöst worden sei. Auf dem Platz seien Berge von Leichen gelegen. »Kennen Sie jemanden, der dort ums Leben gekommen ist?«, hakte ich nach. »Nein, aber die Freundin eines Bekannten ist dort umgekommen.« »Wie heißt sie?« »Das weiß ich nicht.« »Dann machen Sie mich doch mit diesem Freund bekannt.«

Daraufhin trafen wir uns mit dem Freund. Der aber meinte: »Nein, das war keine Freundin, ich kenne die Frau nicht. Sie war nur mit uns im Auto der Miliz gesessen.« »Und was geschah mit ihr?« »Sie ist in Ohnmacht gefallen.« »Brachte man sie anschließend ins Krankenhaus?« »Nein, sie ist dann nach Hause gegangen.« Ich konnte nicht einen einzigen Namen eines Toten, die in diesem »Leichenberg« sein sollten, in Erfahrung bringen. Dabei ist mir zum ersten Mal bewusst geworden, wie schnell Gerüchte entstehen und wie sehr sie von der Realität abweichen können. Damals bin ich in der tiefen Überzeugung nach Hause gefahren, dass dort im Dezember niemand ernsthaft zu Schaden gekommen war.

Trotzdem wurden diese Gerüchte weitererzählt, immer wieder und wieder. Und im Bewusstsein der Menschen manifestierten sie sich wie echte Tatsachen. Ich habe gelernt, wie Gerüchte zu Elementen der Geschichte werden und wie schwierig es anschließend ist, diese Gerüchte aus der kollektiven Erinnerung wieder zu entfernen. Das ist ein ernst zu nehmender Vorgang, da die Beziehungen zwischen Völkern und auch Ländern für mehrere Jahre davon bestimmt werden.

Jede Seite, Armenier wie Aserbaidschaner, interpretierte die Geschichte auf die für sie passende Weise. Indem sich die aserbaidschanischen Journalisten über die andere Nation lustig machten, erhöhten sie sich selbst. Schopenhauer hat einmal gesagt: »Jede Nation macht sich über die andere lustig, und alle haben recht.« Auch Schopenhauer hatte recht, der andere ruft immer unsere Ironie hervor, manchmal Entrüstung, manchmal entsteht daraus ein Konflikt. Das ist der normale Lauf der Dinge, aber das bedeutet nicht, dass diese anderen nicht mit uns zusammenleben können, nicht interessant oder nicht nützlich sind.

Die Rhetorik in der aserbaidschanischen Presse war widerlich. Die Reporter schrieben beispielsweise bei fast jeder Gelegenheit, dass sowohl Puschkin als auch Lermontow in ihren Büchern die Armenier mit folgendem Zitat geschmäht hätten: »Du bist ein Feigling, ein Sklave, ein Armenier.«

Dass man sich auf Lermontow bezog, lag wahrscheinlich an dessen Werk *Der Fliehende.* Lermontows Roman handelt von einer tscherkessischen Mutter, die ihren fahnenflüchtigen Sohn nicht in die Wohnung lässt. »Du bist ein Sklave und ein Feigling, mein Sohn aber bist du nicht.« Doch von einem Armenier ist in dieser Geschichte nicht einmal in Ansätzen die Rede.

Und bei Puschkin? Ich habe mich in der Literatur etwas umgesehen und fand sein unvollendetes Werk *Tazit.* Der Held des Buches wird Christ und lehnt mit der Annahme dieses Glaubens jegliches Töten und jegliche Rache ab. Für Puschkin war diese Figur zweifellos positiv besetzt. Doch dem Vater des Helden gefiel das Verhalten seines Sohnes nicht, und er sagte zu ihm: »Du bist ein Sklave, du bist ein Feigling, du bist ein Armenier.«

Die armenische Propaganda war zwar klüger als die der anderen Seite, aber sie fußte auf erniedrigenden und beleidigenden Vorstellungen von den Aserbaidschanern. So beschrieb man die Aserbaidschaner gern als ein Wandervolk, das niemals ein eigenes Land gehabt habe, als »ein Volk ohne Geschichte und Kultur«.

Die größten Flüchtlingsströme der Neuzeit

In Baku sprach man mit Schrecken über das Pogrom von Sumgait, viele Menschen hatten Angst vor weiteren Pogromen. Und viele hatten einen großen Hass auf die Armenier. Wenn ich Menschen vor Ort befragte: »Warum ist das nur so? Schließlich sind doch die Armenier in Sumgait brutal ermordet worden. Sie wurden dort misshandelt, ihre Mädchen vor den Augen der Eltern vergewaltigt, ihre Männer ermordet«, bekam ich nur ein kurzes »Es waren eben Flüchtlinge« zu hören.

1988 waren in Aserbaidschan Flüchtlinge aus aserbaidschanischen Dörfern Armeniens eingetroffen. Diese Aserbaidschaner hatten ihr ganzes Leben in Armenien verbracht, und auf einmal hatte man sie aus ihren eigenen Dörfern vertrieben. »Eines Tages kamen armenische Kameraden und haben uns befohlen abzuhauen«, berichtete mir ein Lehrer, der von dort geflohen war. Diese Flüchtlinge aus Armenien waren einfache Leute, die von dem ganzen Karabach-Konflikt nur sehr wenig wussten. Sie hatten ihr ganzes Leben lang ihr Gemüse angebaut und auf dem Markt verkauft. Und nun mussten sie mitten im Winter ihre Heimat verlassen und bei eisigen Temperaturen über eine Bergkette fliehen. Einige hatten etwas von ihren Habseligkeiten mitnehmen können. Andere hatten einfach aufgehört zu laufen, kaum dass sie aserbaidschanischen Boden betreten hatten.

Auf diesen Flüchtlingsstrom waren die aserbaidschanischen Behörden nicht vorbereitet. Niemand hatte eine Idee, wo man all die

Neuankömmlinge unterbringen sollte. Hier spielte sich vor den Augen der aserbaidschanischen Gesellschaft eine unglaubliche Tragödie ab. Und genau diese Tragödie wurde dann als Rechtfertigung für die eigene antiarmenische Einstellung herangezogen.

So ist die Psychologie des Konflikts. Anstatt die eigene Schuld zu akzeptieren, schob man die ganze Schuld einfach der Gegenseite zu. Dadurch wird jeder Konflikt weiter verhärtet.

Wenn Menschen über solche Grausamkeiten berichten, lassen sie die eigene Brutalität geringer und die Verantwortung der anderen dafür in einem umso stärkeren Licht erscheinen. Eine Dämonisierung des Gegenübers vollzieht sich in diesem Moment.

Über sich selbst behaupteten die Aserbaidschaner: »Wir sind so verschieden, man kann uns nicht alle über einen Kamm scheren. Natürlich gab es welche, die an diesen Pogromen teilgenommen haben, aber das war nur die Minderheit.« Die Armenier dagegen erschienen ihnen wie eine Einheit, wie ein Monolith, gerade so, als ob dieses Volk nicht auch aus sehr unterschiedlichen Persönlichkeiten bestehe, die vor noch nicht allzu langer Zeit ihre Freunde und Nachbarn waren.

Zwei Dinge habe ich für mich aus Baku mitgenommen:

Zum einen das sichere Wissen, dass der Konflikt mit den Pogromen von Sumgait noch nicht beendet ist, dass er weiterhin blutig sein und sehr lange dauern wird.

Und zum anderen, dass meine Position immer diejenige ist, die mit den Opfern der Auseinandersetzung übereinstimmt, unabhängig davon, auf welcher Seites des Konflikts sie sich befinden.

Leider haben sich die dunklen Prognosen bestätigt.

Die Pogrome in Baku haben die Menschen erneut in Angst und Schrecken versetzt. Sie dauerten mehrere Tage, vom 13. bis zum 19. Januar 1990. Todesschwadronen zogen durch Baku, gingen in die Häuser, suchten Armenier, töteten, vergewaltigten, brandschatzten. Die Zahlen der Opfer dieser Tage liegen zwischen 90 und 150 Toten.

Die Beteiligten des Pogroms von Sumgait wurden vor Gericht gestellt und verurteilt. Ich kann mich vor allem noch gut an die Geschichte eines Mannes erinnern, der mit anderen Männern ein junges Mädchen vergewaltigt hatte. Sie stammte aus der Nachbarschaft und war eine Freundin seiner Tochter. Sie war vor seinen Augen aufgewachsen, oft in seinem Haus zu Gast gewesen und für ihn wie eine Tochter gewesen. In der Gerichtsverhandlung hatte er sich ihr zugewandt und ihr gesagt: »Vergib mir, Tochter, ich weiß nicht, wie das alles passieren konnte.«

Zu den Pogromen in Baku gab es schon keine Gerichtsverhandlungen mehr. Irgendwann später traf ich einmal eine Flüchtlingsfrau in Moskau. Junge Männer hatten auf ihrer Haut Zigaretten ausgedrückt. 16 Männer waren es gewesen, die sie misshandelt hatten. Und sie hatte geschwiegen, denn auf dem Speicher ihres Hauses waren drei ihrer Töchter versteckt. Und sie war froh darüber, dass diese von der Pogromstimmung erfassten Männer ihre Töchter nicht entdeckt hatten.

Ich habe eine Frau mit verbrannten Beinen gesehen. Sie war einfach so in ein offenes Feuer geworfen worden.

Wie kann man all das nur verzeihen? Was geht in den Menschen vor, wenn sie zu Ungeheuern werden? Wie muss es in ihrem Innern aussehen, in ihren Köpfen? Ich habe keine Antwort auf diese Fragen.

Bei den Pogromen in Baku sah die Miliz tatenlos zu. Doch viele Bewohner von Baku halfen ihren armenischen Freunden; sie taten das unter großem eigenem Risiko. Mir wurde von einem aserbaidschanischen Mädchen berichtet, das seine Freundin aufgesucht hatte, um dieser die Angst zu nehmen. Beide wurden in dem anschließenden Pogrom ermordet. Ich kenne eine Lehrerin, die mit ihrer alten Mutter zusammenlebte. Das Zimmer wurde durch einen großen Schrank geteilt, hinter dem sie eine armenische Familie versteckt hatte. Als nun die Todesschwadronen in das Zimmer eindrangen, fragten die Eindringlinge die Frau: »Wer bist du? Sind hier Armenier im Raum?« Und die alte Frau baute sich direkt vor ihnen auf. »Erstens einmal«, sagte sie ihnen, »bin ich Jüdin. Hier sind keine Armenier. Zweitens einmal: Mit welchem Recht glaubt ihr, dass ihr mich einfach duzen könnt? Ich bin eine alte Frau, meine Tochter ist die Lehrerin eurer Kinder. Was erlaubt ihr euch nur?« Die Männer verließen daraufhin die Wohnung. Wenn sie hinter den Schrank gesehen hätten, wären alle drei Frauen getötet worden. Manchmal kann ein derart selbstbewusstes Auftreten auch kaltblütige Mörder zum Einhalten bringen.

Viele Aserbaidschaner brachten ihre armenischen Freunde in ihren Wagen aus der Stadt. Wenn sie auf eine aufgebrachte Menschenmenge stießen, taten sie so, als kehrten sie von der Arbeit nach Hause zurück. Mit fröhlichen Stimmen riefen sie in die Menge: »Lasst uns schon durch. Armenier haben wir keine. Wir kommen gerade von einer Hochzeit.« Währenddessen versteckte sich im Inneren des Autos eine armenische Familie.

Streitkräfte in Baku

Als ich 1989 in Baku war, standen einige Einheiten schon in der Stadt. Die Bevölkerung nahm die sowjetischen Truppen zunächst sehr wohlwollend auf. Ich erinnere mich, dass ich zu dieser Zeit bei einer Familie zu Besuch war. Plötzlich hatte sich der Hausherr erhoben, aus dem Fenster geblickt und gerufen: »Ach seht mal, Andrjuscha ist mit seinem Panzer hier.« Und als ich ihn fragend ansah, gab er mir zur Antwort, Andrjuscha scheine wohl bei den Soldaten die Nachtschicht zu haben. »Komm, lasst uns für ihn einige Brote zurechtmachen. Die bringen wir ihm dann, zusammen mit einer Tasse heißer Suppe.« Und sie suchten ihn auf, luden ihn zu sich nach Hause ein, damit er von ihrer Wohnung aus seine Mutter anrufen konnte.

Während die Streitkräfte einen Tag zu spät nach Sumgait kamen, hatte der Kreml in Baku eine Woche lang gewartet, ehe seine Truppen einrückten. Doch als die Soldaten dann am 20. Januar 1990 in Baku eindrangen, schossen sie in alle Richtungen, auch auf die Fenster von Wohnhäusern. Vielleicht taten sie das, weil sie fürchteten, dass sich hinter den Fenstern Scharfschützen oder Aufständische verschanzen könnten. Ein junges Pärchen, das vor ein paar Tagen geheiratet hatte, hatte es gewagt, ans Fenster zu treten, um zu sehen, was auf der Straße vor sich ging – beide wurden getötet. Die Panzer zerdrückten Autos, brachten die Insassen auf schreckliche Weise zu Tode. Auch die jungen Leute, die versucht hatten, sie aufzuhalten, töteten sie. Fliehenden schossen die Soldaten in den Rücken. So kamen durch die Militärs zwischen 130 und 170 Personen ums Leben.

Diese Zeit ging als »schwarzer Januar« in das Bewusstsein der Aserbaidschaner ein. Seitdem gilt der 20. Januar als Trauertag. 2015 jährte sich dieses Ereignis zum 25. Mal. Anlässlich dieses Jahrestages erhielt ich einen Anruf aus der aserbaidschanischen Botschaft in Moskau. Man lud mich zu einer Veranstaltung ein, bei der man der Ereignisse von damals gedenken wollte. Ich nahm die Einladung an und sagte, dass ich auch über andere Ereignisse des Januar 1990 in Baku sprechen werde, auch über die Ereignisse nach dem 13. Januar. »Gut, ich werde das so dem Botschafter übermitteln«, gab mir eine sympathische Damenstimme als Antwort. Eine Stunde später wurde ich erneut aus der Botschaft angerufen. Dieses Mal, um die Einladung wieder zurückzunehmen. Mir war das Ganze sehr peinlich. Nicht wegen mir selbst, sondern wegen des Botschafters. Schließlich ist der aserbaidschanische Botschafter in Moskau, Polada Bülbüloğlu, ein angesehener sowjetischer Sänger und Schauspieler. Warum nur musste man, wenn man des »schwarzen Januars« gedenken wollte, die Opfer nach ihrer Nationalität einteilen? Warum nur konnte man selbst jetzt nicht über den eigenen Schatten springen – den getöteten Opfern zu Ehren? Wenn der Botschafter doch nur mit Flüchtlingen gesprochen hätte, die von Baku nach Moskau geflohen waren, und mit ihren Freunden in Aserbaidschan, die mir auch heute noch ihre Grüße ausrichten lassen, dann wäre es vielleicht anders gekommen bei der Veranstaltung. Das Volk scheint klüger und weiser zu sein als seine Führung.

In der Nacht vom 19. auf den 20. Januar 1990 rief ich, kaum hatte ich von den sowjetischen Truppen in Baku gehört, Lejla an. Damals gab es noch keine direkte Telefonverbindung nach Aserbaidschan. Daher mussten wir das Gespräch über die Vermittlung anmelden. Und das wiederum bedeutete, dass die Telefonistin das gesamte Gespräch mithören konnte.

Unvermittelt mischte sie sich in unser Gespräch ein und fing an, Lejla zu bedrohen. »Mit wem sprichst du da überhaupt?», schnauzte sie. »Die Russen dürfen unsere Kinder töten, dafür müsstest du hier umgebracht werden!« Dann wandte diese Telefonistin sich an mich. »Du bist eine russische Hure! Unsere aserbaidschanischen Männer verlassen uns wegen euch und kommen nicht wieder zurück.« In diesem tragischen Augenblick erinnerte sich die Frau an all die Kränkungen durch russische Frauen, die vielfach mit Männern aus dem Kaukasus, die nach Russland wegen besserer Verdienstmöglichkeiten gereist waren, ein Verhältnis angefangen hatten.

Die Situation hatte zwar etwas sehr Komisches, für Lejla war sie jedoch gefährlich. Ohne große Schwierigkeiten hätte die Telefonistin die Adresse von Lejla herausfinden können. Wir wiederum hatten uns nur durch Personen wie Lejla über den tatsächlichen Stand der Dinge informieren können. Nur zu gut wussten wir, dass wir aus den offiziellen Medien die Wahrheit nicht erfahren konnten. Dank Lejla Junusowa erfuhr ich vom zweiten Akt der Tragödie, die sich in Baku abspielte.

Der voraussehbare Zerfall der Sowjetunion

Der baldige Zerfall der Sowjetunion war für mich absolut offensichtlich. Ein kolossaler bürokratischer Apparat arbeitete da ins Leere hinein. Korruption und Schattenwirtschaft wucherten vor sich hin, die Behörden waren immer weniger Herr des Geschehens. Die Dörfer wurden leerer und leerer, niemand glaubte mehr an die strahlende Zukunft, nicht einmal die Bürokraten der Partei. Zusammen waren dies sichere Vorzeichen eines Verfalls. Dazu kam der Zustand der Gesellschaft, die nicht mehr bereit war, das alles still zu erdulden. Man wartete auf Veränderungen.

Gorbatschow hatte das verstanden. Er minderte den Druck auf die Gesellschaft mit Demokratisierung, Glasnost (Offenheit) und Perestroika (Umgestaltung), er hatte bereits den Verschluss dafür geöffnet. Er begann mit dem Abzug der Truppen aus Afghanistan, das nicht sowjetisch wurde. In den Buchgeschäften waren auf einmal Bücher erhältlich, die noch kurze Zeit zuvor nur im Ausland oder im Samisdat angeboten wurden. Andrej Dmitriewitsch Sacharow und seine Frau Elena Georgiewna Bonner kehrten aus der Verbannung zurück. Auch politische Gefangene, die noch unter Breschnew und Antropow zu Haftstrafen verurteilt worden waren, konnten nun zurück in die Freiheit.

Gorbatschow glaubte aufrichtig daran, dass »unser Volk sich für den Sozialismus entschieden hat«. Er hatte immer noch nicht begriffen, welche Geschwüre sich unter dem Deckel bereits gebildet hatten. Als die Regierung diese relativen Freiheiten gewährte, nahm der Druck ab, und die Infektion weitete sich aus.

Wie alle anderen, die bislang den Staat regiert hatten, kannte auch Gorbatschow keine anderen Methoden als Repressalien. Das hatte Gorbatschow großartig auf den Punkt gebracht in seiner Rede vor den Volksdeputierten: Wir, Genossen, haben hier Pluralismus – und dazu darf es keine zwei Meinungen geben.

Ich glaube, dass die Sowjetunion zerfallen musste. Gorbatschow jedoch hat das nicht verstanden und war nicht einverstanden damit. Auf den Zerfall des Staates hätte man ruhiger und vernünftiger und nicht überhastet reagieren müssen. Dann hätte man die Chance gehabt, die Beziehungen unter den Ländern zu erhalten. Erst hätte man eine Rechtsbasis als Grundlage schaffen müssen.

Es war zu offensichtlich, dass der Versuch, das Unausweichliche zu verhindern, nicht glimpflich enden konnte. Man hätte allen sowjetischen Republiken das Recht geben müssen, aus der Sowjetunion auszutreten, so wie das die baltischen Staaten gemacht haben. Natürlich wäre es dadurch auch zu einer Krise gekommen, doch die Änderungen wären schrittweise vor sich gegangen. Und man hätte als Erstes an die Menschen denken müssen, denen die Heimat buchstäblich unter ihren Füßen entzogen worden war, als die Sowjetunion innerhalb von Stunden aufhörte zu existieren. Noch heute wirken die Ergebnisse der Vereinbarung von Beloweschsk, die die Sowjetunion zur Geschichte erklärt hatte, sehr stark nach.

Jelzin hatte natürlich begriffen, dass das Land auseinanderfällt, denn er bat kurzfristig zwei Präsidenten an den Verhandlungstisch, die Präsidenten der Ukraine und Weißrusslands. Sie sollten zusammen mit ihm das Auseinanderbrechen der Sowjetunion endgültig bestätigen. Und so haben sie zu dritt im Dezember 1991 die »Union unabhängiger Staaten« ausgerufen und gleichzeitig das Ende der Sowjetunion verkündet. Man sollte in Erinnerung behalten, dass die Sowjetunion genau auf diese Weise zerfallen ist. Wenn heute Bewohner von Zentralasien zu uns zur Arbeitsaufnahme kommen und über die missliche Lage in Russland klagen, bekommen sie immer wieder ein »Ihr habt doch selbst die Unabhängigkeit gewollt, jetzt habt ihr sie« zu hören. Doch das stimmt so nicht. An dem Tag, als die Entscheidung über das Ende der Sowjetunion getroffen wurde, waren Vertreter dieser Völker überhaupt nicht anwesend. An diesen Verhandlungen nahmen nur die Präsidenten Boris Jelzin, Stanislaw Schuschkewitsch und Leonid Krawtschuk teil, die das alles unter sich ausgemacht haben. Wie ist es dazu gekommen? Ich erinnere mich noch sehr gut an einen Vorfall von 1990. Es war der III. Außerordentliche Kongress der Volksdeputierten der UdSSR. Und dieser Kongress hatte soeben Gorbatschow zum Präsidenten der Sowjetunion gewählt. Er war der erste Präsident und – wie sich bald zeigen sollte – auch der letzte.

An diesem Tag kamen in der Wohnung des Historikers und Sinologen Jakob Michailowitsch Berger, eines aktiven Mitglieds der »Moskauer Tribüne«, mehrere Personen zusammen, die noch auf Gleb Jakunin warteten. Gleb Jakunin war eine sehr interessante Persönlichkeit: zunächst Priester der russisch-orthodoxen Kirche, wurde ihm von Patriarch Alexius die Ausübung des Priesteramts untersagt, weil er sich 1965 in einem offenen Brief zum Schutz der Gläubigen an den Patriarchen gewandt hatte, um von ihm eine »sofortige Vorbereitung für ein Allrussisches Kirchenkonzil« zu fordern, in dem die Gläubigen umfassend vertreten sein sollten. Jakunin verbrachte in der Folge lange Zeit im Gefängnis und in der Verbannung. Er war in der demokratischen Bewegung aktiv und hielt weiter Gottesdienste ab, er hatte seine Gemeinde, trug das priesterliche Gewand und ein großes Kreuz auf seiner Brust. Er schrieb auch Gedichte, schützte die Rechte von Erniedrigten und Ausgegrenzten.

Schließlich erschien Pater Jakunin zu dem Treffen. Er war sehr erbost. »Ich bin bei ihm gewesen, und er (damit meinte er Jelzin) hat gesagt …« Und dann fuhr er fort und sprach in der für Boris Jelzin so typischen Intonation, machte dessen Art zu sprechen und mit der Faust auf den Tisch zu hauen nach und wiederholte dessen Worte: »Soll Gorbatschow doch Präsident der UdSSR sein. Wir werden die Sowjetunion zum Erliegen bringen. Und dann bin ich Präsident Russlands.« Jakunin machte eine kurze Pause und sagte dann, wieder in seinem eigenen Tonfall: »Das ist es, weswegen ich ihn so liebe.«

Ich fragte ihn: »Haben Sie denn keine Angst? Dieser Mensch will doch nur eines, die Macht. Er spricht überhaupt nicht über das Schicksal des Landes und auch nicht darüber, was die Menschen danach erwartet.« Da haben sie also nach dem Augustputschversuch das Land ad acta gelegt. Wie man es vielleicht anders hätte machen können, weiß ich auch nicht. Ich habe mir diese Aufgabe nicht gestellt. Ich weiß nur eines: Man hätte zuerst an die Menschen denken sollen, an die Rechtmäßigkeit des ganzen Prozesses, der nicht mehr umkehrbar war.

Mauerfall: eine Zeit der Hoffnungen

Als ich die Bilder vom Mauerfall und von der Auflösung der Stasi im Fernsehen verfolgt habe, war ich äußerst neidisch. »Eine Struktur gibt es, die auch bei uns sofort zerschlagen werden sollte«, habe ich mir damals gewünscht, »das ist der KGB.« Was für ein Süppchen dort gekocht wurde, was dort vor sich ging, das wusste man zu der Zeit nie, und das weiß man bis heute noch immer nicht.

In einem Artikel schrieb ich damals: »Ich beneide sehr alle jungen Deutschen, die ihr Bier im ehemaligen Stasi-Gebäude trinken können.« So etwas vollzog sich bei uns nicht, der FSB wurde zum Nachfolger des KGB. Die Regierung ist in dieser Frage nur einen kleinen Schritt auf die Gesellschaft zugegangen. Der Vater einer Bekannten war 1937 erschossen worden, ihre Mutter war im Lager Akmolinsk ums Leben gekommen. In diesem Lager waren Frauen von sogenannten Vaterlandsverrätern untergebracht, es hatte den Beinamen »Algier«.

Meine Bekannte und ihre Schwester durften zum FSB kommen, um sich dort in einem Büro die Akte ihrer Eltern anzuschauen. Während sie darin blätterten, standen die FSB-Leute die ganze Zeit direkt hinter ihnen. Es fühlte sich für die Frauen so an, als ob das die gleichen Männer seien, die damals ihre Eltern verhört, bewacht und gefoltert hatten. Allein durch diese körperliche Nähe vermittelten sie ihnen: »Lest jetzt schneller, kommt zum Ende!« Ihnen blieb nur eine halbe Stunde Zeit.

Mein Freund Eckehard Maaß aus Berlin dagegen besitzt eine Kopie seiner vollständigen Stasi-Akte, die er zu Hause im Bücherregal stehen hat. Das ist ein absolut offener Umgang mit der Vergangenheit, er kann jedem seine Akte zeigen. In Dresden habe ich einmal eine Führung durch ein Stasi-Gebäude mitgemacht. Solche Führungen sind in Deutschland möglich. Bei uns aber erhebt sich die Lubjanka, das mächtige Gebäude der Geheimdienstzentrale, mitten im Zentrum von Moskau in die Höhe, und keiner weiß, wie viele Stockwerke es noch in der Tiefe besitzt.

Heute steht in unserem Land der KGB an der Spitze. Hatte der Geheimdienst früher noch Chefs in der Partei, so gehört auch dies der Vergangenheit an. Heute können sie handeln, wie sie wollen, ohne nach oben jemandem Rechenschaft schuldig zu sein. Die Rolle des KGB beim Entfachen der Konflikte zwischen verschiedenen Territorien der ehemaligen Sowjetunion ist noch nicht untersucht worden. Das aber wird nur dann möglich sein, wenn die Archive vollständig geöffnet werden. Ob das jemals geschehen wird?

Der Mauerfall löste ein Gefühl der Erleichterung bei uns aus, als ob ein Stein von der Seele gefallen wäre – immerhin war doch Gorbatschow Initiator dieses Ereignisses. Gleichzeitig hatten die Deutschen selbst noch nicht begriffen, dass die Zeit dafür einfach gekommen war. Und ich hatte ein Gefühl, das ich wirklich sehr selten habe: Ich war stolz auf die führende Persönlichkeit unseres Landes. Aber, ehrlich gesagt, haben wir damals mehr an uns gedacht als an die Geschicke der Welt. Die Geschäfte standen leer. Unser Land wurde mit Lebensmitteln über die sogenannte humanitäre Hilfe aus dem Ausland versorgt. Meine Mutter hatte als Rentnerin ebenfalls einen Anspruch darauf. Wenn wir diese Pakete nicht einmal im Monat bekommen hätten, weiß ich nicht, wie wir damals überlebt hätten. Einmal in der Woche gab es ein Hähnchen, das ich in acht Teile zerschnitt, in mehrere Plastiktüten steckte und ins Kühlfach legte. Wochenlang hatte ich dann Hühnerfleisch, um eine geschmackvolle Hühnerbrühe für meinen Enkelsohn zu kochen.

Meine Mutter war zu dem Zeitpunkt schon nicht mehr gut zu Fuß unterwegs, sie verließ das Haus fast nicht mehr. Einmal aber begleitete ich sie zur Poliklinik. Unterwegs bogen wir in ein Geschäft ab, gingen jedoch gleich wieder hinaus. Meine Mutter, die normalerweise sehr zurückhaltend im Ausdruck ihrer Gefühle ist, rief den Passanten draußen laut zu: »Gehen Sie nicht in dieses Geschäft, da sind ja nur Zwiebeln drin!«

Es kursierte eine Anekdote, die man sich erzählte. Ein Kunde betritt ein Fischgeschäft und fragt den Verkäufer: »Haben Sie kein Fleisch?« Der Verkäufer antwortet: »Kein Fleisch gibt es drüben im Laden. Wir haben keinen Fisch.« Das war keine Übertreibung. Nur diese Berge von Zwiebeln türmten sich in diesem Supermarkt. Meine Mutter fragte mich danach: »Was essen wir heute?« Ich gab zurück: »Nahrung.« Das bedeutete, dass ich aus dem, was ich irgendwo auftreiben würde, etwas kochte. Trotzdem, das möchte ich betonen, war unsere Stimmung gut, und wir liefen auf Hochtouren. Wir hatten Hoffnungen auf bessere Zeiten.

Im Fernsehen verfolgten wir die ersten Liveübertragungen aus dem Kongress der Volksdeputierten. Ich fütterte währenddessen den Kleinen. Er sah die Bilder und fragte mich: »Sweta, sind die Genossen Abgeordneten gut?« Ja, ja, bereits der kleine Mensch musste sich festlegen in seinem Leben, er brauchte Orientierung. »Die sind sehr verschieden«, antwortete ich. »Ist Genosse Gorbatschow gut?« Ich sagte: »Na weißt du, nicht so schlecht.«

Nach dem Essen gingen mein Enkelsohn und ich mit unserem kleinen Hund spazieren. Das Bellen unseres Hundes klang schrill und er kläffte ständig. In einem Hof saß ganz oben auf einem Klettergerüst ein Junge. Um ihn herum standen andere Kinder. Unser Hund rannte auf sie zu und kläffte. Der Junge, der oben thronte, wendete sich dem Hund zu und rief: »Abgeordnete Kusja, verlassen Sie Ihren Platz am Mikrofon! Später bekommen Sie noch die Gelegenheit, Ihre Meinung zu äußern.« Die Kinder haben den Kongress der Abgeordneten nachgespielt. Und der Junge, oben auf diesem Klettergerüst, das war Gorbatschow.

Diese Zeit verlieh einem das Gefühl des Aufschwungs. Gorbatschow aber wollte die Sowjetunion mit aller Kraft zusammenhalten. Trotzdem kann ich ihm keine Vorwürfe daraus machen. Wer wusste damals schon, wie man solche Ereignisse organisierte und richtig anging? Es gab keine Erfahrungswerte. Natürlich hat man die Situation gerne mit der Tschechoslowakei verglichen. Aber es ist klar, dass dort die Aufgabe viel einfacher war. Ich selbst habe durch den Zerfall der Sowjetunion zu meiner Aufgabe gefunden.

Flüchtlinge in Moskau

Während sich die Aserbaidschaner, die aus Armenien fliehen mussten, fast ausschließlich in Aserbaidschan ansiedelten, wurden die in Aserbaidschan lebenden Armenier auf dem Seeweg aus Aserbaidschan evakuiert. Anschließend suchten sie sich in der gesamten Sowjetunion eine neue Bleibe, und mehr als 40 000 Armenier aus Aserbaidschan kamen nach Moskau. Die Behörden, die es gewohnt waren, das Monopol auf die Umsiedlung ganzer Völker zu haben, waren von dieser Flüchtlingswelle überfordert.

Natürlich kannte ich dieses Wort »Flüchtling«, doch zum ersten Mal habe ich es damals in dieser Situation auch wirklich erfahren. Es gab Flüchtlinge während des Zweiten Weltkrieges; das waren Menschen, die von einem Land in ein anderes geflohen waren. Aber

Flüchtlinge direkt vor der eigenen Haustür? Das war auch für unsere Behörden etwas völlig Neues.

Streng juristisch gesehen, handelte es sich gar nicht um Flüchtlinge, sondern um »Binnenvertriebene« oder IDPs (internally displaced persons), wie es auf Englisch geläufig ist, denn sie hatten Grenzen innerhalb eines Landes der Sowjetunion überschritten und waren nach wie vor Bürger dieses Landes. Doch jenseits von juristischen Erwägungen war das Auseinanderfallen unseres Landes schon nicht mehr aufzuhalten. Alle nannten diese Menschen »Flüchtlinge«. Allerdings war das Mitgefühl, das die Moskauer Behörden noch wenige Monate zuvor den Opfern des armenischen Erdbebens hatten angedeihen lassen, schon nicht mehr vorhanden.

Einen Teil der Flüchtlinge konnte man in Sanatorien und Pionierlagern unweit von Moskau unterbringen, andere wiederum konnten bei Bekannten unterkommen. Der Rest waren Menschen ohne Dach über dem Kopf, die sich auf den Weg in die aserbaidschanische Vertretung aufmachten. Doch dort sagte man ihnen, »ihr seid nicht mehr unsere Landsleute«, und verwies sie des Geländes. Daraufhin wandten sie sich an die Vertretung Armeniens. Auch dort war man über den Besuch dieser Armenier nicht erfreut, die einen langen Leidensweg hinter sich hatten, und teilweise mit Kindern und alten Menschen nach Moskau gekommen waren. Immerhin ließen die Mitarbeiter sie auf das Gelände der Vertretung, wo sie sich auf den Gängen vor den Büros niederließen und schliefen. Viele Menschen aus Moskau brachten ihnen Kleidung, Decken, Lebensmittel. Und die Armenier kochten sich aus diesen Lebensmitteln direkt vor dem Gebäude der Ständigen Vertretung Armeniens ihre Suppe.

Zu dieser Zeit waren das erste Mal seit dem Krieg wieder Bezugsscheine für Zucker eingeführt worden. Ich berichtete meinen Studenten vom Leid dieser Menschen, und sie brachten mir Bezugsscheine für Zucker mit, an die oft noch ein Rubelschein geheftet war. Ich suchte die Flüchtlinge in der armenischen Vertretung auf und überreichte ihnen die Geschenke. So kam ich selbst in direkten Kontakt mit ihnen, lernte auch andere Menschen kennen, die ebenfalls den Flüchtlingen halfen.

Die Behörden ihrerseits wollten die Flüchtlinge natürlich so schnell wie möglich wieder loswerden. Sie waren sich sicher, dass sich bald alles beruhigen werde und die Flüchtlinge in ihre Heimat zurückkehren könnten.

Es gab sogar den Versuch, eine Gruppe von Flüchtlingen unter Vorspiegelung falscher Tatsachen wieder nach Baku zu schicken. Eine Rückkehr hätte für die Flüchtlinge den sicheren Tod bedeutet. Als sie merkten, dass man sie in den Zug nach Baku gesetzt hatte, schlugen sie die Fenster ein und flohen aus dem Waggon. Die Behörden hatten einfach die Dramatik der Situation und die tödliche Gefahr, die diesen Menschen bei einer Rückkehr drohte, nicht begriffen.

Auf einer der Sitzungen der »Moskauer Tribüne« (ein Diskussionsclub für politische und kulturelle Themen, der 1988 auf Initiative von Andrej Sacharow, Physiker und Mitglied der Akademie der Wissenschaften, Arkadi Migdal, einem Historiker und Spezialisten für die italienische Renaissance, dem Schriftsteller Ales Adamowitsch und anderen gegründet worden war) machte mich Viktoria Tschlikow, eine bezaubernde und kreative Philosophin und Spezialistin für utopisches Denken in Europa und Russland, die ich bereits in der Ständigen Vertretung Armeniens kennengelernt hatte, mit der Journalistin Lidia Grafowa bekannt. »Lidia, das ist Sweta, Sweta, das ist Lidia«, sagte sie. Vika war mit allen per Du. Sie ging mit den Menschen um, als wäre sie mit ihnen schon eine Ewigkeit bekannt. Leider lebte diese einzigartige, feinfühlige, aglie Frau mit einem sehr originellen und scharfen Geist nicht mehr lange. Im Mai 1991 verstarb sie in Hamburg an Krebs. Doch in der kurzen Zeit ihres Leben strahlte sie als einer der hellsten Sterne in dieser Zeit der Veränderungen.

Die Tochter von Vika, Galja Tschalikowa, war die Gründerin und erste Direktorin der Stiftung »Schenke Leben«. Heute wird diese Stiftung vor allem mit der Schauspielerin Tschulpan Chamatowa in Verbindung gebracht. Auch Galja erlitt das Schicksal ihrer Mutter. Sie verstarb 2011 im Alter von 53 Jahren an Krebs.

Die Geburtsstunde des »Komitees Zivile Unterstützung«

1990 wurde zum Geburtsjahr des »Komitees Zivile Unterstützung«. Armenier aus Baku gehörten zu unseren ersten Schützlingen. Unsere ersten Zusammenkünfte fanden in den Redaktionsräumen der *Literaturnaja Gazeta* statt, wo Lidia Grafowa ihren Arbeitsplatz hatte. Sie ist eine sehr bekannte Journalistin, die zu Zeiten der Sowjetunion vielen Menschen das Leben gerettet hat. Wir mussten gemeinsam überlegen, wie wir langfristig arbeiten wollten, und wir mussten eine Satzung aufstellen und bei den Behörden registrieren lassen. Das Ziel war klar: Wir wollten Flüchtlingen helfen.

Die wichtigsten Personen bei der Gründung unseres Komitees waren Vika Tschalikowa, Lidia Grafowa, Ida Bestawaschwili, eine Übersetzerin und Literaturwissenschaftlerin, und der Wirtschaftsfachmann Alexander Schajkewitsch, lange Zeit unser erster Sekretär, der sich viele Jahre ausschließlich dem »Komitee Zivile Unterstützung« widmete. Ausgearbeitet wurde die Satzung von Wjatscheslaw Igrunow, einem aus Odessa stammenden Dissidenten, der nach Moskau gezogen war. Igrunow war von 1994 bis 2003 für die Partei »Jabloko« Abgeordneter in der Staatsduma und konnte dank seines Status für uns sehr wertvolle Arbeit leisten, denn auf die Anfragen eines Abgeordneten müssen die Behörden antworten. Über ihn ist es immer wieder gelungen, mit hochrangigen Behördenvertretern zu sprechen. Grafowa schrieb hervorragende Artikel, während Igrunow uns die Türen öffnete. Ich wiederum habe mich langsam in die Thematik von Asyl und in die russische Gesetzgebung eingearbeitet. Dabei wurde mir schnell klar: Wenn wir auf dem juristischen Feld arbeiten wollen, müssen wir die Gesetze gut kennen und durchsetzen, dass diese Gesetze überall in der Russischen Föderation gleichermaßen Anwendung finden.

1996 schlug ich auf einer Konferenz der UNO zum Thema »Migration in den Ländern der GUS und den Anrainerstaaten« vor, ein Netz von Rechtsberatungsstellen für Flüchtlinge und Binnenflüchtlinge zu schaffen. In der Folge hat der European Council on Refugees and Exiles (ECRE) uns vorgeschlagen, gemeinsam bei der Europäischen Kommission einen Antrag zu stellen. Dieser Projektantrag war auch von der Vertretung des UNO-Flüchtlingshilfswerkes in Russland, der UNHCR, unterstützt worden.

Nun musste überlegt werden, unter wessen Dach dieses Netzwerk am besten angesiedelt werden sollte. Schnell war klar, dass es den Rahmen des »Komitees Zivile Unterstützung« sprengen würde. Unser Komitee ist nur in Moskau tätig und dort in viele Aufgaben eingebunden. Hätten wir das Beratungsnetzwerk bei dem Komitee angesiedelt, hätten wir den Charakter der Organisation wesentlich verändert.

Ich war ja damals schon Vorstandsmitglied des Menschenrechtszentrums »Memorial«. Das Menschenrechtszentrum »Memorial« gehörte organisatorisch zur »Gesellschaft Memorial«, die 1988 gegründet worden war, als eine der ersten Nichtregierungsorganisationen während der Perestroika. Erster Vorsitzender der Organisation war Andrej Dmitriewitsch Sacharow. Zunächst hatte sich diese Organisation zur Aufgabe gemacht, die Erinnerung an die Opfer der Stalin'schen Repressionen in der Gesellschaft wachzuhalten. Doch schon bald wurde deutlich, dass die Menschenrechtsverletzungen in der Sowjetunion noch lange nicht der Vergangenheit angehörten. Angesichts dieser Erkenntnis wurde das Menschenrechtszentrum »Memorial« gegründet.

Als ich 1989 nach Baku reiste, war man in der Moskauer Intelligenzia nicht geneigt, etwas über Aserbaidschaner zu hören, die aus Armenien geflohen waren. Mir sagte man, ich würde Opfer und Henker verwechseln. Auch Erzählungen über Kinder, die in dieser Situation ihr Leben verloren hatten, rührten die Herzen nicht an. Man hatte die armenischen Kinder in der Ständigen Vertretung Armeniens vor Augen, und auch die flammenden Reden von Galina Starowojtowa, die für Armenien Abgeordnete in der UdSSR war, waren immer wieder zu hören. Und so stand ich mit meiner Position in diesem Konflikt weitgehend alleine da. Das Menschenrechtszentrum war der einzige Ort, wo man bereit war, mir zuzuhören. Einer der Organisatoren des Menschenrechtszentrums, Dmitri Leonow, hatte mich dort eines Tages vorgestellt. Ich erinnere mich noch gut an das zweistöckige Gebäude aus roten Ziegeln, ein altes, vorrevolutionäres Haus, das »Memorial« zu einem symbolischen Mietpreis erhalten hatte, der aber im Laufe der Zeit so weit angestiegen ist, dass man ihn schon nicht mehr als symbolisch bezeichnen kann. Die »Memorial«-Leute nannten das Gebäude damals einfach »Haus«. Es ist Personen wie Dmitri Leonow, Jan Ratschinski und anderen Personen, die in diesem Haus arbeiteten, zu verdanken, dass auch ich es bald als »Haus« bezeichnete. Hier hatte auch das Programm »Die heißen Punkte« seinen Sitz, das bewaffnete Konflikte beobachtete und von dem bekannten Menschenrechtler Oleg Orlow geleitet wurde. Ein weiteres Programm, »Ethnisch motivierte Verfolgung«, widmete sich dem Süden Russlands, insbesondere dem Gebiet Krasnodar, wo die interethnische Situation besonders angespannt war und die Behörden ihrerseits die Diskriminierung bestimmter Minderheiten sogar begünstigten. Programmleiter war Alexander Osipow, ein wunderbarer Wissenschaftler und Ethnograf, der derzeit leider in Deutschland arbeitet. Vitali Ponamarjow beschäftigt sich seit vielen Jahren sehr intensiv mit dem Thema »Menschenrechtsverletzungen in Zentralasien«. All diese Prozesse, die Leute wie Ponomarjow oder Osipow beobachteten, haben zu großen Flüchtlingsströmen geführt. Und so war unser Programm »Migration und Recht« eine wunderbare Ergänzung ihrer Arbeit. Der Vorstand des Menschenrechtszentrums »Memorial« hatte daraufhin beschlossen, dass dieses Netzwerk unter dem Dach des Menschenrechtszentrums arbeiten kann.

Wir hatten große Pläne, und in Moskau brauchten wir für unsere Arbeit auch einen Apparat. Just in diesem Augenblick wurde mir von zwei Mitarbeiterinnen Hilfe angeboten. Mara Fedorowna Poljakowa ist die Vorsitzende des »Unabhängigen Rates für Expertise und Recht« (NEPS). In ihrer Organisation waren alle führenden russischen Juristen Mitglied geworden. Aufgabe dieser Vereinigung ist laut ihrer Satzung, »demokratische Veränderungen in Russland im Bereich der Menschen- und Bürgerrechte voranzubringen«. Die NEPS nimmt unter unseren Nichtregierungsorganisationen eine besondere Funktion wahr. Sie führt Rechtsseminare für ihre Mitglieder durch, erarbeitet in konkreten Fällen Gutachten und hilft bei der Ausarbeitung von Anfragen und Beschwerden an Gerichte.

Und so hatte mir Mara, mit der ich die Idee des Beratungsnetzwerkes diskutiert hatte, zwei ihrer Mitarbeiterinnen empfohlen: die praktisch ständig arbeitende Sekretärin des Beratungsnetzwerkes, Irina Anatoljewna Solotarewskaja, und die Koordinatorin der EDV-Abteilung, Olga Romanowna Popowa. Das war eine sehr glückliche Personalentscheidung. Es ist schon erstaunlich, wie schnell und professionell sich die beiden Frauen – beide hatten eine wissenschaftliche Laufbahn hinter sich, die eine als Chemikerin, die andere als Physikerin – in die Gestaltung des Beratungsnetzwerkes für Flüchtlinge eingearbeitet hatten.

Für unser erstes Seminar hatten wir schnell Teilnehmer zusammen. Diese halfen Flüchtlingen direkt in den jeweiligen Regionen. Wir entschieden uns in einem ersten Schritt für zunächst sechs Partner und begannen mit der Arbeit.

Unsere ersten Beratungsstellen eröffneten wir in den Büroräumen bereits vor Ort tätiger Organisationen; es handelte sich entweder um Anwaltskanzleien oder Nichtregierungsorganisationen. Der Vorteil dieser Konstruktion war, dass wir zunächst keine Mieten zu bezahlen hatten und unser Jurist nicht allein vor sich hin arbeiten musste. Im Gegenzug erhielt die lokale Organisation einen juristischen Mitarbeiter, Computertechnik, Büroausstattung und die Erstattung der Kommunikationskosten. Klar, dass in Moskau die Host-Organisation das »Komitee Zivile Unterstützung« war.

Zweimal pro Jahr treffen sich alle Mitarbeiter des Netzwerkes zu einem gemeinsamen Seminar, auf dem wir aktuelle rechtliche Fragen besprechen und über unsere Probleme reden. 20 Jahre ist unser Netzwerk inzwischen alt. Alle Juristen, die in unserem Netzwerk arbeiten, haben einen guten Kontakt untereinander. Außerdem sind wir im ständigen Austausch mit den Behörden und Regierungsstellen. Momentan haben wir russlandweit 30 Beratungsstellen. Wir hatten schon mehr, 50 waren es einmal gewesen. Ein Teil dieser Beratungsstellen wird vom UNHCR finanziert, bis 2014 hatten wir Gelder von der Europäischen Kommission erhalten. 2014 wurde unser Antrag auf Förderung erstmalig abgelehnt.

Das »Komitee Zivile Unterstützung« steht endlich auf eigenen Beinen

Die 1990er-Jahre waren eine Blütezeit der Nichtregierungsorganisationen, man war ihnen in der Gesellschaft sehr wohlgesonnen. Allerdings steckte unsere Arbeit damals noch in den Kinderschuhen, denn wir hatten erst so langsam begriffen, wie eine NGO, die sich vor dem Staat weder verstecken muss noch von ihm abhängig ist, arbeiten kann. Lange Jahre war das »Komitee Zivile Unterstützung« aktiv, ohne auch nur eine Kopeke, einen Cent von außen zu erhalten. Wir hatten ehrenamtliche Mitarbeiter, wir sammelten Spenden bei unseren Freunden und Bekannten und legten auch aus der eigenen Tasche etwas in die Kasse. Ich habe mich lange gewundert, warum andere Organisationen ständig Geld von irgendwelchen Stiftungen erhalten, wir jedoch nicht. Wir helfen doch Menschen ganz konkret; wir werden gebraucht, uns kennt man schon sehr gut, doch Projektgelder bekamen immer nur die anderen. Nun ja, es gibt da eine jüdische Anekdote, die den Sachverhalt sehr gut beschreibt: Ein Jude bittet Gott inständig: »Lieber Gott, hilf mir, einen Lottogewinn zu erzielen.« Sogar der Prophet Moses setzt sich bei Gott für den Bittsteller ein. »Das ist wirklich ein armer Mensch, er glaubt an dich, hilf ihm doch beim Lotto«, wendet sich der Prophet in der Anekdote an Gott. Und Gott antwortet: »Er gibt mir ja gar keine Chance, ihm zu helfen. Nicht ein einziges Mal hat er Lotto gespielt.«

Und so war es auch bei uns. Irgendwann einmal hat mir ein guter Bekannter erklärt, wie man Anträge für Projektgelder stellt. Und tatsächlich, kaum hatten wir Anträge gestellt, erhielten wir auch finanzielle Unterstützung. 1996 bekamen wir das erste Mal Geld von der Stiftung Jewish Community Development Fund, die ihren Sitz in New York hat; es waren 9000 US-Dollar. Von diesem Geld erwarben wir drei Computer und konnten den Buchhalter mit monatlich 100 US-Dollar bezahlen.

Ljudmilla Michailowna Alexejewna leitet die älteste russische NGO, die Moskauer Helsinki-Gruppe, die bereits 1976 ins Leben gerufen worden war, um die Helsinki-Vereinbarungen zu unterstützen. Sie hatte Boris Jelzin gebeten, man möge doch russischen Nichtregierungsorganisationen Räumlichkeiten zur Verfügung stellen. Und die Helsinki-Gruppe erhielt einen Raum; allerdings war sie die einzige, und sie musste für ihren Raum Miete und Nebenkosten bezahlen. Wir einigten uns schnell mit der Helsinki-Gruppe und durften dann diese Räumlichkeiten mit nutzen. Im Gegenzug übernahmen wir einen Teil der Miete.

1998 zogen wir in unser neues Gebäude, in einen Raum, der fast schon im Keller lag, doch dafür mitten in Moskau. Wir hatten ihn aufgrund einer Entscheidung des Moskauer Bürgermeisters Luschkow erhalten. Es war Grigor Jawlinski, der langjährige Chef der Partei »Jabloko« gewesen, der damals Luschkow um Hilfe für uns gebeten hatte. Das lag sicherlich auch daran, dass wir inzwischen einen guten Ruf besaßen. Unsere Mitarbeiter hatten auch schon ihre Erfahrungen im Schreiben von Projektanträgen gemacht. Lena Burtina, die zu Beginn des Tschetschenienkrieges zu uns gestoßen war, hatte unsere Arbeit noch weiter organisiert und professionalisiert. Dadurch entstanden neben der Beratungsstelle für Flüchtlinge weitere Projekte. Studenten arbeiteten ehrenamtlich mit Kindern, die in keine Schule durften. Ihr Projekt nannten sie »Zentrum für Adaption und Ausbildung von Flüchtlingskindern«. Und nun nahm uns auch das Flüchtlingshilfswerk der UNO (UNHCR) unter seine Fittiche.

Eine Flut von Flüchtlingen

Inzwischen kamen die Flüchtlinge zu Hunderten zu uns. Zunächst waren es Flüchtlinge aus Aserbaidschan, darauf folgten Georgier aus Abchasien.

Doch den größten Strom von Flüchtlingen machten Menschen des russischen Kulturkreises aus allen Republiken der früheren Sowjetunion aus. Ihnen war die Heimat buchstäblich unter ihren Füßen entzogen worden. Auf einmal waren sie für die neuen Machthaber nur noch »Okkupanten«, Fremde. Und viele von ihnen waren nicht bereit, die offizielle Landessprache zu erlernen, die nun zur Staatssprache der jeweiligen Republik erhoben worden war. Doch auch wenn man die Sprache beherrschte, war man trotzdem nicht sicher. Vielfach fanden die Menschen auf ihren Häusern Schmierereien wie »Koffer, Bahnhof, Russland«. Und trotzdem würde ich die meisten von ihnen nicht als Flüchtlinge bezeichnen. Sie waren gekommen, teilweise mit ihren ganzen Habseligkeiten, hatten zuvor ihr Eigentum, ihre Häuser und Wohnungen weit unter Wert verkauft. Häufig flohen sie in Gruppen nach Russland, hatten bereits Vereinbarungen mit den Verwaltungen von Ortschaften in der russischen Provinz geschlossen. Und vor ihrer Ausreise nach Russland hatten sie sich bemüht, im russischen Konsulat vorab die russische Staatsbürgerschaft zu erhalten. In Russland angekommen, schlossen sie sich in eigenen Umsiedlerorganisationen zusammen. Lidia Grafowa bemühte sich, diesen Organisationen zu helfen, und vereinigte sie im »Forum für Umsiedler«. Diese Organisation gibt es heute noch.

Nachdem Dudajew die Unabhängigkeit von Tschetschenien ausgerufen hatte, entschlossen sich viele Menschen, die sich dem russischen Kulturkreis zurechneten, Tschetschenien zu verlassen. Auch in Zentralasien haben viele aus dieser Personengruppe ihrem Land den Rücken gekehrt. Sie alle hätten einen Status als Umsiedler beantragen können. Das ist ein besonderer Status, der faktisch dem Flüchtlingsstatus entspricht.

Seit Beginn des Ersten Tschetschenienkrieges im Dezember 1994 rollte eine unglaubliche Welle von Flüchtlingen oder – wie man besser sagen sollte – Binnenflüchtlingen aus dieser Region in andere Gebiete Russlands. Der Staat kümmerte sich nicht groß um seine Bürger, die Tschetschenien verlassen mussten. Ende 1996 waren es 147 000, die alle den Status eines Binnenflüchtlings erhalten hatten. Dieser Status gab den Menschen zumindest eine vage Hoffnung, irgendwann einmal wieder Wohnraum zu erhalten als Kompensation für ihren in Tschetschenien zerstörten Wohnraum. Einen Teil der Binnenflüchtlinge, die 3000, die am härtesten vom Krieg betroffen waren, siedelte man in »vorübergehenden Unterbringungszentren« an, zwei Jahre lang, zwischen dem Ersten und dem Zweiten Tschetschenienkrieg. Im Zweiten Tschetschenienkrieg waren die Flüchtlingsströme noch größer. Nach Angaben des Föderalen Migrationsdienstes Russlands verließen in dieser Zeit ungefähr 600 000 Menschen Tschetschenien, davon waren 12 500 nicht von der »Titularnation«, wie es in der offiziellen Antwort des Föderalen Migrationsdienstes auf unsere Anfrage hieß.

Zum Kreis der Menschen, denen wir helfen, gehören nicht nur unsere Mitbürger aus der früheren Sowjetunion. Auch Afghanen suchen uns regelmäßig auf. Sie können seit dem Zusammenbruch des Regimes von Nadschibullah 1992 nicht mehr zurück in ihre Heimat. Russlands Führung hat jeglichen Einfluss in Afghanistan verloren und interessiert sich auch nicht mehr für dessen Bürger, die damals ihre Hoffnung auf die Sowjetunion gesetzt hatten.

Leider konnte sich bis heute keine einzige Gruppe von Flüchtlingen vollständig in die russische Gesellschaft integrieren. Immer noch haben bei Weitem nicht alle Armenier aus Baku die russische Staatsbürgerschaft erhalten. Auch die Georgier aus Abchasien haben keinen festen Aufenthaltsstatus. Und nun will man Afghanen, die bereits seit 30 Jahren in Russland leben, zu einer Rückkehr nach Afghanistan bewegen. Ungelöst ist auch das Wohnproblem der Binnenflüchtlinge aus Tschetschenien, deren Probleme mit der Zeit eher noch zunehmen.

Die staatsbürgerliche Pflicht

Mein Vater verstarb an einem 1. Mai. An seinem Todestag gehen wir immer auf den Friedhof und suchen sein Grab und das meiner Großmutter auf. Sehr oft habe ich dort Reste von gefärbten Eiern und von Osterkuchen gefunden. Wer hatte das bloß dorthin gelegt?

Einmal fiel der Ostersonntag mit dem 1. Mai zusammen. Da sah ich auf der Bank neben unserem Grab eine Greisin sitzen. Ich ging zu ihr und erkundigte mich nach ihrem Namen. »Ich bin Dusja«, sagte sie und zeigte auf das Grab, »bei dieser Frau hier habe ich den ganzen Krieg über gewohnt. Und wer sind Sie?« »Ich bin die Enkelin von Sofia Wladimirowna.« »Swetik«, sagte sie da und benutzte die Koseform meines Vornamens. So hatte man mich in meiner Kindheit genannt. Das rührte mich sehr.

Mein Gott, wie alt musste sie damals gewesen sein? Wahrscheinlich hatte sie mittlerweile die 90 erreicht. Sie meinte: »Jedes Jahr komme ich hierher.« Angesichts ihrer Gebrechlichkeit fragte ich nach: »Verlassen Sie denn noch oft ihre Wohnung?« Sie sagte: »Nein, nicht oft. Aber wie könnte ich nicht hierherkommen? Ach ja, und zu den Wahlen gehe ich immer.«

Die Liste der Präsidentschaftskandidaten war lang. »Dusja, wen haben Sie denn gewählt?« »Wen?«, wunderte sie sich. »Na, wen haben Sie denn angekreuzt?« Dusja kratzte sich an der Stirn. »Ich habe niemanden angekreuzt und niemanden durchgestrichen. Ich habe diesen Wahlzettel in die Urne eingeworfen, habe meine Bürgerpflicht erfüllt und bin nach Hause gegangen.«

So hatte man eine ganze Generation von Sowjetmenschen erzogen. Das lag daran, dass es früher nicht mal eine Liste gegeben hatte, da man eh nur für einen Kandidaten stimmen konnte. Seit der Perestroika sind schon viele Jahre vergangen, trotzdem steckte dieses Verhaltensmuster noch tief im Bewusstsein vieler Menschen. Und auch heute gibt es sehr viele Leute im Land, die ihre Bürgerpflicht ohne jeglichen Inhalt erfüllen.

Ein typischer Dialog zweier Freundinnen im Wahllokal an dem Tisch, an dem man sein Kreuzchen machen kann, spielte sich etwa folgendermaßen ab. Eine der beiden Freundinnen saß direkt neben mir auf dem freien Platz an der anderen Seite des Tisches.

»Mascha«, sagt sie, »wem gibst du nun deine Stimme?«

»Schirinowski.«

»Mascha, hör mal, die Frau neben mir sagt, der wäre nicht ganz recht im Kopf.«

»Was sagt die Frau? Und was meint dann die Frau, wen man besser wählen kann?«

»Die Frau sagt, man solle besser Jawlinski wählen. Sie sagt, sie kenne Jawlinski. Und sie sagt, Jawlinksi wäre ein guter und korrekter Mensch. Und ich glaube, die Frau, die mir das sagt, die kennt sich wirklich aus.«

»Okay, ich gebe meine Stimme natürlich auch lieber einem guten Menschen.«

So habe ich also, unter Verletzung der Wahlgesetzgebung, Grigori Jawlinski direkt im Wahllokal noch zu ein paar Stimmen verholfen.

Das war das Niveau unseres Rechtsbewusstseins. Warum wollten Leute einen Mann wie Schirinowski wählen? Weil man ihn ständig im Fernsehen sah. Allerdings nicht nur deswegen, sondern auch weil die Menschen tief enttäuscht waren, als die sogenannten Demokraten Gaidar, Tschubajs und andere an der Macht gewesen waren.

Wir hatten die Chance gehabt, etwas in unserem Land zu ändern. Warum aber hatten sie im Juni 1991 ausgerechnet Jelzin zum ersten demokratisch gewählten Staatsoberhaupt des Landes auserkoren? Weil sie sich selbst nichts zugetraut haben. Gleich darauf fing seine Regierung an, harte Reformen durchzuführen. Jegor Gaidar erklärte dem Volk die Maßnahmen, als wäre er der Klassenbeste, der sehr schlechten Schülern etwas beibringen müsste. Er wirkte sehr arrogant. Als man ihm mitteilte, dass sich der Staat um die verarmten Rentner kümmern müsste, damit sie nicht wegstürben, sagte jemand aus seinem Team: »Gut, die Alten werden wegsterben, dafür bleiben uns die jungen, tatkräftigen Leute.«

Nicht alle aber waren fähig, so wie Chodorkowski, einen großen Wirtschaftszweig zu übernehmen. Nicht alle waren bereit, eine kleine Kooperative zum Brötchenbacken zu eröffnen. Eine Regierung muss verstehen, was für Menschen in ihrem Land leben. Die Leute konnten sich nicht von diesem absoluten Paternalismus plötzlich auf die neuen kapitalistischen marktwirtschaftlichen Prinzipien umstellen. Der Staat musste sich um die sozial schlecht Gestellten kümmern. Das zählt vielleicht zu seinen wichtigsten Aufgaben. Deswegen waren viele von der Demokratie und den Demokraten enttäuscht, weil sie gar keine echten Demokraten waren, und folgender Witz machte die Runde: »Die Regierung haben wir schon ausgewechselt, jetzt brauchen wir nur noch ein anderes Volk.«

Ich erinnere mich noch gut an eine Zugfahrt nach Kasan, wo wir eine unserer ersten Beratungsstellen hatten. Neben mir saß eine Frau. »Wie geht's Ihnen?« Meine sehr einfache Frage führte dazu, dass sie in Tränen ausbrach. Unter Schluchzen presste die Frau hervor, dass sie schon seit einem Jahr kein Gehalt mehr bekommen habe. Der Vater sei gestorben, weil für ihn diese gesellschaftlichen Umwälzungen eine nicht zu bewältigende Herausforderung dargestellt haben. Die Mutter sei krank. Sie wisse nicht, wie sie Kleidung und Nahrungsmittel für die Kinder kaufen solle.

Nun kehre sie aus Moskau zurück, wo sie bei Verwandten war, die ihr geholfen hatten, etwas bei diesen neuen Geschäftsleuten dazuzuverdienen.

Als Ministerin für Soziales hatte sich in jener Zeit Ella Alexandrowna Pamfilowa für die Rechte der Alten und der Schwachen eingesetzt, aber selbst eine so energiegeladene Frau wie sie vermochte es nicht, jemanden wie den Ökonomen Gaidar umzustimmen. Nichtsdestotrotz hatte man wenigstens die Renten ausbezahlt. Im Unterschied zu den Gehältern. Das war Pamfilowas Verdienst. Es gab Zeiten, da war die Rente meiner Mutter infolge der

Inflation höher als mein Gehalt an der Universität. All das machte mir klar, dass das Volk so einer Regierung nicht lange sein Vertrauen schenken wird.

Gefangenenlisten durch ein Astloch austauschen

Der Konflikt in und um Nagorny Karabach mutierte immer mehr zu einem richtigen Krieg. In dieser Zeit nahm sich niemand ernsthaft der Menschen an, die auf aserbaidschanischer oder armenischer Seite in Geiselhaft und Gefangenschaft geraten waren. In dieser Zeit verwandelte sich unsere Wohnung zunehmend in so etwas wie ein Astloch in einem Baum, durch das die Listen mit den auf beiden Seiten Verschwundenen hin und her getauscht wurden.

Arif Junus aus Aserbaidschan übergab mir die Namen der verschollenen Aserbaidschaner. Somit konnten die Armenier nachprüfen, ob diese vielleicht in ihren Gefängnissen wieder aufgetaucht waren. Von der armenischen Seite steckte mir Suren Soljan die Listen der Armenier zu. Vermisste zu suchen war eine sehr gefährliche Angelegenheit, bei dieser Arbeit musste mit äußerster Behutsamkeit vorgegangen werden.

Armenier und Aserbaidschaner trafen sich bei uns in der Küche. Immerhin Vertreter zweier Völker, die jahrhundertelang recht gute Beziehungen zueinander gepflegt hatten. Zwischen den politischen Debatten tranken sie gemeinsam Tee in meiner Küche, verstanden es hervorragend, die gefährlichen Fragen zu umschiffen, und einigten sich bald darauf, die Russen für alles verantwortlich zu machen. Darin waren sich beide Seiten einig, denn natürlich war der »ältere Bruder« an allem schuld. Das war wirklich ein »Jüngerer-Bruder-Komplex«. Derartige informelle Treffen zwischen Angehörigen der verfeindeten Völker schienen mir von großer Wichtigkeit zu sein, ermöglichten sie es doch den Teilnehmern, sich auch einmal in die Lage der Gegenseite zu versetzen. Und so kam ich zu der Auffassung, dass diese Begegnungen nicht nur in einer Küche, sondern auf einem höheren Level stattfinden sollten. Am besten wäre es, ein Treffen der Intelligenzia beider Seiten zu veranstalten. Dabei sollte über einen Friedensschluss gesprochen werden, und gleichzeitig würde eine Fortführung derartiger Treffen auch ein Fortbestehen von Kontakten auf der persönlichen Ebene ermöglichen.

1992 haben wir ein Treffen zwischen den verfeindeten Parteien organisiert, an der Grenze zwischen Armenien und Aserbaidschan. Lejla Junusowa war Organisatorin auf der aserbaidschanischen Seite, und auf der armenischen Seite war für dieses Treffen Anait Bayandur zuständig, damals Abgeordnete des armenischen Parlaments. Zusammen mit Alexander Daniel flog ich nach Baku. Gemeinsam wollten wir dann von Baku aus an die Grenze weiterreisen. Während wir wenig später in Baku auf unsere Wagen warteten, die uns zu dem Treffen bringen sollten, tauchte ein bekannter aserbaidschanischer Schriftsteller auf und sagte zu Lejla Junusowa, der aserbaidschanischen Koordinatorin: »Es tut mir so leid, ich kann wegen privater Verpflichtungen nicht mitkommen.«

Lejla, die sehr klein ist, nahm diesen großen Mann zur Seite und rief mich herbei. Vermutlich brauchte sie in dem Moment eine Zeugin. Sie stand eine Weile ganz still, als schien sie zu überlegen. Es war ein seltsames Bild: die kleine Lejla und der riesengroße Dichter. Dann fasste sie ihn an beiden Händen und fragte ihn: »Mal ehrlich, hast du Angst?« Das war es. »Okay, ich fahre mit«, sagte er nur und setzte sich mit uns ins Auto.

Das Treffen selbst fand am nächsten Tag statt. Schriftsteller, Wissenschaftler, Dichter und Regisseure beider Seiten waren eingeladen – und sie waren auch gekommen. Allen zusammen war die innere Anspannung anzumerken. An der Grenze standen die Autos. Die aserbaidschanischen auf der einen, die armenischen auf der anderen Seite.

Nachdem wir ausgestiegen waren, gingen wir langsam aufeinander zu. Zunächst schien es, als seien wir alle erstarrt. Doch dann begrüßten und umarmten wir uns. Und ohne viele Worte war klar, wie nahe die Menschen, die sich hier an der Grenze trafen, einander waren. Die Aserbaidschaner machten als Erste einen Vorschlag: »Hört mal, hier in der Nähe gibt es ein schönes Restaurant!« Die Armenier wollten zunächst im Bereich der Grenze bleiben, doch schließlich ließen sie sich darauf ein. Und gemeinsam machte man sich auf den Weg in ein kleines Restaurant im Rayon Kasach, in unmittelbarer Nähe der Grenze.

Tatsächlich warteten dort drei gedeckte Tische auf uns. An unserem Tisch nahm unsere Verhandlungsgruppe Platz, am anderen saß die Verwaltung der beiden Grenzrayone. Der Wachdienst und die Fahrer setzten sich an den dritten Tisch.

Zwei Teilnehmer dieses Treffens möchte ich namentlich erwähnen. Der eine war Grant Matewosjan, ein sehr bekannter armenischer Schriftsteller, dessen Werke in mehr als 20 Sprachen übersetzt wurden. Sein Gesicht sieht aus, als sei es aus Stein gemeißelt. Er war damals 57 Jahre alt, doch mir schien er viel älter zu sein. Die armenische Koordinatorin Anait Bayandur hatte seine Werke ins Russische übersetzt. Und sie war es auch gewesen, die ihn zu dem Treffen mitgebracht hatte.

Aus Baku hatte sich der aserbaidschanische Schriftsteller Akram Ajlisli mit uns auf den Weg gemacht, ein kleingewachsener Mann mit lebhaften, warmherzigen Augen. Er hatte nicht nur seine Bücher selbst ins Russische übersetzt, sondern auch die Werke vieler russischer Schriftsteller ins Aserbaidschanische übertragen.

Bei dem Treffen in Kasach einigten sich die Teilnehmer auf eine gemeinsame Erklärung an die Völker Armeniens und Aserbaidschans, in der sie diese zum Frieden aufriefen. Begonnen hat diese Erklärung mit den Worten: »Wir, Vertreter der Intelligenzia von Aserbaidschan und Armenien, wenden uns an unsere Völker ...«

Leider hatten Moskaus Medien von diesem Treffen und dem gemeinsamen Aufruf praktisch nichts berichtet. Alle Redaktionen, bei denen wir angeklopft hatten, wollten nichts über diese Begegnung wissen. Ich habe sogar gehört, dass der bekannte Journalist Zori Balajan gesagt habe, man solle eigentlich über dieses Treffen überhaupt nicht berichten, da die Teilnehmer keine gewählten Repräsentanten ihres Landes seien.

Das wäre das Gleiche, wenn man behauptete: »Thomas Mann wurde nicht vom deutschen Volk gewählt, also darf er Deutschland nicht vertreten.« Oder Mark Twain wurde von den Amerikanern nicht zu so einem Treffen abkommandiert. Und was für eine Bedeutung hat dann, was Leo Tolstoi gesagt hat? Auch er hatte ja von niemandem eine Vollmacht.

An diesem Treffen in der Grenzregion Kasach hatten Menschen teilgenommen, die durch ihr künstlerisches Schaffen und ihre Zugehörigkeit zu ihrer Kultur das Recht erworben hatten, ihre Völker zu repräsentieren. Erst durch solche Talente wird die Kultur eines Volkes zum Allgemeingut für die ganze Menschheit. Wir hatten gemeinsam an diesem großen Tisch gesessen, Trinksprüche aufgesagt, über traurige Ereignisse berichtet und uns lebhaft ausgetauscht. Plötzlich hatte sich einer der aserbaidschanischen Fahrer vom Nebentisch erhoben und war auf uns zugegangen. Er hatte Grant Matewosjan gebeten, an seinen Tisch herüberzukommen. Dort erhoben sie die Gläser, und dieser junge Mann trug ein Lob zu Ehren von Grant Matewosjan vor: »Nicht ein einziger Krieg kann zwei Völker wie das aserbaidschanische und armenische entzweien, solange der Kaukasus so einen großartigen Dichter wie ihn hat.« Grant legte seine große Hand auf die Schulter des Fahrers und sagte zu ihm mit tiefer Stimme: »Du bist ein guter Mensch.«

Waren diese Menschen Patrioten? Um diese Frage zu beantworten, muss man zunächst definieren, was dieses Gefühl eigentlich ist. Ich hatte einmal, als ich Flüchtlinge besuchte, ein Gespräch mit dem Direktor einer Sowchose. Dieser hatte viele Flüchtlinge aus den ehemaligen sowjetischen Republiken in seine Sowchose eingeladen. Jemand stellte ihm die Frage: »Bist du eigentlich russischer Patriot oder nicht?« Er überlegte lange, bevor er zu einer Antwort kam. »Ja«, sagte er schließlich, »ich bin russischer Patriot. Dass ich es bin, ist mir bewusst geworden, indem ich mich selbst beobachtet habe. Und ich habe gemerkt, dass es mich schmerzt, wenn Russland etwas Schlechtes tut.« Zu einem späteren Zeitpunkt habe ich gelesen, dass der polnische Dissident, Journalist und gesellschaftliche Aktivist Adam Michnik gesagt hat: »Patriotismus ist direkt abhängig vom Ausmaß der Scham, die ein Mensch empfindet für Verbrechen, die im Namen seines Volkes begangen worden sind.« Mich hat es sehr beeindruckt, wie nahe sich diese beiden Menschen in der Beschreibung des Begriffs »Patriotismus« gekommen sind.

So gesehen kann man also durchaus sagen, dass sich damals in Kasach wirklich die wahren Patrioten beider Länder getroffen haben. Sie haben ihr Volk wirklich geliebt. Und sie waren bereit, für ihr Volk Verantwortung zu übernehmen.

2012 veröffentlichte Akram Ajlisli in dem Journal *Völkerfreundschaft* eine Requiem-Novelle über die antiarmenischen Pogrome in Baku und über sein Heimatdorf Ajlis, in dem 1919 fast alle dort lebenden Armenier ermordet worden waren. Sie trägt den Titel *Träume aus Stein*. In diesem Buch schreibt er voller Schmerz und Schuldgefühle über das Geschehene, schildert bedeutende aserbaidschanische Persönlichkeiten, Menschen und einen Autor, auf die Aserbaidschan stolz sein sollte. Doch das Gegenteil ist der Fall. Bald darauf setzte deswegen eine Hetzkampagne gegen ihn ein.

Man griff ihn schwer an, warf ihm Sympathie für die Armenier vor, erklärte ihn zum Feind des aserbaidschanischen Volkes. Ja, man steckte sogar seine Bücher in Brand. 2013 entzog ihm der aserbaidschanische Präsident Ilcham Aliew sogar den Ehrentitel »Volksdichter Aserbaidschans«. 2014 schlug eine internationale Gruppe von Universitätsprofessoren und Rektoren Akram Ajlisli für den Friedensnobelpreis vor. Schade, dass auch Lejla Junusowa diese Ehrung nicht zuteilgeworden ist. Es wäre der richtige Zeitpunkt gewesen, und vielleicht hätte man sie mit dieser Ehrung vor einem Staat schützen können, der anscheinend den Verstand verloren hat.

1995: Reise mit deutschen Besuchern durch Armenien und Aserbaidschan

Im August 1995 bat uns »Memorial«, eine Reise durch Armenien und Aserbaidschan für den deutschen Abgeordneten von »Bündnis 90/Die Grünen« Helmut Lippelt zu organisieren, der viele Jahre außenpolitischer Sprecher seiner Fraktion war. Ich beschäftigte mich gerade sehr viel mit tschetschenischen Flüchtlingen und hatte eigentlich nicht vor zu verreisen, aber andererseits ging es hier genau um mein Thema.

Und so machte ich mich gemeinsam mit meinem Kollegen Dimitri Leonow von Moskau aus auf den Weg nach Jerewan. Dort stieß dieselbe Frau zu uns, die damals 1992 dieses Treffen der Intellektuellen koordiniert hatte, Anait Bayandur. Sie wies uns darauf hin: »Gleich kommt noch ein Übersetzer. Das ist so ein junger, hellrosafarbener Deutscher.« Dieser »hellrosafarbene« Deutsche war Bernhard Clasen, mit dem ich seither befreundet bin und viel zusammenarbeite.

Vorab sollten wir die Lage in Jerewan sondieren, Gespräche mit verschiedenen Leuten führen und Treffen zwischen Helmut Lippelt und einem höheren Staatsmann vereinbaren. Anschließend planten wir, nach Baku zu reisen. Doch von Jerewan nach Baku gab es damals schon keine direkte Verbindung mehr. Mit einem Kleinbus, der vollgestopft war mit Menschen, holperten wir über die steinigen Pisten nach Tbilisi. Alle waren schweißgebadet. Wegen der quälenden Hitze habe ich von den Seen und der gebirgigen Landschaft draußen gar nichts mitbekommen. Vor uns tauchte die Grenze auf. Für uns war das noch gewöhnungsbedürftig, da es solche Grenzkontrollen zwischen den Republiken in der Sowjetunion nicht gegeben hatte.

Ich zog meinen sowjetischen Pass aus der Tasche, Bernhard Clasen zeigte als Ausländer sein Visum für Armenien. Der Grenzbeamte wollte von ihm wissen: »Wollen Sie einen Stempel in Ihren Pass, dass Sie hier die Grenze überquert haben?« Bernhard schaute mich fragend an. Da schaltete ich mich ein. »Warum fragen Sie? Sie müssen doch wissen, ob ein Stempel da hinein muss oder nicht.« Er winkte ab. »Ach, mir ist das egal. Wie Sie wollen.« Da lachte ich. »Man kann ja etwas essen wollen oder schlafen wollen, aber wer will schon einen Stempel haben?« Das aber erwies sich später als folgenschwerer Fehler meinerseits. Ein sowjetischer Mensch muss immer einen Stempel wollen, vor allem wenn ihm dieser Stempel angeboten wird.

Als wir später im Zug von Tbilisi nach Baku ratterten, kam an der georgisch-armenischen Grenze plötzlich diese Geschichte mit dem Stempel wieder auf und wurde auf einmal sehr wichtig. Diese Grenzbeamten waren der Ansicht, dass Bernhard diesen Stempel unbedingt in seinem Pass haben müsste. Wir versuchten, ihnen den Fall zu erklären. »Ihre Leute haben es verpasst, ihm diesen Stempel zu geben, und wenn Sie uns jetzt nicht durchlassen, wird eine Begegnung mit einem sehr wichtigen Politiker aus Deutschland verhindert.«

In der Nacht, nachdem wir endlich eingeschlafen waren, tauchte an der georgisch-aserbaidschanischen Grenze ein georgischer Grenzer auf. Er war sichtlich angetrunken. »Was machen Sie hier?« Ich sagte ihm, noch im Halbschlaf: »Wir versuchen, Armenier und Aserbaidschaner, Georgier und Osseten zu versöhnen ...« Da nahm der Kerl sein Gewehr und bohrte mir den Lauf zwischen die Rippen.

»Ich werde alle Separatisten töten«, schnauzte er schwer atmend. Ich packte das Gewehr am Schaft, schob es zur Seite und schimpfte: »Das ist kein Spielzeug. Schämst du dich nicht? Ich könnte deine Mutter sein, wie sprichst du mit mir?« In dem Moment schaltete sich wahrscheinlich in seinem Hirn der kulturelle Mechanismus ein, dass man älteren Frauen Respekt erweisen sollte. Er zog den Kopf zwischen die Schultern und sagte: »Entschuldige Mutter. Aber unseren eigenen Boden werde ich nicht hergeben.« Mit diesen Worten verzog er sich. Ich blickte zu Bernhard, der oben auf der Liege lag und kreideweiß im Gesicht war. In einem fort murmelte er: »Oh, wie mir das nicht gefallen hat; oh, wie mir das nicht gefallen hat ...«

So verrückte Sachen passierten am laufenden Band. Wohlbehalten kamen wir in Baku an, bereiteten alle Treffen vor und kamen zwei Tage später mit Helmut Lippelt zusammen. Mit ihm zogen wir durch zahlreiche Büros und Amtszimmer und führten viele Gespräche.

Wir sind dann fast die gleiche Strecke noch mal mit ihm zusammen abgefahren, allerdings in der entgegengesetzten Richtung. In die Region Bergkarabach durfte er nicht reisen, weil nicht geklärt war, wem dieses Territorium gehörte und wie es juristisch verwaltet wurde. Nach Jerewan wollten wir nicht im Schildkrötentempo zurückreisen, sondern fliegen, mit einem sehr kleinen Flugzeug, ausgelegt für sechs Personen. Um es zu besteigen, mussten wir einen extra Ausgang für »VIPs« passieren. Die aserbaidschanischen Grenzbeamten wollten partout verhindern, dass Dmitri Leonow und ich diesen Ausgang nahmen.

Helmut legte sich ins Zeug und behauptete, wir seien alle Mitglieder dieser ausländischen Parlamentsdelegation, aber das hat nichts gebracht. Die Grenzer taten das nur gelangweilt ab. »Was für eine Parlamentsdelegation? Sie hat doch einen sowjetischen Pass, also ist sie eine unserer Staatsbürgerinnen.« Ich wendete ein: »Nein, ich bin nicht Ihre Bürgerin, ich bin Bürgerin Russlands.« »Was für ein Unterschied ist das?«, befand der Grenzbeamte.

Was tun? Bernhard, Helmut und ich waren ratlos. Dann kam mir endlich die rettende Idee. »Wissen Sie was? Jetzt rufen wir Namiq Abbasow an.« Er war damals Minister für Nationale Sicherheit, also KGB. Die Reaktion folgte blitzschnell. »Sie kennen Namiq Abbasow?« Er war ein so guter Mensch, dass die Menschen in Aserbaidschan mit den Zähnen klapperten, wenn sie nur seinen Namen hörten. Diese jungen Grenzbeamten haben sich nicht für irgendwelche internationalen europäischen Konflikte interessiert, aber die Tatsache, dass wir diesen Minister kannten und seine Telefonnummer besaßen, hat sie schlagartig erbleichen lassen. »Ja, bitte gehen Sie weiter«, wedelte uns der Grenzer eifrig durch. Der gleiche Kerl hatte mir zuvor noch gedroht, dass ich nur über seine Leiche hier durchgehen dürfe. Ich konnte mich dann nicht zurückhalten und rief ihm zum Abschied zu: »Nun, du hast gesagt ›Leiche‹. Es macht keinen Sinn, so mit dem Begriff von Leichen herumzuschmeißen.«

Über die Ergebnisse dieser Reise haben wir einen Bericht geschrieben, in dem sehr ausführlich die Lage von Flüchtlingen, Geiseln und Kriegsgefangenen in Armenien, Aserbaidschan und Nagorny Karabach geschildert wird. Die Beschäftigung mit diesen Problemen war ja auch die Aufgabe dieser Reise, aber unterwegs haben wir begriffen, dass es nicht möglich ist, Menschenrechtsverletzungen, die Verfolgung der Opposition oder die Anklage auf der Basis von fabrizierten Beweismitteln, also Dinge, die nicht zwischen den Ländern, sondern in den Ländern passieren, außen vor zu lassen.

Auf Russisch findet sich der Bericht unter:
http://www.memo.ru/hr/hotpoints/karabah/nemcy/index.htm

Eine kleine internationale Gruppe

Bei dieser eben beschriebenen Reise nach Armenien, Aserbaidschan und Nagorny Karabach hatten wir auf allen Seiten gute Kontakte mit wichtigen Persönlichkeiten hergestellt – und das kam mir wenig später bei meiner Arbeit sehr zugute.

Eine Bekannte hatte mich um Hilfe gebeten. Man hatte ihren Schwiegersohn in Aserbaidschan in Geiselhaft genommen. Ich habe ihr zugesagt, ihr zu helfen, und bat gleichzeitig Bernhard, sich an diesen Bemühungen zu beteiligen. Das fast schon Komische an der Situation war, dass dieser junge Mann, der nun in Geiselhaft geraten war, bereits zehn Jahre in Russland gelebt hatte. Er ist Kurde und hat einen armenischen Nachnamen. Und er hatte nicht die geringste Vorstellung davon, in welche Gefahr er sich begab, als er sich auf den Weg nach Baku machte. Dort wollte er sich mit einer Aserbaidschanerin treffen, in die er sich verliebt hatte. Er verließ Frau und Kind und machte sich auf den Weg zum Flughafen. Von dort aus war es Richtung Baku weitergegangen. Kaum auf dem Flughafen angekommen, wurde er sofort festgenommen und dem Ministerium für nationale Sicherheit überstellt. Mithilfe unserer und deutscher Abgeordneter erhielten wir einen Gesprächstermin beim aserbaidschanischen Minister für nationale Sicherheit, Namiq Abbasow. Er erlaubte uns einen Besuch des Gefängnisses Gobustan, in dem die armenischen Gefangenen inhaftiert waren, insgesamt handelte es sich um 18 Personen. Fünf von ihnen waren Soldaten in Kriegsgefangenschaft, die anderen waren Zivilisten, einer von ihnen war russischer Staatsbürger. Unseren Helden haben die Aserbaidschaner sofort nach unserer Abreise freigelassen. Und wir haben damals den Aserbaidschanern versprochen, dass wir das Gleiche, was wir in Aserbaidschan gemacht hatten, auch in Armenien tun würden. Auch dort wollten wir Kriegsgefangene besuchen – dieses Mal aserbaidschanische.

Mithilfe unserer Abgeordneten erhielten wir einen Gesprächstermin in Armenien bei dem damaligen Minister für Staatssicherheit, Sersch Sargsjan. Er selbst stammt aus Nagorny Karabach, wo er die bewaffneten Verbände leitete. Anschließend wurde er Verteidigungsminister Armeniens, dann Chef des Ministeriums für nationale Sicherheit. Anschließend wurde er wiederum Verteidigungsminister. Heute ist er Präsident Armeniens. Mit seiner Hilfe gelangten wir in das Gefängnis des armenischen Ministeriums für nationale Sicherheit, wo wir mit aserbaidschanischen Kriegsgefangenen sprechen konnten. In der Folge entschieden Bernhard und ich uns dafür, diese Arbeit fortzuführen. Und wir baten noch eine weitere Person, in unserer Gruppe mitzuwirken, Paata Zakareischwili. Er hatte bereits Erfahrung, was die Befreiung von Gefangenen anging, und zwar aus dem Konflikt zwischen Georgien und Abchasien. Dort war er direkt an der Front in dieser Mission unterwegs, musste Minenfelder überqueren, traf sich mit den Kommandeuren der abchasischen Seite. Bei seiner Arbeit war Zakareischwili unbewaffnet und häufig allein unterwegs. Und meist konnte er die Freilassung von Gefangenen erwirken. Mehrfach wurde auf seine Bitten hin das Feuer eingestellt. Einmal musste er aber auch während einer derartigen Feuerpause, nur mit einer Atemmaske ausgerüstet, die sterblichen Überreste von ungefähr 300 georgischen Soldaten repatriieren. Dabei entnahm er den gefallenen Soldaten die Erkennungsmarken, um die Eltern vom Tod ihrer Söhne zu unterrichten. Paata Zakareischwili ist ein bescheidener Mensch, und er ist sehr mutig. Er ist einer der wenigen, bei dem ich nicht zögere, das Wort »Held« auszusprechen. Ich wundere mich immer wieder, wie wenig die Menschen in Georgien von ihm und seiner damaligen Arbeit wissen. Doch alle, die ihn kennen, sprechen mit großer

Hochachtung von ihm. Er war in seiner Arbeit vor Ort auf dem Feld unersetzlich.

Wir haben uns dann entschieden, eine kleine NGO zu gründen, nannten sie »Internationale Arbeitsgruppe für die Suche nach Vermissten und die Freilassung von Gefangenen im Gebiet des Karabach-Konflikts«. Mit dieser Gruppe hatten wir Gefangene auf beiden Seiten besucht. Streng genommen muss man eigentlich von drei Seiten sprechen, denn in Nagorny Karabach lebte man nach seinen eigenen Regeln. Jedes Mal, wenn wir in Armenien waren, reisten wir von dort nach Nagorny Karabach und besuchten Gefangene. Wir hörten uns ihre Erzählungen an und wollten verstehen lernen, wie wir ihnen helfen konnten, damit sie wieder nach Hause zurückkehren konnten. Mit uns arbeiteten drei Koordinatoren vor Ort, die unsere Reisen vorbereiteten.

Wir gingen in der Regel so vor, dass wir auf einer Seite Informationen über möglicherweise festgehaltene Personen auf der anderen Seite erhielten, dann machten wir uns auf den Weg auf die andere Seite, um diesen Angaben nachzugehen. Sehr häufig zeigte sich, dass es Gerüchte waren, die sich nicht bestätigten. Aber wie konnten überhaupt so viele Gerüchte entstehen? Nun, die Menschen wollten glauben, dass ihre Angehörigen noch am Leben sind und irgendwo versteckt werden. Tatsächlich aber war es leider so, dass eine Person, die seit Jahren vermisst wurde und von der man in der ganzen Zeit nichts gehört hatte, nicht mehr am Leben war. Doch das wollten die Verwandten einfach nicht glauben. Und so haben sie sich immer wieder Erzählungen ausgedacht, von gefangenen Armeniern, die als Sklaven im Steinbruch eingesetzt werden. In Aserbaidschan wiederum wurde vielfach angenommen, dass man in Armenien mithilfe von gefangenen Aserbaidschanern ganze Städte wiederaufbauen wollte, die durch das Erdbeben zerstört worden sind. Man hatte uns Adressen gegeben, wo diese Geiseln angeblich zu finden seien. »Wir wissen ganz genau, dass unter dieser Adresse eine Geisel festgehalten wird«, war uns immer wieder gesagt worden. So war die Situation vor einiger Zeit, als sich die staatlichen Strukturen noch nicht der Frage der Geiseln angenommen hatten. Man hat dann selbst Gefangene genommen und versucht, sie gegen die eigenen Leute auszutauschen, die man als Geiseln auf der anderen Seite vermutete. Doch zu der Zeit, als wir uns mit der Geiselfrage beschäftigten, war diese Phase schon vorbei, und deswegen war es auch nicht mehr möglich, Geiseln zu finden, die privat festgehalten wurden.

Wir suchten Steinbrüche auf, wo man bis zu den Knien im Schmutz stand – es hatte zuvor schrecklich geregnet –, und versuchten, vor Ort irgendetwas darüber herauszufinden, was uns von der anderen Seite zugetragen worden war. Doch wir fanden niemanden, der wie ein Sklave festgehalten worden war. Ein Aserbaidschaner, den wir einmal am Steinbruch befragt hatten, sagte uns: »Sehen Sie sich das mal an. Hier stehen viele Leute herum, die hoffen, sie könnten hier noch Arbeit finden. Und wenn da jemand käme und einen Sklaven mitbrächte, ich glaube, wir würden ihn umbringen. Es gibt hier so wenig Arbeitsplätze, dass um jeden Arbeitsplatz gekämpft wird. Und Sie sprechen von Sklaven.«

Ähnlich war es uns auf der anderen Seite ergangen. Wir waren in Spitak und hatten gesehen, dass dort keine Aserbaidschaner festgehalten wurden, angeblich zum Wiederaufbau der Stadt. Die Stadt wurde überhaupt nicht wiederaufgebaut. Armenien hatte einfach nicht die Mittel dazu. Viele Armenier waren nach Russland gereist, um Geld zu verdienen.

Zu dieser Zeit waren die militärischen Kampfhandlungen schon beendet. Es gab allerdings noch kleinere Exzesse an den Grenzen und entlang der Waffenstillstandslinie. Unsere Gruppe hatte sich zum Ziel gesetzt, dass die Konfliktparteien ihre Gefangenen nach einer kurzen Überprüfung, warum der Betreffende auf das Territorium der jeweils anderen Seite gelangt war, wieder freilassen. Um die Wahrheit zu sagen: Ich hatte dabei keinen einzigen Saboteur oder Spion gesehen. Die Gefangenen waren alles junge Männer, die nur durch Zufall auf die andere Seite gelangt sind. Viele von ihnen waren vor ihrer Einheit wegen der Misshandlungen durch andere Soldaten geflohen.

Freilassung von Gefangenen

1997 waren zwei Armenier und 14 Aserbaidschaner in Haft, neun in Baku und fünf in Bergkarabach. Wir fuhren meistens zwei-, dreimal im Jahr dorthin und sahen immer die gleichen Männer in den Gefängnissen. Zuerst betrachteten sie uns mit Begeisterung, danach mit Hoffnung und später mit Vorwurf im Blick. »Warum kommen Sie überhaupt?«

Die armenische Seite hat uns ständig gepredigt, dass sie zwei gefangene Armenier nicht gegen 14 Aserbaidschaner austauschen könnte. Wir haben versucht, ihnen zu erklären, dass es unethisch sei, Menschen auszutauschen. Man dürfe sie nicht »tauschen«, sagten wir. Sie müssen vielmehr freigelassen werden. Aber wir hatten das Gefühl, dass man unsere Position in Nagorny Karabach nicht so richtig verstanden hatte. »Wissen Sie«, hatten wir ihnen gesagt, »Sie provozieren die Aserbaidschaner, noch einmal einen Samwel gefangen zu nehmen.« Und sie antworteten: »Ja gut, dann werden wir eben noch einen Mamed gefangen nehmen.« »Ja«, sagte ich, »für die Mutter von Samwel ist das natürlich ein großer Trost.« Doch zumindest haben sich durch unsere Arbeit die Haftbedingungen für die fünf aserbaidschanischen Gefangenen, die zu dieser Zeit in Nagorny Karabach festgehalten wurden, erleichtert. Wir konnten erkennen, dass sie nach einer gewissen Zeit in Haft nicht mehr so verängstigt auf ihre Gesprächspartner blickten. Und sie sahen auch nicht mehr so ausgemergelt aus wie am Anfang.

Eines Tages hatten wir, kurz nachdem wir in Baku angekommen

waren, erfahren, dass das aserbaidschanische Ministerium für Staatssicherheit die Entscheidung getroffen hatte, die beiden armenischen Gefangenen ohne Absprache und ohne Bedingungen freizulassen.

Für die armenische Seite, die sich als die humanere und progressivere wähnte, war das ein deutliches Zeichen. Und wenig später wurden auch die neun aserbaidschanischen Kriegsgefangenen, die zu diesem Zeitpunkt in armenischer Hand waren, freigelassen. Als ich mich zu einem späteren Zeitpunkt in Baku mit einem der Freigelassenen unterhielt, war dieser glücklich und plante zu heiraten. Und da war es mir schon nicht mehr peinlich, ihm in die Augen zu sehen. Wenig später durften auch die restlichen fünf aserbaidschanischen Kriegsgefangenen, die in Nagorny Karabach festgehalten worden waren, nach Hause zurückkehren.

Natürlich war das Problem damit nicht aus der Welt. Wenig später hatten die Konfliktparteien auf einmal wieder Kriegsgefangene. Und wieder waren neue Gerüchte im Umlauf.

Ich will unsere Arbeit auch nicht überbewerten. Sie lässt sich natürlich nicht mit der Arbeit internationaler Organisationen, wie der Minsk-Gruppe der OSZE oder des Internationalen Komitees des Roten Kreuzes, vergleichen. Doch wir haben etwas Nützliches geleistet. Wir haben die Angaben überprüft, die wir von den staatlichen Vermisstenkommissionen der Konfliktparteien erhalten hatten. Über uns pflegten die staatlichen Vermisstenkommissionen der Konfliktparteien einen indirekten Kontakt miteinander, wir hatten wichtige Informationen erlangt, wir hatten Orte aufgesucht, an denen sich sterbliche Überreste befanden, und wir hatten an ihrer Repatriierung mitgewirkt. Uns ist es auch gelungen, offizielle Vertreter zur Teilnahme an unseren Reisen zu bewegen. Und im März 2005 fand nach Jahren ohne jeglichen direkten Kontakt ein Treffen der Staatlichen Vermisstenkommissionen Armeniens und Aserbaidschans statt. Am Ende dieses Treffens unterzeichnete man eine gemeinsame Presseerklärung, in der unter anderem Folgendes mitgeteilt wurde: »Bei diesem Treffen sind Mechanismen einer konstruktiven Zusammenarbeit ausgearbeitet worden, die eine Rückkehr von Gefangenen nach einer gewissen Phase der Überprüfung in möglichst kurzen Zeitabständen ermöglichen sollen.

Die Teilnehmer des Treffens sind der Auffassung, dass ein Tausch von Menschen unethisch ist und dass in Zukunft nur von der Freilassung von Gefangenen gesprochen werden darf. Die Konfliktparteien erklären sich bereit, internationalen Organisationen und Angehörigen eine Kommunikation mit den Gefangenen zu ermöglichen. Dadurch können sie sicherstellen, dass diese Gefangenen freiwillig in ihre Heimat zurückkehren.«

Wenn es nur so weitergegangen wäre, wie die Konfliktparteien in diesem Dokument niedergelegt hatten! Doch es kam anders. Die Hoffnungen, dass der neue Präsident Aserbaidschans, Ilcham Aliew, ein größerer Demokrat als sein Vater, ein Mann der alten KGB-Schule, sein könnte, haben sich nicht erfüllt.

Mehrere ehemalige aserbaidschanische Kriegsgefangene wurden nach ihrer Rückkehr aus der Kriegsgefangenschaft bei sich in der Heimat zu hohen Haftstrafen verurteilt; sie erhielten zwischen zehn und 15 Jahre Haft wegen »Vaterlandsverrats«. Was machte es in dieser Situation noch für einen Sinn, sich weiter für die Freilassung von Kriegsgefangenen einzusetzen?

Als wir dann diese ehemaligen Kriegsgefangenen im Gefängnis in ihrer Heimat besuchten, hatte uns sogar die Gefängnisleitung gebeten, uns für die ehemaligen Kriegsgefangenen einzusetzen, die nun in aserbaidschanischer Haft waren. Insbesondere erinnere ich mich noch an einen blauäugigen, blonden jungen Mann, der damals um die 19 Jahre alt war. Er war aus seiner Einheit geflohen, weil man ihn geschlagen und vergewaltigt hatte. Er war so verzweifelt gewesen, dass er selbst die Flucht durch ein Minenfeld nicht gescheut hatte. Ja, er hatte sogar sterben wollen, kam dann aber in armenische Kriegsgefangenschaft. Und er wurde in Aserbaidschan – nach seiner Freilassung aus armenischer Kriegsgefangenschaft – zu zwölf Jahren Haft verurteilt. Es hatte fast den Anschein, als hätte er noch nicht so richtig begriffen, wie viele lange Jahre Haft noch vor ihm lagen. »Hier ist es gut. Hier wird man von niemandem misshandelt«, hatte er uns in dem aserbaidschanischen Gefängnis gesagt. »Der lässt das nicht zu«, meinte er und zeigte dabei auf den Chef der Strafanstalt.

In dieser neuen Situation versuchten wir weiterzuarbeiten. 2007 richteten wir an Ilcham Aliew einen Brief, in dem wir ihn baten, sich um das Schicksal der ehemaligen Kriegsgefangenen zu kümmern. Wir legten diesem Schreiben eine Liste der besonders eklatanten Fälle bei. Doch wir erhielten nicht einmal eine Antwort. So waren wir an einem Punkt angelangt, wo wir erkennen mussten, dass sich die Arbeit unserer Gruppe erschöpft hatte.

Derzeit wird in Aserbaidschan die Zivilgesellschaft zerstört. In Aserbaidschans Gefängnissen sitzen Menschenrechtler, ihre Anwälte, NGO-Aktivisten, Journalisten. Für mich persönlich ist es eine Tragödie, das Schicksal von Lejla und Arif Junusow (jetzt nennen sie sich Junus, ohne russische Endung) zu begreifen. Sie sind schon über ein Jahr inhaftiert. Es fällt mir sehr schwer, mir Fotos einer völlig grauhaarig gewordenen Frau anzusehen. Ich habe sie doch noch als so energische und motivierte Lejla erlebt. Sie leidet unter Diabetes, Arif hat eine Herzschwäche. Und aus Aserbaidschan kommen immer wieder beunruhigende Nachrichten über Misshandlungen von Lejla in der Haft. Die wirtschaftlichen Verbrechen, deren sie beschuldigt werden, sind vollkommen an den Haaren herbeigezogen. Der Grund ihrer Kriminalisierung ist ihre Menschenrechts- und Friedensarbeit. Gemeinsam mit armenischen Kollegen haben sie sich für ein friedvolles Zusammenleben von Armeniern und Aserbaidschanern eingesetzt. Die letzten Jahre habe ich die beiden nicht mehr so häufig gesehen, aber fast alle Aserbaidschaner, die mich um Hilfe gebeten hatten, berichteten mir, dass sie in Aserbaidschan vor allem von Lejla Junus Unterstützung erfahren hatten.

Am 13. August 2015 wurden Lejla und Arif zu achteinhalb bzw. zu sieben Jahren Freiheitsentzug verurteilt. Beiden wurde schlecht, als sie das Urteil hörten.

Leider haben ihre aserbaidschanischen Kollegen keine Kampagne für die beiden organisiert. Sie haben viele Gründe angeführt, warum sie das nicht gemacht haben. Aber wer sagt, Lejla und Arif seien keine Patrioten Aserbaidschans gewesen, im besten Sinne des Wortes, der lügt. Und an dessen Aufrichtigkeit zu glauben fällt mir schwer. Ich schäme mich dafür, dass wir so wenig für den Schutz der beiden getan haben.

1996: Erste Begegnung mit Anna Politkowskaja

Im August 1996 eroberten bewaffnete Einheiten der »Tschetschenischen Republik Itschkeria« die Stadt Grosny. In der Stadt kam es zu schrecklichen Kämpfen. Die Truppen der Russischen Föderation unternahmen anschließend einen erfolglosen Versuch, die Stadt zu stürmen, die gleichzeitig rücksichtslos bombardiert und mit Artillerie beschossen wurde. Dies war eine der tragischsten und blutigsten Etappen des Ersten Tschetschenienkrieges. Erneut erreichten mehrere Flüchtlingswellen Moskau. Unser »Komitee Zivile Unterstützung« ist normalerweise im August geschlossen. Doch dieses Mal waren wir zu wenige, um der Reihe nach in den Urlaub zu gehen. Vom Föderalen Migrationsdienst erhielt ich einen Anruf: »Bitte, machen Sie Ihre Tore auf! Mir war zum Heulen, als ich heute die vielen Leute bei uns gesehen habe«, sagte mir die Leiterin der Rezeption des Migrationsdienstes, Elena Galezkaja. Und so haben wir uns verständigt, eben doch zu arbeiten. Die Zentren für eine vorläufige Unterbringung waren schon seit einem Jahr überfüllt. Die

Leute hatten kaum etwas zum Anziehen und fast kein Geld. Unter den Neuankömmlingen in Moskau waren auch Verletzte. Wir bemühten uns um finanzielle Hilfe für sie. Und genau in diesen Stunden rief Anna Politkowskaja an.

Sie arbeitete an einem Artikel für die *Obschaja Gazeta,* der am 1. September – traditionell der erste Schultag nach den Sommerferien – erscheinen sollte. Und im Rahmen dieser Veröffentlichung plante sie ein Porträt eines tschetschenischen Kindes, das mit einem Strauß Blumen vor einer Moskauer Schule steht. Ob ich ihr einen Kontakt vermitteln könnte, wollte sie wissen. So eine naive Herangehensweise an das Problem der Tschetschenenfeindlichkeit hatte sie.

»Die tschetschenischen Kinder, die sich derzeit in Moskau aufhalten, dürfen dieses Jahr die Schule nicht besuchen«, erklärte ich ihr. Das läge daran, dass die Behörden kürzlich eine Bestimmung herausgegeben hätten, der zufolge nur Kinder zur Schule gehen dürfen, die in Moskau registriert seien. Doch die tschetschenischen Eltern dieser Kinder besäßen nicht nur keine wohnbehördliche Anmeldung, sondern sie wüssten nicht einmal, was sie ihren Kindern abends zum Essen auf den Tisch stellen sollten. Vor diesem Hintergrund sammelten wir bei Freunden und Bekannten Spenden, damit die Kinder nicht hungerten, wenigstens für drei oder vier Tage.

Am Morgen darauf tauchte Anna Politkowskaja persönlich bei uns auf. Sie brachte Geld, das sie in ihrer Redaktion gesammelt hatte. Danach interviewte sie uns und unsere Schützlinge. In den anschließenden Wochen erschien eine ganze Reihe an Artikeln, die alle auf Unterlagen von Menschenrechtsorganisationen fußten und eindrucksvoll die Lage tschetschenischer und anderer Flüchtlinge in Moskau beschrieben.

Annas Persönlichkeit veränderte sich im Lauf der Zeit. Als wir uns 1996 kennengelernt haben, war sie eine selbstsichere Journalistin. Sie sprach gönnerhaft mit uns und war überzeugt, dass es eine große Ehre für einen Menschen sei, in der Zeitung erwähnt zu werden. Deswegen hatten wir nicht sofort ein warmherziges Verhältnis zueinander. All ihre persönlichen und beruflichen Eitelkeiten hat sie jedoch abgelegt, als sie sich eingehender mit Tschetschenien befasste. In dem kleinen zerstörten Land ging sie überall dorthin, wo die Situation besonders schwierig war.

Ja, es war dieser naive Anruf von Anna gewesen, der den Grundstein für unsere Zusammenarbeit gelegt hatte. Und diese Zusammenarbeit hielt bis in die Tage kurz vor ihrem Tod. Tschetschenien hat Anna verändert, Tschetschenien wurde zu ihrer Lebensaufgabe.

Anna ist dorthin gefahren, wo es am schwierigsten war. Sie gehörte zu den Journalisten, die Ereignisse nicht nur beschreiben, sondern die auch den Menschen helfen, über die sie schreiben. Sie selbst hat vieles enthüllt, und sie selbst hat für jedes menschliche Schicksal gekämpft.

Russland wird Mitglied im Europarat

Zum ersten Mal hatten europäische Politiker 1993 über die Aufnahme Russlands im Europarat beraten. Sie befragten auch uns Menschenrechtler, was wir davon hielten. Wir sprachen uns dagegen aus, weil wir der Meinung waren, es gäbe in unserem Land noch so viele Menschenrechtsverletzungen, dass es noch zu früh sei, Russland dort aufzunehmen.

Zwei Jahre später wendete sich Russland erneut an den Europarat mit der Bitte um Aufnahme. Wir führten lange Diskussionen. Zu dem Zeitpunkt sprach sich beispielsweise Sergej Adamowitsch Kowaljow dafür aus. Ich habe meinen Kollegen zur Rede gestellt: »Wenn wir 1993 dagegen waren, was ist in diesen zwei Jahren passiert, dass sich jetzt Stimmen dafür erheben? Der Krieg in Tschetschenien ist passiert. Heißt das, dass sich die Lage in Bezug auf die

Menschenrechte stark verbessert hat?« Natürlich hatte sie sich verschlechtert, aber viele waren der Meinung, wir sollten dieses Ziel anstreben, damit der »Europäische Gerichtshof« auch für unsere Angelegenheiten zuständig werden könnte. Ich verstand diesen Vorteil anfangs nicht, aber das war falsch.

Im Februar 1996 unterschrieb Russland die Europäische Konvention zum Schutz der Menschenrechte und Grundfreiheiten sowie einige Protokolle zu diesem Dokument. Außerdem haben wir die Jurisdiktion des Europäischen Gerichtshofes für Menschenrechte anerkannt und uns verpflichtet, dessen Entscheidungen anzuerkennen. In unserem Strafgesetz und im Bürgerlichen Gesetzbuch wurden zahlreiche Veränderungen vorgenommen. Entscheidungen des Europäischen Gerichtshofes für Menschenrechte wurden zur Grundlage für die Neuverhandlung von Fällen.

Die Verbrechen des Ersten Tschetschenienkrieges konnten nicht vom Europäischen Gerichtshof aufgeklärt oder neu aufgerollt werden, weil wir erst nach dem Krieg 1996 in den Europarat eingetreten sind. Doch verschiedene Ereignisse des Zweiten Tschetschenienkrieges sind dann zum Fall für den Europäischen Gerichtshof geworden.

Wir hatten große Hoffnungen in den Europäischen Gerichtshof für Menschenrechte gesetzt und auf eine Änderung unseres Rechtssystems gehofft.

Russland ist bereitwillig finanziellen Auflagen des Europäischen Gerichtshofes für Menschenrechte nachgekommen, jedoch nicht dessen inhaltlichen Forderungen. Zwar wurden Fälle von Verschwundenen neu aufgerollt, aber das Ergebnis war gleich. »Die Ermittlungen sind eingestellt worden wegen der Unmöglichkeit, der Person habhaft zu werden, die strafrechtlich zur Verantwortung gezogen werden muss«, hieß es immer wieder. Und so wurden die finanziellen Auflagen zu einer Art Verbrechenssteuer.

So war es jedenfalls bis vor Kurzem. Im Juni 2015 baten Abgeordnete der Duma das russische Verfassungsgericht, es möge ihnen erklären, wie Entscheidungen des Europäischen Gerichtshofes für Menschenrechte anzuwenden sind, wenn sie der Verfassung Russlands widersprechen. In seiner Antwort erklärte das Verfassungsgericht, dass diese Entscheidungen in so einem Fall nicht ausgeführt werden müssen. Außerdem hat das Verfassungsgericht ein Verfahren überlegt, das bei der Überprüfung von Entscheidungen des Europäischen Gerichtshofes für Menschenrechte anzuwenden ist. Dieses Verfahren sei vom Verfassungsgericht durchzuführen. Initiativ könnte ein Richter, der einen vom Europäischen Gerichtshof für Menschenrechte entschiedenen Fall verhandelt, der Präsident oder die Regierung sein. Hier stellt sich natürlich die Frage, warum auf einmal diese Diskussion aufkommt. Ich persönlich glaube, dass die Ursache im Unwillen Russlands liegt, die zwei Milliarden Euro an die Aktionäre von Yukos zu bezahlen, so wie es vom Europäischen Gerichtshof für Menschenrechte beschieden wurde.

Interessanterweise verletzte ausgerechnet das Verfassungsgericht mit ebendieser Entscheidung bereits Absatz 4 Artikel 15 der Verfassung der Russischen Föderation. Dort heißt es nämlich: »Sollten nicht durch einen internationalen Vertrag der Russischen Föderation andere Vorschriften gelten als in der russischen Gesetzgebung vorgesehen, werden die Regeln des Internationalen Vertrages angewandt.« Entscheidungen des Europäischen Gerichtshofes für Menschenrechte stehen somit über den Entscheidungen des Verfassungsgerichtes.

7 DER ERSTE TSCHETSCHENIENKRIEG UND SEINE FOLGEN

Am 11. Dezember 1994 begann der Erste Tschetschenienkrieg. Bereits zuvor hatte sich eine Welle russischer Flüchtlinge von dort auf den Weg gemacht, die dem Dschachar-Dudajew-Regime entkommen wollten. Lidia Grafowa schrieb viel über sie, als sie das Schicksal der Russen in dieser kleinen Republik im Nordkaukasus untersuchte. Diese Flüchtlinge lieferten aber lediglich die Grundlage für die antitschetschenische Propaganda; wirklich helfen wollte man ihnen nicht.

Ich selbst war während des Ersten Tschetschenienkrieges nie vor Ort gewesen, im Gegensatz zu vielen Kollegen. Fast könnte man sagen, dass schon eine Art Menschenrechtstourismus herrschte. Trotzdem war dieser Krieg für uns alle eine große persönliche Tragödie. Die Grausamkeit, die Morde, die Bombardements einer lebendigen Stadt, der Beschuss ganzer Ortschaften … Keine Minute konnte ich den Krieg aus meinem Denken verdrängen. Ich erinnere mich an eine meiner Vorlesungen, vor der ich mir sagte: »Jetzt haben deine Gedanken 90 Minuten Ruhe, und du wirst in dieser Zeit nur noch an lineare Operatoren denken.« Das ist eine schöne Theorie.

Damals hatte sich die Gesellschaft in allen Umfragen gegen den Krieg ausgesprochen. Einer der schlimmsten Augenblicke war die Neujahrsnacht von 1994 auf 1995. Ob man in dieser Nacht die

Stadt bombardieren werde oder nicht, das war eine Angst, die viele bewegte. Wir warteten dringend auf Nachrichten, doch stattdessen servierte uns das Fernsehen ein bravouröses Konzert mit Improvisationen – laut, lustig, sehr musikalisch. Mich erinnerte das Ganze an das viel beschriebene Gelage während der Pest. Ich telefonierte, während wir gespannt auf Neuigkeiten hofften, mit Lidia Grafowa. Doch das Konzert im Fernsehen schien kein Ende nehmen zu wollen. Und erst früh am Morgen erfuhren wir es: Man hatte Grosny bombardiert.

Wer nur hatte diese Entscheidung getroffen? Ich habe in meinem Archiv die Kopie einer bereits ausgefertigten Entscheidung der Regierung vom 1. Dezember 1994, in der es darum geht, die Evakuierung der Zivilbevölkerung aus der Tschetschenischen Republik zu organisieren. Dem Minister für Katastrophenschutz, Sergej Schojgu, hatte man die Aufgabe übertragen, einen Stab einzurichten, um die hierfür notwendigen Maßnahmen zu erarbeiten und auf den Weg zu bringen. Wenn also ein derartiger Erlass tatsächlich bereits in den Schubladen gelegen hatte, konnte das nur bedeuten, dass die Führung des Landes den ganzen Umfang der bevorstehenden Militäroperationen und ihre Folgen für die Zivilbevölkerung gekannt hat und in vollem Bewusstsein in der Folge auf die Evakuierung der Bevölkerung verzichtet hat. Ein derartiger Erlass trat nie in Kraft, man bombardierte eine pulsierende Stadt.

Jelzin ist für mich eine finstere Persönlichkeit, ohne Verantwortungsgefühl für sein Handeln und mit deutlichen Erscheinungen des Verfalls bedingt durch seinen Hang zum Alkohol.

In diesem Winter gab es eine starke Antikriegsbewegung, wir initiierten viele Protestveranstaltungen und Mahnwachen. Ich erinnere mich daran, sogar meinen kleinen Enkel mitgenommen zu haben. Direkt vor dem Verteidigungsministerium stand der kleine Aljoscha und hielt ein Plakat in den Händen mit der Aufschrift: »Stoppt den Krieg in Tschetschenien!«

Doch die Machthaber hörten nicht auf uns. Boris Jelzin wollte auch nicht auf Sergej Kowaljow hören, der zu diesem Zeitpunkt der Menschenrechtsbeauftragte der Russischen Föderation und gleichzeitig Vorsitzender der beim russischen Präsidenten angesiedelten Menschenrechtskommission war. Kowaljow war mit seiner Gruppe, die aus den Abgeordneten Michail Molostwow, Valeri Borschtschew, Leonid Petrowski und Oleg Orlow von »Memorial« bestand, praktisch die ganze Zeit in Grosny gewesen. Sie waren nur für kurze Zeit nach Moskau zurückgekehrt, um dort zu berichten, was sie vor Ort gesehen hatten.

Kowaljow konnte mit seinem Protest den Krieg nicht stoppen. Man bombardierte weiter eine Stadt, in der sich der russische Menschenrechtsbeauftragte aufhielt. Im März 1995 entzog die Duma Kowaljow dieses Amt. Wenig später trat Kowaljow selbst als Vorsitzender der beim russischen Präsidenten angesiedelten Menschenrechtskommission zurück. In seinem offenen, an Jelzin gerichteten Brief ging er mit dessen Vorgehen hart ins Gericht: Man habe, so Kowaljows Vorwurf, die Rechtsreformen zum Erliegen gebracht, die Befugnisse der Machtorgane praktisch ins Uferlose erweitert und führe einen schändlichen Bürgerkrieg. In der Folge wurde eine Verleumdungskampagne gegen Kowaljow losgetreten, die eigentlich immer noch nicht beendet ist. Man wirft ihm vor, das Schicksal der russischen Bevölkerung und unserer Soldaten in Tschetschenien nicht zu achten. Doch es war Kowaljow, der Dschochar Dudajew aufgefordert hatte, den Weg für die Flüchtlinge aus Grosny freizugeben. Und es war Kowaljow, der aus Grosny Listen von gefangenen russischen Soldaten mitgebracht hatte.

Vorladung auf das Wehramt

Mein Sohn Petr hatte schon die Fakultät für angewandte Mathematik abgeschlossen und eine Arbeit in seinem erlernten Beruf aufgenommen. Eines Tages wurde er in die Personalabteilung gerufen, und man hielt ihm eine Vorladung vom Wehramt unter die Nase. Petr, so hieß es, solle den Erhalt dieses Schreibens quittieren. Doch Petja weigerte sich. Am nächsten Tag – er hatte bei Freunden übernachtet – erschien er nicht zur Arbeit. An dem Morgen, da er der Vorladung hätte nachkommen sollen, klingelte das Telefon. Mein Mann ging zunächst an den Apparat, reichte mir jedoch gleich den Hörer weiter. Eine grobe und unhöfliche Männerstimme wollte meinen Sohn sprechen.

»Er ist nicht zu Hause«, erwiderte ich.

»Ist Ihnen bekannt, dass er heute nicht im Wehramt erschienen ist?«, fragte die Stimme am anderen Ende der Leitung.

»Ja«, sagte ich, »das ist mir bekannt. Und ich kann sein Verhalten nur billigen«, gab ich zurück.

»Wie können Sie so etwas nur billigen?«, antwortete die Männerstimme. »Er muss doch seine Heimat schützen.«

»Ja wie«, antwortete ich. »Hat jemand unsere Heimat überfallen?«

»Sie wissen doch, dass wir in Tschetschenien Krieg führen«, entgegnete mir der Mann.

»Ja, das weiß ich, und ich halte diesen Krieg für ein Verbrechen«, gab ich zurück. »Der Staat kämpft gegen seine eigenen Bürger. Und mein Sohn, wenn er in diesen Krieg ziehen sollte, wird entweder zum Mörder oder wird selbst getötet werden. Eine andere Sache wäre es, wenn jemand unsere Heimat überfallen würde. Überhaupt, denken Sie, dieser Krieg ist ein gerechter Krieg, für den es sich lohnt, sein Leben zu geben?«

Der Mann am anderen Ende der Leitung schwieg; schließlich antwortete er leise: »Ich leiste gerade meinen militärischen Dienst.«

Petja hatte zu diesem Zeitpunkt bereits seine Stunden an der Fakultät für Wehrkunde abgeleistet. Deswegen konnte man ihn auch nicht mehr einberufen. Andernfalls wäre er mit seiner Weigerung nicht so glimpflich davongekommen.

Auf den Frieden folgt ein neuer Krieg

Der Erste Tschetschenienkrieg endete mit Friedensverhandlungen und dem Abkommen von Chassawjurt. Über die Verluste der Zivilbevölkerung gibt es keine allseits anerkannten Zahlen. Der Staat hatte die Verluste nicht gezählt, und niemand hatte Listen der Getöteten geführt. Am glaubwürdigsten erscheinen mir die Berechnungen unseres Kollegen von »Memorial« Alexander Tscherkassow. Er spricht von 35 000 bis 50 000 Toten. Dazu kommen in jedem Fall noch die 6000 toten Soldaten hinzu, junge Männer, die man gnadenlos in den Fleischwolf des Krieges geworfen hat.

Der Friede brachte zwar auch eine gewisse Beruhigung mit sich, doch der Strom der Flüchtlinge ging weiter. Beide Seiten hielten sich nicht an die Vereinbarungen, nach Tschetschenien flossen keine Gelder aus dem Staatshaushalt. Angesichts weitgehender Zerstörung, einer totalen Arbeitslosigkeit und einer großen Masse nicht organisierter Bewaffneter sahen sich Tschetscheniens Machthaber außerstande, im Land Ordnung zu schaffen. Tschetschenien wurde sich selbst überlassen. In den meisten staatlichen Einrichtungen, auch in den Lehreinrichtungen und Krankenhäusern, wurden keine Gehälter mehr bezahlt. Besetzungen von Wohnraum und Entführungen wurden zum Geschäftsmodell.

Eine unserer Besucherinnen klagte uns ihr Leid: »Meine Familie hat Grosny im Januar 1995 verlassen. Unsere Kinder sind sehr talentiert, mein Sohn hat sich in Moskau am Technikum immatrikuliert, meine Tochter am Institut für Musik. Mein Mann ist Bäcker, er konnte nicht ohne Arbeit leben. Als er erfuhr, dass seine Bäckerei ihren Betrieb wiederaufgenommen hat, reiste er allein nach Grosny zurück. ›Brot braucht man immer, Brot braucht jeder‹, hat er gesagt. Und er hatte viele Freunde in Tschetschenien. Ein halbes Jahr später wurde er entführt, als er von der Arbeit nach Hause ging. Man zwang ihn, ein Papier zu unterschreiben, in dem er auf seine Wohnung verzichtete. Und man verlangte ein Lösegeld von 10 000 Dollar. Geld hatte er keines, ich habe Angst gehabt, mit den Entführern in Kontakt zu treten. Sie hatten mich angeschrieben. Und mit jedem Schreiben verringerten sie ihre Forderungen. Zuletzt waren es nur noch 600 Dollar.«

Ich habe mich mit Wacha Banschajew in Verbindung gesetzt. Er ist der Vorsitzende der »Gesellschaft ehemaliger Gefangener der Filtrationslager«, war selbst in russischer Gefangenschaft gefoltert worden und hatte nur durch ein Wunder eine Massenerschießung überlebt. Wacha Banschajew war trotz all seiner Erlebnisse bereit, einem Russen zu helfen. Er schrieb den Entführern einen Brief in tschetschenischer Sprache und bot ihnen Lösegeld an. Derartiges war damals leider an der Tagesordnung. Er selbst nannte zwar in dem Schreiben nicht seinen Namen, doch die Entführer fanden bald heraus, dass er hinter diesem Brief stand. Die Geisel wurde ohne Lösegeld freigelassen. Völlig ausgezehrt und krank erlangte der Gefangene seine Freiheit wieder. Leider endeten nicht alle derartigen Fälle mit einer Freilassung, sondern viele Vermisste blieben für immer verschollen.

Der Zweite Tschetschenienkrieg

Wenn mir jemand im Sommer 1999 gesagt hätte, dass es in Tschetschenien erneut zu kriegerischen Handlungen kommen werde, hätte ich es nicht geglaubt. Doch es gab sie, und der Zweite Tschetschenienkrieg war sogar noch grausamer als der Erste.

Der Zweite Tschetschenienkrieg begann im Herbst 1999. Man sagt gerne, die Ursache sei die Explosion von Wohnhäusern in russischen Städten und der Überfall von Schamil Basajew auf Dagestan gewesen. Allerdings ist noch ziemlich unklar, was damals wirklich passiert ist.

Wie dem auch sei: Eins ist klar, nämlich dass diesen Ereignissen eine Kampagne vorausgegangen war, die Russlands Bewohner erniedrigt und unzufrieden mit den Verhandlungsergebnissen von Chassawjurt machen sollte. Diese, so versuchte die Kampagne glauben zu machen, seien eine Niederlage für die Russen. Den Nationalstolz wieder aufzubauen war ein Grundpfeiler der Bemühungen, Wladimir Putin zum Präsidenten zu machen. Und es war das letzte Geschenk von Boris Jelzin an uns.

Die Kampagne der Erzeugung eines negativen Bildes von Tschetschenien war von Personen ausgegangen, die im Zentrum der Macht standen. Der Präsident der Russischen Föderation drohte den Aufständischen eine Abrechnung ohne Gericht an. Dabei nutzte er eine Terminologie, die aus der Gaunersprache stammt. Immer noch bekannt ist seine Äußerung, man werde die Aufständischen »im Klo kaltmachen«. Der Oberbürgermeister von Moskau drohte einmal vor laufender Kamera der »gesamten tschetschenischen Diaspora«, sie aus Moskau auszuweisen. In allem, was in Moskau passierte, hatte er eine »tschetschenische Spur« entdeckt.

Bemühungen, die Staatsangestellten für derartige Äußerungen gerichtlich zu belangen, scheiterten kläglich.

Die anhaltende antitschetschenische Rhetorik führte schließlich dazu, dass die Begriffe Flüchtling, Bandit und Tschetschene in der Gesellschaft die gleiche Bedeutung bekamen.

Es setzte eine Jagd auf Tschetschenen ein, da man sie für die Explosionen in den Häusern von Buinaksk, Moskau und Wolgodonsk und die Vorbereitung neuer Terroranschläge verantwortlich machte. Die öffentliche Meinung war schon auf Derartiges eingestimmt. Bedroht waren tschetschenische Flüchtlinge. Aber nicht weniger bedroht waren auch Tschetschenen, die schon lange außerhalb Tschetscheniens lebten.

Ein geplanter Terroranschlag in Rjasan, der im letzten Augenblick verhindert werden konnte, legt den Schluss nahe, dass die Terroranschläge in Wolgodonsk und Moskau nicht das Werk tschetschenischer Untergrundkämpfer waren. Den Bewohnern des Hauses in Rjasan war aufgefallen, dass sich ihrem Haus ein Wagen näherte, dessen Nummernschilder überklebt waren. Sofort informierten sie die Miliz. In den Säcken dieses Wagens fand man kristallines Pulver. Experten stellten anschließend fest, dass es sich bei diesem Pulver mit Sicherheit um den Sprengstoff Hexogen handelte. In einem der Säcke hatte man einen Sprengsatz entdeckt. Die Miliz forderte Fachleute an, um die Sprengvorrichtung unschädlich zu machen. Zwei Tage lang hatte sich die Führung des Landes voller Lob geäußert, dass es gelungen sei, einen Terroranschlag zu verhindern. Nach dem Auto und den Tätern wurde weiterhin gesucht. Und dann berichtete auf einmal eine Telefonistin von einem seltsamen Anruf nach Moskau. Den Anrufern hatte man empfohlen, »einzeln aus der Stadt zu fahren. Überall seien Kontrollen.« Und die Telefonnummer in Moskau gehörte dem FSB. Das war nun keine tschetschenische Spur. Es hieß nur, der FSB habe eine Übung veranstaltet, in den Säcken sei Zucker und die Sprengvorrichtung nur eine Attrappe gewesen. Viele zogen es vor, dieser Version zu glauben.

Fabrizierte Strafverfahren

Die grausamste und zynischste Form der Verfolgung von Tschetschenen war die massenhafte Fabrizierung von Strafverfahren gegen sie. Die erste Welle derartiger Verfahren erfolgte zwischen Herbst 1999 und Frühjahr 2000, dann in geringerem Ausmaß nach der Explosion in der Unterführung auf dem Puschkin-Platz in Moskau im August 2000. Anschließend ebbte diese Welle ab, erlebte aber nach jedem Terroranschlag einen neuen Anstieg.

In der Regel sah das so aus: Man schob Tschetschenen heimlich bei einer Hausdurchsuchung oder einer Personenkontrolle Rauschgift, Patronen, eine Granate oder Sprengstoff unter. Anschließend brachte man sie unter Anwendung von Druck zu einem Geständnis. Obwohl diese Beweismittel gefälscht waren, wurde kein einziger Beamter, der sich dabei schuldig gemacht hatte, zur Rechenschaft gezogen worden. Und dies, obwohl einige aufgrund solcher gefälschter Beweismittel zu Haftstrafen von bis zu sieben Jahren verurteilt wurden. Im Lauf der Zeit waren die Tschetschenen dazu übergegangen, sich die Taschen zuzunähen, nicht mehr allein und nicht abends auf die Straße zu gehen. Geholfen haben diese Vorsichtsmaßnahmen jedoch kaum.

Sogar Tschetschenen, die sich dem Staat gegenüber äußerst loyal verhielten, waren Opfer dieser Kampagnen. Auch ihre Wohnungen wurden durchsucht, man verhörte sie und nahm ihnen die Fingerabdrücke ab.

»Jedes Mal, wenn wieder etwas passiert, kommt man zu uns. Und dann müssen wir Erklärungen unterschreiben, wo wir gewesen sind und was wir zu der fraglichen Zeit gemacht haben. Im September 1999 wurden wir kurz nach den Explosionen von Moskau in unserer Wohnung von der Miliz heimgesucht. Man nahm mich und meine Brüder mit. Fünf Tage wurden wir festgehalten. Sie verhörten uns, drohten meinen Brüdern, man würde mich vergewaltigen, wenn sie kein Geständnis ablegten, dass sie einen Terroranschlag geplant hätten. Mir sagten sie, meine Brüder hätten bereits gestanden. Ich sollte noch deren Geständnis bestätigen. Doch wir taten nicht, wie sie uns geheißen hatten. Schließlich konnten wir wieder gehen, aber es kam zu einem Prozess, und wir wurden rückwirkend zu fünf Tagen Arrest verurteilt, weil wir uns angeblich vulgär geäußert hätten. Im Gerichtsbeschluss heißt es, wir seien auf der Straße festgenommen worden. Ich selbst habe erst auf der Miliz vulgäre Ausdrücke gehört.« Dies alles berichtete uns eine junge Tschetschenin, die dank ihrer ausgezeichneten Qualifikation eine Stelle in einer staatlichen Institution in Moskau hatte finden können. Die Schwierigkeiten bei der wohnbehördlichen Meldung und dem Anmieten einer Wohnung sind für Personen aus diesem Umfeld deutlich gestiegen. Oftmals suchten Milizionäre die Wohnungseigentümer auf, drohten ihnen und forderten sie auf, ihren tschetschenischen Mietern zu kündigen. Auch auf der Arbeit bekamen Tschetschenen nun viele Probleme. Die Arbeitgeber wurden aufgefordert, sie zu entlassen. Ende 1999 erging ein Erlass des Innenministeriums, der die Ausstellung von Reisepässen an Bewohner Tschetscheniens verbot. Erst nach einigen Monaten wurde dieser Erlass unter dem Druck von Protesten von Nichtregierungsorganisationen wieder zurückgenommen. In der Praxis ist dies jedoch weiter üblich.

Die Beratungsstelle des »Komitees Zivile Unterstützung« wurde von sehr vielen Verwandten Inhaftierter aufgesucht, deren Familien man die Wohnungen gekündigt hatte.

Ein grausamer Krieg

Sofort nach dem Beginn der Kampfhandlungen im September 1999 wurden die nördlichen Rayone Tschetscheniens mit grausamen Bombenteppichen belegt. Bergdörfer, die den Bewohnern der Hauptstadt Grosny immer als sichere Zuflucht gegolten hatten, waren 1994 bis 1995 genauso unsicher. Viele hatten sich aufgrund ihrer Erfahrungen aus dem Ersten Tschetschenienkrieg auf den Weg in die Berge gemacht – und sich schwer geirrt. Auch dort wurden sie von den Bomben und den Strafaktionen eingeholt.

In diesem Krieg haben die Machthaber nicht nur keine Maßnahmen ergriffen, um die Zivilbevölkerung zu schützen. Im Gegenteil: Sie taten sogar alles, um den Menschen eine Flucht aus Tschetschenien unmöglich zu machen. Ab September 1999 bildeten sich an der administrativen Grenze Tschetscheniens kilometerlange Schlangen von Menschen, die oft mit ihrem gesamten Hab und Gut, soweit sie es mit sich führen konnten, vor den Checkpoints auf eine Ausreise aus Tschetschenien warteten. Eines Tages war zum wiederholten Mal mitgeteilt worden, dass man für die Fliehenden keinen humanitären Korridor öffnen werde. Mitarbeiter des Föderalen Migrationsdienstes FMS richteten an jedem Checkpoint Stellen ein, an denen sie die Papiere der Fliehenden prüfen und diese registrieren konnten. Auch sie waren erzürnt über das, was sie mit ansehen mussten. Einerseits war klar, dass die Flüchtlinge keine Zeit verlieren durften, andererseits gab man denen, die Haus und Hof verloren hatten, keine Möglichkeit, das Weite zu suchen. »Russland braucht Tschetschenien ohne Tschetschenen. Sie wollen uns alle vernichten«, sagten die Fliehenden.

Am Morgen des 29. Oktober 1999 war erneut erklärt worden, dass die administrativen Grenzübergänge nun geöffnet seien. Und so baute sich eine kilometerlange Schlange von Flüchtlingen direkt vor dem Checkpoint »Kaukasus 1« auf. Ungefähr um 11 Uhr morgens erging der Befehl an die Wartenden, sie sollten auseinandergehen. Langsam kam Bewegung in die Menge. »Plötzlich hörten wir Flugzeuge«, berichtete eine Frau, die unter den Wartenden war. »Mein Bruder hatte sofort begriffen, was nun kommen würde, da es sich um Bomber handelte. Er hat uns alle aufgefordert, sofort in den Wald zu rennen. Weit sind wir nicht gekommen, da ging das Bombardement auch schon los. Wir warfen uns zu Boden. Ich schützte meinen kleinen Sohn mit meinem Leib. Um mich herum schien die Erde zu explodieren. Das dauerte alles sehr lange (danach stellte sich heraus, dass das Bombardement 40 Minuten anhielt). Als es wieder ruhig geworden war, sah ich, dass mein ältester Sohn in einer Blutlache auf dem Boden lag. Ein Splitter hatte ihm den Arm aufgerissen. Wir suchten meine Tochter, haben laut nach ihr gerufen. Ich schaute mich um, und dann sah ich sie. Sie hatte an einem Baum gelehnt und alles beobachtet. Mehrere Tage hat sie überhaupt nicht gesprochen.« Im Ersten Tschetschenienkrieg war die älteste Tochter der Erzählerin beim Bombardement von Grosny bei lebendigem Leib verbrannt. Ihr Mann hatte sich Prellungen zugezogen. An diesem tragischen 29. Oktober war unweit des Dorfes Schaami-Jurt noch eine weitere Flüchtlingskolonne bombardiert worden. Schließlich hatte am 2. November Ruslan Auschew, der damalige Präsident der Republik Inguschetien, gefordert, die Flüchtlinge aus Tschetschenien nach Inguschetien durchzulassen. Man sagt, Auschew sei persönlich zum Checkpoint »Kaukasus 1« gekommen und habe dort den fast schon biblischen Spruch gesagt: »Das ist mein Volk. Lasst sie durch!«

Diese Ereignisse waren wenig später Gegenstand einer Klage vor dem Europäischen Gerichtshof für Menschenrechte, der diese Klage angenommen und positiv beschieden hat. Das ist vor allem einem mutigen Richter am Bezirksgericht von Nasran zu verdanken: Timur Ewlojew. Dieser hatte im Rahmen eines Zivilverfahrens am 20. Dezember 1999 auf Bitten von Medka Isajewa, die bei diesem Vorfall verwundet worden war, festgestellt, dass der Tod ihrer Kinder »durch von Splittern herbeigeführte Wunden bei der Bombardierung des Flüchtlingskonvois von Grosny auf der Straße ›Kaukasus‹ zwischen den Ortschaften Schaami-Jurt und Atschchoj-Martan am 29. November 1999 ungefähr um 12 Uhr« eingetreten ist. Zwei diesbezügliche Entscheidungen sind einzigartig, denn die meisten Angehörigen erhielten Todesbescheinigungen, in denen unrichtige Angaben über die Todesursache gemacht worden waren. Häufig hatte man von den Angehörigen sogar verlangt, vor Erhalt der Todesbescheinigung zu bestätigen, dass die Opfer nicht Mitglieder illegaler bewaffneter Einheiten waren.

Es gilt hinzuzufügen, dass es immer noch keine genauen Angaben über die Zahl der Opfer im Zweiten Tschetschenienkrieg gibt, den man ja als konterterroristische Operation bezeichnete. Die Auffassung eines Experten – auch hier zitiere ich wieder Alexander Tscherkassow – ist, dass ungefähr 20 000 Menschen getötet wurden. Und die Zahl der getöteten Soldaten schätzte er auch dieses Mal auf 6000.

Die zweite Welle des Tschetschenienkrieges war grausamer als die erste. Doch warum ist die Zahl der Opfer dieses Mal niedriger? Hierfür gibt es eine Erklärung: Die Menschen hatten inzwischen gelernt, wann es besser war, das Haus zu verlassen, und wann man sich lieber im Keller versteckte. Sie haben die traurige Erfahrung gemacht, wie man sich am besten am Leben halten kann. Und in diesem Krieg wagte sich niemand neugierig vor die Haustür, sobald er das Heulen von Flugzeugen hörte. Außerdem waren diesmal auch die Keller vorab gut befestigt worden und entsprachen Luftschutzkellern.

Nach Einschätzung des Menschenrechtszentrums »Memorial« sind während der Kampfhandlungen in Tschetschenien 70 000 Menschen ums Leben gekommen. Ich weiß, dass häufig höhere Zahlen kursieren, doch für das kleine Tschetschenien sind bereits 70 000 Opfer sehr hoch. Das bedeutet nämlich, dass ungefähr sechs Prozent der Bevölkerung ums Leben gekommen sind.

Flüchtlinge

Nur ein einziges Mitglied der Russischen Föderation hat Flüchtlinge aus dem Zweiten Tschetschenienkrieg aufgenommen: die Republik Inguschetien, der damals Ruslan Auschew vorstand.

Inguschetien ist die kleinste der kaukasischen Teilrepubliken. Dennoch nahm dieses kleine Land 30 000 tschetschenische Flüchtlinge auf, wodurch sich die eigene Bevölkerung fast verdoppelte. Innerhalb von zwei Jahren wurden mit internationaler Unterstützung Lager für 30 000 Menschen errichtet. 32 000 Menschen wurden in Einrichtungen des Föderalen Migrationsdienstes untergebracht, die restlichen Flüchtlinge waren bei Verwandten in der Republik Inguschetien untergekommen. Wer keine Unterkunft und auch kein Geld hatte, fand in einem alten Hühner- oder Schweinestall eine Bleibe. Leicht war das Leben dort nicht, denn aus den Böden stiegen oft schadstoffbelastete Dämpfe auf. Manche Flüchtlinge kamen auch auf alten Fabrikgeländen unter.

Zunächst hatten die Behörden versucht, die Flüchtlinge zu einer Rückkehr nach Tschetschenien zu bewegen. Man verbreitete, dass eine Rückkehr in den Norden Tschetscheniens problemlos mögliche wäre. Einige Leute, die aus dem Dorf Schelkowskaja stammten, glaubten dies und machten sich mit einem Bus auf den Weg nach Hause. Doch in der Nähe des Flusses Terek wurde der Bus beschossen. Einige Insassen verloren dabei ihr Leben. Und auch die Ärzte, die sich auf den Weg gemacht hatten, um die Verletzten zu retten, wurden beschossen.

Der FSB lässt sich für seine Leistungen bezahlen

Der FSB schiebt Flüchtlinge aus Tadschikistan oder Usbekistan in deren Herkunftsländer ab. Ich besitze die Kopie eines Schreibens, das dies belegt. Einer der Betroffenen war 2006 direkt in unserem

Büro verhaftet und abgeschoben worden. Nachdem dieser Mann verschwunden war, schrieben wir mehrere Briefe an die unterschiedlichsten Instanzen und begründeten darin, dass Asylsuchende rein rechtlich nicht einfach abgeschoben werden dürften. Wird tatsächlich ein Beschluss über eine Abschiebung gefällt, so muss dem Betroffenen eine Frist von zehn Tagen eingeräumt werden, um gegen diese Entscheidung in Revision zu gehen.

Aus den Unterlagen geht hervor, dass zuerst überprüft werden sollte, ob diese Person für die Zwecke des FSB benutzt werden könnte. Welche Interessen aber könnte der FSB an so einem Menschen haben? Wollte man vielleicht, dass er uns ausspionierte? Was kann man denn schon von einem Koch wollen, der in Lipezk einen Wettbewerb für Köche gewonnen und gerade eine Familie gegründet hatte? Der Mann war weder politisch aktiv, noch beschäftigte er sich als Wissenschaftler mit brisanten Forschungen. Offensichtlich hatte er ihnen wohl mitgeteilt, dass er nicht für sie arbeiten mochte.

Daraufhin verlangte der FSB, dass der Koch aus Russland abgeschoben werde. Wie wurde das gehandhabt? Die FSB-Leute waren eines Tages im Abschiebegefängnis aufgetaucht. Dort werden in der Regel Personen festgehalten, über deren Aufenthaltsrecht ein Gericht entscheiden muss. Und dort haben sie ihn abgeholt, obwohl die Berufungsentscheidung noch nicht gefällt war. Am 24. Oktober schob man den Koch nach Usbekistan ab. Am 2. November nahm ein Gericht die erstinstanzliche Entscheidung zur Abschiebung zurück, aber die Abschiebung war schon vollzogen. Daraufhin rief ich den Chef der Abschiebeeinrichtung an: »Wie konnten Sie das nur zulassen?«, fragte ich ihn. Er sprach mit mir, als hätte ihn jemand hypnotisiert. »Nun, es sind zwei Kollegen vom FSB gekommen.« Ich erwiderte ihm: »Aber das sind doch nicht Ihre Vorgesetzten. Warum haben Sie etwas gemacht, wozu Sie gar nicht befugt waren?« Wieder sagte er nur: »Es sind zwei Kollegen vom FSB gekommen.«

In der Folge wurde gegen ihn ein Verfahren angestrengt. Dabei stellte sich heraus, dass der abgeschobene Usbeke in seiner Heimat im Gefängnis sitzt. Er wurde zu fünf Jahren Haft verurteilt, weil er angeblich Mitglied einer extremistischen islamischen Vereinigung sein soll. Das ist absoluter Unsinn. Er war gar kein Moslem, hatte Schweinefleisch gegessen. Zwei Wochen lang lebte er in unserem Büro und machte dabei leider einen großen Fehler: Er hatte irgendjemandem am Telefon seinen Aufenthaltsort verraten.

Schließlich wurde der Direktor der Abschiebeeinrichtung, Sergej Gerasimow, zu einer Geldstrafe verurteilt. Außerdem entschied das Gericht, dass er nicht mehr in einer sozialen Einrichtung arbeiten dürfe.

Auf diese Weise sind allein in den letzten zwei Jahren mehr als sieben Flüchtlinge von der Straße weg entführt worden. Und das sind nur die Fälle, die uns bekannt sind. Ich habe direkte Beweise von Personen, die sich noch rechtzeitig verstecken konnten, als ihnen klar wurde, dass man sie entführen wollte. Sie haben mir berichtet, dass unsere Geheimdienste von den Geheimdiensten anderer Länder, wie beispielsweise Tadschikistans, Usbekistans oder Nordkoreas, für eine Entführung und anschließende Deportation in diese Länder Geld erhalten. Das heißt, der FSB erfüllt kommerzielle Leistungen, anstatt die Interessen unseres Staates zu schützen.

Natalja und der aufgeschlitzte Bär

Mit Natalja Estemirowa habe ich zehn Jahre, von 1999 bis 2009, zusammengearbeitet. Sie war gerade einmal 51 Jahre alt, als sie getötet wurde. Ich kann mich noch gut erinnern, wie sie in unsere Organisation gekommen ist. Noch heute sehe ich sie manchmal vor mir, wie sie auf unserer roten Wohnzimmercouch saß und darüber berichtete, was sie in Tschetschenien machte.

Natalja ist in Russland geboren und aufgewachsen, sie stammt aus Jekaterinburg. Ihre Mutter war Russin, ihr Vater Tschetschene. Allein schon der Umstand, dass die Eltern sie Natalja und ihre Schwester Sweta nannten, zeugt bereits davon, dass die Familie sich eher der russischen als der tschetschenischen Seite zugehörig fühlte. Ihre Eltern trennten sich irgendwann, anschließend ging Natalja mit ihrem Vater nach Grosny. Dort besuchte sie die Schule, schloss die historische Fakultät der Universität von Grosny ab. Anschließend arbeitete sie als Geschichtslehrerin, lernte selbst Tschetschenisch. Natalja war, wenn man das so sagen kann, Tschetschenin aus eigener Entscheidung geworden. Sie fühlte sich vom Schicksal ihres Landes sehr berührt und war immer bereit, anderen zu helfen.

Sie hatte die Wahl. Jederzeit hätte sie wieder nach Jekaterinburg zurückgehen können, wo ihre Mutter und ihre Schwester lebten; beide liebten Nataljas Tochter Lanka sehr. Lanka war 1993 in Jekaterinburg auf die Welt gekommen, doch Natalja wollte mit ihrer Tochter in Tschetschenien leben, gerade in diesen schwierigen Zeiten. Allerdings schickte sie ihre Tochter immer wieder einmal zu ihrer Schwester.

Natalja war ein Mensch mit einer sehr angenehmen Ausstrahlung. Sie liebte Bücher, ging gern ins Kino, trug gern schöne Kleider, liebte Make-up. Anfang 2006 lebte sie mit ihrer Tochter Lanka eine Woche bei mir zu Hause. Sie war in Moskau aufgehalten worden, weil die Fluggesellschaft eine ganze Woche brauchte, um herauszufinden, wo ihr Gepäck verloren gegangen war. Die Zeit bei mir nutzte sie, um sich Stiefel mit höheren Absätzen zu kaufen. Ich habe sie noch gefragt: »Natalja, wie wollen Sie nur mit diesen Stiefeln durch Grosny gehen?« »Kein Problem«, hatte sie mir geantwortet. »Ich schaffe das schon.« Und tatsächlich schaffte sie es, immer mit sauberen Stiefeln zu laufen. Mir ist das ein Rätsel. Ich habe mir meine Schuhe jedes Mal schmutzig gemacht, wenn das Wetter auch nur ein bisschen schlechter wurde, aber Natalja kam immer mit sauberen Schuhen daher.

Als ich einmal bei ihr zu Hause übernachtete, während gleichzeitig die Wasserleitung wieder einmal nicht funktionierte, war ich von ihrer Bettwäsche begeistert. Alles gebügelt und glatt. »Na ja, ich bin eben eine fanatische Anhängerin schöner Bettbezüge«, hatte mir Natalja verraten. Auch das ist mir ein Rätsel: Wie hat sie es nur geschafft, unter diesen Bedingungen immer wunderbares Bettzeug zu haben?

Sie hatte nicht die geringste Lust auf Heldentaten. Doch in der Zeit, in der sie bei »Memorial« arbeitete, wandten sich diejenigen, die in Tschetschenien Hilfe benötigten, immer an sie und nicht an die Miliz oder an die Staatsanwaltschaft. Sogar heute noch kommen Leute zu uns, die das Gespräch mit den Worten »Für unsere Angelegenheit war Natalja zuständig« beginnen. Alle kannten sie.

Das erste Mal habe ich mich mit Natalja im Winter 1999 getroffen, zu der Zeit, als der Krieg gerade begonnen hatte. Irgendjemand hatte ihr den Rat gegeben, mit mir in Kontakt zu treten. Wir in Moskau hatten damals keine richtige Vorstellung von dem, was sich in Tschetschenien abspielte. Im Zweiten Tschetschenienkrieg war der Informationsfluss von und nach Tschetschenien viel schlechter als im ersten Krieg.

Und so sehe ich sie noch vor mir, wie sie bei uns zu Hause auf der roten Couch sitzt, einen Stoffbären in der Hand. Plötzlich öffnete sie ihre Handtasche, holte eine Schere heraus und schnitt das Stofftier auf. Daraus holte sie ein Band hervor.

Diesen Bären hatte ihre Tochter die ganze Zeit auf der Fahrt von Tschetschenien nach Moskau über in den Händen gehalten. Auf dem Band waren Fotos von zerstörten Wohnsiedlungen sowie von verletzten und getöteten Bewohnern.

Natalja wusste, wie wichtig es war, dass man in der Welt erfuhr, was in Tschetschenien passierte. Und sie sinnierte darüber nach, was man denn wohl tun könne, um zu verhindern, was dort passierte. »Ich arbeite mit Migranten. Sie wissen das«, sagte ich ihr. Und sie erwiderte: »Klar, man muss den Flüchtlingen helfen, die in Inguschetien sind. Man muss auch nach Tschetschenien fahren, um zu fotografieren, was dort passiert, und darüber zu berichten, was man dort mit der Bevölkerung macht.«

Wir führten damals schon in Inguschetien Verhandlungen, weil wir eine Beratungsstelle für Flüchtlinge eröffnen wollten.

Zuständig für diese Beratungsstelle war Elisa Musajewa. Sie stammt aus Tschetschenien und ist Psychologin. Wie viele andere auch ist Elisa vor dem Krieg aus Tschetschenien geflohen und nach Nasran in Inguschetien gegangen. Elisa hat mit eigenen Augen gesehen, was in Inguschetien nötig war, wo ein Drittel der Bevölkerung Tschetscheniens lebte, und sie begriff, wie wichtig es war, dort einen Anlaufpunkt für die Flüchtlinge zu schaffen. Mit dieser Idee wandte ich mich an die Ford-Stiftung und deren Leiterin Mary McAuley. Die Stiftung finanzierte einen Teil des Netzwerkes »Migration und Recht«, und Mary spielte dabei eine wichtige Rolle. Eigentlich hat sie mir beigebracht, wie man Projekte erarbeitet, Anträge stellt usw. Mary hörte sich Elisa an und schlug ihr vor, sich an »Memorial« zu wenden. Elisa traf sich darauf mit Tatjana Kasatkina, unserer damaligen Geschäftsführerin. Heute leitet Tatjana das Programm »Schutz der Menschenrechte mithilfe internationaler Mechanismen«. Sie machte Elisa dann mit Oleg Orlow, Alexander Tscherkassow und mir bekannt. Wir überlegten, wie man am besten eine derartige Anlauf- und Beratungsstelle aufbauen und organisieren könne und wie sich diese in die Arbeit von »Migration und Recht«, dem Programm »Die heißen Punkte«, dem Programm »Internationaler Schutz« und der sozialen Arbeit, die das »Komitee Zivile Unterstützung« leistete, einfügen ließe. Anschließend wandte ich mich an das Flüchtlingshilfswerk der UNO, den UNHCR. Dieser hatte damals sein Mandat auf Binnenflüchtlinge aus Tschetschenien ausgeweitet und dafür auch Mittel erhalten. So versprach man mir beim UNHCR Unterstützung.

Unsere Anlaufstelle in Inguschetien: eine wunderbare Stiftung

Im Dezember 1999 reiste Elisa nach Inguschetien und baute dort eine Anlaufstelle für Flüchtlinge auf. Zu diesem Zeitpunkt waren bereits 300 000 Flüchtlinge in Inguschetien eingetroffen.

Der Leiter der Rechtsabteilung des UNHCR, Jean-Paul Cavalieri, war sehr an dem Aufbau dieser Anlaufstelle in Inguschetien interessiert. Für die Mitarbeiter des UNHCR war es gefährlich, dorthin zu reisen, und so sagte er uns fest zu, uns Mittel zur Verfügung zu stellen. Wir mieteten daraufhin in Nasran sofort eine Räumlichkeit an, kauften Möbel und machten uns auf die Suche nach Mitarbeitern.

Doch dann geschah etwas, was mich fast aus der Bahn geworfen hätte. Ich habe die ganze Zeit darauf gewartet, dass man uns nun endlich die Gelder überweisen werde. Doch Jean-Paul rief mich eines Tages an und sagte mir: »Ich habe mich lange nicht getraut, Sie anzurufen. Aber nun muss ich Ihnen leider mitteilen, dass auf unserer Seite die Entscheidung getroffen worden ist, Ihnen diese Gelder nicht zu geben.«

Das war der Worst Case. Wir hatten bereits die Räumlichkeiten, auch die Möbel waren schon gekauft, und unsere Mitarbeiter arbeiteten sich bereits ein. Auch die Flüchtlinge suchten uns schon regelmäßig auf. Und nun? Was sollten wir tun?

Am nächsten Tag stand ein seit längerer Zeit geplantes Treffen mit einem Vertreter der US-amerikanischen Mott-Stiftung an. Allerdings war ich so niedergeschlagen von der Absage, dass ich dieses Treffen fast verpasst hätte. Nur durch ein Wunder fand ich das

Hotel, in dem die Mitarbeiterin dieser Stiftung untergebracht war. Ich rief sie an, und zu meiner Verwunderung entschuldigte sie sich erst einmal bei mir dafür, dass sie zu spät zum Treffen erschienen sei. Sie sagte, sie habe gedacht, ich sei schon wieder weg. Am nächsten Tag erklärte ich ihr mit großer innerer Unruhe unsere schwierige Situation. Und sie konnte mich beruhigen: »In unserer Vereinbarung mit Ihnen gibt es ja einen Abschnitt ›nicht vorhersehbare Kosten‹. Nun, dann gehen wir mal einfach davon aus, dass das genau die Kosten sind, die wir eben nicht vorhergesehen haben.« Und so hatten wir riesiges Glück mit der Mott-Stiftung.

Dadurch konnten wir im Jahr 2000 unsere Anlaufstelle in Nasran eröffnen. Diese Anlaufstelle war dann auch eine erste Adresse für unsere Binnenflüchtlinge, die IDPs (internally displaced persons) aus Tschetschenien. Der Begriff IDP existiert schon lange, aber in der russischen Rechtsprechung kommt er bis heute nicht vor. Die Probleme der IDPs werden immer wieder aufs Neue und anders entschieden – und manchmal werden sie auch überhaupt nicht angegangen.

Der UNHCR der UNO hatte uns ein ganzes Jahr lang beobachtet. Man wollte genau sehen, wie unsere Anlaufstelle in Nasran arbeitet. Danach entschied man im UNHCR, nicht nur unsere Beratungsstelle in Inguschetien, sondern auch unsere Beratungsstelle in Tschetschenien zu finanzieren. Das war der Augenblick, als ich meine Arbeitsstelle an der Universität niederlegte und mich voll und ganz dieser Aufgabe widmete. Ich wurde häufig zu Konferenzen eingeladen und ständig als verantwortliche Koordinatorin für 50 Beratungsstellen russlandweit beschäftigt. Die Koordination all dieser Arbeit wurde immer zeitintensiver. Auch in meiner Fakultät an der Universität selbst zeigten sich immer mehr Auflösungserscheinungen. All dies erleichterte mir meine Entscheidung, mich nun ganztags mit Menschenrechtsfragen zu beschäftigen.

Der Zweite Tschetschenienkrieg: »Dieses Mal haben wir den Befehl, alles dem Erdboden gleichzumachen …«

Im Ersten Tschetschenienkrieg hatten die Menschen noch die Möglichkeit, sich in den Dörfern zu verstecken. Im zweiten Krieg führten die Bundestruppen in den Dörfern regelmäßig »Säuberungsaktionen« durch. Diese liefen in der Regel so ab, dass die staatlichen Einheiten zunächst ein Dorf umzingelten und es anschließend auf der Suche nach Aufständischen durchkämmten. Dabei wurden häufig Männer aufgegriffen und bei den anschließenden Verhören gefoltert. Nach den Verhören kehrten viele seelisch gebrochen zurück; außerdem ist es immer wieder vorgekommen, dass Menschen beim Verhör totgeschlagen wurden.

Im Zweiten Tschetschenienkrieg setzten auch Bombardements im großen Stil ein. Nirgends mehr gab es einen sicheren Ort.

Hier der Bericht der Russin Elena Gontscharuk. Sie erzählte, wie sie 2000 auf wundersame Weise überlebte, während gleichzeitig auf die Zivilbevölkerung im Rayon Staropromyslowsk in der Stadt Grosny geschossen wurde:

»In unserem Keller der Garage lebten damals sechs Personen: zwei Russen, zwei Tschetschenen, Chawa, eine Tschetschenin und ich, eine Ukrainerin. Einer der Soldaten forderte uns auf herauszukommen. Wir folgten der Aufforderung, hielten unsere Hände hinter dem Kopf in die Höhe und verließen den Raum. Sie wollten weder unsere Papiere sehen noch uns sonst irgendwie kontrollieren.

Auf unsere Bitten hin hörten wir immer nur eine Antwort: ›Warum nur seid ihr hier geblieben? Aber da ihr euch nun mal entschieden habt, hier zurückzubleiben, seid ihr Aufständische. Das ist heute nicht mehr das Jahr 1995. Und dieses Mal sind wir mit dem Befehl gekommen, alles, was wächst und was sich bewegt, dem Erdboden gleichzumachen. Eure Stadt wird man nicht mehr aufbauen. Wir werden sie vom Antlitz der Erde verschwinden lassen, und euch mit dieser Stadt …‹

Dann schickten sie uns wieder zurück in den Raum, aus dem wir gekommen waren, und warfen unmittelbar danach eine Granate hinein. Chawa wurde durch die Splitter der Granate verletzt. Wir flehten sie an, doch aufzuhören, appellierten an ihr Mitleid. Erneut forderten sie uns auf herauszukommen.

Als Erste verließ Ljuda den Raum. Ihr folgten Natalja und ein junger Tschetschene. Ich konnte mich ohne fremde Hilfe schon nicht mehr auf den Beinen halten. Kosum half mir. Sie warteten nicht einmal, bis wir den Raum verlassen hatten. Sie schossen auf uns, auf Natalja, auch auf Ljuda und den jungen Mann. Wir stürzten in eine Ecke des Raums. Danach erschossen sie Chawa. Kosum schützte mich mit seinem Körper an der Wand. Nach einer weiteren Granate verlor ich das Bewusstsein. Als ich erwachte, sah ich Kosum über mir. Sein Schädel war geborsten und das Gehirn aus dem Kopf ausgetreten. Mir lief Blut aus dem Mund. Als es dunkel wurde, konnte ich mich mit Mühe aus diesem Kellerraum fortbewegen. Ich schleppte mich zum Nachbarhaus, in dem die Familie Chaschiew lebte.«

Der Fall Gontscharuk ist einer der ersten, die von »Memorial« an den Europäischen Gerichtshof für Menschenrechte übergeben wurden. Man musste Mut haben, um diesen Weg einzuschlagen. Der Europäische Gerichtshof für Menschenrechte hat diese Fälle ohne die übliche Prozedur angenommen, und man erwartete von uns nicht, dass wir, wie normalerweise verlangt wird, zunächst einmal den Rechtsweg im eigenen Land ausschöpften. Man wusste dort nur zu gut, dass dieser heimische Rechtsweg für Menschen aus Tschetschenien nicht existent war, selbst dann nicht, wenn man bereits außerhalb von Tschetschenien lebte.

In der Folge übten die Behörden jedoch Druck auf Antragsteller beim Europäischen Gerichtshof für Menschenrechte aus. Wer dort klagte, musste mit Misshandlungen seiner Angehörigen rechnen. Auch Drohungen der Staatsanwaltschaft gegen die Angehörigen kamen nicht selten vor. Im Gebiet Stawropol, wohin Elena zu ihren Verwandten gefahren war, wurde ihr Freund zusammengeschlagen. Es waren angeblich Halbstarke, die ihm zu verstehen gegeben hatten, dass es besser für ihn sei, wenn er Elena davon überzeugen könne, ihre Klage in Straßburg wieder zurückzunehmen. Lena Gontscharuk war so eingeschüchtert und psychologisch traumatisiert, dass sie bereits erklärt hatte, ihren Antrag in Straßburg wieder zurückzunehmen. Doch man konnte sie vor den staatlichen Rechtsschutzorganen in Sicherheit bringen – und wenig später fand sie Schutz in einem anderen Land.

Im Oktober 2004 nahm der Europäische Gerichtshof für Menschenrechte die Klage von Elena an. Im Oktober 2007 wurde in der Sache Gontscharuk und in zwei weiteren tschetschenischen Fällen eine Entscheidung in Straßburg getroffen. Die Antragsteller, so befand das Gericht, seien Opfer einer nicht begründbaren Gewalt durch die russischen Truppen geworden. Das Gericht kam zu dem Schluss, dass in den behandelten Fällen Artikel 2 der Europäischen Konvention (Recht auf Leben) verletzt worden ist. Da keine ordentliche Untersuchung dieses Falls vor Ort eingeleitet worden war, hatte das Gericht darüber hinaus eine Verletzung von Artikel 13 der Konvention (Recht auf Mittel eines Rechtsschutzes) konstatiert. Elena wurde eine Schadensersatzsumme von 50 000 Euro zugesprochen.

Auch heute noch sind die Folgen der Verletzungen für Lena Gontscharuk spürbar. Immer noch kann sie nur unter großen Mühen laufen.

Der Krieg ist überall, auch in Moskau

Dieser Krieg fand nicht nur in Tschetschenien statt. Den Tschetschenen war der Krieg erklärt worden, auch den Tschetschenen, die in Moskau lebten. Und so wurden Menschen kaukasischen Aussehens in Moskau auf den Straßen angehalten. Die Polizei führte in ihren Wohnungen Hausdurchsuchungen durch. Von diesen Maßnahmen waren alle Tschetschenen betroffen, auch diejenigen, die schon lange in der Hauptstadt gelebt hatten. Und die Polizei wusste genau, wer Tschetschene ist, obwohl die Nationalität eines Staatsbürgers schon lange nicht mehr im Pass angegeben ist. So wurden die Tschetschenen überall aufgehalten, durchsucht und kontrolliert. Man prüfte sogar die Personen, die Tschetschenen besuchten. Dabei verhielten sich die Milizionäre aggressiv und provokativ. Das Ziel all dieser Maßnahmen war klar: Man wollte die Tschetschenen aus dem Stadtbild der Hauptstadt entfernen. Eine Russin, die mit einem Tschetschenen verheiratet ist, berichtete uns damals von ihren Schwierigkeiten. Sie erzählte, dass sie in der Gurjanow-Straße lebten. Das ist eine Straße, in der in einem Haus eine Explosion stattgefunden hatte. Jedenfalls hatte ihr Mann es vorgezogen, am Abend der Explosion einen großen Bogen um das Haus zu machen. Er wollte sichergehen, dass ihm die Miliz nicht irgendein Beweisstück unterschob. Das war zu dieser Zeit kein ungewöhnlicher Vorgang.

Da er aber in der Folge nichts Verdächtiges bemerkte, legten er und seine Frau sich abends schlafen. Um zwei Uhr nachts tauchte jedoch die Polizei auf und nahm den Mann mit. Am frühen Morgen machte sich seine Frau mit dem zweijährigen Kind der beiden auf den Weg zur Polizeistation. Dort schrie der Polizist sie an: »Du bist eine Russin. Warum lebst du dann mit einem Tschetschenen zusammen? Die muss man doch alle vernichten, die kleinen und die großen.« Daraufhin stellte die Frau ihren zweijährigen Sohn auf den

Tisch und sagte: »Dann fangt doch mit ihm an. Das ist doch auch ein Tschetschene.« Der Junge sah den Polizisten mit großen blauen Augen an, und dieser wurde auf einmal etwas freundlicher. Er sagte der Frau sogar, wo sie ihren Mann suchen solle. In der Folge passierte, was so oft geschehen ist: Man hatte ihm Drogen untergeschoben. Anschließend waren bestellte Zeugen gekommen, und man fertigte ein Protokoll an. Wenige Monate später wurde er verurteilt. Dank unseres Anwalts war er nur zu einer Strafe verurteilt worden, die der bereits abgesessenen Zeit in Untersuchungshaft entsprach. So wurde er noch im Gerichtssaal auf freien Fuß gesetzt.

Interessant an dieser Geschichte ist ein kleines Detail: Das Paar, über das ich hier schreibe, hatte schon lange zusammengelebt. Doch offiziell waren sie nicht verheiratet. Und sie hatten auch gar keine Ehe eingehen können, weil der junge Mann in Moskau nicht registriert war. Da er aber nicht registriert war, lebte er praktisch illegal in Moskau. Eine Registrierung wollte man ihm als Tschetschenen aber nicht geben. Jemand, der in Haft ist, kann nicht gesetzwidrig in Haft sitzen. Das bedeutet, dass er in der Haft auf einmal registriert war. Und nun hatten die beiden endlich in der Untersuchungshaft heiraten können. Die Haft verließ er bereits als Ehemann einer Moskauerin, damit konnte ihm auch keine Behörde mehr eine Registrierung verweigern. Einer der wenigen Fälle, in denen wir von einem Happy End berichten können …

7000 Dollar für sieben Jahre Haft

Die Fälschung von Beweismitteln und das Fabrizieren von Strafverfahren sind bei uns leider keine Seltenheit. Die Richter treffen Entscheidungen, die man ihnen von oben so befohlen hat. Und es gibt keine Vereinigung von Richtern, die derartig amoralisch agierende Mitglieder ausschließen würde. Sie haben nicht diese »Standesehre«.

Vor unseren Augen zerfällt das Rechtssystem. Von einer Unabhängigkeit der Gerichte kann überhaupt keine Rede mehr sein. Gerichtsentscheidungen, die selbstständig und unabhängig getroffen wurden, grenzen schon fast an ein Wunder. Unsere Mitbürger wissen, dass es das Ende bedeuten kann, wenn sie einmal in den Fleischwolf unserer Rechtsprechung geraten. Die Korruption ist das, was Staat und Bürger zusammenhält. Wer Bestechungsgelder bezahlt, kann die Einstellung seines Verfahrens erreichen.

Sehr gut hat der damalige Präsident Dmitri Medwedew in einem Treffen mit dem Menschenrechtsrat 2009 die Arbeit von Gerichten beschrieben: »Ein Freispruch ist letztendlich ein Spruch gegen die Ermittlungsbehörden. Und das ist für die Gerichte meistens sehr schwierig, psychologisch gesehen, denn man ist ja mit seinem Berufsstand, wenn sie so wollen, durch kooperative Überlegungen verflochten.«

Was soll man da noch antworten? Da kann man nur noch sagen: Das ist doch kein Gericht! Natürlich sind Richter, Ermittler und Staatsanwälte durch ihren Berufsstand miteinander verflochten. Sie haben die gleiche Hochschule abgeschlossen, sie haben ein und dasselbe Recht studiert. Doch das gilt auch für die Anwälte. Dann müssten sie sich auch mit den Anwälten in einem gemeinsamen Berufsstand sehen. Und warum ist der Richter »psychologisch« mit der Anklage verbunden? Tatsächlich sollte der Richter doch nicht die gleiche Mentalität haben wie die Anklage. Der Richter muss vielmehr über alldem stehen, über der Anklage und der Verteidigung. Tut er dies nicht, ist er auch kein Richter. Und durch die Verwendung des Wortes »kooperativ« hat er uns eigentlich zu verstehen gegeben, dass es kein Gericht gibt. Haben wir also eine Korporation, die alle und alles im Griff hat und natürlich ihre eigenen Interessen vertritt?

Und zu dieser Korporation gehören Ermittler, Staatsanwaltschaft, Richter. Für die Verteidigung, den Anwalt, ist in diesem System schon kein Platz mehr.

Wir haben eine wunderbar passende Bezeichnung für unsere Anwälte: Man nennt einen Anwalt gerne »Trägerling«. Damit bezeichnet man den Umstand, dass sich die Tätigkeit der Anwälte vielfach nur noch auf das Überbringen von Bestechungsgeldern zum Gericht beschränkt. Über solche Anwälte ist man voll des Lobes. »Der Mann ist gut, er hat gute Kontakte«, heißt es dann meist. Während früher aufrichtige Ermittlungsbeamte Anwälte wurden, werden nun aufrichtige Richter Anwälte, denn häufig können sie diesen Druck nicht mehr ertragen. Mittlerweile kenne ich sogar Anwälte, die lieber als Taxifahrer arbeiten. Das ist zumindest eine ehrliche Arbeit, denken sie.

Die Leute haben sich bereits so sehr an dieses System gewöhnt, dass ich sogar mitunter von Antragstellern ganz direkt gefragt werde: »Und, was schulde ich Ihnen?« Und ich? Kann ich keine Anwälte finden, die die Probleme mit Bestechungsgeldern aus der Welt schaffen? Normalerweise bezahlt der Angeklagte die Summe, die der Anwalt von ihm verlangt. Wie viel davon der Anwalt für sich behält und wie viel er an das Gericht weitergibt, das erfährt der Angeklagte nicht. Falls er trotz Bestechungsgeld eine hohe Strafe erhält, kann er sich nirgendwo beschweren. Er kann ja nicht in die nächste Instanz gehen mit der Begründung: »Ich habe Bestechungsgeld bezahlt, und mir hat man trotzdem nicht geholfen.«

Es kommt auch vor, dass ein Ermittlungsbeamter den Verwandten eines Angeklagten mitteilt: »Dann sagen Sie doch Ihrem Anwalt, dass er dem Gericht eine gewisse Summe bezahlen soll, und wir versprechen im Gegenzug eine ganz bestimmte Haftstrafe.« In solch einer Situation kommt der Anwalt oft zu mir und sagt: »Ich fürchte, dass sich meine Mitarbeit in einer gesellschaftlichen Vereinigung negativ auf den Ausgang des Verfahrens auswirken wird.«

Es kann auch vorkommen, dass der Richter eine besonders hohe Strafe verhängt, um allen zu zeigen, dass er wirklich kein Geld angenommen hat. Kurzum, es ist nicht absehbar, wie sich die Zahlung von Bestechungsgeldern auswirken kann.

Nach den Terroranschlägen von Moskau drohte Bürgermeister Juri Luschkow, »die gesamte tschetschenische Diaspora« aus der Stadt auszuweisen. Immer wenn erneut Särge mit Kämpfern der Sonderpolizei OMON in der Heimat eintrafen, nutzten hochgestellte Milizionäre diese tragischen Ereignisse, um wieder ihre nationalistischen Einstellungen an den Tag zu legen.

Dann wurden Tschetschenen wieder besonders häufig zu Kontrollen angehalten. Gerne schob man ihnen Waffen, Sprengstoff oder Rauschgift unter. Es war immer die gleiche Vorgehensweise. Die Polizei hielt einen Menschen kaukasischen Aussehens an, prüfte seine Papiere und stellte auf einmal fest, dass man es mit einem Tschetschenen zu tun hatte. Dann zwangen sie ihn, seine Hand in seine Jackentasche zu stecken, und er fand dort auf einmal das, was man ihm soeben hineingesteckt hatte: meist ein kleines Päckchen mit Rauschgift, Patronen oder Waffen.

Einmal suchte uns die Familie eines jungen Mannes auf, dem man auf diese Weise Rauschgift zugesteckt hatte. Im Protokoll fand sich dann auch die Beschreibung eines gelben Pulvers, das man bei ihm gefunden habe. Im Gutachten war jedoch plötzlich von einem grauen Stoff die Rede gewesen. Unsere Anwältin packte diese Dokumente zusammen und ließ sich beides protokollieren. In der Gerichtsverhandlung fiel dann die Anklage wie ein Kartenhaus zusammen. Trotzdem konnte man nicht auf einen Freispruch hoffen, was wir den Eltern unseres Schützlings gleich gesagt hatten.

Ein anderes Mal suchten uns die Verwandten eines anderen Schützlings auf. »Wir sind Ihnen sehr dankbar«, meinten sie, »aber wir haben jetzt einen anderen Anwalt gefunden. Er gibt dem Richter Geld. Wir wollen nämlich eine Garantie dafür, dass unser Sohn auch wirklich freikommt.« Und so übernahm ein neuer Anwalt das Mandat und erhielt von der Familie 7000 US-Dollar – als eigenes

Honorar und als Bestechungsgeld für das Gericht, wie ihm die Familie sagte.

Das Gerichtsurteil war dann doch unerwartet. Der Mann erhielt eine Freiheitsstrafe von sieben Jahren. Das heißt, er hat für jedes Jahr Freiheitsentzug eine Strafe von 1000 US-Dollar bezahlt. »Was soll ich nur machen?«, fragte er. »Der Anwalt war ehrlich.« Ich sagte ihm: »Unser Anwalt hat von Ihnen überhaupt nichts verlangt. Sie selbst haben in einem unehrlichen Spiel mitgespielt. Wie kann ich Sie jetzt noch verteidigen lassen?«

Wir hatten mehr als 20 derartiger Fälle. In zwei Fällen wurde das Verfahren wieder an die Staatsanwaltschaft zurückverwiesen und schließlich eingestellt. Der Richter hatte sich des Falls nicht annehmen können, weil die Fälschungen einfach zu offensichtlich waren. In anderen Fällen war es zu einer Gerichtsverhandlung gekommen, und die Urteile waren sehr milde ausgefallen: Zwischen einem halben und zwei Jahren hatten die Angeklagten erhalten, wobei die Strafen noch auf Bewährung ausgesetzt wurden. Mitunter war die Strafe so hoch angesetzt wie die Zeit, die der Betreffende bereits in Untersuchungshaft verbracht hatte.

Wir haben sehr viele derartige Fälle dokumentiert. Diese Mühe haben wir uns gemacht, weil wir damit in anderen Fällen Menschen helfen können. Die Namen der Betroffenen lassen wir dabei außen vor.

Der Straßenarbeiter und das Rauschgift

Einmal hatte sich die Polizei einen tschetschenischen EDV-Spezialisten geschnappt, der mit seiner Frau und vier Kindern in Moskau lebte. Ein Mann, voll involviert und integriert in das Moskauer Leben. Ein Polizist verhaftete ihn auf der Straße und nahm ihn mit auf die Wache. Dort wurde er aufgefordert, seine Taschen zu leeren, aber der Mann war intelligent genug, das abzulehnen.

Er wusste, wenn er jetzt irgendetwas in seiner Tasche, zum Beispiel eine Folie, anfassen würde, dann konnte man hinterher darauf seine Fingerabdrücke feststellen. Und so musste der Polizist selbst die Jackentasche entleeren. Allerdings konnte er dabei nichts Auffälliges entdecken. Plötzlich zuckte der Polizist und rief: »Sehen Sie mal. Sie haben hier etwas verloren. Bücken Sie sich und heben Sie es bitte auf.« Der Mann rührte sich nicht vom Fleck, und so mussten sie das Stück schließlich selbst aufheben. Zur großen Überraschung entdeckten sie in dem Täschchen Rauschgift.

Zwei Stunden später erschien die Frau dieses Mannes auf der Polizeistation mit ihren vier Kindern und sagte den Anwesenden: »Ich bin mir zu hundert Prozent sicher, dass mein Mann unschuldig ist. Und deswegen werde ich nicht eher gehen, bis Sie ihn auch gehen lassen.« Und so haben sie ihn schließlich gehen lassen. Vorher musste er noch eine Erklärung unterschreiben, dass er die Stadt vorerst nicht verlassen werde.

Das Problem in diesem Fall war, dass dieser Mann nirgends offiziell angestellt war. Es hatte ja auch die Anweisung gegeben, Tschetschenen keine Arbeitsstelle zu geben. Damit er eine Strafe auf Bewährung erhalten konnte, musste man ihm ja auf der Arbeitsstelle in der Bewährungszeit eine regelmäßige Einschätzung erstellen.

Um ihm zu helfen, haben wir ihn bei uns als Straßenarbeiter mit einer sehr geringen Bezahlung eingestellt. So konnten wir ihm ein kleines Gehalt auszahlen und ihm gleichzeitig auch eine gute Bewertung als äußerst zuverlässiger Mitarbeiter ausstellen.

Diese Bewertung legte er dem Gericht als Nachweis seines Arbeitgebers vor. Im Gerichtssaal war auch seine Frau anwesend, mit dem zwei Monate alten Sohn auf den Armen und den anderen drei Kindern. Die Richterin las unsere Dokumente vor und wandte sich erzürnt in unsere Richtung: »Wie denn das? Der Mann hat vier Kinder, und Sie bezahlen ihm so wenig? Und dann nennen Sie sich auch noch Menschenrechtler. Ja schämen Sie sich denn gar nicht?« Wir konnten nur mit großer Mühe unser Lachen unterdrücken. Der Angeklagte war jedenfalls unschuldig, und das hat die Richterin begriffen. Auch hatte man auf den Beweismitteln keine Fingerabdrücke von ihm finden können. Trotzdem wurde der Mann nicht freigesprochen, sondern erhielt ein halbes Jahr auf Bewährung. Das war jedoch in seiner Situation das Beste, was man hatte herausholen können.

Der Mann mit der Granate in der Hose

Um sich vor weiteren Unannehmlichkeiten zu schützen, waren die Tschetschenen immer mehr dazu übergegangen, ihre Jackentaschen zuzunähen. Nicht immer hat ihnen das jedoch geholfen.

Eines Tages kam Rosa Magomeda zu uns in die Sprechstunde. Sie hatte die historische Fakultät der Universität von Grosny abgeschlossen und war vor dem Krieg in Tschetschenien geflohen. In Moskau hatte sie jedoch keine Arbeit finden können, da man in der Stadt schon ausreichend Geschichtslehrer hatte. Deshalb hatte sie angefangen, auf der Straße Gemüse zu verkaufen. Auch bei eisiger Kälte stand sie an der U-Bahn-Station und bot den Leuten ihre Möhren und Zuckerrüben an. Einige Zeit später hatte Rosa einen kleinen Geldbetrag erhalten, der es ihr ermöglichte, Jura zu studieren. Zwei Jahre hat sie gebraucht, dann war sie fertige Juristin. Heute ist sie bei uns als Anwältin angestellt.

Eines Tages berichtete sie uns, dass man einen ihrer Verwandten beschuldige, illegal mit Waffen zu handeln. Seine Frau sei schwanger, und die Schwangerschaft sei nicht einfach. Er habe seine Frau ins Krankenhaus gebracht, wo man sie beraten solle. Seine Jackentaschen waren nicht zugenäht, denn er hatte überhaupt keine Jackentaschen. Er war immer in Pumphosen unterwegs, die er mit einem Gummiband festhielt. So wurde er von der Miliz angehalten. »Und wo sind Ihre Jackentaschen?«, fragten sie ihn. Da sie keine Jacken- oder Hosentaschen bei ihm fanden, zogen sie an dem Gummi und steckten ihm so eine Granate in die Hose. Ich denke, es war aber nur eine Attrappe, denn bei einem scharfen Modell wären er und die Milizionäre mit ihm in die Luft geflogen. Stellen Sie sich mal einen Mann in Pumphosen vor. Stellen Sie sich weiter vor, dass man ihm von oben eine Granate in die Hose steckt. Und dann stellen Sie sich vor, wie diese Granate langsam nach unten wandert und irgendwo stecken bleibt. An seiner Hand hält er seine schwangere Frau fest. Das sieht ja alles aus, als hätte er irgendeine Kette am Bein, wie ein Strafgefangener aus vergangener Zeit.

Kann man sich so überhaupt fortbewegen? Ist das bequem? Und wie kann sich dieser Gegenstand überhaupt in den Hosenbeinen halten? Wieso sollte er diesen Gegenstand überhaupt in den Hosenbeinen mitnehmen, während er mit seiner schwangeren Frau einen Arzt aufsucht?

Wir haben ihm einen Anwalt vermittelt. Schließlich erhielt er in seinem Gerichtsverfahren eine Bewährungsstrafe. Für seine Frau haben wir ein Wöchnerinnenheim gefunden, in dem sie gut aufgehoben war. Heute bekleidet dieser Mann in Tschetschenien einen sehr hochrangigen Posten.

Der Tschetschenienkrieg hat die Menschen brutalisiert. In der Folge gingen vor allem Sadisten zur Polizei und in den Strafvollzug. Dort zeichneten sich viele Angestellte durch eine besondere Aggressivität aus, und sie waren gegenüber Menschen aus dem Kaukasus sehr voreingenommen. Für sie alle gilt, dass sie während der Kampfhandlungen ein Trauma davongetragen hatten.

Das ist auch der Grund, warum wir in diesen Einrichtungen so häufig auf Grausamkeit stoßen. Der Krieg überzieht alle, die ihn kennengelernt haben, mit seinen Folgen.

Trauriger Abschied

Mitte der 1990er-Jahre waren 30 Prozent unserer Lehrer entlassen worden, besser gesagt, man hatte sie in einen unbefristeten und unbezahlten Urlaub geschickt. Die Art und Weise, wie das gemacht wurde, erboste viele. Die Professoren und Dozenten, die viele Jahre an der Universität gearbeitet hatten, erhielten von ihrem Lehrstuhl ein Papier, auf dem ungefähr Folgendes stand: »... Sie müssen eine Erklärung einreichen, dass Sie einen unbefristeten und unbezahlten Urlaub wünschen.« Was da gemacht wurde, war absolut gesetzeswidrig. Ich war schon dabei, meine Arbeit als Dozentin an den Nagel zu hängen: Meine Rente hatte ich zu diesem Zeitpunkt ja schon bezogen, und meine Arbeit im »Komitee Zivile Unterstützung« und »Memorial« raubten mir sehr viel Kraft und Zeit. Außerdem wurde ich immer häufiger in verschiedene Länder zu Konferenzen über Migration eingeladen. Daher hatte ich immer häufiger meine Vorlesungen verschieben müssen, was für die Studenten natürlich mit Nachteilen verbunden war. Als mir meine Sekretärin mit jeder Menge Entschuldigungen das Schreiben der Universität vorlas, war meine erste Reaktion einfach nur: »Ach wie gut, damit hat sich ja mein Problem von selbst erledigt.«

Als ich jedoch mitbekommen habe, wie unsere Professoren ihren Arbeitsplatz verlassen mussten und wie sie gebeten haben, sie doch zumindest halbtags oder auch noch weniger weiterarbeiten zu lassen, habe ich mich entschlossen, nicht die geforderte Erklärung für einen unbefristeten Urlaub zu schreiben, sondern dass ich gleich ganz entlassen zu werden wünsche.

Ich hatte ja einen Vertrag, und ab dem 1. September jeden Jahres hielt ich Unterricht. Mein Schreiben hatte wohl eine kleine Panik ausgelöst. Der Dekan war sogar extra etwas früher aus seinem Urlaub zurückgekehrt, als er hörte, dass ich gekündigt hatte. Ich hätte noch sechs Monate Arbeit vor mir gehabt. Anfang 2000 bin ich dann nach 30 Jahren Tätigkeit an der Universität gegangen. Ich nahm mein Arbeitsbüchlein aus der Personalabteilung mit und ging ohne jegliche Trauer und ohne Schmerz. Ich habe meine Arbeit immer geliebt, daher nahm ich zunächst auch an, dass ich mich danach zurücksehnen würde, aber dazu ist es nicht gekommen. Wahrscheinlich deswegen, weil ich spürte, dass ich an meiner neuen Arbeitsstelle nicht weniger gebraucht wurde. Außerdem hatte die Korruption an der Universität solche Ausmaße erreicht, wie wir sie nicht einmal zu Zeiten der Sowjetunion erlebt hatten. Auch das Arbeitsklima hatte sich von Jahr zu Jahr weiter verschlechtert. Damit wollte ich mich nicht abfinden, aber hätte sich ein Kampf gelohnt? Mir schien, als wäre es so oder so an der Zeit, dass nun jüngere Kollegen unsere Plätze einnehmen. Doch die jüngere Generation legte gar keine Eile an den Tag, uns abzulösen. Die jüngeren Leute waren in der Regel an einer Tätigkeit in der Wirtschaft viel stärker interessiert als an einer wissenschaftlichen Laufbahn. Und so spaltete sich die Gesellschaft, spaltete sich auch das universitäre Leben immer weiter auf. Dieser Prozess wurde vom Krieg sogar noch beschleunigt.

Im Gegensatz zum Ersten Tschetschenienkrieg, als die Antikriegsbewegung einen großen Teil der Bevölkerung erfasst hatte, wurde der Zweite Tschetschenienkrieg von einem großen Teil der Bevölkerung unterstützt. Der Vorsitzende des staatlichen Energiekonzerns RAO »EES Rossii«, Anatoli Tschubais, erklärte, »in Tschetschenien erleben wir die Wiederauferstehung der russischen Armee, dort wird der Glaube an unsere Armee wieder neu belebt. Ein Politiker, der diese Auffassung nicht nachvollziehen kann, darf sich nicht als russischer Politiker fühlen. Für so einen Menschen gibt es nur eine Bezeichnung: Verräter.« Und mit dieser Äußerung hatte er Grigori Jawlinski, den damaligen Vorsitzenden der Partei »Jabloko«, im Visier.

Und so begannen neue Zeiten, Zeiten von Lug und Trug, die Zeit von Putin.

Unsere Büros in Inguschetien und Tschetschenien

Mitte März 2000 konnten wir unser Beratungsbüro in Inguschetien mit einem Seminar eröffnen. Thema des Seminars war die Fragestellung, wie man Binnenflüchtlingen in Inguschetien und Tschetschenien helfen könne. Zu diesem Seminar luden wir mehrere Nichtregierungsorganisationen ein, darunter vor Ort tätige und auch internationale. Weiterhin nahm am Seminar auch der damalige Minister für Katastrophenschutz von Inguschetien sowie ein Mitarbeiter der Vertretung des Menschenrechtsbeauftragten des Präsidenten in Tschetschenien teil. Zu diesem Zeitpunkt war Wladimir Kalamanow der Vertreter des Präsidenten zu Menschenrechtsfragen in Tschetschenien. Mit ihm hatte ich schon länger ein gutes Arbeitsverhältnis. Während wir auf unserem Seminar noch überlegten, wie wir auch in Tschetschenien unsere Arbeit aufnehmen könnten, trat plötzlich Natalja Estemirowa in den Raum. Sie war gerade auf der Durchreise, wollte weiter nach Grosny. Von dort waren zu dieser Zeit sehr viele Menschen auf der Flucht. Natalja erzählte sehr schnell und sehr viel. Sie berichtete uns, was derzeit gerade in Tschetschenien vor sich ging. Und nach unserem Gespräch machte sie sich wieder auf den Weg, Richtung Grosny. Das ereignete sich alles im März 2000.

Unsere Beratungsstelle hatten wir an einem muslimischen Feiertag eröffnet, dem »Kurban Bayram«. Dabei handelt es sich um den sogenannten Opfertag, einen der wichtigsten Festtage im islamischen Jahreskreis. Unmittelbar nach dem Seminar fuhren wir an einige Orte, wo Flüchtlinge aus Tschetschenien untergebracht waren. Und wir sahen, dass Inguschen den tschetschenischen Flüchtlingen anlässlich des Feiertags getrocknetes Fleisch vorbeigebracht hatten. Es lag vor den Eisenbahnwaggons, in denen die Flüchtlinge untergebracht waren. Das waren wirklich sehr großzügige Geschenke, denn die Flüchtlinge benötigten in diesen Tagen nichts so sehr wie kräftigende Nahrungsmittel. Doch keiner der Flüchtlinge legte Eile an den Tag, was das Geschenk betraf. Jeder nahm das Fleisch ruhig und mit großer Würde an sich.

In den nächsten Tagen bildete sich unser Mitarbeiterstab – dies ging eigentlich sehr schnell vonstatten. Asamat Nalgiew, damals Abgeordneter in Inguschetien, machte uns mit zwei jungen Männern bekannt: Achmet Barachojew und Timur Akiew. Beide gehören heute noch zu unserem Mitarbeiterstab.

Doch die Seele des Büros war eindeutig Elisa Musajewa, eine wunderschöne Frau mit sehr feinen Gesichtszügen. Es ist eine ihrer hervorragenden Eigenschaften, in sehr schwierige Aufgabenstellungen immer auch spielerische Elemente einzubringen. Mit dieser Fähigkeit schafft sie es, vielen Gesprächspartnern ein Stück der Schwere ihrer Situation abzunehmen. Elisa war eindeutig die Führungspersönlichkeit dieses von ihr aufgebauten Teams. Daher war es auch für alle ein großer Schmerz, als Elisa 2005 aus Russland ausreiste. Deswegen habe ich Elisa später mehrfach zu Seminaren für unsere kaukasischen Mitarbeiter eingeladen. Und alle freuen sich immer wieder, wenn sie Elisa sehen können. Ich bin jedes Mal aufs Neue überrascht, wenn ich Elisa bei ihrer Arbeit beobachte und erlebe, wie sie es immer wieder schafft, unsere kaukasischen Kollegen in das Spiel einzubinden.

Gerne lassen sich die Seminarteilnehmer auf Elisas Bedingungen ein: Sie zeichnen die von ihr vorgegebenen Bilder und hören alle sehr aufmerksam zu, wenn diese Bilder interpretiert werden. In diesen Seminaren berichteten die erwachsenen Teilnehmer oftmals sehr anrührende Geschichten; dadurch können sie sich auch etwas von dem Stress befreien, der zu einem ständigen Begleiter in ihrem Leben geworden ist. Doch das alles kam erst viel später.

Zunächst einmal bauten wir im April 2000 unsere erste Beratungsstelle auf. Die Aufgabe des Teams in unserem Büro war es, Flüchtlinge zu empfangen, mit ihnen zu sprechen, sie zu befragen und ihnen bei der Regelung ihrer Alltagsprobleme zu helfen. Es war in dieser Zeit schwer, von der Einhaltung von Gesetzen zu sprechen. Trotzdem hatten wir auch immer einen Juristen in unserem Beratungsteam. Sogar ein Arzt gehörte in der Regel zu den Mitarbeitern unserer Beratungsstellen.

Während die Mitglieder von »Memorial« Tschetschenien im ersten Krieg als mobile Gruppen besucht hatten, war im zweiten Krieg durch unser Büro eine größere Beständigkeit in unsere Arbeit gekommen. Und fast jeden Tag fuhr jemand vom Team nach Tschetschenien. Auch der Fahrer war übrigens ein Mitarbeiter unseres Stabes. Die Mitarbeiter des Programmes »Die heißen Punkte« von der Menschenrechtsorganisation »Memorial« kamen in der Regel immer für zehn bis zwölf Tage nach Nasran. Von dort aus fuhren sie nach Tschetschenien, befragten die dortige Bevölkerung und sammelten Material für ihre Dokumentationen. Auf der Grundlage der Erkenntnisse dieser Besuche erstellten wir in Moskau unsere Berichte. So ist auch unser mehrbändiges Werk *Hier leben Menschen* entstanden.

Es gab nicht einen Journalisten oder Menschenrechtler, der nicht nach Tschetschenien gefahren wäre, ohne nicht vorab in unserem Büro in Nasran mit unseren Mitarbeitern gesprochen zu haben. Dort hatte uns auch die Hohe Kommissarin der UNO zu Menschenrechtsfragen, Mary Robinson, besucht, um sich mit Zeugen von Kriegsverbrechen zu treffen. Ich erlaube mir an dieser Stelle, aus dem Bericht zu zitieren, der der 56. Sitzung des Menschenrechtsrates der UNO in Genf vorgelegt worden war:

»Während meines Aufenthaltes in dem angegebenen Gebiet habe ich die Klagen von Menschen aufgenommen, die von massenhaften Morden, administrativen Bestrafungen, Vergewaltigungen, Folter und Plünderungen berichteten. Am Abend des 1. April habe ich eine genaue Beschreibung aus dem Mund von Zeugen dieser massenhaften Menschenrechtsverletzungen in Tschetschenien gehört. Diese Zeugnisse sind für mich der wichtigste Teil meines Besuches dort, zeigen sie doch den ganzen Umfang und die Ernsthaftigkeit der Menschenrechtsverletzungen vonseiten des russischen Militärs, der Miliz und der Truppen des Innenministeriums in Tschetschenien. Innerhalb von Stunden habe ich schreckliche Beweise von direkten Zeugen dieser Ereignisse gehört. Man hatte mir ebenfalls Bilder und Videokassetten gezeigt, auf denen die Verwundungen sehr gut dokumentiert sind. Und obwohl klar war, dass diese Menschen alle sehr viel Angst haben, haben sie trotzdem sehr genau und klar auf meine Fragen geantwortet. Ich denke, alle diese Angaben müssen vollständig untersucht werden.«

In diesem Bericht finden sich auch Erzählungen von Opfern. Dieses Treffen mit den Opfern wäre nicht möglich gewesen, wenn es nicht unsere Kollegen in Nasran so gut vorbereitet hätten. Sie haben es geschafft, die Zeugen in das Büro zu führen und das Treffen der Zeugen mit der Menschenrechtskommissarin der UNO zu organisieren. (Mehr dazu in russischer Sprache unter: www.memo.ru/daytoday/robins2.htm)

Die Offiziellen, die sich immer in der Nähe von Mary Robinson aufhielten, wollten nicht, dass es zu dem geplanten Treffen in den Räumlichkeiten von »Memorial« in Nasran kommt. Deshalb haben sie die Gruppe in der Stadt hin und her gefahren und den Eindruck erweckt, als würden sie die Adresse nicht finden. Glücklicherweise war gerade zu diesem Zeitpunkt Oleg Orlow von »Memorial« vor das Haus getreten, um zu rauchen. In diesem Augenblick entdeckte Tanja Smith, eine Mitarbeiterin von Mary Robinson, Oleg Orlow. Tanja hatte schon viele Jahre in Moskau gearbeitet und kannte uns alle. Sofort rief sie: »Halt! Nicht weiterfahren! Wir sind angekommen!« Und so konnte Mary Robinson nur mit ihren eigenen Mitarbeitern das Beratungsbüro in Nasran betreten.

2004 hatten wir ebenfalls dort ein Treffen mit dem Vertreter der Menschenrechtskommissarin der UNO, Francis M. Deng, sowie tschetschenischen und inguschetischen Nichtregierungsgruppen organisiert.

Die Welt hat von den Schrecken des Zweiten Tschetschenienkrieges erfahren, weil unsere Beratungsstellen vor Ort diese Schrecken dokumentiert und weitergegeben haben.

Nowye Aldy im Zweiten Tschetschenienkrieg – nur ein Ort von vielen

Unsere Mitarbeiter scheuten keine Mühen, um zu erfahren, was im Zweiten Tschetschenienkrieg wirklich passierte. »Memorial« informierte dann in Berichten über die Situation im Nordkaukasus. Auch heute noch geben wir diese Berichte regelmäßig heraus. Meine Aufgabe war und ist es, die Situation der Flüchtlinge und die allgemeine Stimmung unter den Tschetschenen in Russland zu beschreiben. Trotzdem erscheint es mir wichtig, über ein schreckliches Ereignis zu berichten, das sehr gut die Zeit beschreibt, die wir unter dem Zeichen des Tschetschenienkrieges verbrachten. Wir haben den Krieg jede Stunde und jeden Tag gespürt. Er war uns immer sehr nahe. Und genau deswegen fiel es allen von uns immer schwerer, mit all den alten Freunden zu kommunizieren, für die »in Tschetschenien kein Krieg« herrschte.

Anfang Februar 2000 war die russische Armee immer tiefer in das Zentrum von Grosny vorgedrungen. Plötzlich hörten die Bombardierungen und das Artilleriefeuer auf. Bei der Bevölkerung kam Hoffnung auf, dass nun der ganze Schrecken endlich ein Ende habe.

Immer wieder habe ich von Tschetschenen gehört, dass man des Krieges müde sei und dass man, sollten die russischen Soldaten kommen, sie ohne irgendwelche Proteste empfangen werde. Das hätte man sicherlich auch getan, wenn sie friedlich gekommen wären. Das sind sie aber nicht.

Als die russischen Truppen nach Grosny vorrückten, mussten sie durch die Ortschaft Nowye Aldy hindurch. Und nach der Armee rückten Truppen des Innenministeriums in die Ortschaft ein.

Die Militärs sagten den Bewohnern: »Jetzt versteckt ihr euch besser. Diejenigen, die nach uns kommen, sind wie Tiere.« Doch die Menschen in Nowye Aldy wollten den Soldaten nicht glauben. Sie waren der Überzeugung, man habe das Schlimmste hinter sich. Am 5. Februar kam dann der ganze Schrecken erneut nach Nowye Aldy – und er ist immer noch in den Seelen der Menschen verhaftet. Die Männer in den Kampfuniformen waren sogar schlimmer als Tiere, sie töteten in dieser Ortschaft mehr als fünfzig Menschen. Im Anschluss an diese »Säuberungsaktion« raubten, plünderten und brandschatzten sie noch einige Tage.

Vier Tage nach diesen schrecklichen Ereignissen suchte Natalja Estemirowa die Ortschaft auf. Sie war in Begleitung von einigen unserer Kollegen. Sie filmten die Folgen dessen, was die Sonderpolizei OMON in dem Dorf angerichtet hatte. Dabei gingen sie auch ein hohes persönliches Risiko ein, denn nicht alle Angehörigen dieser Strafeinheiten hatten das Dorf verlassen. Doch dies waren nun mal die Verhältnisse unserer damaligen Arbeit in Tschetschenien.

Am 4. Februar 2010 lud »Memorial« zu einer Pressekonferenz ein. Thema: die »Säuberungsaktion« von Nowye Aldy. Hier zeigten wir auch den Film »Nowye Aldy – Schrecken ohne Verfallsdatum«. Hier konnte man Aufnahmen sehen, die vier Tage nach den schrecklichen Ereignissen gemacht worden sind. Die Leichen lagen noch in den Häusern und auf den Höfen. Es war auch zu erkennen, wie jemand in allernächster Nähe einen Lastwagen belud, während andere Häuser in Brand steckten.

Im Winter 2009 waren die Häuser wieder aufgebaut, doch der Schmerz beherrschte immer noch die Seelen, und die Mörder waren immer noch auf freiem Fuß.

Nachdem wir auf der Pressekonferenz den Film vorgeführt hatten, erteilten wir Madina Dombajewa das Wort. Sie hatte in diesen Tagen im Februar 2000 drei Verwandte in Nowye Aldy verloren.

Ihre Erzählung rührte die Anwesenden sehr, wahrscheinlich sogar stärker als der Film. Sie erinnerte sich, wie sie lange versucht hatte, diese Ereignisse zu vergessen, sie zu unterdrücken. Das war einfach eine intuitive Reaktion in ihr gewesen; sie hatte geglaubt, sich auf diese Weise schützen zu können.

Und dann, fast zehn Jahre später, löste sich ihr innerer Panzer. Ihr Gedächtnis ließ all das wieder aufleben, was sie an diesem schrecklichen Tag damals erfahren musste. Und auf einmal konnte sie sich an immer mehr Details erinnern. Sie sprach und sprach, und es schien, als bemerkte sie uns und die Journalisten gar nicht.

Mehrfach kam sie auf den schrecklichen Höhepunkt des 5. Februar 2000 zu sprechen, als sie mit ihrem elfjährigen Sohn vor den Gewehrläufen stand. Sie berichtete, wie die Bewaffneten, die ihren Onkel getötet hatten, ihr ausgeraubtes und in Brand gestecktes Haus verließen. Nur einer war zurückgeblieben, der Allerjüngste der Einheit. Mit Beschimpfungen jagte er die Frau und ihren Sohn in die Scheune. Als die Frau ihn anflehte, sie zu verschonen, sagte er ihr: »Sei ruhig, sonst werden sie noch mich töten.« Daraufhin schoss er in die Luft. Sie hörte, wie seine Kameraden ihm anschließend zuriefen: »Und, hast du sie erschossen?« Und er hatte ihnen erwidert: »Ja, habe ich.«

Alexander Tscherkassow trat auch auf der Pressekonferenz auf. »Krieg und Kriegsverbrechen gehören nicht unbedingt zusammen«, sagte er. »Außerdem herrschte damals im Februar 2000 in Grosny schon kein Krieg mehr. Ende Januar hatten tschetschenische Einheiten die Stadt bereits in zwei Wellen verlassen. Am 3. Februar waren alte Bewohner von Nowye Aldy mit weißen Tüchern zu den russischen Truppen gegangen und hatten ihnen gesagt: ›In unserer Ortschaft sind keine Kämpfer mehr.‹ Das hatten die Regierungstruppen nicht erwartet. Am 4. Februar zogen die Militärs von Nowye Aldy kommend in Grosny ein. Sie prüften die Papiere vieler Bewohner. Dann setzte die »Säuberungsaktion« ein. Dabei hatten sich die Militärs, die am 5. Februar in Nowye Aldy einzogen, sicher sein können, dass sie nichts zu befürchten hatten. Die Plünderer und Mörder hatten in der Tat keinen Widerstand erfahren.

Die Plünderer wollten Geld, Wertsachen und Gold. Nur wer ihnen genug gegeben hatte, wurde verschont. Alle anderen töteten sie. Den erschossenen Frauen haben sie die Ringe aus den Ohren gerissen, den getöteten alten Menschen die Goldzähne herausgeschlagen. Die geplünderten Waren wurden mit Lastwagen weggefahren.«

Madina hatte mit eigenen Ohren gehört, wie die Mörder sich gegenseitig noch angestachelt hatten. Sie erinnerten sich gegenseitig an den Befehl, »auf alles zu schießen, was sich bewegt und was sich nicht bewegt«. Nur einer von ihnen hatte nicht alles so umgesetzt, wie man es ihm beigebracht hatte. Dadurch rettete er ihr Leben und das ihres Jungen.

Während der Europäische Menschengerichtshof die Klage von Betroffenen aus Nowye Aldy behandelte, hatten die russischen Behörden einen Teil der Strafsache nach Straßburg übermittelt. Dadurch wird deutlich, dass die russische Staatsanwaltschaft bereits im Jahre 2000 wusste, dass die Taten des 5. Februar von Nowye Aldy auf das Konto der OMON-Einheit aus St. Petersburg gingen.

Es gab einmal einen Zeitpunkt, da schien es, als geschehe bei den Ermittlungen zu den Ereignissen von Nowye Aldy ein Wunder. Kurz nachdem sich Betroffene von Nowye Aldy an das Gericht in Straßburg gewandt hatten, wurden die russischen Ermittlungsbehörden aktiv. Man übergab das Verfahren, das schon eingestellt war, einem jungen Ermittler, Ansor Asujew. Und dieser machte sich an die Arbeit. Es schien, als habe man einen jungen Ermittler mit dieser Arbeit beauftragt, weil man glaubte, er sei dieser Aufgabe nicht gewachsen. Doch dem war nicht so. Er hatte mehrere Fotos von mutmaßlichen Tätern der OMON-Einheit aus St. Petersburg zu einem Album zusammengestellt. Doch auf einmal versiegten seine Mittel, er wurde von seiner Dienstreise zurückbeordert, ja, man versuchte sogar, ihn aus der Staatsanwaltschaft zu entlassen. Trotzdem führte er seine Arbeit fort. Und auf einem der Fotos erkannten Bewohner von Nowye Aldy Sergej Babin von der OMON-Einheit aus St. Petersburg wieder. Doch das war der einzige Lichtblick in den Ermittlungen dieses Verbrechens, das man durchaus mit den Verbrechen der Hitler'schen Strafbataillone in der Zeit des Großen Vaterländischen Krieges auf eine Stufe stellen kann.

Und wie ging es danach weiter? Im Folgenden stellte sich die »demokratische« Gemeinde von St. Petersburg auf die Seite dieses OMON-Polizisten, der an den Ereignissen von Nowye Aldy beteiligt war. Man organisierte Kundgebungen und Mahnwachen zu seinem Schutz.

Die Petersburger wollten ihn nicht nach Tschetschenien ausliefern, wo man gegen ihn als OMON-Polizisten, dessen Identität bekannt geworden war, weiter ermitteln wollte.

Sie haben also einen »der ihren« nicht ausgeliefert. Doch das allein wird nicht der Grund gewesen sein, warum man sich so für ihn eingesetzt hat.

Wenn man einmal davon ausgeht, dass man bei diesen Ermittlungen die Schuldigen ausfindig gemacht hätte, dann hätte man natürlich in der Befehlskette weiter nach oben gehen müssen. Irgendwann wäre man an die geraten, die die Polizisten in dieses Schlachten geschickt, ihnen das Töten beigebracht, aus ihnen Unmenschen gemacht hatten.

Doch die Gesellschaft ist nicht bereit, die Schuldigen zur Verantwortung zu ziehen. Letztendlich hat sie nicht den OMON-Polizisten aus St. Petersburg geschützt, sondern sie hat sich selbst geschützt und vor der eigenen Verantwortung für die Ereignisse von

Nowye Aldy gedrückt, davor, dass sie »gute Manager« engagiert hatte – Manager, die Lagerhaft und Massenmorde organisieren.

Die Täter sind bekannt. Keiner von ihnen wurde zur Rechenschaft gezogen und bestraft. Immer wieder hieß es, man habe die Ermittlungen nicht weiterführen können, weil es nicht möglich gewesen sei, die Identität der Person festzustellen, die einer strafrechtlichen Verfolgung unterliegt.

2007 hat der Europäische Gerichtshof für Menschenrechte die Anhörungen zu Nowye Aldy beendet und seine Entscheidung in der Sache »Musajew und andere gegen Russland« gefällt. In diesem Verfahren vertraten das Menschenrechtszentrum »Memorial« und das »Europäische Zentrum für den Schutz von Menschenrechten« die Interessen der Kläger.

Das Straßburger Gericht hatte sehr überzeugende Beweise veröffentlicht, die belegten, dass die Verbrechen von Polizisten der OMON von St. Petersburg verübt worden waren.

In Straßburg hatte man das Material der Strafrechtssache, wie es von der russischen Seite übermittelt worden war, und die Argumente beider Seiten, also auch die Meinung der russischen Behörden, sehr eingehend studiert.

Die Beteiligung von OMON-Polizisten aus St. Petersburg an der »Sonderoperation« in Nowye Aldy am 5. Februar 2000 wird von den russischen Behörden nicht geleugnet. Und die russischen Behörden leugnen auch nicht den Tod der Bewohner von Nowye Aldy. Bereits im März 2000 hatte die Staatsanwaltschaft von Grosny ein Strafverfahren eingeleitet. Die Behörden bestreiten nur, dass ein Zusammenhang zwischen diesen beiden Tatsachen besteht; sie wollen nicht anerkennen, dass die Bewohner der Ortschaft Nowye Aldy von Angehörigen der OMON aus St. Petersburg getötet worden sind.

Die russischen Ermittlungsbehörden sehen auch nur ein mögliches Erklärungsmodell, nämlich die Mitwirkung von russischen

Machtstrukturen an diesem Verbrechen. Dies lässt den Schluss zu, dass es nur die OMON-Einheit aus St. Petersburg gewesen sein kann. Zur Verantwortung gezogen worden sind diese Polizisten jedoch nicht. Und wieder einmal sind die Ermittlungen stecken geblieben, weil es angeblich nicht möglich war, herauszufinden, wer für das Verbrechen verantwortlich ist.

Zwar sind die Ermittlungen stecken geblieben, eingestellt worden aber sind sie nicht. Wären sie nämlich eingestellt worden, dann hätten die Behörden den Angehörigen der Opfer Zugang zu den Unterlagen gewähren müssen, und zwar nicht auszugsweise, sondern vollständig. Dadurch hätten wir vielleicht wirklich erfahren, was derzeit hinter einem Berg von Akten versteckt wird – vielleicht für die nächsten Jahrhunderte.

Das Massaker von Nowye Aldy war nicht das einzige Verbrechen dieser Art. Am 7. und 8. April 1995 wurden in der Ortschaft Samaschki bei einer »Säuberungsaktion« mehr als 100 Zivilisten ermordet. Im Winter 1999 auf 2000 hatten sich in Grosny und seiner Umgebung ähnliche Verbrechen ereignet.

Im Dezember 1999 wurden Bewohner der Ortschaft Alchan-Jurt beraubt und getötet.

Im Januar 2000 wurden zahlreiche Einwohner des Rayons Staropromyslow ermordet.

Russland führt den inhaltlichen Teil der Forderungen des Europäischen Gerichtshofes für Menschenrechte nicht aus, das heißt, es weigert sich, effektiv zu ermitteln. Das ist ein strukturelles Problem in Russland.

Auch nach allen anderen Entscheidungen in Straßburg zu Verbrechen von Angehörigen der Machtstrukturen im Nordkaukasus wurden entweder überhaupt keine Ermittlungen geführt, oder sie waren so mangelhaft, dass sie sehr genau an solche Ermittlungen erinnerten, die von Straßburg als Verletzung der Menschenrechtskonvention angeprangert worden waren.

Wenn der Europäische Gerichtshof für Menschenrechte eine vollständige und effektive Ermittlung einer Angelegenheit verlangt, bezahlt Russland zwar die vom Gericht geforderten Schadensersatzsummen – sie stellen dann gewissermaßen eine Art Verbrechenssteuer dar –, den inhaltlichen Teil des Gerichtsurteils setzt Russland jedoch nicht um.

Sind viele von euch krank, Soldaten?

Das erste Mal fuhr ich zusammen mit Elisa Musajewa nach Grosny. Das war im April 2000. Schon der erste Eindruck war erdrückend. Sofort kamen mir Bilder von Stalingrad in den Sinn, die ich bisher nur im Kino gesehen hatte. Doch hier hatte ich das Schlachtfeld direkt vor meinen Augen. Die Stadt war vollständig zerstört, ebenso auch viele Vororte. Einige dieser Vororte lagen vollständig in Ruinen. Da das Klima dort sehr mild und angenehm war, hatten sich auf den Ruinen in kurzer Zeit Gras und weitere Pflanzen ausgebreitet.

Ich habe mit Elisa im Haus ihres Bruders übernachtet, in einer sehr intelligenten und sehr gebildeten Familie. Elisa selbst ist Psychologin und hat einen Doktortitel; einer ihrer Brüder ist Physiker. Ihr Haus war zur Hälfte vernichtet. Wegen des Schutts war es nur mit großer Mühe möglich, zur Toilette zu gelangen. Trotzdem: In diesen Ruinen lebten Menschen. Und direkt neben der Toilette war ein riesiger Krater. Hier musste eine Bombe eingeschlagen sein. Ich habe ein Foto, auf dem ich direkt neben diesem Krater stehe. Vielleicht ist die Bombe auch gar nicht explodiert, vielleicht lag sie noch so vor Ort. Es gibt viele Plätze in Tschetschenien, wo Blindgänger auf dem Boden liegen.

Eine von Elisas Verwandten hatte ein Haus ohne Dach. Eine Metallabdeckung lag immer noch vor dem Hauseingang. Sie war voller Löcher, durch die sich Tulpen einen Weg ans Licht gebahnt hatten.

Das Leben ging seinen Gang, und der Schrecken schien mitunter weit weg zu sein. Die Vögel zwitscherten, Pflanzen wuchsen, und gleichzeitig herrschte Stille, denn in diesem Dorf waren keine Menschen mehr. Wir brachten Medikamente in das örtliche Krankenhaus. Auf dem Weg dorthin hatten Militärs unsere Papiere mehrfach kontrolliert. Die Soldaten waren krank, und sie waren hungrig. »Was führen Sie mit sich?«, wollten sie wissen. »Medikamente«, antworteten wir. »Und, könnt ihr uns auch Medikamente geben?«, fragten sie weiter. »Ja sind denn viele bei euch krank?«, wollte ich wissen. »Ja, die Hälfte«, gab man mir zurück. »Und wie viele seid ihr gerade?«, fragte ich weiter. »50«, antwortete man mir. Sie waren wie Kinder, hatten gerade erst die Schule abgeschlossen und waren gleich in den Krieg geschickt worden.

Sie waren sehr jung, diese Wehrpflichtigen. Auch der junge Soldat, dem ich gegenüberstand. Man sah ihm an, dass er Fieber hatte. Seine Augen waren ganz gerötet. Wir hatten Brot und gaben ihm einen Teil unseres Vorrates. Das war nicht der einzige Kontakt, den ich mit Militärs hatte.

Als ich 2008 in Südossetien war, habe ich kräftige ossetische Männer in blauen Kampfuniformen gesehen. Wir haben sie gefragt: »Und wo sind unsere russischen Männer?« Darauf zeigten sie auf einen Berg. »Dort oben ist ein Zelt. Sie tun uns eigentlich sehr leid. Sie sind alle hungrig.« Das hat uns wütend gemacht. Wie konnte man nur die jungen Männer in den Krieg schicken und sie dann nicht einmal richtig verpflegen? Der Verteidigungsminister hatte Märchen erzählt, von Soldaten, die gut bezahlt würden und gern Berufssoldaten seien. In Tschetschenien habe ich Berufssoldaten kennengelernt. Und die sahen ganz anders aus als die Soldaten, auf die ich hier traf. Die Kämpfer in Tschetschenien lebten von Raub und Diebstahl; sie trugen keine Uniform, waren gebräunt und muskulös. Doch diese Soldaten hier trugen gerade einmal T-Shirts und Kopftücher, so wie Piraten sie tragen. Man warnte uns. Wir sollten

Tschetschenien Richtung Inguschetien nicht nach vier Uhr nachmittags verlassen, denn in den früheren Abendstunden wären die Männer schon betrunken und würden schießen, ohne darauf zu achten, wohin sie eigentlich zielten. Einfach nur so zum Spaß.

Während meiner Reise hatte ich zunächst kein Gefühl von Schrecken. Es war so, als sei ich einfach an einen Ort gelangt, an dem eben alles ganz anders ist. Am nächsten Tag bin ich in die Hauptstadt von Nordossetien gereist, nach Wladikawkas. In der Stadt bin ich auf den Balkon eines großen Hauses gestiegen, das das Büro des UNHCR beherbergte. Vor mir lag eine große friedliche Stadt, Autos fuhren an mir vorüber, auf der Straße gingen Kinder ihres Weges. Erst in diesem Augenblick habe ich begriffen, welche schrecklichen Eindrücke ich noch am Tag zuvor in mich aufgenommen hatte.

Märchen statt eines Passierscheins

Ich hatte einen Traum: Ich wollte den Tschetschenen ein Geschenk machen, ein kulturelles Geschenk. Die Idee dazu stammte von Tamara Tschagajewa, einer Schriftstellerin und Philologin, die vorschlug, ein Buch mit den Märchen der Völker der Welt in tschetschenischer Sprache herauszubringen. Tamara sammelte eine Gruppe von Übersetzern um sich, die den Stoff unter sich aufteilten. Und so übersetzten wir Märchen für sehr kleine Kinder, für ältere Kinder und auch für Erwachsene. Dann suchten wir Sponsoren für dieses Projekt. Einer der Ersten, der uns unterstützte, war Alvaro Gil-Robles, der Kommissar für Menschenrechte des Europarates. Insgesamt bestand das Werk aus drei Büchern mit den wunderbarsten Märchen der Welt, übersetzt ins Tschetschenische. Eines dieser Bücher wurde von russischen Geschäftsleuten finanziert.

Mit einem kleinen Lastwagen trafen wir in Tschetschenien ein. Im hinteren Teil des Wagens hatten wir nur unsere Märchenbücher.

Ich hatte völlig vergessen, dass wir ja einen Passierschein hätten beantragen müssen.

Am Checkpoint forderte uns der Soldat auf, die Ladefläche zu öffnen. Die Bücher störten ihn. »Wie soll ich nun herausfinden, was in diesen Büchern steht? Das ist ja alles nicht in Russisch. Und was ist, wenn in diesen Büchern Hinweise zum Basteln von Bomben sind?«

Ich schlug eines der Bücher auf und zeigte ihm die Zeichnungen. »Sieh dir doch das mal an. Ist es nicht schön? Was für ein Märchen ist das wohl?«, fragte ich ihn, und er antwortete wie ein kleiner Junge: »Das ist *Des Kaisers neue Kleider.*« Ich zeigte ihm das nächste Buch. »Das ist *Der gestiefelte Kater*«, sagte er. »Und du willst mir immer noch sagen, dass das eine Anleitung zum Basteln von Bomben ist?«, hakte ich nach. Dadurch wurden unsere Märchen zum Passierschein. Und wenig später brachten wir unsere Ware wohlbehalten an ihr Ziel.

Das Büro brennt

2001 brannte es im Büro des »Komitees Zivile Unterstützung«. Dabei waren zwei Zimmer den Flammen völlig zum Opfer gefallen. Alles war mit Asche bedeckt. Am Morgen hatten wir bemerkt, dass der Safe fehlte. Die Brandursache hatten wir nicht finden können. Und genau deswegen wollte ich mir auch keine mögliche Version zusammenreimen. Im Gegensatz zu den Ermittlern. Sie hatten sofort in Erwägung gezogen, dass jemand von den Mitarbeitern das Büro in Brand gesteckt hat, um sich des Safes zu bemächtigen.

Wir riefen sofort die Polizei und erklärten, dass man unseren Safe gestohlen habe. Anschließend kamen die Ermittler und der Fotograf. Es war ein Sonntag, und der Fotograf hatte nicht viel Zeit; er bemühte sich daher, unser Büro möglichst schnell wieder zu verlassen. Und er hatte auch nichts fotografiert. »Was soll ich denn hier fotografieren? Hier ist doch nichts mehr übrig geblieben«, stöhnte er. Glücklicherweise hatte der Ehemann einer unserer Mitarbeiterinnen sofort alles fotografiert.

Die Ermittlungsbeamten nahmen als Erstes unsere Erklärungen auf. Sie hatten offensichtlich die Absicht, jemanden von uns des Diebstahls zu bezichtigen. Wir bereuten schon, dass wir das Fehlen des Safes überhaupt gemeldet hatten. Er stand auf einer kleinen Erhöhung an der Wand. Die Feuerwehrleute löschten das Feuer durch das Fenster hindurch. Die ganze Wand war sauber, nur dort, wo der Safe gestanden hatte, blieb ein Aschefleck zurück. Einer der Ermittlungsbeamten versuchte, uns von seiner Version zu überzeugen. »Sehen Sie mal, die Wand ist durch Asche gezeichnet. Ja, das bedeutet doch, dass der Safe schon nicht mehr da war, als man gelöscht hat. Andernfalls wäre die Asche nicht an der Stelle der Wand, wo der Safe war.« Ich hörte mir seine Überlegungen an, und plötzlich wurde mir klar, dass ich ihn vom Gegenteil überzeugen konnte: »Entschuldigen Sie bitte, aber die Asche dringt in jede Ritze. Sogar die Tassen in einem geschlossenen Schrank, der in einem anderen Raum steht, sind von Asche überzogen. Zwischen dem Safe und der Wand war eine Ritze, in die Asche eingedrungen war. Danach wurde das Feuer vom Fenster aus mit einem Schaum gelöscht. Der Safe, so meine Überlegung, wurde nach dem Brand weggebracht, weil man den Schlüssel zum Safe nicht hatte finden können. An der Wand waren noch die Umrisse des Safes zu erkennen. Wir haben das alles fotografiert. Deswegen fällt es mir nicht schwer, nachzuweisen, dass der Safe von den Feuerwehrleuten gestohlen worden ist.«

Zu diesem Zeitpunkt sagte ein Feuerwehrmann zu seinem Kollegen: »Wieso hast du auch in Anwesenheit dieser Dame angefangen, laut nachzudenken? Du siehst doch, dass sie schlau ist.« Anschließend rief er bei seiner Feuerwehreinheit an und machte seinem Chef Vorhaltungen. Er hatte offensichtlich nicht bemerkt, dass wir das Gespräch hören konnten. »Deine Leute haben alles kaputt gemacht, und ich muss jetzt auch noch dafür geradestehen. Woher soll ich denn wissen, was die Frau noch alles fordern wird? Wir hätten uns auf den Diebstahl gar nicht erst einlassen sollen.«

Doch wir forderten überhaupt nichts. Wir waren schon froh, dass man unseren Mitarbeitern nichts vorgeworfen und festgehalten hatte, dass der Brand durch eine Verkettung unglücklicher Umstände zustande gekommen sei.

Unsere Räumlichkeiten waren versichert, und die Versicherungsgesellschaft ersetzte uns eine kleine Summe. Nicht viel, aber immerhin. Anschließend gab uns auch der UNHCR eine Summe für die Reparaturarbeiten. Wir verzichteten unsererseits auf die Einleitung eingehender Ermittlungen. Die Menschen brauchten unsere Hilfe, und sie suchten uns sogar in einem fast abgebrannten Raum auf. Nach einem Artikel von Anna Politkowskaja, die uns sofort zu Hilfe geeilt war, erhielten wir sogar Spenden von mitfühlenden Rentnern. Und einige Kollegen spendeten etwas von ihrem Gehalt.

Artikel von Anna Politkowskaja: Ein Brand von der Kategorie »zynisch«

(erschienen am 15.02.2001 in der *Nowaja Gazeta*)

In Moskau fielen unter sehr merkwürdigen Umständen Geld und Dokumente einem Brand zum Opfer. Der Brand ereignete sich in den Räumlichkeiten der in ganz Russland bekannten Organisation »Komitee Zivile Unterstützung«, die sich für Flüchtlinge einsetzt.

Jemand scheint einen Nutzen von diesem Brand zu haben. Entweder bist du jemandem auf die Zehen getreten, oder jemand ist dir auf den Fersen. Die Erfahrung der letzten Jahre hat uns das gelehrt. Doch wenn es in einem Keller brennt, wo Enthusiasten den allerärmsten Flüchtlingen 50 Rubel geben, dann haben wir etwas, was wir bisher noch nicht hatten.

Dieser Brand hatte sich in der Nacht vom 9. auf den 10. Februar, einem Freitag, im Büro des »Komitees Zivile Unterstützung« ereignet. Alles war zunächst wie an anderen Tagen auch: Man beriet Flüchtlinge, Notleidende. Am Abend des gleichen Tages fand Unterricht statt. Hier wurde nämlich auch von Studenten Unterricht für Flüchtlingskinder erteilt. Erst um ein Uhr nachts hatten die Letzten die Räumlichkeiten verlassen. Im Safe des »Komitees Zivile Unterstützung« lagerten ein Teil der Löhne, ein Berg von Dokumenten und auch etwas Geld von Sponsoren. Es handelte sich um 1000 US-Dollar und 50 000 Rubel, die für Flüchtlinge vorgesehen waren. Dieses Komitee, daran sei hier noch einmal erinnert, ist die einzige Organisation in Moskau, an die sich im Lauf der letzten Jahre die Allerärmsten, die ihr Dach über dem Kopf verloren haben, wenden konnten. Sie hatten diese Räumlichkeiten aufgesucht, um einmalige materielle Hilfe zu erbitten. Im Laufe ihrer Existenz hat die Organisation Geld gegeben, für Brot, Milch, Medizin. Viele Tausend Menschen sind in den Genuss dieser Hilfe gekommen. Wie viel es gewesen ist, verdeutlicht sehr gut die folgende Zahl: Allein seit Beginn des Zweiten Tschetschenienkrieges hat das Komitee mehr als 200 000 US-Dollar für Flüchtlinge aus Tschetschenien erhalten.

Um 1.13 Uhr nachts, buchstäblich 15 Minuten nachdem die Letzten das Büro des »Komitees Zivile Unterstützung« in der Dolgorukowskaja Straße Nr. 33 (Gebäude Nr. 6) verlassen hatten, waren auf einmal die Feuerwehrleute gerufen worden. Sie haben fast zwei Stunden gebraucht, um den Brand zu löschen. Anschließend ließ sich der wichtigste Gegenstand des Büros, der Safe, nicht finden. In diesem waren die gesamte Dokumentation und das Geld, aber auch Belege von Personen, die den Erhalt einer gewissen Summe Geld quittiert hatten. Denn nach den Regeln, die die Vorsitzende Swetlana Gannuschkina eingeführt hatte, konnte jeder Spender jederzeit Einblick in die Buchhaltung und die Belege zu den ausgegebenen Geldern nehmen.

Als Swetlana Gannuschkina am nächsten Morgen im Büro eintraf, konnte sie nur noch den Schlüssel zum Safe entdecken. Dieser lag im Schnee direkt vor dem Kellerfenster mit seinen aufgesägten Gittern.

»Das Schlimmste ist, dass unsere Arbeit dadurch unterbrochen wurde«, kommentierte sie den Vorfall. Und tatsächlich, vor den Toren der Organisation bildete sich eine lange Schlange von Menschen, die alle gekommen waren, weil sie Hilfe benötigten, und die sie nun nicht bekommen konnten.

Das »Komitee Zivile Unterstützung« hat in der Vergangenheit sehr viel für die Ärmsten der Armen geleistet; es hat sogar den Behörden geholfen, hat es doch einen Teil von deren Aufgaben einfach mit übernommen, weil sie oft nicht in der Lage waren, die Flüchtlinge entsprechend unterzubringen. Und so war das Büro in der Dolgorukowskaja Straße fast schon so eine Art Migrationsdienst geworden.

Zurzeit ist nur eine Sache klar: Der Safe war vor allem für die wichtig, die unbedingt an das Geld rankommen wollten und die genau wussten, wo das Geld ist.

Bekanntermaßen ist nichts zynischer, als die Ärmsten der Armen auszurauben. Und genau das haben wir jetzt dieser Tage in Moskau erlebt, das sich ja immer noch damit rühmt, dass man in dieser Stadt nur die Reichen und Mächtigen bestehle. Dieses Mal waren die ganz Armen an der Reihe.

Viktor Popkow oder »Sehen Sie mal, Herr Putin, welche Terroristen Sie hier töten«

»Viktor Popkow ist eine der Personen, die nichts haben und die trotzdem noch die letzte Kopeke an einen völlig Fremden verschenken können«, schrieb einst der Journalist der *Nowaja Gazeta* Wjatscheslaw Ismailow. Er hatte in seinem Artikel über meinen Kollegen und Freund geschrieben – zu einer Zeit, als dieser noch wohlauf war und man noch Hoffnung hatte, sein Leben zu retten.

Wir alle erinnern uns noch gut an Viktor, als er 1991 auf der Suche nach guten Kontakten in Aserbaidschan war. Er hatte einfach angerufen und uns mitgeteilt, dass er nach Aserbaidschan reisen werde. Von dort aus, so Viktor, werde er weiter nach Nagorni Karabach reisen. »Aber das ist doch gar nicht möglich«, hatte ich ihm damals gesagt. »Warum denn nicht?«, hatte er entgegengehalten. »Ich habe doch einen Rucksack, und mit ihm komme ich sicher über die Berge.« Dann fand ich heraus, dass er von dort stammte. Das Mitgefühl mit Opfern von Konflikten war etwas, was uns einander näherbrachte.

Er sah sehr gut aus, hatte schulterlanges Haar und einen schon weißen Bart.

Wenn er mit den Menschen sprach, erwartete er immer, dass die Gesprächspartner seine Meinung teilten. Er hatte einen wohlwollenden Tonfall und war sehr selbstsicher. Daher fiel es ihm auch nicht schwer, seine Gesprächspartner für sich einzunehmen und an Informationen zu gelangen. Popkow war auch Mitglied von »Memorial«, aber er war überhaupt nicht in der Lage, sich auch mal anderen unterzuordnen. Letztendlich trennten sich »Memorial« und Popkow. Er war immer in irgendwelche Konfliktgebiete gereist und blieb dann oft monatelang verschwunden. Niemand wusste, wo er war und mit wem er unterwegs war. Und er wiederum wusste nicht, was in dieser Zeit mit seiner Frau und seinen Kindern vor sich ging, obwohl sie alle drei vollständig von ihm abhängig waren. Popkows Familie hatte sicherlich einige Besonderheiten, musste ständig beobachtet und betreut werden. Im Karabach-Konflikt hatte sich Popkow um die Freilassung von Gefangenen bemüht. Gemeinsam mit Anatoli Schabad, der damals Abgeordneter des Obersten Sowjets war, hielt sich Viktor 1991 auf einem Platz in Jerewan auf und versuchte, mit einem Hungerstreik die Zwangsumsiedlung des letzten aserbaidschanischen Dorfes, Njuwadi, in Armenien zu verhindern. Man muss hier auch sagen, dass diese Umsiedlung direkt nach der brutalen Aktion »Ring« erfolgt war. Dies war im Frühling des gleichen Jahres geschehen. Die Aktion »Ring« war nichts anderes als eine »Säuberungsaktion« an Armeniern, die in Nagorny Karabach lebten. Daran hatten auch Einheiten der sowjetischen Armee mitgewirkt. Die Menschen, die nach dieser Operation geflohen waren, trafen wenig später in Moskau ein und berichteten über die Schrecken dieses Krieges, über die getöteten Verwandten. Natürlich war die Gesellschaft erzürnt über das Vorgehen der Behörden. Schließlich konnten die Bewohner des Dorfes Njuwadi ja nichts dafür, dass zuvor Säuberungsaktionen in Karabach stattfanden. So dachte zumindest Popkow. Doch die Mehrheit der Bevölkerung in Armenien war anderer Auffassung. Der Hungerstreik erreichte sein Ziel nicht, das aserbaidschanische Dorf wurde bald darauf zwangsausgesiedelt.

Hier stellt sich natürlich die Frage: Hätten die Behörden denn den Bewohnern des Dorfes ihre Sicherheit garantieren können, wenn diese geblieben wären? Und was wäre gewesen, wenn Menschen, von der Pogromstimmung angestachelt, mit bösen Absichten ins Dorf gekommen wären, weil sie sich rächen wollten für die Pogrome an Armeniern in Sumgait, Baku und Nagorny Karabach? Hass ist wie ein böser Flaschengeist, man kann ihn zwar leicht entkommen lassen, aber ist er erst einmal frei, ist es schwer, ihn wieder einzufangen.

Als der Krieg in Tschetschenien begonnen hatte, fuhr Viktor auch dorthin. Und er schaffte es durch alle Kontrollen. Er sprach mit allen Beteiligten der Ereignisse. Er geriet in Kriegsgefangenschaft der Einheit von Arbi Barajew, einem durch seine Grausamkeit, seine Entführungen, seine Folter, seine Morde und seinen Handel mit Entführten sehr berüchtigten Kämpfer. Er dachte selbst dann nicht ans Aufhören, als vier Ingenieure entführt wurden, die im Herbst 1998 auf der Grundlage eines Arbeitsvertrages mit einer Telekommunikationsfirma nach Tschetschenien gereist waren. Diese Ingenieure, drei Briten und ein Neuseeländer, sind in der Nacht vom 7. auf den 8. Dezember enthauptet worden. Ihre Köpfe wurden öffentlich auf der Straße Rostow–Baku unweit der Ortschaft Assinowskaja zur Schau gestellt.

Offensichtlich war es den Banditen nicht gelungen, für ihre Geiseln ein Lösegeld zu erhalten.

Der Terroranschlag 2002 im Theaterzentrum während der Aufführung des Stückes »Nord-Ost« war von Mowsar Barajew geleitet worden; er wurde 2001 getötet.

Viktor hatte es geschafft, lebend aus der Gefangenschaft zu entkommen. In dieser Zeit hatten ihm die Leute von Barajew seine Haare und seinen Bart rasiert. Offensichtlich hatten sie ihn damit erniedrigen wollen.

Als der Zweite Tschetschenienkrieg ausbrach, befand sich Viktor gerade im Kloster Rogoschski, wo man noch nach altem Ritus lebte. Er trug ein lilafarbenes Ordensgewand, ein Kreuz auf der Brust und sah sehr beeindruckend aus. Mit einigen seiner Anhänger baute Viktor direkt neben »Memorial« ein Zelt auf und erklärte aus Protest gegen den Krieg seinen Hungerstreik.

Er stand da mit einer Kerze in der Hand und betete. Das dauerte vierzig Tage. Im Winter kam er wegen der Kälte immer wieder zu uns und zu »Memorial«, wo er sich etwas aufwärmen konnte. Seine Aktion war nicht auf großes Interesse gestoßen. Und die Machthaber, die Hunderte von Menschen töten lassen konnten, zeigten sich völlig unbeeindruckt. Auch die Medien berichteten von der Aktion nur am Anfang, und so verlor sie ihren Sinn.

Viktor brach schließlich seinen Hungerstreik ab und reiste nach Inguschetien und von dort aus weiter nach Tschetschenien. Er bemühte sich um ein Treffen mit Aslan Maschadow, der nach den Vereinbarungen von Chassawjurt zum Präsidenten von Tschetschenien gewählt worden war und für die Mehrheit der Tschetschenen das auch bis ans Ende seines Lebens geblieben ist. Doch Viktor hatte zunächst keinen Erfolg. Die Reisen hatte er mit Spenden von Privatpersonen finanziert, ein regelmäßiges Einkommen besaß er nicht. Und so ließ er wieder einmal seine Familie zurück, vertraute sie dem Schicksal an, was mich sehr beunruhigte. Wir boten ihm an, Mitarbeiter des »Komitees Zivile Unterstützung« zu werden, nach Tschetschenien zu fahren und vor Ort humanitäre Hilfe zu leisten. Das Gehalt aber, so die Vereinbarung, müsste er seiner Frau und seinen Kindern zukommen lassen. Ich habe jedoch den Verdacht, dass er sich nicht ganz an diese Vereinbarung gehalten und doch einen Teil seines Lohnes für seine Reise ausgegeben hatte. Trotzdem: Seine Familie ist zumindest nicht völlig mittellos geblieben, sie konnte sich Nahrung und Medikamente kaufen.

Wir besorgten Lebensmittel, billige Kinderschuhe und Jacken. Viktor brachte dann alles in tschetschenische Bergdörfer. Das waren Orte, in die üblicherweise keine humanitäre Hilfe gelangt war. Deswegen stand man dort immer mit einem Bein im Grab.

Die Dorfbewohner hatten Victor sehr freundlich und wohlwollend in Empfang genommen: »Ein russischer Pope ist zu unserem Mullah gekommen«, sagten sie. Viktor nahm alles auf Video auf, was er bei seinen Besuchen sah. Als er das Dorf wieder verließ, rannten ihm die Kinder hinterher und riefen: »Auf Wiedersehen, Opa.«

In einem der Bergdörfer filmte er mehrere Kinderleichen und die Leiche eines alten Mannes. Auf Band sagt er dazu: »Sehen Sie, Herr Putin, welche Terroristen Sie hier töten.«

Auf der Grundlage von Viktors Videomaterial drehte die Schauspielerin Vanessa Redgrave einen Film, der im Fernsehen in einer Talkshow gezeigt wurde. Anschließend sagte einer der Zuschauer: »Klar, wen Putin tötet. Er tötet die Wölflinge, damit die Wölfe nicht groß werden.« Mein Ruf »Schande!« wurde von den Anwesenden im Saal nicht unterstützt, auch nicht vom Moderator der Sendung. Ich bedauere, dass ich den Saal nicht verlassen und mich stattdessen weiterhin bemüht habe, den Film und die Ereignisse in Tschetschenien selbst zu diskutieren. Die Stimmung in der Gesellschaft hatte sich zu diesem Zeitpunkt schon sehr von der Stimmung unterschieden, die noch während des Ersten Tschetschenienkrieges herrschte. Die Propaganda funktionierte prächtig. »Russland hat sich wieder von den Knien erhoben«, hieß es nun.

Im April 2000 schließlich schaffte es Popkow, mit Maschadow zu sprechen. Und er überzeugte ihn, mit den zentralen Machthabern eine Friedensvereinbarung zu unterschreiben und zu versprechen, die Menschenrechte nicht zu verletzen.

Leider scheiterten alle seine Versuche, diese Zusage an Putin weiterzugeben. Der Krieg nahm seinen Lauf, und weder die eine noch die andere Seite beachtete die Menschenrechte.

Viktors zweite und letzte Reise

Im April 2001 machte sich Viktor erneut auf den Weg nach Tschetschenien. Er war zusammen mit der Ärztin Rosa Musarowa unterwegs. Dieses Mal hatte Viktor etwas Geld dabei. Er wollte die Frauen in den Dörfern überreden, von diesem Geld Wolle zu kaufen und etwas Traditionelles zu stricken. Später wollte er dann die gestrickten Waren abholen, verkaufen und ihnen den Erlös wiederbringen. Die Idee war, damit ein kleines Geschäft für die Bevölkerung aufzubauen, das sich nach einer Anlaufzeit von selbst getragen hätte.

Rosas Aufgabe war es, die Kinder zu untersuchen, um festzustellen, welche Medikamente sie brauchten. Diese Medikamente würde man dann bei der nächsten Reise mitnehmen. Der erste Tag war sehr erfolgreich. Die Nacht verbrachten sie in der Ortschaft Alchan-kala im Gebiet von Arbi Barajew.

Am nächsten Morgen brachen sie mit ihrem Wagen auf. Kaum hatten sie das Dorf verlassen, wurde der Wagen beschossen. Viktor und Rosa wurden schwer verletzt. Viktor wurde in Kopf und Hals getroffen, Rosa im Hüftenbereich und an der Hand, mit der sie sich zu schützen versucht hatte.

Der Wagen, aus dem geschossen worden war, kam ohne große Schwierigkeiten durch den nächsten Checkpoint, aber die Papiere der beiden Verletzten prüfte man über eine Stunde – und diese Zeit war entscheidend für Viktor. Sein Gehirn erhielt zu lange keinen Sauerstoff. In Grosny angekommen, brachte man die beiden in das Militärkrankenhaus von Wladikawkas und anschließend mit einem Hubschrauber nach Moskau. Auch in Moskau wurden sie zweimal verlegt. Zunächst schien es, als reagierte Viktor auf die Stimmen um ihn herum. Doch das war eine Illusion. Am 2. Juni stellten die Ärzte seinen Tod fest.

Meine Freunde

(Gekürzt aus einem Brief an meinen Freund, den früheren Bundestagsabgeordneten von Bündnis 90/Die Grünen Helmut Lippelt)

»Der frühere Präsident Russlands hatte zwei treue Freunde: Helmut und Bill. Der jetzige Präsident hat sogar noch mehr Freunde: Tony, Gerhard, George. Immer hat er jemanden, mit dem er Schlitten fahren oder den er auf seiner Ranch besuchen kann.

Und obwohl sehr geschätzte internationale und russische Nichtregierungsorganisationen den Freund von Bill, Helmut und anderen hochgestellten Freunden gebeten haben, nicht zu den Siegesfeierlichkeiten über den Faschismus in ein Land zu reisen, in dem eine blutige Abrechnung mit einem Teil des eigenen Volkes stattfindet, haben sich die Freunde trotzdem entschieden, dass sie den Freund von Boris nicht kränken wollen.

›Ja kann man sich denn von einem Freund abwenden, wenn er

einen Fehler gemacht hat? Man muss ihm helfen‹, hatte damals Freund Helmut über seinen Freund Boris gesagt, nachdem dieser in der Neujahrsnacht 1995 die Stadt Grosny bombardieren ließ und dabei ganz vergessen hatte, zuvor die Zivilbevölkerung zu evakuieren. Und er hat seinem Freund geholfen, mit Krediten, mit Besuchen, mit Umarmungen und mit Händeschütteln. Es geht doch nichts über eine Freundschaft.

Einen Freund kann man immer verstehen. Auch dann, wenn er Bürger Russlands zu Tausenden ›auf dem Klo kaltmacht‹ und dann fragt: ›Wessen Rechte wurden eigentlich verletzt? Nennt mir konkret Namen, Adressen, Aufenthaltsort.‹ Ach hätten doch die Freunde Gerhard und George ihrem Freund einen Rat gegeben. Der ist ja ein gebildeter Mann, spricht Fremdsprachen und kann mit Messer und Gabel essen. Hätten sie doch ihrem Freund Wladimir geraten, mal die Internetseite von ›Human Rights Watch‹ oder ›Memorial‹ aufzusuchen. Schließlich schaffen es ja die Briefe seiner Landsleute mit Namen und Angaben zum Aufenthaltsort nicht einmal bis auf seinen Schreibtisch.

Und dann kam der 11. September 2001. Der machte aus unseren Freunden eine richtig fest eingeschworene Gemeinschaft. Die Einschätzungen, die Vorgehensweisen, alles einheitlich und identisch. Ja, sie sprechen sich hinter unserem Rücken miteinander ab.

Ist ja schon eine seltsame Vorstellung, zu glauben, bei einer Freundschaft mit den höchsten Regierungsvertretern könne man alles rechtfertigen, was die in ihren Ämtern machen. Oder können wir davon ausgehen, dass unsere Freunde gemeinsame Vorstellungen von Moral, ja sogar gemeinsame Ziele haben? In früheren Zeiten hatte jeder versucht, den anderen auf seine Seite zu ziehen und dabei gleichzeitig das, was er als eigene nationale Interessen wahrnimmt, zu schützen. Heute verschmelzen die Führungspersönlichkeiten der verschiedensten Länder miteinander in einer Ekstase, bemühen sich gemeinsam, gewisse globale Probleme zu lösen. Und all das rechtfertigt dann Sünden, wie beispielsweise die Verringerung der Bevölkerung unseres kleinen Planeten um ein oder zwei Millionen Menschen. Es ist jetzt endlich an der Zeit, dass sich diese Freunde auf der Grundlage von allgemeinen Werten, wie der Anerkennung des Wertes jedes menschlichen Lebens und der Einmaligkeit jeder menschlichen Persönlichkeit, miteinander verständigen.«

Es ist über zehn Jahre her, seit ich diese Zeilen geschrieben habe. Und in dieser Zeit ist die Freundschaft der beschriebenen Personen etwas abgekühlt. Putin und Obama bezeichnen sich schon nicht mehr als Freunde. Und die Versuche von Angela Merkel, Wladimir Putin »zu erziehen«, sind nicht von Erfolg gekrönt. Doch zur Olympiade in Sotschi sind westliche Mannschaften angereist. Und sofort nach der Olympiade wurde die Krim annektiert. Zwischen der Olympiade in Berlin und der Annexion des Sudetenlandes von Tschechien lagen fast zwei Jahre. Heute vergeht die Zeit schneller, aber die Analogie liegt auf der Hand.

Haben damals die demokratischen Länder eine Verantwortung dafür getragen, was das Deutsche Reich macht? Sind sie jetzt mitverantwortlich, wenn man sagt: »Die Krim gehört uns«? Sind sie mitverantwortlich für das militärische Handeln der russischen Armee in der Ukraine? Ergibt es überhaupt einen Sinn, heute von der internationalen Gemeinschaft zu sprechen? Auf alle diese Fragen habe auch ich keine Antwort ...

8 INQUISITION IN NÜRNBERG – EINE DEBATTE

2002 diskutierten die Politiker in Deutschland, ob es nicht an der Zeit wäre, die tschetschenischen Flüchtlinge wieder nach Russland zurückzuschicken. Zu dieser Zeit waren die Lager in Inguschetien bereits eilends geschlossen und die tschetschenischen Flüchtlinge gewaltsam zur Rückkehr nach Tschetschenien gedrängt worden. Russische Medien berichteten vom Ende der Kampfhandlungen, in Tschetschenien herrsche wieder Recht und Ordnung. Die deutschen Behörden, die für Flüchtlinge zuständig sind, glaubten das nur allzu gern und waren bereit, mit der Rückführung von Tschetschenen nach Russland zu beginnen. Allerdings waren deutsche Nichtregierungsorganisationen darüber sehr beunruhigt. Sie nahmen das, was die russischen Medien verbreiteten, weitaus kritischer wahr.

Mitglieder von Amnesty International besuchten Russland, um sich ein Bild von der Situation in Tschetschenien und der Lage der Tschetschenen in Russland zu machen. Einige von ihnen trafen auch mit mir zusammen. Gemeinsam suchten wir unsere Beratungsstelle vom »Komitee Zivile Unterstützung« auf und sahen mit eigenen Augen, wie viele Menschen sich an uns mit der Bitte um Unterstützung wandten. Im Somme 2003 hatte die deutsche Sektion von »Amnesty International« nach Wuppertal eingeladen, wo mir der Menschenrechtspreis für »Leistungen auf dem Gebiet des Menschenrechtsschutzes« verliehen wurde. Im Anschluss an die Preisverleihung hatte Amnesty für mich zahlreiche Gespräche organisiert, unter anderem im Außenministerium und im Bundesamt für Migration und Flüchtlinge (BAMF). Dort stellte ich meinen ersten Bericht »Die Situation der Tschetschenen in Russland« vor. Seitdem bin ich dort jedes Jahr einmal und berichte über die Registrierung, über die Schwierigkeiten, unter denen die Tschetschenen leiden, wenn sie ihre Papiere erhalten wollen; ich erzähle von zerstörten Existenzen, von Vermietern, die nicht an Tschetschenen vermieten wollen, und von willkürlichen Hausdurchsuchungen.

Sogar in die Wohnung eines bekannten Moskauer Anwaltes namens Abdullah Chamsajew waren sie eingedrungen und hatten bei ihm eine Hausdurchsuchung vorgenommen. Chamsajew war ein ehemaliger Staatsanwalt. Als Anwalt hatte er die Familie Kungajew verteidigt, die Eltern von Cheda Kungajewa, die 2000 von Oberst Budanow entführt und anschließend getötet worden war. Dieser Fall ist deswegen so bekannt geworden, weil Budanow drei Jahre später degradiert und zu zehn Jahren Haft verurteilt wurde. Wie viele andere junge Frauen spurlos verschwunden sind – wir wissen es nicht. Die Familie Kungajew selbst musste nach den Prozessen Russland verlassen, da man sie immer häufiger bedroht hatte. Abdullah Chamsajew starb 2004 im Alter von 67 Jahren. Budanow kam 2008 in Freiheit. Zweieinhalb Jahre später wurde er in Moskau auf offener Straße erschossen.

Die Mitarbeiter des Bundesamtes in Deutschland hatten mir sehr aufmerksam zugehört und waren sehr höflich. Sie hatten ein wirkliches Interesse an der Lage der Tschetschenen in Russland und fragten immer wieder, ob es in Russland für diese Personengruppe auch eine inländische Fluchtalternative gebe. Trotz der wohlmeinenden Atmosphäre habe ich immer wieder ein gewisses Misstrauen verspürt. Dabei habe ich mich gefragt, wie sich erst die Flüchtlinge fühlen müssen, wenn sie befragt werden.

Anscheinend ist es eine Berufskrankheit, an der die Mitarbeiter aller Migrationsdienste zu leiden scheinen. Ein bisschen Inquisition ist immer dabei. Es ist ja auch ihre Aufgabe, einen Menschen zu enttarnen, der um Asyl ersucht. Dabei werden sie natürlich hellhörig, wenn ihnen etwas nicht plausibel oder gar gelogen erscheint.

Einer der Mitarbeiter des Migrationsdienstes meinte mit einem süßen Lächeln: »Vielen Dank für Ihren Vortrag, Frau Gannuschkina. Natürlich vertrauen wir Ihnen vollständig. Aber denken Sie bitte daran, dass es uns merkwürdig erscheint, dass Personen, die so lange in Moskau, St. Petersburg und anderen Städten gelebt haben, auf einmal nicht mehr ihren gewöhnlichen Lebensstil beibehalten können.«

Da habe ich mit dem gleichen freundschaftlichen Lächeln geantwortet: »Und mir kommt es seltsam vor, dass mir diese Frage ausgerechnet hier in Deutschland gestellt wird. In der deutschen Geschichte hatten wir doch auch in der jüngeren Vergangenheit eine Situation, dass Menschen, die seit ihrer Geburt in deutschen Städten gelebt hatten, von einem auf den anderen Tag nicht nur ihre normale Lebensweise, sondern sogar ihr Leben verloren haben.« Darauf hielten alle den Blick gesenkt, und es folgte ein Augenblick des Schweigens. »Wir haben verstanden, Frau Gannuschkina.«

Einige meiner Freunde haben mich daraufhin verurteilt, dass ich mit ihnen so hart ins Gericht gegangen bin und sie an ihre eigene Geschichte erinnert habe. Doch ich denke, dass es nützlich war, sie an ihre eigene Geschichte zu erinnern, für die sie sich schämen. Diese Scham vor den Toten kann helfen, Mitleid mit den Lebenden zu entwickeln. Nach diesem Gespräch besserte sich mein Verhältnis zur Bundesbehörde in Nürnberg.

Vom deutschen Innenministerium wurden nun keine Abschiebungen von Tschetschenen mehr nach Russland angeordnet. Jedes Jahr führe ich ein Gespräch mit der Behörde in Nürnberg und mit dem deutschen Außenministerium. Dabei sprechen wir auch mit

Abgeordneten über die Situation bei uns. Ich denke, die deutsche Position zu Flüchtlingen aus Russland spielt eine große Rolle bei der gesamteuropäischen Politik. Immer wieder wird eine Gruppe von Flüchtlingen nach Russland abgeschoben, mal aus Polen, mal aus Österreich oder mal auch aus Norwegen. Doch bisher gibt es keine Entscheidung bezüglich einer Abschiebung im großen Stil. Und ich hoffe sehr, dass es in der nahen Zukunft auch nicht dazu kommen wird.

Eine Hetzkampagne gegen Georgier

Die Jagd auf Georgier in Moskau begann erstmals 1997. Es scheint, als ob dafür nicht einmal ein konkreter außenpolitischer Anlass nötig war. Wer waren diese Leute, die gegen die Georgier gehetzt hatten? Das waren vor allem Opfer des georgisch-abchasischen Konflikts, der 1992 begonnen, mehrere sehr kritische Phasen durchlaufen hatte und bis heute noch anhält. 1989 hatten in Abchasien 525 000 Menschen gelebt, darunter 240 000 Georgier, 93 000 Abchasen und noch andere Völker. Mehr als die Hälfte der Bevölkerung, ungefähr 50 000, war gezwungen, Abchasien zu verlassen. Und sie wanderten vor allem nach Russland aus, in die großen Städte. Russland hatte in Abchasien jedem, der es wünschte, einen russischen Pass ausgehändigt. Die Georgier aus Abchasien lebten jedoch mit sowjetischen Pässen, viele von ihnen erhielten in Russland keine Registrierung und konnten so auch nicht die russische Staatsbürgerschaft bekommen. Sie unterschieden sich von Flüchtlingen aus Aserbaidschan dadurch, dass sie erst nach dem Ende der Sowjetunion in Russland eingetroffen waren. Und deswegen konnten sie auch nicht automatisch die russische Staatsbürgerschaft erhalten.

1997 waren die Georgier während der Hetzkampagne in einer schwierigen Lage. Die Miliz hielt sie immer wieder auf der Straße an. Häufig konnten sie gegen ein Bestechungsgeld für die Milizionäre wieder freikommen. Einige aber hatte man auf die Wache geführt, sogar vorübergehend festgenommen und dann zur Ausreise aus Russland aufgefordert. So pilgerten viele Georgier zu unserem Büro. Von morgens bis spät am Abend fertigten unsere Mitarbeiter für sie Schreiben an, die ihre Situation erklärten und gleichzeitig feststellten, dass sie von unserer Organisation bis zur Erlangung des Asyls betreut werden. Unsere Bescheinigungen lösten bei der Polizei unerklärlicherweise stets großen Respekt aus. Ich habe es selbst gesehen: Ein Polizist sah sich unser Schreiben an, salutierte kurz und ließ dann die Person wieder laufen. Ich denke, der Grund dieses Verhaltens ist, dass offizielle Schreiben auf Milizionäre wie Wunder wirken. Und diese trugen ja unseren Briefkopf und unseren Stempel. Sie wussten vielleicht nicht einmal genau, was eine Nichtregierungsorganisation ist, aber das Wort »Komitee« hatte offensichtlich Eindruck gemacht.

Unsere »Schutzurkunden« verdienen es, etwas näher erläutert zu werden. Die Idee dazu stammte von einem Armenier aus Nagorny Karabach. Auch er wurde 1990 von einem Milizionär nach der Registrierung befragt. Und am nächsten Tag bat er mich, ihm auf unserem Briefpapier eine Bescheinigung auszustellen, dass er nicht mehr nach Hause zurückkehren könne, weil dort Krieg herrsche. Ich habe mich sehr gewundert und eingewendet: »Aber diese Bescheinigung hat doch keinerlei Rechtskraft. Wir sind ja nur eine Nichtregierungsorganisation.« »Sie kennen anscheinend das Land nicht, in dem Sie leben«, lautete seine Antwort. Und er hatte recht. Mit unserer Bescheinigung in der Tasche konnte er sich in Moskau frei bewegen. Als wir das sahen, kamen wir auf die Idee, derartige Papiere auch anderen Flüchtlingen zur Verfügung zu stellen. Eines Tages erhielten wir in dieser Sache einen Anruf. Es war ein Milizionär am anderen Ende der Leitung. »Und warum haben Sie vergessen, ein Foto in die Bescheinigung zu kleben?«, wollte er wissen. Seitdem stellen wir diese Papiere nur noch mit Foto aus.

Was wir da taten, war nicht gesetzeswidrig. Wir erklärten in dem von uns ausgestellten Schreiben lediglich, in welcher Lage sich die betreffende Person gerade befand. Gleichzeitig baten wir die Person, die dieses Papier liest, alles Mögliche zu tun, um den Inhaber des Schreibens nicht weiter zu behelligen. Ich muss anmerken, dass die Georgier zunächst nicht besonders an die Wirkung dieses Schreibens geglaubt haben. Sie waren es schon gewohnt, der Miliz eine Summe Geld in die Hand zu drücken. Und sie wussten auch, wie man eine Arbeit aufnimmt, ohne eine Arbeitserlaubnis zu besitzen. Mit der Zeit ließ diese Hetzkampagne nach, und es war wieder alles so wie vorher.

Ende 2000 führte Russland für georgische Staatsbürger die Visapflicht ein. Damit hatten Georgier, die nur einen sowjetischen Pass oder die in der georgischen Botschaft ein Papier erhalten hatten, keinen legalen Status mehr.

2006 verschärfte sich die Beziehung zwischen den beiden Staaten. Georgien forderte den Abzug der russischen Friedensschutztruppen aus Abchasien und Ossetien; man hatte russische Soldaten festgenommen und der Spionage verdächtigt. In dieser Zeit berief Russland seinen Botschafter aus Tbilisi ab.

Gleichzeitig setzte in Moskau und anderen Städten eine neue Hetzkampagne gegen Georgier ein. Personen, von denen die Milizionäre vermuteten, dass sie Georgier seien, wurden auf der Straße angehalten und in ein Gericht gebracht. Dort wurden oft in Windeseile Entscheidungen zur Abschiebung getroffen, und man überstellte die Betroffenen sogleich in Abschiebezentren. Täglich verließen nun Flugzeuge mit abgeschobenen Georgiern Russland. Oft hatten diese Georgier in Georgien weder Verwandte noch Freunde.

In staatlichen Einrichtungen und Lehranstalten erging der Befehl, georgische Staatsbürger ausfindig zu machen und der Miliz ihren Aufenthaltsort mitzuteilen. Dieser Befehl betraf nicht nur georgische Staatsbürger, sondern auch ethnische Georgier. Und jeden

Tag mussten die Einrichtungen Rechenschaft darüber ablegen, inwieweit sie diesen Befehl umgesetzt hatten. Es ist sogar vorgekommen, dass Milizionäre Pässe von georgischstämmigen russischen Staatsbürgern zerrissen haben. Offensichtlich hatten sie Mühe, ihren Plan zu erfüllen.

Gleichzeitig trafen Gerichte Entscheidungen, ohne vorher geprüft zu haben, ob die betreffende Person nicht die russische Staatsbürgerschaft besaß. Als Anlass einer Festnahme reichte ein georgischer Nachname. Die Festgenommenen saßen dann in den Gängen der Gerichte und manchmal auch in den Wagen der Miliz. Nach einiger Zeit rannte ein Mitarbeiter der Miliz mit einem Verhaftungsprotokoll in den Gerichtssaal und kehrte mit einer fertigen Entscheidung zurück. Vielfach bekam der Richter die betreffende Person nicht einmal persönlich zu Gesicht.

Mithilfe des Menschenrechtsbeauftragten konnte ich einmal eines der Abschiebezentren besuchen. Es handelte sich um ein gewöhnliches Gefängnis mit einer Toilette und einer Waschgelegenheit hinter einem niedrigen Zaun. Alle Geräusche und alle Gerüche drangen von dort in das Gebäude. An eine Dusche war nicht einmal zu denken. Die Zellen waren überfüllt mit Personen, die diesen Ort lieber heute als morgen verlassen hätten. Doch niemand fasste den Mut Beschwerde einzureichen. Nur mit Mühe konnte ich einen Mann dazu bringen, mir die Telefonnummer seiner Tochter zu geben, die wenig später gegen die Abschiebehaft klagte. Gleichzeitig konnte sie nachweisen, dass ihr Vater die russische Staatsbürgerschaft besaß. In manchen Gerichtsurteilen waren die Nachnamen verwechselt worden. So hieß es beispielsweise, das Vergehen sei von einem Gorischwili begangen worden, während die Schuld von einem gewissen Allawidse anerkannt worden war. Das lag einfach daran, dass man sich nicht einmal die Mühe gemacht hatte, im Computer bei der Kopie eines Schreibens die Namen in den Textbausteinen konsequent auszutauschen. »Wer ist bei Ihnen in Haft?«, fragte ich einmal den Direktor der Anstalt. Und er gab zur Antwort: »Woher soll ich das wissen?« Auf den Flughäfen ging es immer enger zu; angesichts der ständigen Überfüllung und des Stresses erlitten vor allem ältere Menschen vermehrt Herzattacken, und manche starben sogar. In einem Abschiebezentrum für Frauen starb die 50-jährige Manana Dschabelija an einer Herzattacke. Die Entscheidung, sie abzuschieben, war in der Berufung aufgehoben worden. In unserer Organisation stand das Telefon nicht still. Ständig kamen Leute, deren Verwandte oder Freunde willkürlich festgenommen worden waren. Wir beobachteten und dokumentierten die Situation und gingen dann an die Presse.

Die georgische Botschaft sammelte ebenfalls Informationen über die Vorfälle, um diese Informationen dem Europäischen Gerichtshof für Menschenrechte in einer Klage übermitteln zu können. Ich war damals auch bereit, als Zeugin aufzutreten und dem Botschafter die von uns gesammelten Dokumente auszuhändigen. Die Botschaft schickte sogar einen Wagen, der mich abholte. Auf der Straße hielt uns ein Milizionär an und fragte: »Von welcher Botschaft stammt dieser Wagen?« Der Fahrer zeigte seine Papiere und sagte: »Ich selbst bin Armenier«, und zog seine Papiere heraus. Der armenische Nachname wirkte, und wir konnten ungestört weiterfahren.

In sehr kurzer Zeit waren 7000 Menschen abgeschoben worden. Diese antigeorgische Kampagne ging sogar so weit, dass die Bücher bekannter georgischer Schriftsteller, wie beispielsweise von Boris Akunin, aus den Regalen der Buchläden verschwanden. Man hatte herausgefunden, dass sich hinter dem russisch klingenden Künstlernamen »Boris Akunin« ein Georgier namens Grigori Schalwowitsch Tschchartischwili verbirgt, was der Schriftsteller übrigens nie verheimlicht hatte.

Es ist auch wichtig hinzuzufügen, dass die russische Gesellschaft in einer ungewohnten Heftigkeit auf diese verrückte Kampagne reagierte. Auf allen unseren Pressekonferenzen saßen neben den Menschenrechtlern bekannte Schriftsteller, Lyriker, Musiker. Die traditionell lang andauernden Kontakte zwischen russischen und georgischen Kulturschaffenden dürften dabei eine wichtige Rolle gespielt haben. Sogar Direktoren von Schulen und Instituten weigerten sich auf einmal, ihre Schüler zu »enttarnen«. Sie übermittelten uns die Instruktionen, die sie erhalten hatten. Viele gingen auf die Straße mit Stickern »Ich bin ein Georgier«.

Der beim russischen Präsidenten angesiedelte Menschenrechtsrat ging an die Öffentlichkeit. Hier ein Zitat dieser Erklärung: »Der Rat ist der Auffassung, dass es nicht zulässig ist, eine Situation zu nutzen, die sich durch außenpolitische Umstände bedingt gebildet hat, um eine Hetzjagd auf unsere Mitbürger oder bestimmte ethnische Gruppen zu starten.

Wir gehen davon aus, dass die antigeorgische Kampagne einen sehr negativen Einfluss auf die Beziehung zwischen unseren Völkern hat, dass sie schädlich ist für das Image Russlands, dass sie sich sehr negativ auf die Herausbildung eines unabhängigen Rechtsprechungssystems auswirkt und vor allem Willkür schafft, menschliche Schicksale vernichtet und Familien die wirtschaftliche Existenzgrundlage nimmt.

Wir rufen die russischen Behörden auf, alle notwendigen Maßnahmen zu treffen, um die Gesetzlichkeit, die Prinzipien des Humanismus und die Achtung der Rechte und Freiheiten aller Menschen unserer Heimat wiederherzustellen.«

Diese entschiedene Haltung in der Gesellschaft hatte man bei den Machthabern begriffen. 2008 mündeten die Beziehungen zwischen Russland und Georgien in einen direkten militärischen Konflikt, doch es kam nicht zu der von uns befürchteten erneuten antigeorgischen Kampagne. Als man einen unserer georgischen Schützlinge zur Miliz abführen wollte, rief unsere Mitarbeiterin Lena Burtina sofort dort an. Man gab ihr zur Antwort: »Ja, wir lassen ihn wieder gehen. Dieses Mal haben wir keine entsprechende Anordnung von oben, wie wir es noch 2006 hatten.«

Toleranz zu Intoleranz

Auf einer Konferenz der Friedrich-Ebert-Stiftung in Moskau sagten unsere deutschen Gäste, in Deutschland sollte für jeden Moslem eine Moschee zu Fuß erreichbar sein. Ich denke, wenn die Moschee nicht so nah ist und ein Muslim mit der U-Bahn dorthin fahren muss, ist das nicht weiter schlimm. Aber ganz wichtig ist es, dass jeder Muslim versteht, dass er in Deutschland oder einem anderen Land lebt und dass es hier Gesetze gibt, die er beachten muss. Es ist absolut notwendig, diese Gesetze einzuhalten.

Das gilt für jeden Christen und auch für jeden Atheisten oder Agnostiker wie mich. Das ist unabdingbar. Keine Tradition, keine Religion darf jemanden davon abhalten, den Gesetzen zu folgen, die ihn ja gegebenenfalls auch schützen.

In Deutschland hatte man mir von einer Richterin erzählt, die sich mit der Klage einer Muslimin auseinandersetzen musste. Die Türkin hatte gegen ihren Mann geklagt, der sie schlug, aber die Richterin gab der Klägerin nicht recht. Sie entschied vielmehr, dass man es hier mit traditionellen Familienbeziehungen zu tun habe. Und in diese, so die Richterin, solle man sich nicht einmischen. Allerdings wurde diese Entscheidung in der nächsten Instanz wieder aufgehoben. Doch es zeigt an und für sich eine gefährliche Tendenz, dass überhaupt ein derartiges Gerichtsurteil gefällt wurde, und dann sogar noch von einer Frau über eine andere Frau, die sich vom Staat Schutz erhoffte. Diese Frau wurde von einer staatlichen Institution auf ihre Traditionen verwiesen, Traditionen, die dieser Türkin längst fremd geworden waren.

Man kann natürlich verstehen, dass Toleranz gerade in Deutschland ein wichtiger Wert ist und die jüngere Geschichte dabei eine wichtige Rolle spielt, aber eine »Toleranz gegenüber Intoleranz« ist auch nicht besser.

Polizisten in Deutschland haben mir eine andere Geschichte erzählt: Eine junge Frau aus einer muslimischen Familie war von ihrem minderjährigen Bruder ermordet worden, weil sie mit einem Deutschen eine Beziehung eingegangen war. Man hatte in dem Fall Ermittlungen aufgenommen, aber niemand wurde bestraft. »Warum nicht?«, fragte ich. »Der Vater und die älteren Brüder haben doch sicherlich den jungen Mann erst dazu gebracht, das zu tun.« Doch die Polizisten sagten mir, man habe den jungen Mann verhört und ihn gefragt: »Hat dir dein Vater das aufgetragen?« Darauf habe der Junge geantwortet: »Der Vater hat nur sagt: ›Du weißt, was du zu tun hast.‹« Daraus habe das Gericht den Schluss gezogen, dass es keinen direkten Mordauftrag vonseiten des Vaters gegeben habe. Die Polizisten waren mit dem Verlauf dieses Falls sehr unzufrieden und hatten das Gefühl, sie hätten ihre Arbeit umsonst gemacht.

Tatsächlich war der junge Mann sehr wohl angestiftet worden, denn er hatte die Worte seines Vaters so verstanden und in diesem Sinn gehandelt. Daher kann man durchaus sagen, dass der Vater den Mordauftrag erteilt hat.

Übertragen wir diese Situation einmal auf deutsche Verhältnisse oder auf diejenigen in meiner Familie. Angenommen, eine junge Frau hat auf einmal eine Beziehung mit einem jungen Mann. Und angenommen, dieser Mann gefällt der Familie dieser Frau nicht. Weiter angenommen, der Vater bittet seinen Sohn zu sich und sagt ihm: »Du weißt, was du zu tun hast.« Wie soll man diesen Satz entschlüsseln? Für meinen Sohn würde er bedeuten: »Das ist die Entscheidung meiner Schwester. Sei deswegen höflich zu diesem jungen Mann und verhalte dich korrekt.«

Doch wir sehen, dass ein junger Mann aus einem anderen Kulturkreis diesen Satz ganz anders auffassen wird: »Deine Schwester hat unsere Ehre beschmutzt. Und du musst sie dafür hart bestrafen.«

Damit das Gesetz wirklich für alle Menschen in einem Land die gleiche Bedeutung hat, ist es wichtig, dass ein Richter einen Satz auch in Bezug auf seinen kulturellen Hintergrund versteht. Ansonsten wird die Bevölkerung eines Landes ein Konglomerat von Gruppen, die sich nicht verstehen und die alle nach ihren eigenen Traditionen leben.

Das sind eure Traditionen, sie gehen uns nichts an

In Deutschland, wo man viel über nationale Minderheiten spricht und auch mit heftigen Emotionen streitet, tritt das Problem der Isolation von Migranten akut in Erscheinung. Die Deutschen mischen sich nicht gerne in das Leben ihrer Nachbarn ein; sie arbeiten so sehr an der Toleranz, dass sie sogar bereit sind, sich mit den Traditionen und dem Lebensstil nationaler Minderheiten abzufinden, wenn diese die Menschenrechte und die auf den Menschenrechten fußenden Gesetze verletzen.

Deutsche Menschenrechtler haben mir mehrfach von einem 14-jährigen Mädchen berichtet, das in Deutschland geboren und aufgewachsen ist. Die Eltern brachten das Mädchen außer Landes, um es nach den dortigen Gesetzen zu verheiraten. Anschließend wurden die jung Verheirateten wieder nach Deutschland gebracht, und der Mann beantragte die deutsche Staatsbürgerschaft.

Wenn ich jetzt frage: »Ja, wie können Sie denn das zulassen?«, antwortet man mir: »Nun, wissen Sie, die haben eben solche Traditionen. Ihnen gefällt das so, und uns betrifft das nicht.«

Ich habe großen Respekt vor anderen Traditionen und vor dem Islam. Doch ich bin überhaupt nicht sicher, ob ein 14-jähriges Mädchen, das auf ein deutsches Gymnasium geht, Spaß daran hat, nach Pakistan zur Heirat mit einem fremden Mann gebracht zu werden.

Es ist doch ganz offensichtlich, dass hier die Gleichheit von Mann und Frau verletzt wird.

Für manche Angehörige nationaler Minderheiten kann der eigene enge Kulturkreis, kann die eigene Minderheit eine tödliche Umgebung darstellen. Und dann gilt es, sie vor dieser Umgebung zu schützen.

Nachdem ich darüber nachgedacht hatte, begann ich, das internationale Recht nach etwas zu durchforsten, worauf man sich stützen konnte. Und ich fand, was ich suchte. Allen ist die Rahmenverfassung »Schutz von nationalen Minderheiten« bekannt. In der Regel erinnert man sich immer an sie, wenn es um das Recht auf Entwicklung der eigenen Kultur und um den Erhalt von Religion, Sprache und kulturellem Erbe geht. Doch nur wenigen ist Artikel 3 geläufig, der mir sehr wichtig erscheint: »Jede Person, die einer nationalen Minderheit angehört, hat das Recht, frei zu entscheiden, ob sie als solche behandelt werden möchte oder nicht; aus dieser Entscheidung oder der Ausübung der mit dieser Entscheidung verbundenen Rechte dürfen ihr keine Nachteile erwachsen.«

Deswegen ist der Staat verpflichtet, jedem Angehörigen einer Gemeinschaft, die zu einer Minderheit gehört, die Möglichkeit zu garantieren, diese Minderheit zu verlassen.

Ein arabischer Junge aus einem Pariser Vorort, der keine Lebensperspektiven hat, eine deutsche Schülerin pakistanischer Herkunft, eine junge vierte Frau eines französischen Arabers (oder eines arabischen Franzosen), den man wegen Polygamie angezeigt hat – sie alle müssen die Möglichkeit haben, das Umfeld ihrer Herkunft verlassen zu dürfen. Der Staat ist verpflichtet, ihnen in diesem Fall ihre Sicherheit zu garantieren. Das Recht, einer Minderheit nicht angehören zu wollen, ist nicht weniger wichtig als die Einhaltung der Rechte derer, die dieser Minderheit weiterhin angehören wollen. Ein gleichgültiges und distanziertes Verhältnis zu Minderheiten schafft keine multikulturelle Umgebung, sondern ein Umfeld, das aus Enklaven besteht. Und dies führt zu Konflikten, mit denen die europäische Gesellschaft nur schwerlich fertigwerden wird.

Wahrscheinlich hätte ich nicht so viel über das Zusammenleben der Kulturen und die Einschränkungen durch Traditionen nachgedacht, wenn ich nicht so häufig und so direkt mit diesen Fragen konfrontiert würde.

»Diesmal haben sie sie entführt, um sie zu töten«

Die folgende Geschichte spielte sich 2011 ab. Ich erhielt einen Anruf aus der deutschen Botschaft. Man bat mich kurzfristig um ein Treffen. Eine halbe Stunde später erschien ein Mitarbeiter der Botschaft mit einer mir unbekannten jungen Frau. Diese Frau, ich nenne sie Maret, war eine 19-jährige Tschetschenin. Marets Familie war zu einem früheren Zeitpunkt nach Deutschland ausgereist, noch während des Ersten Tschetschenienkrieges.

Maret besuchte eine deutsche Schule und unterschied sich kaum von deutschen Mädchen ihres Alters – wenn man einmal davon absieht, dass sie eine tschetschenische Schönheit ist. Dass sie sich zwei Jahre vorher mit einem deutschen Jungen angefreundet hatte, ist eigentlich nichts Besonderes, jedoch nicht für ihre tschetschenische Familie. Ihre Angehörigen empfanden die Freundschaft des Mädchens zu einem Deutschen als Schande. Und sie hatten einen perfiden Plan entwickelt, um dieser Freundschaft ein Ende zu setzen.

Die Hauptrolle in diesem hässlichen Spiel übernahm Marets Mutter. Maret liebte ihre Mutter. Deswegen hatte sie auch sofort eingewilligt, als diese ihr vorschlug, zusammen in die Ukraine zu fahren und eine Freundin zu besuchen. Die hinterhältige Mutter hatte ihre Tochter dort einer Tante anvertraut und war selbst wieder nach Deutschland zurückgekehrt. Die Tante brachte die junge Frau aus der Ukraine weiter nach Moskau, wo man ihr die Papiere abnahm. Als Nächstes stand eine Fahrt nach Tschetschenien und die anschließende Zwangsheirat auf dem Plan.

In einem günstigen Augenblick schnappte sich Maret ein Telefon und bat, man möge sie in ein Geschäft gehen lassen. Auf der Straße rief sie ihren Freund an, erfuhr von ihm die Adresse der deutschen Botschaft und machte sich sofort auf den Weg dorthin.

Die deutsche Botschaft war eigentlich nicht berechtigt, ihr zu helfen, denn Maret besaß nur die russische Staatsbürgerschaft. In Russland wiederum wird ihre Anerkennung als Flüchtling in Deutschland nicht akzeptiert. Deswegen wurde sie von den Mitarbeitern der Botschaft weitergereicht. Man musste überlegen, wo man sie wohnen lassen konnte, was man ihr zum Anziehen geben sollte und wie man sie wieder nach Hause bringen konnte. Die ersten Tage haben wir alle diese Probleme in Angriff genommen.

Wir brachten Maret in einer Wohnung unter, die wir eigens für Frauen in Not angemietet hatten und deren Besitzer Sapar Kuljanow ist, ein wunderbarer Mensch. Ihm gehört ein kleines Anwesen am Rand von Moskau, das ihm ein russischer Millionär zur Verfügung gestellt hat. Der Millionär ist inzwischen bankrott, das Haus stand zwar, musste jedoch noch fertiggebaut werden. Mit großem Einsatz gelang es Sapar Kuljanow, die notwendigen Mittel aufzutreiben, um das Haus so weit fertigzustellen, dass dort Frauen in Not mit ihren Kindern leben können. Sapar hat auf unsere Bitte hin mehrere Familien aufgenommen, die aus Asien, Afrika oder Russland stammten. Inzwischen ist diese Unterkunft leider geschlossen worden, da die Behörden auf den Besitzer sehr großen Druck ausübten. Niemand wollte dem Mann helfen, immer wieder musste er eine Geldstrafe bezahlen. Eines Tages hatte sich die Staatsanwaltschaft eingemischt, weil er eine Afrikanerin mit ihrem Jungen aufgenommen hatte. »Wie konnten Sie es nur wagen, eine Illegale einfach in Ihrer Wohnung aufzunehmen?«, fragte die Staatsanwaltschaft den Mann. »Ja wäre es denn besser gewesen, wenn sie in dieser Eiseskälte erfroren wären?«, entgegnete er. »Dafür wären Sie doch nicht verantwortlich gewesen«, antwortete der Staatsanwalt.

Jedenfalls konnte Maret an diesem wunderbaren Ort Unterschlupf finden. Dort nannte man sie einfach Anna, damit niemand unnötige Fragen stellte.

Doch wie sollten wir sie nach Deutschland zurückschicken? Sie hatte ja keine Papiere. Ich wandte mich an die Vertretung des UNHCR, und man startete eine Anfrage nach Genf. Wenig später ging folgende Antwort ein: »Wir sehen keine Probleme. Die junge Frau hat kein Gesetz verletzt. Sie soll sich einen neuen russischen Pass besorgen, anschließend ein deutsches Visum beantragen, und damit kann sie wieder nach Deutschland zurückreisen.« In Genf hatte man anscheinend überhaupt nicht begriffen, worum es bei der ganzen Sache eigentlich ging.

Wenn wir diesen Rat tatsächlich befolgt und einen neuen Pass für Maret beantragt hätten, hätte die ausstellende Behörde zuerst einmal eine Anfrage nach Tschetschenien schicken müssen, denn dort hatte sie ja ihren ersten Pass erhalten. In dem kleinen Tschetschenien hätte man sofort gewusst, wer Maret ist und dass sie sich momentan in Moskau aufhält. Dadurch wäre Maret unmittelbar in Gefahr geraten – und wir mit ihr.

Wie also konnten wir sie schützen? Wie sollten wir vorgehen, damit nichts passiert? Ich entschied mich, ein Risiko einzugehen.

Maret konnte sich eigentlich aufhalten, wo sie wollte, nur nicht auf russischem Territorium, denn außerhalb Russlands unterlag sie wieder der deutschen Rechtsprechung, und man hätte ihren deutschen Aufenthaltstitel anerkannt. Demnach könnte sie auch problemlos in einer deutschen Botschaft die für eine Einreise nach Deutschland erforderlichen Papiere erhalten. Die Papiere eines Flüchtlings sind überall gültig, nur nicht in seinem Herkunftsland, wo er einfach ein gewöhnlicher Staatsbürger ist.

Kurz gesagt, ich musste alles tun, um Maret einen Aufenthalt in der Ukraine zu ermöglichen. Doch wie sollte sie über die Grenze gelangen? Ich bat einen meiner Kollegen, der für seine Risikobereitschaft bekannt ist. Es war Alik Mnazakanjan, ein Menschenrechtler, der schon an verschiedenen konfliktreichen Orten war und der zu keiner zwielichtigen Organisation irgendwelche Kontakte unterhielt. Auf meine Frage hin erklärte er sich sofort einverstanden, so als würde er solche Unternehmen jeden Tag planen. »Haben Sie denn schon mal die Grenze an einer Stelle übertreten, die kein Grenzübergang ist?«, fragte ich ihn. Und er antwortete: »Ich werde es das erste Mal machen.«

Für Maret kauften wir einen Rucksack, dann schickten wir unser Pärchen auf Reisen. Dabei kann es schon mal vorkommen, dass man sich im Wald verirrt und plötzlich feststellen muss, dass man sich auf ukrainischem Territorium befindet.

Jede Stunde schickte Alik mir eine SMS. Ich machte mir schon Vorwürfe, dass ich so leichtfertig gehandelt hatte, und sah in Gedanken die beiden vor mir, wie sie festgenommen wurden, als sie illegal die Grenze übertreten hatten, hörte bereits die Verwünschungen ihrer Verwandten. Ich konnte nichts anderes tun, als meine Wohnung aufzuräumen. Mehr als zwei Stunden habe ich von den beiden nichts gehört, bis endlich die freudige Nachricht eintraf: »Schöne Grüße aus der Ukraine. Alik und Anna.« So sauber war meine Wohnung schon lange nicht mehr.

In der Ukraine war schon alles vorbereitet. Jetzt mussten auch keine Vorschriften mehr übertreten werden. Die Internationale Organisation für Migration organisierte für Maret eine kostenlose Übernachtungsmöglichkeit. Die Vertretung der UNO bestätigte, dass man von dem Fall Kenntnis habe. Und das Wichtigste: Die deutsche Botschaft konnte nun ihren Flüchtling mit den für eine Rückkehr nach Deutschland erforderlichen Papieren ausstatten. Dort nahm ihr Freund sie in Empfang, man gab ihr Papiere und einen neuen

Namen. Zur gleichen Zeit kehrte auch mein Kollege wieder nach Moskau zurück.

Einige Zeit später traf ich Maret mit ihrem Freund in Deutschland. Ich sagte ihm: »Verstehst du, dass sie wegen dir mit ihrer Familie gebrochen hat und dass sie jetzt nur noch eine einzige Bezugsperson hat, nämlich dich?« Und der 20-jährige Mann gab mir mit sehr ernstem Blick zur Antwort: »Sie ist das Heiligste, was ich in meinem Leben habe.« Sehr beeindruckt war ich auch von seiner Mutter. Sie hat die junge Frau wie ein eigenes Kind in die Familie aufgenommen. Darüber war ich sehr froh. »Unsere Tochter hat mit uns sehr viel Glück gehabt. Und wir haben mit ihr sehr viel Glück gehabt«, sagte sie mir.

Das klingt nach einem schönen Happy End, aber die Geschichte geht noch weiter.

Ich war gerade auf einem Seminar über Menschenrechte in Inguschetien, als ich plötzlich eine SMS-Nachricht von meinem deutschen Freund Bernhard Clasen erhielt. »Schlechte Nachrichten über Anna«, hieß es darin. Wir telefonierten sofort miteinander, und dabei erfuhr ich, dass Anna nicht nach Hause gekommen war.

Ich begriff, dass es dieses Mal nicht mehr darum ging, sie zu einer Heirat zu zwingen, sondern dass man sie töten wollte. Ich wandte mich an meine tschetschenischen Freunde, die mit den tschetschenischen Gebräuchen gut vertraut sind. Und alle haben mir meine schlimmsten Befürchtungen bestätigt, nämlich dass die Entführer dieses Mal Maret aufgelauert haben, um einen »Ehrenmord« zu begehen, um damit die angebliche Schande zu tilgen, die das Mädchen der Familie angetan habe, und den Ruf der Familie wieder reinzuwaschen.

In den nächsten Tagen telefonierte ich häufig mit Bernhard, bat ihn und Marieluise Beck, eine Abgeordnete des Bundestages, alles in ihrer Möglichkeit Stehende zu tun, um die Suche nach der jungen Frau zu intensivieren. Ich bat auch, mit der Polizei in Kontakt zu bleiben und dieser klarzumachen, dass die junge Frau in Lebensgefahr schwebte. Es waren neun schreckliche Tage. Schließlich kam der befreiende Anruf aus Deutschland: In einer gemeinsamen Aktion der deutschen und französischen Polizei konnte die Entführte gefunden und befreit werden. Ich habe nach der ganzen Anspannung der vergangenen zehn Tage vor Freude geweint.

Sehr beeindruckt hat mich die professionelle Zusammenarbeit von deutscher und französischer Polizei. Wenig später habe ich mit den Polizisten im Kopelew-Forum sprechen können, auch mit denjenigen, die an der Befreiungsaktion mitgewirkt hatten, und mit Ermittlungsbeamten. Ihnen war es wichtig, auch meine Meinung zu erfahren. Sie wollten wissen, ob sie wirklich ein Leben gerettet hatten. Sie beklagten sich über die Loyalität, die das Gericht gegenüber den Entführern zeigte, und berichteten mir von anderen Fällen von »Toleranz gegenüber Intoleranz«. Dies würde ihre Arbeit vielfach entwerten.

Meine Kollegen in Tschetschenien, denen ich diese Geschichte erzählte, waren nun wirklich nicht auf der Seite der Entführer. Sie sagten mir: »Lass uns hoffen, dass die Verwandten der Frau in Deutschland verurteilt werden und lange hinter Schloss und Riegel bleiben müssen.« Doch das scheint nicht der Fall zu sein. Wie ich erfahren habe, hat es bis heute noch keinen Prozess gegeben. Das liegt zum einen an den Äußerungen von Maret gegenüber den Ermittlungsbehörden. Sie hatte Mitleid mit ihrem Vater und ihrem Onkel bekommen. Sie hatte Mitleid empfunden, obwohl sie mit eigenen Ohren gehört hatte, wie diese sie entführt und auch die Entführung ihres Freundes geplant hatten, um beide zu töten. Sie berichtete, wie sie auf dem Weg zur Universität von einem Auto verfolgt wurde, in dem ihre Mutter gesessen habe. Sie habe sie aufgefordert: »Setz dich in den Wagen, ansonsten wird alles schlimmer.« Die Mutter steht Maret selbst heute noch sehr nahe. Deswegen hatte sie sich bei dieser zweiten Entführung freiwillig ins Auto gesetzt. Sie hatte nicht geschrien, keinen Widerstand geleistet, auch nicht die Polizei gerufen. Doch es ist trotzdem klar, dass man es hier mit einer Entführung zu tun hatte. Einer Entführung, die mit einem Mord enden sollte.

Die Polizisten fragten mich, ob ich bereit sei, in der Gerichtsverhandlung eine Aussage zu machen und eine Bewertung des Falls abzugeben. Ich habe natürlich mein Einverständnis erklärt. Doch das Gericht schien diese Erklärung nicht zu benötigen. Dabei kann sich solch eine Geschichte jederzeit wiederholen – und zwar mit einem wesentlich schlimmeren Ausgang.

Unsere Maret, oder nennen wir sie Anna, trägt jetzt einen vollkommen anderen Namen. Sie ist sehr glücklich mit ihrem treuen Freund. Vor Kurzem brachte sie einen wunderbaren Sohn zur Welt. Doch ihre innere Ruhe hat sie bis heute nicht gefunden. Ständig lebt sie in Angst um ihren Sohn, um seinen Vater und um sich selbst. Ich jedenfalls werde nie verstehen, wie man sich gegen seine eigene Tochter stellen kann, warum man auf das Glück verzichtet, den eigenen Enkel im Arm zu halten.

Die Geschichte von Maret ist kein Einzelfall. Noch zwei weitere tschetschenische Mädchen wandten sich in einer ähnlichen Lage in den letzten drei Jahren an uns. Auch sie wurden unter Vorspiegelung falscher Tatsachen nach Tschetschenien gelockt, wo man sie mit tschetschenischen Männern zwangsverheiratet hat. Und auch sie hatten nach Moskau fliehen können. Sie nach Deutschland zurückzuschicken war einfacher gewesen als im Fall von Maret.

Eine der beiden Frauen besaß bereits die deutsche Staatsbürgerschaft. Deswegen konnte ihr die deutsche Botschaft sofort die für die Rückreise erforderlichen Papiere ausstellen.

Die zweite hatte in Deutschland eine Aufenthaltsberechtigung. Und so mussten wir nur noch von ihren Verwandten ihren Pass erhalten. Das war allerdings auch nicht einfach, denn die Verwandten hatten uns lange hingehalten. Einmal sagten sie uns, die Mutter habe die Papiere nach Deutschland gebracht, dann wiederum behaupteten sie, die junge Frau habe alle Papiere bei sich. Der Innenminister Tschetscheniens hatte versucht, mir zu helfen. Schließlich leugnete ein Onkel, dass er die Papiere habe, und die Frau rief daraufhin ihre Mutter an. Schließlich kamen die Papiere aus Tschetschenien. Ich traf mich in der U-Bahn mit dem Neffen der jungen Frau und erhielt aus seinen Händen den Pass.

Dann kaufte die Mutter selbst für ihre Tochter ein Flugticket nach Berlin, sodass wir diese Kosten nicht übernehmen mussten. Zwei Tage später beklagte sich die Mutter bei uns. Die Tochter sei zu Hause angekommen, habe zwei Tage später ihre Sachen gepackt und sei verschwunden. Nicht einmal »Auf Wiedersehen« habe sie gesagt.

Nur zu gerne wüsste ich, wie viele Entführungen dieser Art »erfolgreich« sind. Ich bin gegen eine Einmischung des Staates in Privatangelegenheiten, aber es gibt Situationen, in denen eine derartige Einmischung einfach erforderlich ist. Natürlich muss man Flüchtlingen helfen, und natürlich muss man Traditionen achten. Man muss aber auch seine eigenen Werte, sein eigenes Rechtssystem achten und schützen. Und das gilt für alle gleich, nicht in der Form, aber im Inhalt.

9 MEINE SICHT AUF NORD-OST

Am 23. Oktober 2002 organisierten wir ein Seminar für tschetschenische Anwälte. Wir hatten dazu zahlreiche führende russische Juristen eingeladen und sie gebeten, ihre Erfahrungen an die Kollegen aus Tschetschenien weiterzugeben. Alle Referenten waren echte Koryphäen auf ihrem Gebiet. Ich wollte, dass die tschetschenischen Rechtsanwälte nicht nur die Möglichkeit zur Weiterbildung bekommen, sondern auch in die juristische Community Russlands eingeführt werden. Andererseits hatten sie durch den Krieg tatsächlich viele Veränderungen in der russischen Gesetzgebung verpasst und sollten auf den neuesten Stand gebracht werden.

Natürlich war ich aufgeregt. Ich wusste, dass die Menschen, die zu uns nach Moskau kamen, aus Regionen anreisten, in denen immer noch Krieg herrschte, in denen gefoltert wurde und außergerichtliche Tötungen stattfanden. Mir war klar, dass viele von ihnen sich hier in Moskau wie in Feindesland fühlen mussten.

Als Erstes versuchte ich, im Seminarzentrum den 15 Teilnehmern unsere Ziele und unser Programm vorzustellen. Unter den Gästen war auch eine Frau, die mich schnell unterbrach: »Sie haben uns hier versammelt, um uns etwas beizubringen. Aber haben Sie überhaupt eine Ahnung, was dort in Tschetschenien vor sich geht? Und Sie meinen, Sie könnten uns hier etwas beibringen …« Ich erläuterte ihr ausführlich unsere Arbeit in Tschetschenien und erklärte ihr, dass wir den Menschen dort helfen wollten. Und ich sagte ihr auch, dass ich diesen Krieg nicht unterstütze und ihn als Verbrechen der Staatsmacht gegen das eigene Volk sehe.

Sie sah mich mit einem sehr ironischen Blick an. »Ach so ist das also. Sie denken, dieser Krieg ist ein Verbrechen. Dann können Sie uns nicht verstehen, denn Sie selbst haben diesen Krieg ja nicht durchlebt.« Damit war ich einverstanden. Ich bemühte mich, ihr möglichst verständnisvoll zu antworten, und bat sie, mir zu erklären, warum sie zu diesem Treffen gekommen sei. »Ich wollte mal ein bisschen in einem geheizten Raum sein und wieder einmal eine Dusche benutzen können.«

Es war nicht einfach, dieses Gespräch fortzuführen, aber ich konnte jedenfalls die Vorstellung des Seminarprogramms beenden. Anschließend begannen die Vorträge. Einige dieser Vorlesungen wurden von Juristen unseres Netzwerkes »Migration und Recht« gehalten. Glücklicherweise waren unter unseren Mitarbeitern auch einige Anwälte aus Tschetschenien, die das Land bereits während des Ersten Tschetschenienkrieges verlassen hatten. Und die Frau, die meine Programmvorstellung sehr aggressiv aufgenommen hatte, traf in der Kaffeepause auf einen alten Bekannten, der in unserem Netzwerk arbeitete. In der Mittagspause kamen beide Gruppen, Referenten und Seminarteilnehmer, gut miteinander in Kontakt.

Üblicherweise übernachte ich bei Seminaren im Gebiet von Moskau immer zu Hause. Doch dieses Mal entschied ich mich, im gleichen Haus wie die Seminarteilnehmer zu bleiben. Die tschetschenischen Frauen luden mich in ihr Zimmer auf ein Glas Tee ein. Wir wollten miteinander reden. So ließen wir uns nieder, und die Frauen holten ihre wunderbar köstlichen Backwaren heraus, irgendjemand schaltete den Fernseher ein, und auf einmal erfuhren wir aus den Nachrichten, dass das Theater auf der Dubrowka während des Musicals »Nord-Ost« überfallen worden war und man die Besucher des Theaters als Geiseln genommen hatte. Ungefähr 40 bewaffnete Terroristen, die Hälfte von ihnen Frauen, waren in das Gebäude eingedrungen und hatten alle als Geiseln genommen, die sich in dem Gebäude aufhielten. Angeführt wurden die Geiselnehmer von Mowsar Barajew, einem Neffen von Arbi Barajew.

Ich mag das Wort »Schock« nicht, aber diesen Augenblick kann ich wirklich nicht anders beschreiben. Die halbe Nacht verbrachten wir vor dem Fernseher, es wurden praktisch pausenlos Nachrichten gesendet. Die Terroristen forderten den Abzug der russischen Truppen aus Tschetschenien und drohten, alle Geiseln in die Luft zu sprengen.

Am nächsten Tag fuhren wir mit dem Programm unseres Seminars fort, aber in den Pausen umlagerten wir alle den Fernseher in der Eingangshalle und sahen uns die Nachrichten an. Unsere tschetschenischen Anwälte schrieben einen Brief und baten mich, diesen Brief an die Einheit weiterzugeben, die die Geiseln befreien sollte. In dem Schreiben hatten sie erklärt, dass sie bereit seien, sich als Geiseln austauschen zu lassen. Ich selbst erhielt einen Anruf von »Memorial«, und man fragte mich, ob ich mit den verantwortlichen Einsatzleitern eine Vereinbarung treffen könnte, dass Menschenrechtler von »Memorial« bereit seien, sich gegen andere Geiseln austauschen zu lassen. Ich wurde auch gefragt, ob ich selbst zu solch einem Austausch bereit sei, und ich bejahte dies.

Die gesamten drei Tage hindurch, während sich das Drama um »Nord-Ost« abspielte, wurde unser Seminar weitergeführt. Allerdings war es nicht gelungen, eine Vereinbarung über den Austausch von Geiseln zu vereinbaren. Gemeinsam hörten wir, welche Forderungen die Terroristen stellten, und beobachteten, wie sich die Machthaber verhielten. Wir sahen, wie Angehörige von Geiseln auf die Straße gingen, um dort gegen den Krieg zu demonstrieren. Sie forderten einen Abzug der Truppen und die Rettung ihrer Angehörigen. In diesen Tagen wurde aus uns und unseren tschetschenischen Anwälten eine richtige Einheit. Wir sprachen sehr viel darüber, was gerade passierte; wir sprachen über diesen schrecklichen und durch nichts zu rechtfertigenden Krieg gegen das eigene Volk, über die Arbeit unserer Anwälte, die sich häufig mit gefälschten Ermittlungen gegen Tschetschenen zu beschäftigen hatten. Unseren Schmerz teilten alle. Eine Anwältin, die anfangs nicht sehr wohlwollend mit mir gesprochen hatte, sagte vor ihrer Abreise zu mir: »Jetzt sehe ich, dass Ihnen all das sehr nahegeht, was mit uns passiert.« Wir haben uns umarmt, mit dieser für Tschetschenen so typischen Umarmung, die fast keine körperliche Berührung zulässt.

Die tschetschenischen Anwälte reisten am Morgen des 26. Oktober wieder nach Hause. Wir hatten gemeinsam von der Stürmung des Gebäudes erfahren, der Beendigung des Terroranschlages und der Erschießung der Terroristen. Aber noch war nicht bekannt, wie viele Opfer es unter den Geiseln gegeben hatte. Es war ein schreckliches Gefühl aus Erleichterung und Bestürzung, als klar wurde, dass 130 Menschen getötet worden waren, darunter auch zehn Kinder. Die Organisation »Nord-Ost«, eine Vereinigung von Angehörigen der ehemaligen Geiseln und Verwandten der Getöteten, kommt sogar auf eine Zahl von 176 Toten.

Die schlafenden Terroristen und Terroristinnen waren mit einem Schuss in den Kopf direkt vor Ort getötet worden.

Wir haben in unserer Organisation sehr bald die Folgen dieser Ereignisse zu spüren bekommen. Eine der Besucherinnen des Schauspiels wurde verhaftet, weil sie Tschetschenin war. Unser Anwalt Stas Markelow hat sie aus dem Gefängnis geholt, der gleiche Anwalt, der 2009 von Neonationalisten ermordet worden ist. Nun suchten uns Leute auf, deren Verwandte bei diesen Ereignissen ums Leben gekommen waren, oder Personen, die Geiseln waren und das Ganze überlebt hatten. Unsere Freiwillige Tanja Schifrina, die mit tschetschenischen Kindern gearbeitet und ihnen Russischunterricht erteilt hatte, war im Theater ums Leben gekommen. Auch Anna Tewiljewna, ihre Mutter, die uns in unserem Zentrum bei der Adaption von Flüchtlingskindern geholfen hatte, war unter den Opfern. Leider gab es so wenig verlässliche Informationen. Die Bekannten von Tanja haben ihre Mutter in Krankenhäusern und Leichenschauhäusern gesucht. Erst am dritten Tag haben sie sie gefunden. Zwei Verwandte einer Mitarbeiterin waren bei dem Musical und haben überlebt. Sie suchten uns auf und berichteten uns, wie sie diese schrecklichen Tage verbracht hatten. Sie waren auf dem Balkon gewesen, wo sie von zwei tschetschenischen Terroristinnen bewacht wurden, die ihnen sogar Wasser und ein kleines Döschen für die Kontaktlinsen gebracht hatten.

Die Selbstmordattentäterinnen nannte man »schwarze Witwen«. Einige von ihnen waren in der Tat Witwen, obwohl sie noch so jung waren, die jüngste von ihnen gerade einmal 16 Jahre alt. Ich glaube, sie sagten: »Euer Wunsch zu leben ist schwächer als unser Wunsch zu sterben.« Sie wollten mit den Geiseln sprechen, ihnen erklären, dass sie ihnen nichts Böses wünschten, dass sie lediglich diesen Krieg stoppen wollten. Als wir später die Liste der Selbstmordattentäterinnen durchgingen, konnte uns unsere tschetschenische Mitarbeiterin fast zu jeder erzählen, welche Tragödie sie in ihrem Leben schon durchgestanden hatte. Diese jungen Frauen waren bereits vor dem Augenblick, als man sie in schlafendem Zustand erschossen hatte, traumatisiert gewesen.

Das rechtfertigt ihre Taten nicht. Diese Taten haben nichts bewirkt, sie haben nur das Leid auf der Welt weiter vergrößert.

Viele offene Fragen

In einem Interview hatte ich einmal geäußert, dass ich nicht nur die Geiseln, sondern auch die jungen Selbstmordattentäterinnen, die »schwarzen Witwen«, für Opfer hielt. Dafür war ich ziemlich großen Anfeindungen ausgesetzt, aber ich bleibe bei meiner Position und glaube, dass ich recht habe. Diese jungen Frauen haben unter der Grausamkeit des Staates gelitten und natürlich auch unter denen, die sie zu diesen terroristischen Handlungen anstifteten und sie dabei noch glauben ließen, sie würden eine Heldentat begehen. Warum nur musste man aber den schlafenden Frauen in den Kopf schießen? Wenn sie am Leben geblieben wären, hätte man von ihnen wichtige Informationen erhalten können.

Die Befreiungsaktion war damals durch einen Gasangriff eingeleitet worden. Doch die Krankenhäuser waren auf Gasopfer überhaupt nicht eingestellt. Sie rechneten mit vielen traumatisierten und auch verwundeten Menschen, aber das war etwas ganz anderes. Man hatte den Ärzten auch nicht mitgeteilt, um welches Gas es sich dabei handelte, wie seine Zusammensetzung war und ob es vielleicht ein Gegenmittel gegeben hätte. Die Mehrheit der Geiseln starb nicht durch die Terroristen, sondern im Zuge eines falschen Umgangs mit ihnen. Aber woher hätten die Einheiten der Sonderpolizei auch wissen sollen, welche Erste Hilfe man Menschen leisten muss, die von diesem Gas vergiftet wurden? Die Geiseln lagen in Bussen aufeinandergestapelt. Viele waren an der eigenen Zunge erstickt.

Zehn Jahre später, 2012, kam der Europäische Gerichtshof für Menschenrechte im Nord-Ost-Geiseldrama zu einem Urteil: Das Gericht erkannte an, dass Russland Artikel 2 der Europäischen Menschenrechtskonvention, das Recht auf Leben, verletzt hatte. Gleichzeitig forderte das Gericht Russland auf, den Klägern einen Betrag von 1 300 000 Euro zu bezahlen. Das Gericht stellte weiter fest, dass keine entsprechenden Ermittlungen eingeleitet wurden und verlangte eine gründliche Untersuchung der Vorgänge. Doch diesen Teil der Forderungen hat Russland bis heute nicht umgesetzt.

Zaurbek Talchigow

Für die Organisation des Terroranschlags auf der Dubrowka wurde eine Gruppe von fünf Personen verurteilt.

Als Erster wurde Zaurbek Talchigow festgenommen, ein junger Tschetschene, der nach Moskau gekommen war, um in der Stadt mit Fleisch zu handeln. Seine Mutter, Tamara Talchigowa, hatte mich einige Tage nach dem Terroranschlag aufgesucht. Sie wirkte eigentlich nicht sehr nervös, war sie sich doch ihrer Sache sehr sicher und fest davon überzeugt, dass ihr Sohn unschuldig sei. Sie glaubte an die Rechtsprechung.

Zaurbek Talchigow hatte das Theater auf der Dubrowka aufgesucht, nachdem kurz zuvor der Abgeordnete der Staatsduma, Aslanbek Aslachanow, im Fernsehen alle in Moskau lebenden Tschetschenen aufgerufen hatte, zum Theater zu kommen, um eine Menschenkette rund um das Gebäude zu bilden und dadurch die Terroristen zur Aufgabe zu zwingen. Der Plan konnte jedoch nicht umgesetzt werden. Kaum jemand hatte diesem Aufruf folgen wollen. Daraufhin hatte Aslanbek Aslachanow Zaurbek gebeten, sich mit den Terroristen telefonisch in Verbindung zu setzen, und ihm hierfür die Telefonnummer des Anführers Mowsar Barajew gegeben. Die gleiche Bitte äußerten auch holländische Journalisten und ein anderer niederländischer Bürger, der in der Nähe stand und dessen Frau und Kind unter den Geiseln waren. Talchigow rief also Barajew an, sprach mit den Kämpfern und versuchte, ihr Vertrauen zu gewinnen. Und er konnte sogar etwas für die Geiseln herausholen. Dazu hatte er den Terroristen alle seine persönlichen Angaben übermitteln müssen, sogar Angaben über seine Familie wollten die Terroristen haben. Gleichzeitig fanden alle Gespräche zwischen Zaurbek und den Terroristen in Anwesenheit von Angehörigen der Spezialeinheit der Polizei statt. Von deren Seite aus hatte es keine Einwände gegeben.

Nach Angaben von Augenzeugen waren die Verhandlungen von Zaurbek Talchigow mit den Terroristen über die Freilassung von ausländischen Bürgern sehr erfolgreich vorangegangen. Insbesondere war es ihm gelungen, gemeinsam mit einem Abgeordneten des Parlaments der Ukraine, der Rada, eine vorläufige Zustimmung über eine baldige Freilassung aller ukrainischen Bürger, die sich unter den Geiseln befanden, zu erwirken.

Doch so weit kam es nicht. Noch am gleichen Tag, anderthalb Stunden nach dem letzten Gespräch mit den Kämpfern, wurde Zaurbek von Angehörigen des FSB festgenommen. Man beschuldigte ihn, den Terroristen in die Hände gespielt zu haben.

Obwohl in seinem Prozess alle Zeugen, einer nach dem anderen, die Unschuld des Angeklagten bestätigten, befand die Richterin des Moskauer Stadtgerichtes, Marina Komarowa, den 25-jährigen Zaurbek Talchigow für schuldig, dem »Terrorismus und der Geiselnahme in die Hände gespielt zu haben«. Sie verurteilte ihn zu achteinhalb Jahren Haft in einer Kolonie mit strengem Regime. Das Oberste Gericht bestätigte dieses Urteil. Eindeutig heißt es dort, »Zaurbek Talchigow sei zum Theater gekommen und habe dabei nicht die Absicht gehabt, den Terroristen in die Hände zu spielen«. Ein Teil der Verhandlungsunterlagen, die in ausgedruckter Form vorlagen, war jedoch vom FSB »vernichtet worden, weil er nicht gebraucht wurde«. Und so blieb dieser Teil, bei dem es um die Freilassung von Geiseln ging, in der Gerichtsverhandlung unberücksichtigt. Die staatliche Anklage erklärte, man habe so verfahren müssen, weil die Mitarbeiter des Inlandsgeheimdienstes nicht sofort die Genehmigung für das Abhören der Gespräche erhalten hätten.

2004 wandte sich der Anwalt von Zaurbek, Sergej Nasonow, mit einer Klage an den Europäischen Gerichtshof für Menschenrechte. 2005 übermittelte die Administration der Strafkolonie, in der Zaurbek seine Haftstrafe verbüßte, ein Schreiben an das Gericht. Darin informierte die Administration das Gericht über eine Verschärfung der Haftbedingungen. Zaurbek wurde beschuldigt, in der Haft regelmäßig die Vorschriften zu verletzen.

So soll er einen Aufseher mit »Du« angesprochen haben (was bei den Tschetschenen üblich ist). Er soll sich ferner geweigert haben, mit einem schmutzigen Löffel zu essen (nach Angaben eines Wärters sei dieser eigens aus der Tuberkuloseabteilung gebracht worden), und er soll diesen Löffel vernichtet haben. Außerdem soll er abends den Befehl zum Schlafenlegen nicht befolgt, sondern einfach sein Gebet fortgeführt haben. Er sei in neuer Kleidung auf eine Baustelle gekommen, ohne alle Nahtstellen korrekt vernäht zu haben. Dabei habe er das Kleidungsstück nur wenige Minuten vor diesem Arbeitsantritt ausgehändigt bekommen. Und er hatte auch keine Nadel und keinen Faden hierfür bekommen. Für all diese »Verfehlungen« hatte er schon in der Haft eine Strafe erhalten. Zusätzlich aber wurde er nun von der Strafkolonie in ein Gefängnis verlegt, was einer weiteren Haftverschärfung gleichkam. Dort verbrachte er dann den Rest seiner Haftstrafe. Anna Politkowskaja hatte über den Fall Zaurbek in der *Nowaja Gazeta* geschrieben. Und sie hatte sich auch bemüht, eine Besuchserlaubnis zu erhalten. Doch man verweigerte ihr diese Erlaubnis. Begründet wurde dies damit, dass der Fall Talchigow vom Europäischen Gerichtshof für Menschenrechte angenommen worden sei. Und bis zur Verkündung eines Urteils könnten Veröffentlichungen nur als Versuch gewertet werden, auf das Gericht Druck auszuüben.

Auch die Gefängnisleitung riet Zaurbek, einem Treffen mit Journalisten nicht zuzustimmen. Doch er weigerte sich, dem nachzukommen. Er hatte sehr auf eine Entscheidung des Europäischen Gerichtshofes für Menschenrechte gehofft, doch dort blieb es ruhig.

Genau das beunruhigte uns, und so beschlossen wir, einen weiteren Anwalt mit dem Mandat zu beauftragen. Er erhielt auf seine Anfrage beim Europäischen Gerichtshof für Menschenrechte folgende Antwort:

»Ich möchte Ihnen hiermit mitteilen, dass das Dossier № 113/04, das auf Antrag am 9. März 2004 eröffnet worden war, inzwischen gelöscht ist. Der Antragsteller hatte nicht in der erforderlichen Form das Klageformular versandt und ein Jahr lang nicht auf das Schreiben des Sekretariats geantwortet. Deswegen wurde der Schluss gezogen, dass der Antragsteller seine Klage wieder zurückgezogen hat.«

Lange scheute ich mich, Zaurbek von dieser Antwort zu berichten, denn alle Hoffnungen auf den Europäischen Gerichtshof für Menschenrechte waren damit zunichtegemacht worden. Doch ich musste es tun. Wir boten ihm an, er könne ja gegen die Haftbedingungen klagen, aber dies lehnte er kategorisch ab. Der Europäische Gerichtshof müsse seine Unschuld bestätigen, eine Klage gegen die Haftbedingungen bringe ihn jedoch nicht weiter. Wir hatten verstanden, dass der Europäische Gerichtshof für Menschenrechte ihm nicht helfen konnte. Doch er konnte ihm wenigstens bei der Feststellung helfen, dass sein Recht auf eine gerechte Rechtsprechung und auf effektive Mittel der Verteidigung verletzt wurde. Und das wiederum hätte das Urteil insgesamt infrage gestellt. Ich kann bis heute nicht verstehen, wie es dazu gekommen ist. War das Klageformular auf dem Weg vom Anwalt verloren gegangen, oder hatte er die Klage überhaupt nicht versandt? Jedenfalls haben wir vom Anwalt keine Antwort erhalten, die den Sachverhalt erhellt hätte.

Zaurbek saß die gesamte Haftzeit von Anfang bis Ende ab. Im April 2011 wurde er entlassen und kam direkt zusammen mit Tamara vom Flughafen zu mir. Bis zu ihrem Flug nach Grosny hatten sie noch zwei Stunden Zeit. Tamara berichtete mit großer Freude, wie sie ihn aus der Kolonie abgeholt hatte. Sie war schon frühmorgens dort gewesen, hatte dann die entsprechenden Räumlichkeiten betreten und eine Stunde später Zaurbek in Empfang genommen. »Alle lächelten uns zu. Man verabschiedete sich von ihm wie von einem Freund. Es scheint, sie haben ihn alle sehr geliebt.« Kaum hatten sie die Kolonie verlassen, riefen sie alle Verwandten und Freunde an. Und wieder haben sie freudige Stimmen gehört.

Zaurbek hatte ihr berichtet, wie er die letzten Tage in der Haft verbracht hatte. Er sei von einem Mitarbeiter des FSB aufgesucht worden. Dieser habe ihn gebeten, in der Freiheit nicht schlecht über seine Behörde zu sprechen. »Wir verstehen das alles sehr gut«, habe der Geheimdienstmann gesagt, »aber du musst auch uns vertehen. Wir haben nichts gegen dich. Das System ist so.«

Der beim russischen Präsidenten angesiedelte Menschenrechtsrat

Im Sommer 2002 besuchte ich meinen Sohn Petja, der zu der Zeit in Prag lebte und arbeitete. Abends habe ich dort in den Nachrichten gehört, dass Ella Pamfilowa zur Vorsitzenden der beim russischen Präsidenten angesiedelten Menschenrechtskommission ernannt worden war. Ich habe von Ella Alexandrowna Pamfilowa immer eine hohe Meinung gehabt, denn sie wusste, wie sehr die soziale Krise der 1990er-Jahre die Menschen getroffen hatte.

Damals war die Rente meiner Mutter noch höher als mein Gehalt an der Universität. Deswegen konnten Rentner zu dieser Zeit überleben, obwohl es mit dem Land zunehmend bergab ging. Und so ganz nebenbei habe ich mich bei dem Gedanken ertappt, dass ich sofort zusagen würde, wenn Ella mich bitten sollte, in diesem Rat mitzuarbeiten. In Moskau angekommen, erfuhr ich von meinen Kollegen von »Memorial«, dass ich tatsächlich in die Liste der vorgeschlagenen Mitglieder dieses Rates aufgenommen worden war. Wir wollten als Gruppe von sechs Personen in diesen Rat. Das war unsere Bedingung, und es war Ella Alexandrowna zu verdanken, dass wir tatsächlich als Gruppe aufgenommen worden sind.

Die Menschenrechtskommission, die zwei Jahre später in Menschenrechtsrat umbenannt wurde, hatte einen direkten Draht zum russischen Präsidenten, konnte ihm von Menschenrechtsverletzungen in verschiedenen Bereichen berichten und ihm Vorschläge unterbreiten.

Das war eine wichtige Sache. Wenn doch der Präsident nur auch auf unseren Rat gehört hätte!

Bei unserem ersten Treffen mit dem Präsidenten erlebten wir ihn als sehr lebhaften Menschen. Er hatte so gar nichts von der grauen, emotionslosen Gestalt an sich, die wir aus dem Fernsehen kannten. Er hörte sehr aufmerksam zu, reagierte schnell und brachte sich immer wieder mit Einwürfen in das Gespräch ein.

In Russland hält sich seit ewigen Zeiten der Glaube an einen guten Zaren, der nur eine schlechte Umgebung habe, die ihn von der Wahrheit fernhalte. Doch jede Führungsperson muss sich mit Personen umgeben, die ihr immer korrekte Informationen zukommen lassen, das ist Teil ihrer Arbeit. Hätte der Menschenrechtsrat seine Funktion in diesem Sinne wahrnehmen können, wäre seine Existenz gerechtfertigt gewesen.

Und zunächst ließ sich in der Tat einiges bewegen.

So war es uns gelungen, die jeglicher Rechtsgrundlage entbehrende Vertreibung von tschetschenischen Flüchtlingen aus Flüchtlingslagern in Inguschetien zu stoppen. Das war Ende 2002. Mitten im kältesten Winter hatte man damals die Flüchtlinge in den Lagern aufgefordert, in das zerstörte Tschetschenien zurückzukehren. Es ist dem Menschenrechtsrat zu verdanken, dass der Prozess der Auflösung der Flüchtlingslager zumindest ein halbes Jahr lang hingezogen werden konnte. Das milderte die traumatischen Erfahrungen, die die Menschen bei dieser zwangsweisen Rückführung nach Tschetschenien machen mussten, etwas ab.

Nun ging es darum, nachträglich gewisse Punkte in das neue Gesetz zur Staatsbürgerschaft einzufügen. Dies war auch das erste

Thema unserer ersten Begegnung mit dem Präsidenten. Mir hatte man für meinen Vortrag bei diesem Treffen neun Minuten gegeben. Das ist für eine derartige Versammlung sehr viel. Putin hörte mich an und sagte dann: »Ehrlich gesagt, als ich das Gesetz unterschrieben habe, hat es mir auch nicht gefallen. Aber ich dachte mir, es mache Sinn, wenn es erst mal eine Zeit lang in Kraft ist.« In diesem Zusammenhang sagte er, bis zu diesem Gesetz habe praktisch jeder, der es nur gewollt habe, die russische Staatsbürgerschaft erhalten. Ich habe mir dabei gedacht. »Das kann doch nicht sein! Der Präsident unterschreibt ein Gesetz, das die Beziehung des Staates zu seinen Bürgern regelt, das heißt eine der wichtigsten Grundlagen des Staates, obwohl es ihm selbst nicht gefällt. Ja versteht er denn nicht, dass das Schicksal Tausender von Menschen von diesem Gesetz abhängt?«

Als Folge dieses »in Kraft getretenen Gesetzes« hat sich die Zahl derer, die die russische Staatsbürgerschaft erhalten konnten, um das 20-Fache verringert. Das bedeutet, wer auf der Grundlage des zuvor geltenden Gesetzes zur Staatsbürgerschaft, das 1991 verabschiedet worden war, die Staatsbürgerschaft beantragt hatte, besaß nun vielfach keine Möglichkeit mehr, diese auch zu erhalten. Auf Anordnung von Putin wurde anschließend eine Arbeitsgruppe gebildet, die in das neue Gesetz noch Änderungen einfügte. Diesen Änderungen haben zwei Millionen Menschen ihren russischen Pass zu verdanken, den sie ansonsten nicht erhalten hätten. Leider war die wichtigste Ergänzung in diesem Gesetz nur fünf Jahre gültig.

Das Gesetz bedarf auch heute dringend einer Veränderung. Immer wieder wird die eine oder andere kleine Ergänzung vorgenommen. Seit Jahren kämpfen wir dafür, dass Bürger der Sowjetunion und ihre Nachfahren die russische Staatsangehörigkeit erhalten, wenn sie in Russland leben. Trotzdem denke ich, dass allein die zwei Millionen Menschen, die dank unserer Initiative die Staatsbürgerschaft erhalten haben, unsere Mitarbeit im Rat bereits rechtfertigen.

Meiner Meinung nach hat jedes Mitglied im Menschenrechtsrat eine Erfolgsgeschichte, deretwegen sich die Arbeit im Rat gelohnt hat.

Auch unter Dmitri Medwedew haben wir einiges erreicht. So hat er beispielsweise die Regierungskommission zur Migrationspolitik ins Leben gerufen. Auf unserem ersten Treffen hatte ich über die Notwendigkeit einer derartigen Kommission gesprochen. Dies, so meine Argumentation, sei ein Raum, in dem mit Vertretern der Zivilgesellschaft eines der zurzeit wichtigsten Probleme der Welt besprochen werden könnte. Medwedew war sofort mit dem Vorschlag einverstanden und sagte: »Wir werden die Kommission wieder ins Leben rufen.« Zunächst war ich mit drei anderen Kollegen aus der Zivilgesellschaft in diesem Gremium. Inzwischen bin ich die einzige Vertreterin. Und auch mich wollten sie nicht mehr neu aufnehmen. Dass ich immer noch in dieser Kommission bin, liegt allein an Wladimir Lukin, der damals der Menschenrechtsbeauftragte der Russischen Föderation war. Lukin war auch bei dem Treffen mit dem Präsidenten dabei gewesen, hatte meinen Vortrag gehört und war deswegen zu der Auffassung gekommen, dass es notwendig sei, mich in die Kommission aufzunehmen. Schließlich war sie ja auf meinen Vorschlag erst gegründet worden. Doch er konnte nicht mehr durchsetzen, dass auch die anderen drei weiter in der Kommission bleiben durften.

Medwedew leitete unsere Versammlungen sehr akademisch. Er war ein aufmerksamer Zuhörer, hatte sich immer wieder etwas notiert, selten nur selbst das Wort ergriffen. Doch am Ende jedes Treffens fasste er die Ergebnisse zusammen und berichtete kurz, welche Anweisungen er als Folge unseres Treffens zu geben gedenke.

Ich erinnere mich nur an einen einzigen Vorfall, bei dem Medwedew dem Referenten widersprach. Und es war ausgerechnet eine der bekanntesten Juristinnen Russlands, die Vorsitzende der NEPS, des »Unabhängigen Rates zur Erstellung juristischer Gutachten«, Mara Poljakowa. Sie hatte von der Notwendigkeit einer Reform unseres Rechtssystems gesprochen und als Begründung die Zahl 0,7 % genannt. Nur 0,7 % aller Angeklagten, so Poljakowa, würden in Russland freigesprochen (heute ist diese Zahl laut offiziellen Statistiken sogar noch weiter gesunken auf gerade einmal 0,4 %). In Europa sind es immerhin 15 bis 20 %, im vorrevolutionären Russland waren es sogar 25 bis 30 %.

Medwedew hatte geglaubt, dass die Zahl der Freisprüche in Russland höher liege, und beendete das Gespräch mit seiner schon bekannten Aussage, Richter und Staatsanwälte hätten eben nun mal professionelle, psychologische und korporative Beziehungen miteinander. Ich zitiere diesen Satz von Medwedew häufig, weil er wie kaum ein anderer sehr gut die Psychologie unserer Richter beschreibt. »Unsere Richter sehen sich selbst als Teil der herrschenden Korporation und führen auch die Befehle ihrer Korporation aus.« Ich stimme mit Dmitri Medwedew darin überein: Es ist so. Nur unsere Bewertungen gehen auseinander. Während er der Auffassung ist, das sei so in Ordnung, bin ich der Meinung, daran kann man erkennen, wie weit der Zerfall des Rechtssystems schon fortgeschritten ist. In der Situation von einer unabhängigen Rechtsprechung zu reden ergibt wirklich keinen Sinn.

2011 habe ich mich entschieden, den Menschenrechtsrat zu verlassen. Das war an dem Septembertag, an dem Dmitri Medwedew erklärt hatte, er und Wladimir Putin hätten sich geeinigt in der Frage, wer für die Partei »Einiges Russland« als Präsident kandidieren und somit nächster Präsident Russlands werden würde. Das war für uns Bürger sehr beleidigend, und es machte die Wahlen zur Farce.

Auf dem letzten Treffen des Rates sagte Medwedew: »Es ist wichtig, über die Probleme in Anwesenheit des Präsidenten zu sprechen.« Aber ich konnte schon nicht mehr daran glauben, dass Putin nach diesen Wahlen überhaupt auf uns hören wird.

Noch zweimal habe ich mich zusammen mit anderen Menschenrechtlern mit Präsident Putin getroffen, und zwar auf Einladung des Vorsitzenden des Menschenrechtsrates, Michail Alexandrowitsch Fedotow. Ich bin mir sicher, dass ich mit meiner Entscheidung recht hatte. Im Dezember 2013 hatte ich noch einmal ein Gespräch mit Putin. Damals sprach ich mit ihm über die sogenannten »Gummiwohnungen«. Das Gesetz über die »Gummiwohnungen« befand sich zu diesem Zeitpunkt in der ersten Lesung. Dieses Gesetz machte die behördliche Registrierung von Personen in einer Wohnung, in der sie eigentlich gar nicht leben, zu einer strafrechtlich zu ahndenden Handlung. Der Präsident hörte mir aufmerksam zu, nickte mit dem Kopf, stellte einige Fragen und sagte dann, man müsse noch einmal nachdenken, bevor man das neue Gesetz verabschiede. Zwei Wochen später unterzeichnete er das Gesetz. Und es hatte sich nichts an seinem Inhalt geändert, obwohl durchaus Handlungsbedarf bestanden hätte. Man hätte die Ursachen angehen müssen, die überhaupt erst dazu geführt hatten, dass sich Menschen in Wohnungen anmeldeten, in denen sie gar nicht lebten. Das bedeutet, man hätte aus dem Gesetz zur Staatsbürgerschaft die Anforderung streichen müssen, dass nur derjenige die russische Staatsbürgerschaft erhält, der eine dauerhafte Registrierung vorweisen kann. Meinen Einwendungen zum Trotz wurde das Gesetz jedoch verabschiedet, und nun werden einige meiner Freunde dafür verurteilt, dass sie Menschen helfen wollten, die nach Russland umgesiedelt waren, um die russische Staatsbürgerschaft zu bekommen, um Bürger dieses Landes zu werden, mit allen Rechten und Pflichten. Es gibt ein Programm zur Umsiedlung von Russen aus den früheren Sowjetrepubliken nach Russland. Doch warum macht sich niemand Gedanken, wie dieser Personenkreis bei den Behörden gemeldet werden kann? Solange man nämlich nicht gemeldet ist, kann man auch nicht die russische Staatsbürgerschaft erhalten. Die Menschen in den ehemaligen Sowjetrepubliken, die nach Russland umsiedeln wollen und sich hierfür in das Programm »Umsiedlung von Landsleuten« eingetragen haben, leben entweder in Wohnheimen oder mieten eine Wohnung an. Doch sie erhalten bestenfalls eine zeitlich begrenzte Registrierung, aber keine dauerhafte, die man für die Beantragung der Staatsangehörigkeit benötigt. All diejenigen, die sich in das Programm zur Umsiedlung hatten einschreiben lassen, sind doch nur deswegen nach Russland gekommen und bereit, sich in problematischen Gegenden niederzulassen, weil man ihnen mit dem Erhalt der Staatsangehörigkeit eine Perspektive in Aussicht gestellt hat. Doch niemand hat ihnen gesagt, dass es im Gesetz zwar heißt, sie seien berechtigt, die Staatsbürgerschaft zu erhalten, dass aber in diesem Gesetz auch stehe, nur Personen, die dauerhaft an ihrem Wohnort wohnbehördlich gemeldet sind, können die Staatsbürgerschaft erhalten. Und so hätte man das Problem mit den »Gummiwohnungen« auf ganz elegante Weise lösen können: Man hätte lediglich die Anforderung einer permanenten wohnbehördlichen Registrierung als Voraussetzung für die Erlangung der Staatsangehörigkeit aus dem Gesetz zur Staatsangehörigkeit streichen müssen.

Ich habe mich damals sehr über das Misstrauen des Präsidenten gegenüber der Hilfsbereitschaft einiger Menschen geärgert, die sich bereit erklärt hatten, diese Personen bei sich zu registrieren, um ihnen die Beantragung der Staatsangehörigkeit zu erleichtern. Als ich ihm berichtete, dass meine Kollegin Tatjana Kotljar ungefähr tausend Menschen in ihrer Wohnung registriert hatte, die nach Russland gekommen waren, weil sie sich in das Lieblingsprogramm des Präsidenten – das Programm zur Umsiedlung von Russen nach Russland – eingeschrieben hatten, erwiderte der Präsident nur: »Ja, aber sie hat doch auch Geld dafür erhalten.« »Nein«, hatte ich ihm entgegengehalten. »Sie registriert die Angekommenen kostenlos und hilft einigen Familien. Das weiß ich hundertprozentig.« »Nun ja«, hatte er zweifelnd geantwortet, »man kann es ja nicht ausschließen.«

Natürlich kann es vorkommen, dass jemand gegen eine kleine Summe Menschen bei sich in der Wohnung registriert. Aber dagegen darf man doch nicht gleich mit dem Strafgesetz angehen! Und das in einem Land, wo die Korruption blüht und Bestechungsgelder oft in Millionensummen gezahlt werden.

Wladimir Putin ist sich sicher: Es gibt alles nur für Geld. Und deswegen wurden ja auch Gesetze zu den sogenannten »ausländischen Agenten« verabschiedet. Doch dazu später mehr.

Ich habe keinen Rat für Menschen, die den Glauben an Selbstlosigkeit und Humanismus verloren haben. Und wenn ich heute gefragt werde, welchen Rat ich für Putin habe, dann sage ich für gewöhnlich: »Geh selbst.«

Ungeheuerlichkeiten im Strafvollzug

Von allen Vorträgen im Menschenrechtsrat kann ich mich an den von Waleri Abramkin über die Situation im Strafvollzug am besten erinnern. Abramkin, Ingenieur und Chemiker, hatte eine Gruppe für kreative Lieder gegründet. Derartige Clubs gibt es viele auf dem Gebiet der früheren Sowjetunion. Hier können die Leute selbst Lieder schreiben und singen. 1979 war er für das Verbreiten von Dissidentenliteratur, dem Samisdat, zu zwei Haftstrafen verurteilt worden. 1985 hatte man ihn aus dem Gefängnis wieder entlassen. Im Lager war Waleri an Tuberkulose erkrankt und hatte sich außerdem noch ein paar andere Krankheiten eingefangen. Sein restliches Leben litt er unter den Folgen der Haft. 2013 verstarb er im Alter von 66 Jahren.

Gegen Ende seiner Haftzeit hatten die Wärter Abramkin zur Strafe mitten im Winter in eine eisig kalte Kammer gesteckt. Bei

Minustemperaturen musste er in dem sogenannten »Kalten Karzer« fast zwei Wochen lang ausharren. Aus Protest gegen diese Strafe in der Haft hatte er einen trockenen Hungerstreik erklärt. All das habe ich nur durch Zufall erfahren. Waleri und ich waren eines Tages gemeinsam auf einer Mahnwache für die Freilassung von Michail Chodorkowski, der zu diesem Zeitpunkt in einen Hungerstreik getreten war. Ich sagte, dass ich mir insbesondere einen trockenen Hungerstreik schrecklich vorstelle. Er könne wohl nicht länger als fünf oder auch sechs Tage durchgehalten werden, andernfalls werde man wohl dafür mit seinem Leben bezahlen. Auf einmal entgegnete Waleri: »Ich kann länger. Wollen wir wetten?« »Bist du jetzt völlig verrückt geworden«, erwiderte ich entsetzt. Dieser schmale, groß gewachsene Mensch hat, das spürte ich, keinen Witz gemacht. Und bei dieser Gelegenheit erzählte er mir, dass er einmal zwei Wochen in der Haft einen trockenen Hungerstreik durchgehalten hatte. Später hatten ihm die Ärzte mitgeteilt, dass er vielleicht gerade deswegen bei solchen Minustemperaturen überlebt habe. Jedenfalls saß er bei Temperaturen ein, wie sie normalerweise nur in einer Kühlkammer herrschen. So hatte es sogar etwas Positives, dass er im Karzer weder gegessen noch getrunken hatte.

Nach seiner Freilassung gründete Waleri Abramkin eine eigene Organisation: »Gefängnis und Freiheit«. Sie hatte sich zum Ziel gesetzt, den Strafvollzug zu beobachten und für dessen Reform zu kämpfen. Abramkin war auch Autor und Moderator der Sendung »Die Wolken«, die jede Woche einmal in »Radio Russland« lief. Sie verstand sich als Sprachrohr von Verurteilten. In der Sendung wurden Briefe von Strafgefangenen vorgelesen, sie erhielten Rat, und immer wieder setzte man sich für die Interessen der Gefangenen ein.

In sehr beeindruckender Form hat Waleri beim Präsidenten über die Situation von jugendlichen Gefangenen, vor allen Mädchen, im

Strafvollzug berichtet. Ich werde nie vergessen, wie er allein das Wort »Määädchen« dabei ausgesprochen hat. In seiner Stimme klang so tiefes Mitleid. Es ging in dem Fall konkret um zwei Mädchen, kaum 14 Jahre alt, die wegen Diebstahls zu vier Jahren Haft verurteilt worden waren.

Das Ganze trug sich in einem abgelegenen Dorf in der russischen Provinz zu. Eine Nachbarin hatte die Mädchen zu sich nach Hause eingeladen und ihnen auch ein bisschen Wodka eingeschenkt. Sie selbst trank ebenfalls Wodka und ging dann aus dem Zimmer. Beim Verlassen des Hauses hatten die beiden Mädchen einen halben Laib Schwarzbrot, eine angebrochene Flasche Speiseöl und ein Kilogramm Grütze mitgenommen.

Als die Gastgeberin nach Hause zurückkehrte, war sie außer sich vor Wut. »Ach, so ein undankbares Volk«, schimpfte sie. Der Wodka hatte sicherlich seinen Teil zu ihrer Stimmung beigetragen. Sofort schrieb sie eine Anzeige an die Miliz, und alles ging seinen Gang.

Die »Diebinnen« wurden verurteilt. Inzwischen war die Nachbarin wieder nüchtern geworden und bat die Behörden, das Verfahren einzustellen. Doch das Gericht wollte sich nicht mehr davon abbringen lassen, den Prozess weiterzuführen.

Und in all der Zeit hatte niemand bemerkt, dass die Mädchen noch nicht einmal 14 Jahre alt waren, das heißt, sie konnten strafrechtlich gar nicht zur Verantwortung gezogen werden. Doch weder der Staatsanwalt noch der Richter, noch der eigene Anwalt hatten dies bemerkt.

Das Urteil wieder rückgängig zu machen war gar nicht so einfach. Dafür hätte der Anwalt eine Wiedereinstellung in den ursprünglichen Stand beantragen müssen, aber dazu sah sich niemand in der Lage.

Allen war das Schicksal der beiden Mädchen aus dem Dorf gleichgültig. Nur Waleri nicht.

Auf Putin hat diese Geschichte keinen großen Eindruck gemacht. Was hätten wir auch anderes erwarten sollen? Oder glaubten wir vielleicht, der Präsident würde nun Nachforschungen im Strafvollzug anstellen lassen, ob es noch weitere derartige Fälle gibt? Oder dass er gar dafür sorgen würde, dass weitere Jugendliche, die unter ähnlichen Umständen in Haft gekommen waren, wieder freigelassen wurden? Nein, nichts davon hat er in Erwägung gezogen.

Später hat es Waleri dann doch noch geschafft: Die beiden Mädchen konnten vorzeitig aus der Haft entlassen werden. Als sie jedoch entlassen worden waren, hatten sie nicht das nötige Geld, um wieder nach Hause zu kommen. In unseren Dörfern wird viel getrunken, da sind die Kinder sich selbst überlassen. Und so haben wir für sie Geld gesammelt, aber das war nur ein Tropfen auf den heißen Stein. Wie viele Mädchen sitzen wohl zurzeit in Haft, nur weil sie ein Brot, das ihnen nicht gehörte, angebissen oder ein Stück Butter haben mitgehen lassen! Schuld an dieser Ungerechtigkeit ist vor allem eine Sache: unsere Gleichgültigkeit gegenüber unserem Rechtssystem und unserem Strafvollzug.

Krieg den Zelten

Bei meinem ersten Treffen mit Putin im Dezember 2002 trat Ljudmilla Michailowna Alexejewa auf und sprach über die tschetschenischen Flüchtlinge in Inguschetien. Putin war zuvor in Kenntnis gesetzt worden, dass alles für eine Rückkehr der Flüchtlinge in die Tschetschenische Republik vorbereitet sei. Ljudmilla Michailowna strafte diese Sichtweise Lügen. »Man hat Sie angelogen, Wladimir Wladimirowitsch«, sagte sie. Es war nicht das erste Mal, dass man versucht hatte, Flüchtlinge gewaltsam wieder nach Tschetschenien zurückzuführen. In den drei Jahren zuvor wurde ihnen immer wieder gesagt, dass sie bald nach Hause zurückkehren müssten. Dort würden ein friedliches Leben und akzeptable soziale Bedingungen auf sie warten, aber die Flüchtlinge wollten nicht zurück. Bisher hatten die Behörden von einer Rückführung der Flüchtlinge gegen ihren Willen abgesehen. Und diese kämpften buchstäblich um ihr Überleben. Humanitäre Organisationen und Menschenrechtsorganisationen unterstützten die Flüchtlinge in ihrem Kampf.

Inzwischen waren in Grosny sechs temporäre Unterbringungseinrichtungen organisiert worden. Allerdings waren sie nicht bezugsfertig, denn die Häuser befanden sich entweder noch im Bau oder sie waren noch nicht restauriert. Sie sollten für 3000 Personen Platz bieten. Zu dieser Zeit waren bereits zwei Flüchtlingslager in Tschetschenien, in der Ortschaft Znamensk, mit einer Kapazität von 6000 Flüchtlingen geschlossen worden. Und diese Menschen mussten sich nun nach einer neuen Bleibe umsehen.

In den Einrichtungen, die für die zurückgekehrten Flüchtlinge vorgesehen waren, gab es kein fließend Wasser, und auch die Kanalisation funktionierte nicht. Das Wasser musste in großen Eimern geholt und bis in den vierten Stock geschleppt werden. Gas und Strom gab es nur sporadisch. In einem der Häuser war es aufgrund einer schadhaften Gasleitung sogar zu einer Explosion gekommen. Dabei wurden 16 Zimmer zerstört, ein Mensch kam ums Leben, acht weitere wurden verletzt.

Und es gab noch einen weiteren Grund, warum die Flüchtlinge nicht wieder nach Tschetschenien zurück wollten. Dort herrschte kein Frieden, niemand konnte für ihre Sicherheit garantieren. Alle Bewohner der temporären Unterbringungseinrichtungen in Tschetschenien, einschließlich der Wachmannschaften, klagten über die völlige Schutzlosigkeit gegenüber den Militärs, besonders nachts, wenn die Militärs ohne Papiere und in gepanzerten Wagen, die keine Erkennungszeichen hatten, unterwegs waren.

In dieser Zeit verschwanden in Tschetschenien viele Menschen spurlos. Es gab gezielte »Säuberungsaktionen«, nachts wurden Menschen ermordet und Ortschaften von der Artillerie beschossen. Jeder junge Mann wurde von den Militärs sehr genau und mit großem Argwohn beobachtet. Und es war klar: Jederzeit konnte man ihn mitnehmen, auf den bloßen Verdacht hin, er gehöre zu den Aufständischen. Niemand konnte für all diese Abrechnungen und Morde zur Verantwortung gezogen werden.

In der tschetschenischen Führung war man über diese Verhältnisse sehr beunruhigt. Ende November 2002 hatte Achmad Kadyrow, zu diesem Zeitpunkt Verwaltungschef der Republik Tschetschenien, eine Versammlung aller regionalen Verwaltungschefs und Vertreter der Machtstrukturen einberufen. Dabei wurde der Beschluss gefasst, dem russischen Präsidenten jede Woche einen Bericht über die Verletzung der Rechte der Bewohner der Republik durch die bewaffneten Militärs zukommen zu lassen.

»Solange es keine klare Zusammenarbeit und keine eindeutigen Absprachen zwischen den zivilen Behörden und den Militärs in Fragen der Sicherheit der Bevölkerung und Einhaltung der Gesetze in Tschetschenien gibt, wird es gewisse Schwierigkeiten bei der Rückführung der Flüchtlinge geben«, musste der Sekretär des tschetschenischen Sicherheitsrates Rudnik Dudajew einräumen. Allein im November 2002 seien 100 Bewohner der Republik spurlos verschwunden, so Dudajew. Den Menschen in Tschetschenien drohe aus allen Richtungen Gefahr, Lebensgefahr.

Achmad Kadyrow war für eine gewisse Zeit einer der Anführer der Aufständischen gewesen, hatte sich dann aber auf die Seite der Bundesmacht gestellt und wurde 2003 Präsident der Tschetschenischen Republik. Rudnik Dudajew war ein KGB-Oberst, Sekretär des tschetschenischen Sicherheitsrates und eine unabhängige Persönlichkeit. Er kam nicht aus dem Umfeld von Kadyrow, und es gab Gerüchte, dass er sogar ein gewisses Gegengewicht zu Kadyrow darstelle. Ich hatte mit beiden Gespräche geführt. Es waren zwei sehr unterschiedliche Persönlichkeiten – und beide sollten bald sterben.

Achmad Kadyrow kam am 9. Mai 2004 bei einer Explosion auf der zentralen Tribüne des Stadions von Grosny ums Leben. Dort fand ein Konzert anlässlich des »Tages des Sieges« in Erinnerung an das Ende des Zweiten Weltkrieges statt. Der Terroranschlag war eindeutig gegen ihn gerichtet.

Im Dezember 2005 hatte man den Leichnam von Rudnik Dudajew in einem Schuppen auf einem gut bewachten staatlichen Gelände gefunden. Offiziell heißt es, er sei bei einem Brand, der durch einen Kurzschluss ausgelöst worden war, ums Leben gekommen. Diese Erklärung erschien vielen nicht glaubwürdig, hatte es doch in diesem Schuppen nichts gegeben, was einen Kurzschluss hätte verursachen können.

Auf einigen Internetseiten übernahmen auch bewaffnete Separatisten die Verantwortung für den Anschlag im Stadion und den Tod von Rudnik Dudajew, allen voran Schamil Basajew, einer der meistgesuchten Terroristen Russlands, der sich unter anderem auch als Drahtzieher des Geiseldramas am Dubrowka-Theater bekannt hatte. Letztlich werden aber wohl viele Fragen zu den beiden Morden für immer unbeantwortet bleiben.

Dass viele Flüchtlinge nicht nach Tschetschenien zurückkehren wollten, kann ich gut verstehen. Ende November war ich nach Inguschetien und Tschetschenien gefahren, um mir ein Bild von der Lage vor Ort zu machen. Und kaum war ich angekommen, wurde ich Zeugin, wie ein kleineres Lager für tschetschenische Flüchtlinge geräumt wurde, in dem inguschetischen Dorf Aki-Jurt. All das passierte direkt vor meinen Augen.

Ende November begann man in Inguschetien mit der Räumung der Flüchtlingslager. Das erste kleinere Lager war bereits aufgelöst worden. Man wollte, dass die Flüchtlinge nach Tschetschenien zurückkehrten, aber dort war nichts für ihre Ankunft vorbereitet.

In einem von mir besuchten Lager hatten vor noch nicht allzu langer Zeit 2000 Flüchtlinge gelebt. Das Lager besaß sogar eine Schule. Im Mai stellten die Behörden die Aushändigung von Lebensmitteln ein. Nun waren die Flüchtlinge ganz auf humanitäre Hilfe des dänischen Flüchtlingsrates angewiesen, der dort auf Weisung des Flüchtlingshilfswerkes der UNO tätig war. Es kam zu regelmäßigen Engpässen in der Strom- und Gasversorgung. Anfang September bot man den Bewohnern des Flüchtlingslagers an, doch in die Räumlichkeiten einer Wein- und Getränkefabrik einzuziehen, doch die Mehrheit lehnte den Umzug ab. Man bemängelte, dass die dortigen Räumlichkeiten in keiner Weise für die Unterbringung von Flüchtlingen geeignet seien. Außerdem sei die Lage dort sehr angespannt, weil der Besitzer der Fabrik die Flüchtlinge nicht wolle und ihnen gedroht habe, sie mit Gewalt aus der Fabrik zu vertreiben. Die Migrationsbehörden rieten den Flüchtlingen, die Drohungen des Fabrikbesitzers nicht so ernst zu nehmen, aber diesen Rat wollte niemand befolgen. Man hatte schon genügend Erfahrungen mit bewaffneten Wachmannschaften gemacht.

Unterdessen hatte sich in dem von mir beobachteten Flüchtlingslager selbst eine gewisse Unruhe breitgemacht. Es hatte sich nämlich herausgestellt, dass die Migrationsbehörden die Listen der Bewohner dieses Lagers im September erneuert hatten. Dabei wurden viele aus den Listen gestrichen – einfach deshalb, weil sie nicht im Lager waren, als man die Flüchtlinge erneut zählen wollte. Wer am fraglichen Tag nicht vor Ort war, weil er beispielsweise einer Arbeit nachging, Lebensmittel einkaufte oder im Krankenhaus lag, kam nicht auf die neue Liste.

Die Bemühungen, die Flüchtlinge zu einer Rückkehr nach Tschetschenien zu bewegen, wollten kein Ende nehmen. In einer nächsten Phase häuften sich unangekündigte Besuche von Vertretern der nationalen und der inguschetischen Migrationsbehörden, der örtlichen Behörden, des Flüchtlingskomitees der Regierung der Tschetschenischen Republik. Alle hatten sie die gleiche Botschaft für die Flüchtlinge: Entweder ihr kehrt freiwillig nach Tschetschenien zurück, oder alles wird nur noch schlimmer. Unter den Drohungen waren Aussagen zu hören, die an Deutlichkeit nichts zu wünschen übrig ließen: »Am 20. Dezember wird in ganz Inguschetien kein einziges Zelt mehr stehen. Deswegen solltet ihr besser jetzt abreisen, anstatt später von hier fliehen zu müssen. Wir werden die Zelte mit einem Bulldozer niederwalzen und anschließend eine Säuberungsaktion im Lager durchführen. Wir werden euch völlig von der Gas- und Stromversorgung abschneiden.« All diese Drohungen und Aufforderungen brachten die Stimmung im Lager zum Kochen. Man rechnete mit gewalttätigen Übergriffen. Und die Drohungen nahmen kein Ende. Langsam näherte sich die Stimmung im Lager einer Panik.

Es dauerte eine Woche, bis man die Flüchtlinge so weit hatte: Alle, die in Tschetschenien einen Ort hatten, an dem sie unterkommen konnten, erklärten sich nun zur Rückkehr bereit.

Ich selbst bin am 27. November mit Achmet, unserem Kollegen von der inguschetischen »Memorial«-Vertretung, und unserem Fahrer Israel ins Lager gefahren. Wir sahen mit eigenen Augen, wie die Menschen im Lager zusammengescheucht wurden, man ihr Hab und Gut auf Lastwagen packte und sie dann in ihre noch nicht wieder aufgebauten Häuser brachte. Direkt im Anschluss wurden die Zelte abgebaut. Dass wir überhaupt auf das Gelände des Lagers durften, hatten wir nur meinem Ausweis als Mitarbeiterin eines Abgeordneten zu verdanken. Die Straße nach Aki-Jurt war schon gesperrt, Journalisten wurden abgewiesen.

Im Lager wurde ich sofort von Frauen umringt, die mir berichteten, dass man sie nach Tschetschenien zurückbringen wolle. Doch dort hätten sie kein Haus, dort müssten sie in ständiger Angst um ihre Kinder und Männer leben. Nach zehn Minuten traten Männer in Kampfuniform an uns heran und forderten mich auf, in das Zelt zu kommen, in dem sich ihr Chef aufhalte. Der Mann trug keine Erkennungszeichen und sprach in sehr grobem Tonfall: »Wir beide setzen uns jetzt in meinen Wagen und fahren zur Miliz nach Grosny. Dann werden Sie uns etwas über den Zweck Ihres Aufenthaltes erzählen und darüber, warum Sie hier die Leute in Aufruhr versetzen.« Ich antwortete ihm: »Okay, setzen wir uns ins Auto. Sie in Ihres und ich in meines. Und dann fährt jeder seines Weges.« Mein selbstbewusster Ton verunsicherte den Mann, und schließlich durften wir abfahren.

Kurz nach unserer Abfahrt hatte man das Lager vollständig aufgelöst. In den nächsten Tagen fuhren wir zu anderen Lagern; auch dort herrschte Panik.

Es gab Probleme mit Heizung, Strom und fließend Wasser. Erschwerend kam hinzu, dass sich all dies im Winter abspielte, mitten im Schuljahr. Es war offensichtlich: Die Behörden wollten ihren Vorgesetzten so schnell wie möglich den Vollzug des Befehls mitteilen.

All diese Informationen übergab ich Ljudmilla Michailowna Alexejewa unter der Überschrift »Krieg den Zelten«, damit sie sie für ihren Vortrag beim Präsidenten nutzen konnte.

Putin hörte sich den Vortrag von Ljudmilla Alexejewa an und schlug dann den Mitgliedern des Menschenrechtsrates vor, die beschriebenen Orte aufzusuchen, um sich ein Bild von der Lage zu machen. Ljudmilla Michailowna Alexejewa, Ella Alexandrowna Pamfilowa und ich erklärten uns sofort zu einer Reise in den Nordkaukasus bereit.

Noch mal mit dem Leben davongekommen

Einen Monat später, am 26. Dezember, reisten wir zu dritt nach Inguschetien, begleitet vom Minister für den Wiederaufbau der Republik Tschetschenien Stanislaw Iljasow und dem stellvertretenden Direktor des Föderalen Migrationsdienstes Igor Junasch.

Am ersten Tag besuchten wir mehrere Flüchtlingslager auf einer vorab festgelegten Route. Man zeigte uns Lager, die auf unseren Besuch vorbereitet worden waren. Sie präsentierten sich alle in einem außergewöhnlich guten Zustand. Man bot uns an, mit Flüchtlingen zu sprechen, die vorab über unseren Besuch informiert worden waren. Doch ich wusste schon, wohin ich die Gruppe führen wollte und mit welchen Flüchtlingen wir sprechen sollten, um etwas von ihren wahren Sorgen und Nöten zu erfahren. Und so konnten wir uns ein klares Bild davon machen, wie es in den Zeltlagern wirklich aussah. An den Abenden trafen wir uns in den Räumlichkeiten von »Memorial« mit inguschetischen Aktivisten. Diese berichteten uns von den Zustände vor Ort. Immer wieder versuchte man, unsere Vorsitzende, Ella Alexandrowna Pamfilowa, von der Gruppe zu trennen und mit irgendwelchen hochgestellten Beamten in Verbindung zu bringen, doch sie war hartnäckig. Man hatte ihr über 100 Erklärungen von Flüchtlingen überreicht, von denen einige die Unterschriften von mehreren Dutzend Personen trugen.

Die meisten Schreiben waren an den Menschenrechtsrat gerichtet. Darin baten die Flüchtlinge, man möge doch alles tun, um ihre gewaltsame Rückführung nach Tschetschenien zu verhindern. Zumindest so lange, bis man dort ihre Sicherheit garantieren könne. In keinem einzigen Flüchtlingslager konnte unsere Kommission mit Flüchtlingen sprechen, die von sich aus bereit gewesen wären, freiwillig nach Tschetschenien zurückzukehren, solange die Gefahrenlage so hoch war. Natürlich wollten sie nach Hause, aber erst dann, wenn wieder Frieden eingekehrt war und sie sich ohne Angst an den Wiederaufbau ihrer zerstörten Häuser machen konnten. Für sie war das Wichtigste, dass in Tschetschenien wieder Frieden einkehrte.

Von Inguschetien aus fuhren wir weiter in die Tschetschenische Republik. Wir wollten uns selbst ein Bild davon machen, wie die Leute dort lebten. Die Fahrt dorthin ging in gepanzerten Wagen vonstatten. In unserer Begleitung waren auch Journalisten, darunter die ganze Zeit über Anna Politkowskaja.

In Grosny kamen wir der Einladung zu einem Gespräch im Haus der Regierung von Tschetschenien nach. Als Erste betrat Ella Pamfilowa, die Leiterin unserer Delegation, das Gebäude. Dabei durchwühlten die bewaffneten Wachen ihre gesamten Taschen. Als wir an die Reihe kommen sollten, erschien der Minister und ordnete an, Ljudmilla Michailowna Alexejewa und mich ohne Kontrolle in das Gebäude vorzulassen.

Anschließend bat man uns in einen Saal, in dem bereits alles für ein festliches Essen vorbereitet war. Doch wir waren nicht gekommen, um uns bewirten zu lassen. Wichtiger war uns, die Einladenden selbst einzuladen, damit sie sich vor Ort ein Bild machen konnten, unter welchen Bedingungen die Flüchtlinge in den Unterbringungszentren leben sollten. Dort war nämlich nichts für deren Ankunft vorbereitet. Deshalb sagte Ljudmilla Alexejewa freundlich, aber bestimmt: »Wir wollen nur Tee trinken und dann wieder gehen.« Und wir gingen auch, zu fünft, um uns die Orte anzusehen, in denen die Flüchtlinge untergebracht werden sollten. Unseren offiziellen Begleitpersonen gefiel das natürlich nicht.

Eine halbe Stunde später suchten wir eines der geplanten Unterbringungszentren auf. Wir sprachen mit den Frauen dort, älteren Russinnen, die in der dritten Etage ohne fließend Wasser und Gas wohnten. Und auf einmal hörten wir einen furchtbaren Knall. Zehn Minuten später erfuhren wir die schreckliche Nachricht: Man hatte das Haus der Regierung der tschetschenischen Republik in die Luft gejagt. In dem Saal, in dem wir speisen sollten, war eine Spiegelwand eingebrochen. Die jungen Frauen, die uns dort Tee serviert hatten, waren durch die Explosion verletzt worden. Kurz nachdem wir das Gebäude verlassen hatten, waren zwei Autos auf das Gelände des Regierungsgebäudes gefahren und anschließend in die Luft gesprengt worden. Unter den Terroristen, die ebenfalls bei diesem Anschlag ums Leben gekommen sind, war auch ein minderjähriges Mädchen, die Tochter von einem der Attentäter.

48 Personen starben unmittelbar, 23 weitere erlagen wenig später ihren Verletzungen; insgesamt wurden 600 Personen bei dem Anschlag verletzt.

Aus dem Artikel »Preis für das Gewissen« von Anna Politkowskaja

»(...) Ich sehe die Bilder noch deutlich vor mir, es war der 27. Dezember 2002, und Grosny lag in Trümmern. An diesem Tag ereignete sich ein furchtbarer Terroranschlag durch einen mit Munition beladenen Todeslastwagen, der von einem Selbstmordattentäter gesteuert wurde, auf das Territorium des Regierungsgebäudekomplexes vordrang und dort explodierte, wobei er Dutzende von Menschen in den Tod riss.

Seit den frühen Morgenstunden dieses Tages war Swetlana Alexejewna Gannuschkina mit einem gepanzerten Wagen gemeinsam mit dem tschetschenischen Minister Stanislaw Iljasow, dem damaligen Bürgermeister der Stadt Oleg Schidkow und noch einigen anderen Persönlichkeiten zwischen den zahlreichen Unterbringungszentren für Flüchtlinge im Gebiet Grosny unterwegs. Immer wieder stellte sie an ihre Begleiter Forderung um Forderung. Sie wollten sich persönlich davon überzeugen, dass die Beamten mit den Flüchtlingen sprachen, sich wirklich für deren Probleme interessierten und ihnen dabei in die Augen sahen. Und dabei hat sie ihnen deutlich gemacht, dass man die Flüchtlinge eben nicht so einfach von Inguschetien wieder nach Tschetschenien umsiedeln könne und dass es außerdem wichtig sei, dass Bewohner zerstörter Häuser für diesen Schaden entsprechend entschädigt würden.

Genervt sahen die Beamten zur Seite. Ihre Blicke sprachen

Bände: ›Wann bist du nur endlich ruhig… Wann nur geht diese Frau endlich wieder…‹

Doch Gannuschkina kann hartnäckig sein. Sie schafft es, Leidende und Verursacher ihres Leids einander gegenüberzustellen, damit sich die Täter für ihre Handlungen schämen – und sie vielleicht nicht so leicht wieder begehen können. Ich habe das mehrmals beobachtet. Um gleich zum Ergebnis zu kommen: Dass die Regierung die Entscheidung getroffen hat, Bewohnern von Tschetschenien, die in diesem Krieg ihren Wohnraum verloren haben, eine Entschädigung zu bezahlen, und sich gleichzeitig mit der humanitären Feder geschmückt hat, das ist ein Verdienst von Gannuschkina.

Eine halbe Stunde vor der Explosion hatte Swetlana zu Alexejewa, Iljasow und Schidkow ganz klar gesagt: ›Nein, wir essen jetzt nicht, wir müssen noch zwei Orte aufsuchen.‹ Und dabei wollten diese unbedingt zu dem geplanten Essen und baten Gannuschkina: ›Los, lass uns doch zum Regierungsgebäude fahren.‹ Doch Gannuschkina hatte nicht lockergelassen. ›Nein, wir müssen weiterfahren. Sie müssen sich das alles ansehen.‹ Schließlich mussten sie sich geschlagen geben. Und das ist der Grund, warum die beiden heute noch am Leben sind, denn sie wären es nicht, wenn Gannuschkina sie nicht gezwungen hätte, in der Mittagspause zu arbeiten.

Etwas später, als wir zurück zum Regierungsgebäude wollten, kamen uns alle entgegengelaufen, und es waren viele. Swetlana Gannuschkina stand einfach an einem Betonklotz, den die Explosion an diese Stelle geschleudert hatte, und sagte nichts. Sie hatte auch überhaupt keine Eile mehr. Während alles um sie herum rannte, die Kranken- und Notarztwagen fuhren und blutverschmierte Menschen im Schock umhertaumelten, mit einer Schicht aus Asche und Staub auf ihrem Gesicht, gab es nichts mehr zu diskutieren und nichts mehr zu besprechen. Gannuschkina stand einfach da, ansprechbar für jeden, der ihre Hilfe brauchte.«

(Erschienen am 10.6.2003 in der *Nowaja Gazeta*)

Etwas später nach der Explosion kam mir der Gedanke, wie absurd es doch gewesen war, dass die Wachmänner die Handtasche unserer Delegationsleiterin so eingehend untersucht hatten. An einer ganz anderen Stelle lag zu diesem Zeitpunkt bereits Sprengstoff bereit, war der Anschlag schon vorbereitet. Zwei der Offiziellen, die uns begleitet hatten, bedankten sich bei uns: »Sie haben unser Leben gerettet.«

Wir haben dann als Organisation Mittel gesucht, um die Verletzten behandeln zu lassen. Einige junge Frauen, die den Anschlag überlebt hatten, hatten sich ihre Augen mit Splittern aus der Glaswand verletzt.

Bei unserer Rückkehr in die Stadt Grosny stieg ich aus dem Wagen, ging auf den Präsidentenpalast zu und erkundigte mich, ob man nicht unsere Hilfe benötigte. Doch man wies uns ab. Ich erinnere mich noch gut an diesen Augenblick, an die Hilflosigkeit, die ich in diesen Momenten verspürte. Und ich dachte an die jungen Frauen, die uns Tee serviert hatten.

Zu diesem Zeitpunkt kannten wir noch nicht das ganze Ausmaß der Geschehnisse und wussten noch nicht, wie viele Menschen diesem Anschlag zum Opfer gefallen waren. Schließlich konnte mich unser Fahrer überreden, dass es besser sei, mich wieder ins Auto zu setzen. Wir fuhren weiter.

An diesem Tag konnten wir nicht zurückfliegen. Natürlich haben wir alle zu Hause angerufen. Unsere Kollegen waren schon informiert, obwohl das noch nicht so einfach war, denn Mobiltelefone waren damals insbesondere in Tschetschenien noch nicht so gebräuchlich. Wir konnten unsere Anrufe von einem Verwaltungsgebäude aus tätigen. Mein Mann hat erst einmal erleichtert aufgeatmet, als er am Telefon meine Stimme hörte: »Gott sei Dank bist du am Leben«. Er wollte auch unseren Kindern in Amerika von den Ereignissen berichten, aber die waren schon längst informiert. Irgendwer hatte vom Balkon unseres Beratungsbüros in Grosny fotografiert, und auf diesen Fotos war eindeutig eine schwere Wolke über dem Gebäude zu sehen. Man fühlte sich fast an einen Atompilz erinnert.

Letzten Endes konnten wir die Flüchtlingslager in Tschetschenien nicht retten. Sie wurden eines nach dem anderen niedergerissen. Es dauerte anderthalb Jahre, bis alle Flüchtlingslager aufgelöst waren, aber die Folgen spüren wir bis heute.

Einige der Flüchtlinge sind trotzdem in Inguschetien geblieben. Sie sind in Einrichtungen untergebracht worden, die ebenfalls Sammelunterkünfte waren. Man nannte sie »Orte der kompakten Unterbringung«. Allerdings waren die dortigen Bedingungen in keinster Weise besser als früher. Und die Flüchtlinge leben weiterhin in sehr erbärmlichen Verhältnissen. Doch sie wollen noch immer nicht nach Tschetschenien zurückkehren. Zumindest aber hat niemand diese Flüchtlinge auf die Straße gesetzt, mitten im kalten Winter und in Windeseile. Viele Flüchtlinge haben es geschafft, irgendwie zu überleben, und sind irgendwo anders untergekommen.

10 DAS KANN DOCH NICHT SEIN! SIE HABEN CHODORKOWSKI VERHAFTET

Die Nachricht platzte mitten in die Tagung: Vom 23. bis 25. Oktober 2003 fand in Nischni Nowgorod das »Gesellschaftsforum« statt, eine von der Administration des russischen Präsidenten organisierte Veranstaltung, die sich der Zusammenarbeit von Gesellschaft, staatlichen Behörden und Wirtschaft widmete und für die man eine großflächige Räumlichkeit auf dem Messegelände von Nischni Nowgorod angemietet hatte. In zahlreichen Arbeitsgruppen, die alle nur durch eine dünne Wand voneinander getrennt waren, wurde sehr lebhaft diskutiert. Allerdings wurden die Diskussionen durch diese dünnen Wände erschwert, denn man konnte das, was in den Nachbarräumen gesprochen wurde, sehr gut mithören.

Ich war auch dort, zusammen mit einer Gruppe von Menschenrechtlern. Für den zweiten Nachmittag war ein Wettbewerb angesetzt. Vertreter der Zivilgesellschaft sollten entscheiden, welcher Unternehmer am aktivsten und am effektivsten für das Wohl des Volkes arbeitete. Und den ersten Preis erhielt der Oligarch Michail Chodorkowski. Das war ein Triumph für den Unternehmer.

Wenig später machte sich Chodorkowski auf den Weg nach Irkutsk. Ich selbst sollte am nächsten Tag eine Arbeitsgruppe zum Thema Migration leiten. Plötzlich wurde ich dringend ans Telefon gebeten. Es war Gleb Pawlowski. Ich hätte nicht gedacht, dass er meinen Namen kennt, und fand es seltsam, dass er mich anrief. Schließlich war er doch ein Polittechnologe, der ganz klar für den Kreml arbeitete. Früher zählte er auch einmal zu den Dissidenten. Pawlowski ist dafür bekannt, dass er zu tricksen weiß, wenn es darum geht, Menschen zu manipulieren und politische Ziele durchzusetzen. Ich habe ihn gebeten, bis zur Pause zu warten, dann könnten wir in Ruhe reden. Doch seine Worte ließen mich erstarren: »Nein, ich kann nicht warten. Man hat Chodorkowski verhaftet.«

Dann bin ich doch raus aus der Arbeitsgruppe und erfuhr, was passiert war: In der Nacht hatte man das Chodorkowskis Flugzeug bei einer Zwischenlandung in Sibirien gestürmt.

Auf dem Zivilforum fand sich ein äußerst gemischtes Publikum ein. Die Anwesenden waren beileibe nicht alle liberal, viele positionierten sich auch eindeutig für den Kreml. Doch für alle war diese Nachricht ein Schock. Sofort wurde eine Pressekonferenz einberufen, wobei uns zugutekam, dass viele Journalisten der Tagung beiwohnten. Auf der Pressekonferenz traten Gleb Pawlowski, Mascha Slobodskaja, Präsidentin der Assoziation gemeinnütziger Organisationen Russlands »Zivile Initiative«, die den Behörden sehr loyal gegenübersteht, und ich auf. Das war eigentlich das einzige Mal, dass wir uns in dieser Zusammensetzung vor die Presse gestellt hatten. Und es war offensichtlich, dass Kremlpolitologe Pawlowski Angst hatte. Nach der Preisverleihung am Vorabend an Chodorkowski erschien dessen Verhaftung nun als Ohrfeige für die Zivilgesellschaft. Man fühlte sich an den Beginn eines Umsturzes erinnert. Offensichtlich hatte Pawlowski geglaubt, Putin selbst habe von der Verhaftung nichts gewusst. Und wir hatten bei dieser Pressekonferenz das Gefühl, dass sich unterschiedliche Kräfte zusammenschließen, um Chodorkowski und das Recht zu verteidigen, die seine weitere Inhaftierung nicht tolerieren wollten.

Ich habe mir gedacht, lange kann das nicht dauern. Chodorkowski ist doch eine hochrangige Persönlichkeit. Und noch am Tag zuvor hatte er einen Preis erhalten als Anerkennung für seine Finanzierung von gesellschaftlich nützlichen Projekten. Dieser Preis war ein Triumph für diesen Mann, doch ich sollte mich irren.

Natürlich hat man sofort Mutmaßungen angestellt. Die einen meinten, Putin sei außer Rand und Band gewesen, als er Chodorkowskis Bericht zur Korruption gelesen habe. Andere glaubten, Putin sei gekränkt gewesen, weil Chodorkowski zum Gespräch mit ihm in einer Jacke gekommen sei – was mir sehr abwegig erscheint. Es ist natürlich nicht ausgeschlossen, dass Putin die Jacke eines Gesprächspartners vielleicht sogar persönlich genommen hat. Doch das Thema Korruption – das weiß ich aus eigener Erfahrung – ist ein sehr heißes Eisen, das Machthaber immer wieder besonders tief persönlich kränkt. Zwar wird bei uns ständig vom Kampf gegen die Korruption gesprochen, trotzdem mögen es unsere Staatsbeamten nicht, wenn sich die Bürger selbst dieses Themas annehmen. Und Chodorkowskis Kritik war ja keine allgemein gehaltene Kritik, sondern er wurde sehr konkret und sprach beispielsweise auch den Kauf einer privaten Ölfirma durch den Staat zu einem erhöhten Preis an. Gleb Pawlowski hatte schnell begriffen, dass er persönlich nichts zu befürchten hatte. Und so hat er sich danach auch nie wieder in der Sache Chodorkowski geäußert.

Die Reaktion seines Chefs konnten wir wenig später selbst beobachten: Es war im Dezember, Putin traf sich mit dem beim russischen Präsidenten angesiedelten Menschenrechtsrat, der ja die Aufgabe hatte, diesen zu beraten.

Seine Reaktion war in einer Weise persönlich, wie wir sie nicht erwartet hätten. Dreimal wurde er auf Chodorkowski angesprochen, von den unterschiedlichsten Personen. Als Erster begann der bekannte Wirtschaftswissenschaftler Alexander Ausan. Putin unterbrach ihn unerwartet schroff, wie er es sonst bei unseren Treffen nie tat. Asan führte an, dass das Gesetz längere Zeit nicht so eindeutig gewesen sei. Doch Putin ließ ihn nicht ausreden und fuhr ihn mit fast schreiender Stimme an: »Wer sich nicht an das Gesetz halten kann, sollte sich besser nicht mit Wirtschaft beschäftigen.«

Dann meldete sich ein Wirtschaftsvertreter zu Wort, sprach ihn ebenfalls auf dieses Thema an. Putin hörte ihm nicht einmal zu.

Zuletzt brachte auch der berühmte Kinderarzt Leonid Roschal das Thema Chodorkowski an. Roschal ist eine sehr angesehene Persönlichkeit, sogar die Terroristen des Musicals »Nord-Ost« gewährten dem Arzt 2002 Zutritt. Roschal konnte damals acht Kinder aus den Händen der Terroristen retten. Er begann seine Rede so: »Wladimir Wladimirowitsch. Nun, Sie wissen, wie sehr ich Sie schätze. Lassen Sie doch den Chodorkowski laufen. Das ist doch irgendwie eine sehr unschöne Sache. Hören Sie auf mich, einen alten Mann, der wirklich nichts Arges im Schilde führt.« Putin lächelte, doch wirklich zugehört hat er auch Roschal nicht.

Es war offensichtlich: Hier bestand eine große Animosität gegenüber Chodorkowski. Es war Eifersucht. Eifersucht auf einen jungen, erfolgreichen, gutaussehenden, beliebten Mann – und ich habe sicherlich noch weitere Eigenschaften von Chodorkowski vergessen. Wahrscheinlich sind in Putin irgendwelche Komplexe aus seiner Kindheit wach geworden. Komplexe gegenüber einem Jungen aus einer glücklichen und wohlhabenden Familie.

Es waren jedoch nicht nur Menschenrechtler, die sich für Chodorkowski einsetzten, auch Leute aus der Wirtschaft schrieben Putin, ebenso wie Boris Nemzow. Sie bezeichneten die Vorgänge um den inhaftierten Unternehmer als Einschüchterungsmaßnahme. Die Botschaft von all dem sei doch, dass es gefährlich ist, in Russland im gesellschaftlichen und politischen Leben eine eigene Position zu beziehen.

Dutzende von Bürgschaftserklärungen gingen bei der Staatsanwaltschaft ein. Sie kamen von Menschenrechtlern, Politikern und Unternehmern. Und wir bürgten alle dafür, dass Chodorkowski bei einer Freilassung nicht das Land verlassen werde. Doch all diese Bemühungen waren vergebens. Chodorkowski blieb hinter Gittern.

Chodorkowskis Anwalt

Nun begannen die langen Jahre der Haft. Viele Anwälte hatten die Verteidigung von Chodorkowski übernommen, wobei wir unsere Informationen immer von Juri Markowitsch Schmidt erhielten, der Chodorkowskis volles Vertrauen genoss.

Mit Juri Schmidt hatte ich schon zu einer Zeit zu tun, in der ich von Michail Chodorkowski überhaupt noch nichts gehört hatte. Schmidt war einer der Ersten gewesen, der sich für Flüchtlinge aus Afghanistan einsetzte. Diese gehörten damals zu den schutzbedürftigsten Schichten unserer Gesellschaft.

In den ersten postsowjetischen Jahren waren sich die Machthaber in Russland durchaus ihrer Verantwortung für ihre Landsleute bewusst, die nun außerhalb von Russland lebten und denen in kürzester Zeit der Boden unter den Füßen entzogen worden war. Doch für das Schicksal der Opfer der sowjetischen Intervention in Afghanistan fühlte sich niemand verantwortlich.

Nachdem das Regime von Nadschibullah gestürzt worden war, konnten auf einmal Zigtausende Afghanen, die sich zu diesem Zeitpunkt in Russland aufgehalten hatten, nicht mehr nach Hause zurückkehren. Sogar die 2000 afghanischen Waisen, die in Russland groß geworden waren, erhielten von Russland keinen legalen Status. Vor allem afghanische Militärs konnten nicht mehr in ihre Heimat zurück, denn dort hätte sie eine fürchterliche Abrechnung erwartet.

Juri Schmidt übernahm als einer der Ersten das Mandat von Afghanen, die auf dem Rechtsweg einen Aufenthaltstitel anstrebten. Und so habe ich ihn bei einem Seminar in St. Petersburg kennengelernt. Seine Vorträge waren präzise und klar und wiesen die logische Struktur eines ausgezeichneten Juristen auf. Und sie waren immer mit einer Portion Humor und einem gewissen Sarkasmus gewürzt. Jede seiner Reden zeigte, dass es keine besondere Juristensprache geben muss. Ein hervorragender Anwalt kommt mit dem Wortschatz der russischen Sprache wunderbar zurecht.

So schuf Schmidt eine Schule höchster anwaltlicher Kunst. Zu seinen Mandanten hatte er ein besonderes Verhältnis. Seine Schüler arbeiten auch heute in Asylfällen und gelten als wunderbare Spezialisten und Profis, genau wie ihr Lehrer. Für die Schüler von Juri Schmidt ist das Recht keine tote Ansammlung von Vorschriften, sondern ein lebender Organismus. Und sie wissen, dass Gesetze und Recht nicht immer ein und dasselbe sind.

Auch unsere Mitarbeiterin in der Beratungsstelle in St. Petersburg, Olga Zeitlina, ist eine Schülerin von Juri Schmidt. Seit 1996 ist sie beim Beratungsnetzwerk »Migration und Recht« tätig, wo sie sich für Flüchtlinge einsetzt. Ein Schwerpunkt ihrer Arbeit sind Verbrechen, die aus Hass begangen wurden – eine gefährliche Arbeit. Juri Schmidt war im Fall Chodorkowski nicht nur einfach Anwalt. Er hat den Fall auch immer wieder öffentlich in einer einfachen und verständlichen Sprache erklärt und damit gezeigt, wie absurd die Anklage war.

Ich erinnere mich an ein Gespräch mit Schmidt.

Er berichtete, dass Chodorkowski auch in der Haft nichts von seiner Würde verloren hatte. »Ach«, habe ihm Chodorkowski einmal gesagt. »Meine Firma haben sie mir weggenommen. Doch warum mussten sie die auch noch zerschlagen? So eine effektive Firma hätte man doch nutzen können.«

Es ist Schmidt zu verdanken, dass die Menschen eines begriffen: Der Fall Chodorkowski hatte sowohl eine politische als auch eine persönliche Komponente.

Von sich selbst sagte Schmidt: »Früher war ich Anwalt und hatte mit dem Gesetz zu tun. Jetzt habe ich einen anderen Beruf. Jetzt bin ich Anwalt von Chodorkowski und habe nur mit Gesetzlosigkeit zu tun.«

2013 verstarb Juri Schmidt. Seinen Mandaten in Freiheit zu sehen war ihm nicht mehr vergönnt.

Der Prozess

Ich selbst wohnte zweimal gerichtlichen Anhörungen von Chodorkowski und Lebedew bei. Beim ersten Mal hatte der Staatsanwalt eine lange, mehrbändige Anklageschrift vorgetragen. Ich hatte Mitleid mit dem Staatsanwalt; man sah ihm deutlich an, dass ihm das lange Vorlesen nicht leichtfiel. Er hatte zudem die Eigenart, dass er beim Lesen nicht nur die Augen bewegte, sondern gleich den ganzen Kopf. Es war sichtbar, dass es dem Mann nicht gut ging. Möglicherweise litt er an einer Art Seekrankheit. Irgendetwas schien ihn zu schmerzen.

Inhaltlich war die Anklage leer. Im Kern besagte sie, dass Michail Chodorkowski und sein Kompagnon Platon Lebedew eine unglaublich große Menge an Öl gestohlen, diese dann verkauft und schließlich die Gewinne des Verkaufs legal deklariert haben sollen. Natürlich stellt sich sofort die Frage: Von wem haben sie das Öl gestohlen? Die Antwort liegt auf der Hand: von sich selbst. Verstehen konnte ich die Anklage nicht.

Das zweite Mal war ich beim Prozess, als sich die Prozessbeteiligten äußerten. Die Anwälte und die Angeklagten traten dermaßen professionell auf, dass allein schon diese Auftritte wohl Rechtsgeschichte geschrieben haben. Natürlich wurden beide Angeklagten schuldig gesprochen. Das Urteil lautete 14 Jahre Freiheitsentzug.

Auf einer Sitzung des Menschenrechtsrates schlug der damalige Präsident Dmitri Medwedew nach einem Vortrag zu den verletzten

Verfahrensvorschriften im Chodorkowski-Prozess vor, man solle ein unabhängiges Gutachten zu diesen Vorwürfen erstellen. Und in der Folge befassten sich die führenden Juristen der Welt mit dem Prozess.

Diese Experten analysierten alle Unterlagen. Schließlich wurden Medwedew zehn unabhängige Gutachten vorgelegt. Alle Experten waren zu der Auffassung gelangt, dass man Chodorkowski und Lebedew keine Verbrechen nachweisen könne. Vielleicht denke ich zu sehr wie ein einfacher Bürger, aber meiner Meinung nach brauchte es nicht einmal Experten, um zu dieser Auffassung zu gelangen. Wenn es einen Diebstahl gibt, gibt es auch einen Bestohlenen. Ohne Bestohlenen kein Diebstahl. Man kann nicht einfach so stehlen. Zum Stehlen gehört immer auch ein Bestohlener.

Und sofort wurde der Vorwurf laut, unsere Organisationen, die sich um die Gutachten bemüht hatte, hätte das nur getan, weil wir von Chodorkowski Geld bekommen würden. Deswegen hätten sich auch alle Gutachten im Sinne von Chodorkowski ausgesprochen. Ja, es wurden sogar Ermittlungen gegen Experten eingeleitet.

Dann riefen Journalisten an: »Ihre Organisation hat doch Geld von Chodorkowski erhalten. Finden Sie es nicht seltsam, dass ausgerechnet Sie sich jetzt mit den Gutachten beschäftigen?« Man sprach von unserer Mitwirkung an diesen Gutachten, als hätten wir sie angefertigt.

Ich antwortete auf diese Anschuldigungen: »Erstens einmal hat unsere Organisation noch nie Geld von Chodorkowski erhalten. Und wir haben auch nie Geld bei ihm beantragt. Zweitens hat keiner von unserer Organisation in dieser Sache irgendwelche Gutachten angefertigt.« Doch die Anrufe wollten nicht enden.

Ich denke, es war eine bezahlte Kampagne gegen den Menschenrechtsrat und seine Mitglieder. Niemand von uns gehörte zu diesem Expertenrat. Und die meisten Angehörigen dieses Expertenrates waren nicht einmal russische Staatsbürger.

Dmitri Medwedew hat zehn Expertisen erhalten. Ja und? Auf die Lage der Verurteilten hat sich das in keiner Weise ausgewirkt. Seine Zeit als Präsident hatte etwas Unwirkliches. Eigentlich war er nur kommissarisch im Amt. Dabei hatte er vier Jahre lang Zeit gehabt, um sich eine Mannschaft zusammenzustellen und unabhängig zu werden. Doch das hat er nicht gemacht.

Im Dezember 2013 wurde Michail Chodorkowski von Wladimir Putin »begnadigt« und Anfang 2014 setzte man auch Platon Lebedew auf freien Fuß, nachdem man sein Urteil noch einmal neu verhandelt hatte.

Zwei wunde Punkte in meinem Herzen begannen sich zu schließen.

11 MIT TERRORISTEN VERHANDELN?

Am 1. September 2004 wurde in der kleinen nordossetischen Stadt Beslan die Schule von Terroristen überfallen. In der Stadt befindet sich ein Flughafen. Wladikawkas, die Hauptstadt von Nordossetien, und das inguschetische Nasran sind von Beslan aus gleich weit entfernt. An diesem Tag war es sehr heiß, an die 40 °C. Die Terroristen trieben Eltern, Lehrer und Schüler in das Schulgebäude, gaben ihnen nichts zu trinken, schossen bei jedem auch nur vermeintlichen Versuch, Widerstand zu leisten, und ließen nicht einmal zu, dass man den Kindern Wasser gab. Wir waren entsetzt. Und wir ahnten, dass noch Schlimmeres folgen würde. Die Schlüsselfrage während der Ereignisse von Beslan lautete: Was hat Vorrang: die Terroristen auszuschalten oder das Leben der Geiseln zu retten?

In Budjenowsk (Gebiet Stawropol) hatte man sich 1995, als der gefürchtete Terrorist Schamil Basajew ein ganzes Krankenhaus in Geiselhaft genommen hatte, für Verhandlungen entschieden. Damals hatten sich Abgeordnete der Staatsduma, darunter der Vorsitzende der Menschenrechtskommission Sergej Kowaljow sowie die Abgeordneten Waleri Borschtschew, Viktor Kurotschkin, Michail Molostwow und ein Mitarbeiter von Sergej Kowaljow, Oleg Orlow, sofort auf den Weg nach Budennowsk gemacht und mit Schamil Basajew Verhandlungen über eine Freilassung der Geiseln aufgenommen.

Vor laufenden Kameras hatte damals Regierungschef Viktor Tschernomyrdin persönlich mit Basajew gesprochen: »Schamil Basajew? Ah ja, Schamil Basajew«, hatte er damals in den Hörer geschrien. »Ja, wir werden die Kampfhandlungen in Tschetschenien einstellen. Und Sie müssen die Geiseln freilassen.« Tschernomyrdin versprach Verhandlungen, und diese begannen am nächsten Tag. Bei ihrem Abzug nahmen die Terroristen Hunderte von Geiseln, darunter auch die Gruppe um Kowaljow. Sie alle fuhren in Bussen in ein Gebiet, das von den Separatisten kontrolliert wurde. Dort wurden alle Geiseln freigelassen.

War das eine Niederlage? Nein. Das war die Rettung von 1500 Menschen. Und das Feuer war eingestellt worden, was noch weitere Menschen vor dem Tod rettete.

Doch in Beslan hatte man, genauso wie bei dem Terroranschlag in Moskau, anders entschieden. Die Terroristen sollten vernichtet werden. Die Terroristen von Beslan forderten ein Gespräch mit den Präsidenten von Inguschetien und Nordossetien, aber nur Ruslan Auschew, der damalige Präsident von Inguschetien, der Mann, der 1999 den Flüchtlingen des Zweiten Tschetschenienkrieges den Schlagbaum geöffnet hatte, eilte den Geiseln in Beslan zu Hilfe. Am 2. September betrat er das Schulgebäude und verweilte dort dreieinhalb Stunden. Er schaffte es nicht, die Terroristen zu überreden, alle Kinder freizulassen. Doch er schaffte es immerhin, alle Frauen, die ein Kleinkind an der Hand hielten, freizubekommen. Das waren insgesamt 26 Menschen.

Stellen Sie sich die Gefühle einer Mutter vor, deren Kind an diesem Tag seinen ersten Schultag hatte. Stolz hatte sie ihr Kind in die Schule begleitet. Diese Frauen konnten dank des Einsatzes von Auschew zusammen mit ihren Jüngsten das Schulgebäude verlassen. Und gleichzeitig musste sie die älteren Kinder, die an diesem Tag ihren ersten Schultag hatten, in der Schule zurücklassen. Wie kann man nur mit dieser Last weiterleben?

Ich verstehe nicht, warum sich an diesem Tag nicht die gesamte Führung des Landes auf den Weg nach Beslan gemacht hat. Doch die Personen, mit denen die Terroristen hatten sprechen wollen, waren nicht gekommen. Stattdessen hatte man sich entschieden, die Schule zu stürmen. 334 Menschen sind dabei ums Leben gekommen, unter ihnen 186 Kinder.

Eines Tages hatte auch ich Verhandlungen führen müssen mit Personen, die sich in einem von Sicherheitskräften eingekesselten Haus verschanzt hatten. Das war in Machatschkala in der Jubilejnaja-Straße am 18. Mai 2012.

Zusammen mit Katja Sokirjanskaja hatte ich eine Versammlung des Menschenrechtszentrums »Memorial« besucht. In diesem Augenblick rief Lena Denisenko an, unsere Mitarbeiterin in Dagestan: »Hier ist ein Haus, das haben die Sicherheitskräfte umzingelt. Und in dem Haus sind Kinder«, hatte sie atemlos berichtet.

Das Haus gehörte dem 20-jährigen Machimud Mansur Nidal. Die Behörden verdächtigten ihn, für die bewaffneten Aufständischen zu arbeiten. Außer ihm befanden sich seine Mutter, seine Frau, ihr einjähriger Sohn und Gäste in diesem Haus. Das waren Abdurachman Mogomedow und seine Frau mit ihrem Säugling. Die Verwandten von Machmud hatten uns seine Telefonnummer gegeben.

Wir informierten sofort den Duma-Abgeordneten Riswan Kurbanow. Dieser war zuvor Vize-Premier der Regierung von Dagestan gewesen und hatte dort die Kommission für die Wiedereingliederung von ehemaligen Mitgliedern bewaffneter ungesetzlicher Einheiten in die Gesellschaft geleitet.

Kurbanow setzte sich sofort mit dem Präsidenten von Dagestan, Magomedow, telefonisch in Verbindung und bat uns, den Leuten im Haus zu sagen, sie sollten das Haus verlassen. Er garantiere ihnen als Präsident der Republik, dass ihnen nichts zustoßen werde.

Diese Garantieerklärung an die Eingeschlossenen zu übermitteln war eine riskante Sache. Wir wussten ja nicht, wie sich der FSB, der das Gebäude umzingelt hatte, verhalten würde. Wir hatten Angst, dass man auch dieses Mal das Haus stürmen werde.

Ich rief die Eingeschlossenen an. Am Telefon war eine junge Frauenstimme. Ich übermittelte ihr die Worte von Riswan Kurbanow. Die Frau sagte mir, auch der Kommandeur der Sonderpolizei, die das Haus umzingle, habe schon angerufen. Er habe sich sehr grob geäußert und ihnen befohlen, nicht die Nase aus dem Haus zu stecken, solange er ihnen dazu nicht die Erlaubnis erteilt habe. Er habe ihr gesagt, seine Scharfschützen hätten das Haus im Visier, bei jeder noch so kleinen Bewegung werde man gezielt schießen. »Das ist ein Russe«, sagte sie mir. »Er lässt nicht einmal die Frauen und die Kinder aus dem Haus.« Es war offensichtlich: Was Kurbanow uns garantiert hatte und was vonseiten des FSB-Kommandeurs gesagt worden war, passte nicht zusammen.

Anschließend rief ich bei diesem FSB-Kommandeur an, die junge Frau hatte mir seine Nummer gegeben. Ich bemühte mich, möglichst höflich zu sein, stellte mich vor und fragte, warum er auf Frauen und Kinder ziele. Auch mir gegenüber reagierte er sehr grob: »Wer sind Sie überhaupt? Die Sache läuft so, wie ich es sage. Ich habe keinen Gesprächsbedarf mit Ihnen.« Anschließend rief ich wieder Kurbanow an und berichtete ihm vom vorangegangenen Gespräch. Riswan setzte sich wieder mit Dagestan in Verbindung und schickte anschließend ein Mitglied der Kommission zur Wiedereingliederung ehemaliger Aufständischer in die Gesellschaft an den Ort des Geschehens. Wir sprachen am Telefon auf die Kinder im Haus ein und bemühten uns gleichzeitig, das Stürmen des Hauses zu verhindern.

Wir sprachen mit jedem Beteiligten. Ich hatte große Angst, bemühte mich jedoch, möglichst ruhig und selbstsicher zu klingen. »Wie heißen Sie? Wie geht's den Kindern? Haben Sie vor, das Haus zu verlassen, sobald es möglich ist?«, fragte ich ins Telefon. Es schien, als fassten die Frauen Vertrauen zu uns. Und auch sie begannen, Fragen zu stellen, ihre Stimmen waren nun weniger angespannt. Anscheinend schöpften sie wieder Hoffnung. Abdurachman sagte ebenfalls, dass er bereit sei, das Haus zu verlassen und sich zu ergeben, wenn er sicher sein könne, dass man nicht schießen werde. Er wollte leben. Nur Mansur antwortete ausweichend: »Wenn Sie können, helfen Sie bitte den Kindern und den Frauen. Alles andere ist unwichtig.« Seine Frau fügte hinzu: »Wenn Sie uns garantieren, dass wir am Leben bleiben, dann gehe ich raus. Wie sich mein Mann entscheiden wird, weiß ich nicht.«

Ich sprach anschließend wieder mit ihrem Mann. »Hör zu, du hast eine Mutter, du hast eine Frau und du hast ein kleines Kind. Und ihr werdet noch weitere Kinder haben. Du musst dieses Kind großziehen und du musst dich um deine Frau kümmern. Wenn sie also sagen, ihr sollt das Haus verlassen, dann hebt die Hände hoch und kommt raus.«

Alle Beteiligten hörten mich und Katja, wie wir mit den Belagerten verhandelten und mit Riswan Kurbanow sprachen. Und wir sprachen auch mit unseren Kollegen, die hinter dem eingekesselten Haus standen. Allmählich wurde es dunkel. Man sicherte uns zu, dass bis zum Morgengrauen nichts passieren werde. So fuhren wir zu unseren Unterkünften. Die Sitzung, die wir eigentlich hatten besuchen wollen, war abgesagt worden. Von meiner Unterkunft aus rief ich jede halbe Stunde in dem belagerten Haus an. Dort kannte man schon meine Stimme, wusste, wie ich heiße, und meine Anrufe schienen sie zu beruhigen. Um fünf Uhr morgens wurde ich von den Sicherheitskräften angerufen. Sie forderten mich auf, ich sollte die Bewohner zum Verlassen des Hauses auffordern.

»Bitte, tun Sie jetzt, was man von Ihnen verlangt. Andernfalls werden Sie das Haus in die Luft sprengen. So, jetzt sollen die Frauen mit den Kindern rauskommen«, bat ich. Wieder hatte ich an jedem

Ohr ein Telefon. Über den einen Hörer sprach ich mit den Leuten im Haus, über den anderen mit denen, die das Haus schon verlassen hatten. Als Erste kam die Frau von Abdurachman zusammen mit dem Kind aus dem Haus. »Gibt es irgendwelche Anzeichen, dass man auf dich schießen will?«, fragte ich sie. »Nein«, gab sie zur Antwort. »Bist du schon draußen?«, wollte ich wissen. »Siehst du deine Verwandten? Kannst du auf sie zugehen? Bist du nun in Sicherheit?« Und sofort übermittelte ich dem Mann, der sich im Haus befand: »Deine Frau ist in Sicherheit.« Anschließend trat die Familie von Mansur aus dem Haus: zuerst die Oma mit dem Enkel, dann die Frau. Alle fünf gelangten wohlbehalten durch die Umzingelung und gingen auf ihre Verwandten zu.

Nur noch zwei Männer waren im Haus verblieben. Ich sprach zunächst mit Abdurachman. Er verließ das Haus mit erhobenen Händen und überquerte die Linie, auf der man noch auf ihn hätte schießen können. Nun fuhr ich fort, um auch den Hausherrn, Mansur, zu überzeugen, das Haus zu verlassen. Er fragte mich: »Sind die Frauen in Sicherheit?« »Ja«, gab ich ihm zur Antwort. »Danke«, sagte er. »Ich will keinen Dank, ich will, dass du das Haus verlässt. Nimm die Hände hoch und komm raus. Du bist noch ein junger Mann, viel zu jung zum Sterben.« »Meine Frau und mein Kind sind schon sicher über den Hof gekommen?«, wollte er wissen. Da wurde mir klar, dass er nicht mehr aus dem Haus kommen würde.

Der junge Mann schlich zur Tür und warf eine Granate in den Hof des eigenen Hauses. Sofort eröffneten die Sicherheitskräfte das Feuer, das kleine Haus wurde von Geschossen durchlöchert. Das Einzige, was vom Haus übrig blieb, waren seine Wände.

Ich weiß nicht, ob der Getötete etwas mit den Aufständischen zu tun gehabt hatte. Wahrscheinlich hatte er. Aber trotzdem: Warum hat man nicht gewartet, bis man ihn lebend bekommen hätte? Die Sicherheitskräfte waren doch Profis. Und sie waren Dutzende, er hingegen war allein. Und er war gerade einmal 20 Jahre alt.

Mag sein, dass es anders nicht möglich war. Mag sein, dass er vielleicht den Märtyrertod gesucht hat. All das kann so gewesen sein, und sein Tod war vielleicht unausweichlich. Was in den Köpfen dieser Menschen vor sich geht, weiß ich nicht. Doch eins weiß ich: Wenn ein Mensch bereit ist zu sterben, kann man mit Gewalt keinen Einfluss auf sein Handeln ausüben. Eine Journalistin wollte der Mutter ihr Beileid ausdrücken. Doch die Mutter antwortete: »Ich brauche Ihr Beileid nicht. Mein Sohn ist schon im Himmel.«

Abdurachman wurde vorläufig festgenommen. Doch nachdem dies zu einiger Unruhe in der Umgebung geführt hatte, ließ man alle drei Erwachsenen wieder frei. Das heißt, dass sie offensichtlich nichts mit illegalen, bewaffneten Einheiten zu tun hatten.

Wenn man uns damals nicht aus Dagestan angerufen hätte, hätte sich auch Riswan Kurbanow nicht in die Sache eingemischt. Dann wären wir nicht in ständigem Telefonkontakt mit den Leuten im Haus gewesen und hätten ihnen nicht helfen, sie nicht beruhigen können – möglicherweise wären dann sogar alle sieben umgekommen. Nach ihrem Tod hätten sich die überlebenden Angehörigen den Aufständischen angeschlossen. Ein Teufelskreis.

Weder Katja noch ich haben eine besondere Ausbildung in Verhandlungsführung, trotzdem haben wir bei dieser Sonderoperation die Rolle von Psychologen eingenommen. Und es war wichtig, dass wir von Angehörigen der Machthaber eine gewisse Unterstützung erfahren hatten.

Das Geschilderte ist nur ein Beispiel, wie viel Arbeit und Mühen notwendig sind, wenn es um den höchsten Wert geht, das menschliche Leben.

Magomedow konnte nicht weiter als Chef der Republik Dagestan im Amt bleiben. 2013 wurde Ramazan Abdulatipow als Präsident Dagestans sein Nachfolger. Abdulatipow war zu Zeiten der Sowjetunion Parteifunktionär und galt als Fachmann für interethnische Beziehungen. Eine seiner ersten Amtshandlungen als neuer

Präsident von Dagestan war eine Reise in das benachbarte Tschetschenien zu Ramsan Kadyrow. Abdulatipow sagte anlässlich dieser Reise: »Solange Ramazan und Ramsan an einem Strick ziehen, so lange herrscht im Kaukasus Ordnung.« Kurz nach dem Machtantritt von Abdulatipow stellte die Kommission zur Wiedereingliederung ehemaliger Aufständischer ihre Arbeit ein. Auch der Dialog zwischen Muslimen verschiedener Richtungen wurde abgebrochen. »Der neue Kurs des Präsidenten Magomedow« hieß unser Bericht über den Vorgänger von Abdulatipow, in dem wir vieles von dem, was Magomedow geleistet hatte, sehr positiv beschrieben haben. Doch das war nun zu Ende. Dagestan wurde erneut von Gewalt heimgesucht.

Wes Brot ich ess, des Lied ich sing

Putin liebt diesen Satz. Und im Bewusstsein der Massen scheint dies eine uralte Wahrheit zu sein.

Doch die, die diesen Spruch so sehr lieben, scheinen nicht zu verstehen, wie westliche Stiftungen funktionieren. Eine seriöse Nichtregierungsorganisation ist kreativ, plant selbst, legt Prioritäten fest. Projektanträge werden so geschrieben, dass sie sich in die eigene Planung einfügen, und werden bei Stiftungen oder auch bei staatlichen Strukturen vorgestellt. Gesche Karrenbrock, einer der Leiter der Moskauer UNHCR-Vertretung, hatte es einmal sehr treffend formuliert: »Das internationale Recht bestellt das Lied. Und wir spielen das Lied nach diesen Noten.« Dem kann ich nur zustimmen, denn es ist der Kerngehalt unserer Arbeit, dass internationales Recht im Bereich der Migration eingehalten wird. Und die Musik, die spielen wir für all jene, die sich hilfesuchend an uns wenden.

Natürlich hat jede Stiftung ihre eigenen Schwerpunkte. Es gibt Stiftungen, die vor allem für medizinische Hilfe Geld geben; anderen Stiftungen sind die Migrationsarbeit und die Flüchtlingshilfe wichtig; wieder andere unterstützen Nichtregierungsorganisationen juristisch, vor Gericht oder auf andere Weise. Und nicht eine einzige Stiftung hat jemals ein Lied bei uns bestellt. Das Höchste, was passieren kann, ist die vorsichtige Frage, ob man sich nicht schon mal überlegt habe, zu dieser oder jener Thematik zu arbeiten.

Begonnen hatte die ganze Hatz gegen Nichtregierungsorganisationen 2006. Auf einmal wurden den NGOs unverhältnismäßig aufwendige Berichte und Registrierungspflichten abverlangt. Doch auch daran konnten wir uns gewöhnen.

Unter der Präsidentschaft von Dmitri Medwedew waren sogar einige neue Vorschriften wieder abgemildert worden. Trotzdem war der Ruf bei der Bevölkerung schon ruiniert. Mit ihren neuen Vorschriften für Nichtregierungsorganisationen hatten die Machthaber das Volk gründlich in Aufregung versetzt. Und einer unserer Schützlinge hatte vor dem Hintergrund dieser gegen uns gerichteten Kampagne einmal die Frage gestellt: »Swetlana Alexejewa, wissen Sie, ich habe große Hochachtung vor Ihnen. Sie machen sehr viel für uns. Aber warum nur müssen Sie unbedingt dieses schmutzige Geld aus dem Ausland annehmen?« Ich antwortete: »Entschuldigen Sie, aber wie sollen wir Ihnen sonst helfen? Die Juristen, die Sie verteidigt haben, die materielle Hilfe, die wir Ihnen haben zukommen lassen, all das war Geld aus dem Ausland. Oder haben Sie etwa den Verdacht, dass wir eigennützige Interessen haben?« »Nein, nein. Sie natürlich nicht. Aber die anderen ...«

So also war es gelungen, in der Gesellschaft Misstrauen gegenüber den Nichtregierungsorganisationen zu schüren. Und diese Kampagne zeigte ihre Wirkung.

Nach dem zweiten Machtantritt Putins erwartete uns ein an Intensität weitaus stärkerer Angriff. Doch die Gesellschaft war darauf schon vorbereitet.

Die Tragödie von Chassawjurt: meine letzte Zusammenarbeit mit Anna Politkowskaja

Es war in der Nacht vom 12. auf den 13. Juli 2006 an der Verwaltungsgrenze zwischen Tschetschenien und Dagestan. In dieser Nacht geschah etwas, das seinen Weg in alle Headlines fand: »Im Rayon Noschaj-Jurtow, Tschetschenische Republik, wurde eine Gruppe von Aufständischen vernichtet, die in diesen Ort eingedrungen war, um Terroranschläge auszuführen«, meldeten die Medien.

Die örtlichen Sicherheitskräfte wollten bereits am Vorabend erfahren haben, dass eine Gruppe aus 20 Personen von Dagestan nach Tschetschenien vorgedrungen sei. Dank der hervorragenden Arbeit der Sicherheitskräfte sei es gelungen, die Rebellen in einen Hinterhalt zu locken. Medienberichten zufolge habe man 13 Rebellen vernichten können. Zwei seien in Gefangenschaft geraten. Am Ort des Geschehens sei eine große Menge Waffen sichergestellt worden.

Gewissen Quellen zufolge war die Operation von Militärs des Bataillons der Truppen des Innenministeriums Russlands, »Süden« und »Norden«, durchgeführt worden. Andere Quellen berichteten, hier sei eine Sondereinheit, die »Achmad-Kadyrow«-Einheit, die im tschetschenischen Innenministerium angesiedelt ist, zum Einsatz gekommen. Jedenfalls seien Terroranschläge verhindert worden. Unter den Sicherheitskräften seien keine Opfer zu beklagen, so die Meldungen.

Als Krönung des erfolgreichen Einsatzes, so berichtete der Premierminister der Tschetschenischen Republik Ramsan Kadyrow, sei der mögliche Nachfolger von Schamil Basajew, Chajrula Imursajew, getötet worden. Kadyrow erklärte weiter, der getötete Chajrula Imursajew stamme aus Dagestan, wo die getöteten Rebellen auf ihren Einsatz vorbereitet worden seien.

Diese Meldung lief auch über ausländische Agenturen, und zwar als Erfolgsmeldung im Kampf gegen den Terrorismus, dem sich nun auch Tschetschenien gegenübersehe. Diese Bedrohung, so Ramsan Kadyrow, komme aus dem Ausland, da man die einheimischen Banditen doch schon fast vollständig ausgerottet habe.

Doch wenig später erreichten uns andere Informationen, Gerüchte aus Dagestan, die diesen Vorfall in einem völlig anderen Licht erscheinen lassen. Diesen Angaben zufolge waren junge Tschetschenen in einen Hinterhalt gelockt und getötet worden. Anschließend habe man die Getöteten als Terroristen ausgegeben.

Anfang August berichtete Julia Latynina in der *Nowaja Gazeta* über junge, unbewaffnete, unausgebildete Männer, die von angeblichen Anwerbern in eine Falle gelockt worden waren. Als diese die Falle bemerkt hatten und fliehen wollten, wurden sie erschossen. »Kein Zweifel«, schreibt Latynina. »Diese jungen Männer wollten sich den Aufständischen anschließen.«

War es nun wirklich so? Und wenn es so war, was hat diese jungen Männer nur dazu bewegt, sich auf den Weg nach Tschetschenien zu machen, um sich den bewaffneten Aufständischen anzuschließen?

Wir gingen dieser Frage nach. Zwischen dem 16. und 18. August 2006 machte ich mich mit der Juristin des Netzwerkes »Migration und Recht«, Rasijat Jasiewa, auf den Weg in den Rayon Chassawjurt in Dagestan. Dort suchten wir mehrere Ortschaften auf und sprachen mit 18 Familien, deren Angehörige an den oben beschriebenen Ereignissen beteiligt waren.

Allmählich begriffen wir die schrecklichen Zusammenhänge. In der Nacht vom 12. auf den 13. Juli hatte man, so die Familien, ihre Söhne über die Grenze in die Tschetschenische Republik gelockt. Dort mussten sie Kampfkleidung anziehen. Anschließend führte man sie in einen Hinterhalt und begann, auf sie zu schießen. 13 der jungen Männer verloren dabei ihr Leben, fünf wurden verletzt.

Wir trafen uns außerdem mit zwei Anwälten, die von den Überlebenden mit einem Mandat betraut waren. Alle fünf Verletzten waren vorläufig festgenommen worden. Sie standen nach § 208, Absatz 2 StGB der Russischen Föderation (Mitwirkung in illegalen bewaffneten Einheiten) unter Anklage.

Aus Gesprächen mit Verwandten und Anwälten erfuhren wir, dass noch am Vormittag dieses merkwürdigen 12. Juli keiner dieser jungen Männer die Absicht geäußert hatte, das Haus zu verlassen und sich irgendwohin, schon gar nicht an einen gefährlichen Ort, zu begeben. Sie alle waren mit ihren eigenen Angelegenheiten beschäftigt. Einige von ihnen arbeiteten auf dem Bau in der Nachbarschaft, andere betätigten sich sportlich, wieder andere waren beim Baden am Fluss. Einer der jungen Männer hatte an diesem Vormittag den Führerschein ausgehändigt bekommen, ein anderer war auf dem Arbeitsamt gewesen.

Verwandte und Nachbarn berichteten uns übereinstimmend, dass man ihre Angehörigen auf einmal für drei Uhr nachmittags zu einer Versammlung einbestellt habe. Und sie waren dieser Einladung gefolgt, in ihrer Arbeits- oder Sportkleidung. Dort bot man ihnen eine Tour zum Meer an.

Die Erzählungen der Augenzeugen lassen den Schluss zu, dass einige der jungen Männer tatsächlich geglaubt hatten, die Reise solle ans Meer führen. Schließlich hatte man ihnen versprochen, sie könnten sich am Strand erholen, und man werde dort mit ihnen über wichtige Dinge sprechen. Anschließend, so war ihnen zugesichert worden, würde man sie wieder nach Hause bringen.

Einige der jungen Männer hatte man zwei Wochen vor dem schrecklichen Ereignis zu einem Training einbestellt. Die Anwerber hatten ihnen zugesagt, sie könnten zwei Tage lang Schießübungen machen.

Einem weiteren Teil dieser Gruppe – es waren sehr religiöse Jugendliche – hatte man versprochen, sie könnten für kurze Zeit in einem heiligen Krieg mitwirken. Gemeinsam war aber wohl allen diesen jungen Männern, dass sie glaubten, was man ihnen erzählt hatte. Hinzu kam, dass sie ohne Arbeit und Beschäftigung waren.

Alle diese jungen Männer hatten ein gutes Verhältnis zu ihren Familien, hatten keine schlechten Angewohnheiten und bürgerlich bodenständige Pläne: Sie wollten eine Arbeit finden, heiraten, sich an internationalen sportlichen Wettbewerben beteiligen. Kurzum: Man kann nicht sagen, dass diese jungen Männer, bis auf wenige Ausnahmen, die Absicht hatten, in einen Krieg zu ziehen.

Doch sie wurden betrogen, und bis auf fünf von ihnen verloren alle ihr Leben. Es ist schwer vorstellbar, dass die Anwerber nicht gewusst hatten, wohin die jungen Männer geschickt werden sollten.

Mit großer Verwunderung mussten wir feststellen, dass wir die Einzigen waren, die sich die Mühe gemacht hatten, die Angehörigen aufzusuchen. Und nicht eine der betroffenen Familien hatte eine Beileidsbekundung von offizieller Stelle erhalten.

Leider ließen sich die Anwerber und deren Auftraggeber nicht ausfindig machen, ohne nicht die Familien und Nachbarn der Betroffenen eingehend zu befragen.

Die Angehörigen wussten nicht, ob wegen des Mordes an ihren Kindern strafrechtliche Ermittlungen eingeleitet werden. Manche versuchten, auf eigene Faust in der Sache zu ermitteln. Es dauerte nicht lange, und sie erhielten von »wohlmeinenden Anrufern« aus dem Umfeld der Machthaber Tschetscheniens erste Drohungen.

Unterdessen waren die überlebenden Verletzten weiterhin in Untersuchungshaft. Notwendig war das nicht. Keiner von ihnen hätte fliehen können.

Auch heute noch schmerzen mich die Erinnerungen an diese Reise. Und ich habe wieder den Geruch ihrer Häuser, ihrer Teppiche und Vorhänge in der Nase. Ich erinnere mich an die Frauen, die um mich herum standen, an die Mütter und Väter; sie alle sind erstarrt in meinem Gedächtnis, wie Zeichnungen auf einer alten Amphore.

Alles, was ich hatte tun können, war eine Anfrage an die Staatsanwaltschaft zu richten, in der ich mich nach dem Stand der Ermittlungen erkundigte. Schließlich übergab ich die Ergebnisse meiner Nachforschungen Anna Politkowskaja. Telefonisch vereinbarten wir einen Interviewtermin. Wenig später veröffentlichte Politkowskaja das Interview. Nichts Verfälschendes fand sich in dem veröffentlichten Text, ganz im Gegensatz zu den Veröffentlichungen von Latynina.

So bleibt mir nur noch hinzuzufügen, dass alle fünf Verletzten ein Jahr später zu kurzen Bewährungsstrafen verurteilt wurden. Vielleicht war die Sache für sie deswegen so glimpflich verlaufen, weil Anna Politkowskaja über sie geschrieben hatte. Das Ereignis selbst, bei dem über ein Dutzend junger Männer ihr Leben verloren hatten, war jedoch niemals Gegenstand strafrechtlicher Ermittlungen.

Man hat die Schüler mit dem Versprechen einer Fahrt ans Meer angeworben

(Anna Politkowskaja in der *Nowaja Gazeta* vom 24.8.2006, Interview mit Swetlana Gannuschkina)

Worum geht es in Ihrem Schreiben an die Staatsanwaltschaft?
Ich fordere ordentliche Ermittlungen. Es wurden ja nicht einmal die Eltern der erschossenen jungen Männer befragt. Es hat auch nie eine gerichtsmedizinische Untersuchung gegeben. Diese hätte eindeutig festgestellt, was die Todesursache jedes Einzelnen war. Außerdem berichten Personen, die die Leichen vor der Beerdigung gewaschen haben, dass viele Spuren von Todesschüssen aufwiesen, Schüssen, die man zur Kontrolle auf das Ohr, die Stirn oder den Nacken abgegeben hatte. Es wurde auch keine Gutachten über die Tatwaffen

in Auftrag gegeben. Mit welchen Waffen wurde getötet? Wer war der Besitzer der Mordwaffen? Die Schnellfeuerwaffen, die man neben den Leichen gefunden hatte, waren auch nicht auf Fingerabdrücke untersucht worden.

Und wem gehörten die Waffen?

Alle Überlebenden haben angegeben, dass die Anwerber, die sie ans Meer gelockt hatten, ihnen allen nur Patronen ausgehändigt hatten. Und das Wichtigste: Es wurde nicht einmal der Versuch unternommen, diese Anwerber ausfindig zu machen. Warum?

Gleichzeitig sind zwei Videoaufzeichnungen im Umlauf, die die Getöteten zeigen. Diese Videos werfen neue Fragen auf. So gibt es einerseits ein Video, wo die Toten in der Kleidung liegend zu sehen sind, in der sie ihr Haus verlassen hatten. Und es gibt ein weiteres Video, auf dem die Toten in Kampfbekleidung, die man ihnen offensichtlich schnell und nur halb übergestreift hatte, zu sehen sind. Wer könnte diese Videos aufgenommen haben? Es können eigentlich nur die Täter selbst gewesen sein. Aber warum werden diese Videos dann gegen Geld weitergereicht?

Da die Angehörigen der Getöteten feststellen mussten, dass von offizieller Seite nichts unternommen wird, um Details der Tragödie zu erfahren, sahen sie sich gezwungen, eigene Ermittlungen aufzunehmen, um zu erfahren, was der Grund für den Mord an ihren Kindern ist. Und kaum haben sie selbst angefangen zu ermitteln, tauchen schon die ersten Drohungen gegen sie auf: »Mischt euch nicht ein«, gibt man ihnen zu verstehen. Gleichzeitig wurde gegen fünf Überlebende eine Anklage wegen Mitgliedschaft in einer illegalen bewaffneten Einheit (Artikel 208, Absatz 2) erhoben. Doch selbst wenn dieser Vorwurf zutreffend sein sollte: Sie waren maximal 24 Stunden Mitglied einer bewaffneten Formierung, und in dieser Zeit haben sie keinen einzigen Schuss abgegeben.

Doch niemand hat die jungen Männer gezwungen mitzugehen. Sie haben das offensichtlich freiwillig getan?
Richtig. Hier einige Dinge, die ich erfahren habe: Der getötete Islam Umajew aus der Ortschaft Baljurt (gehört zu Chassawjurt) war Student an der bekannten islamischen Saidbeg-Daitow-Universität. Man sagt, er sei ein sehr guter Schüler gewesen. Ihm wurde eine glänzende Karriere als Jurist und Islamwissenschaftler vorausgesagt. Er war ein Gegner des Krieges. Deswegen wäre er auch einem Aufruf in einer Moschee, man solle den Tschetschenen helfen und würde dafür in den Himmel kommen, nicht gefolgt.

Als dann Panik einsetzte, weil die Eltern bemerkten, dass ihre Söhne in der Nacht vom 12. auf den 13. nicht nach Hause gekommen waren, machte man sich auf die Suche nach den jungen Männern. Die Mutter von Islam ließ sich nicht aus der Fassung bringen und meinte nur: »Ach wie gut, dass mein Sohn am Meer ist.« Doch Islam hatte man ins Auge geschossen. Auf dem Video, das später die Runde machte, sieht man ihn tot auf einem Feld mit einer Kampfuniform, die man ihm halb übergestreift hatte. Die Hose war sogar nur bis zu den Knien angezogen, daneben lag das blaue T-Shirt, das er trug, als er das Haus verlassen hatte. Hat man ihn vielleicht direkt vor der Videoaufnahme noch umgezogen?

Der 15-jährige Schamil Badanow aus der Ortschaft Bammat-Bekjurt (im Stadtgebiet von Chassawjurt) hatte einen Meisterschaftstitel im Freistilringen. Den ganzen Sommer hatte er in einem Trainingslager verbracht, um sich auf die Wettkämpfe vorzubereiten. Schamil hatte nie die Moschee besucht, beschäftigte sich professionell mit Sport. Und am 12. hatte er seiner Mutter gesagt: »Ich gehe jetzt mit meinen Freunden ans Meer.« Irgendjemand hat ihn dann anstatt zum Meer in den Wald geführt.

Sultan Bulatow, der gerade erst 16 Jahre alt geworden war, wurde von seinem 25-jährigen Bruder erzogen – ihre Eltern leben nicht mehr. Sultan war Meister des russischen Südens in Taekwondo und hatte bereits zahlreiche Meisterschaften gewonnen. Er war ein kommender Star. Am 12. bis 14. Juli sollte er bei sportlichen Wettkämpfen antreten. Es ist klar, dass er nicht in den Krieg wollte, sondern nur ans Meer. Er sagte seinem Bruder: »Alle meine Freunde aus unserem Dorf fahren.« Beim Verlassen des Hauses hatte er seine Badesachen und seine Sandalen dabei. Als sein Bruder ihn identifizieren musste, sah er an ihm Wunden an Augen, Stirn und Nacken.

Der 19-jährige Ibrahim Schafchalow aus der Ortschaft Aeroport (gehört zu Chassawjurt) ist seit seiner Kindheit Invalide zweiter Klasse. Die Diagnose lautet »Herzschwäche«, inoperabel. Er stand im Bakulew-Institut in der Hauptstadt unter Beobachtung. Seine Erkrankung rettete ihn offenbar vor der Erschießung; er ist am Leben und sitzt in Untersuchungshaft.

Angeworben hatte man die Gruppe in Nuradilow, ungefähr um fünf Uhr abends. In der Nacht waren sie stromaufwärts am Fluss Aksai entlangmarschiert. Ibrahim war sehr schnell erschöpft und blieb zusammen mit Arsen Temisultanow, der ebenfalls überlebte, hinter der Gruppe zurück. Als sie die Schüsse hörten, flohen sie. Sie wurden verletzt, lagen bis zum Morgen in einem Weizenfeld, ehe sie sich erhoben, einen Checkpoint passierten und schließlich Dagestan erreichten. Hier hielt sie niemand mehr an. Wenig später nahm man sie im Milizgebäude von Nowolak vorläufig fest. Der Rayon Nowolak befindet sich zwischen Chassawjurt und Noschaj-Jurt in Tschetschenien. Dort wurden sie misshandelt und anschließend nach Grosny gebracht.

Ibrahim hatte den Ermittlern berichtet, dass einige seiner Freunde fliehen wollten, als sie mitbekamen, dass man ihnen nur Patronen ausgehändigt hatte. Doch sie wurden mit Gewalt in einen Fluss gedrängt. Anschließend fügten sie sich und zogen mit der Gruppe weiter. Nach den Worten von Ibrahims Bruder sei ein unbekannter Mann bei einem Gebet in der Moschee erschienen und habe mit den jungen Männern ein Gespräch begonnen. Es stellt sich wirklich die Frage, warum die Ermittlungsbehörden nicht mit denen gesprochen haben, die diese Beobachtung in der Moschee gemacht hatten.

Arsen Temirsultanow, geboren 1988, war nicht volljährig. Auch er hatte seine Mutter um Erlaubnis gebeten, mit seinen Freunden ans Meer fahren zu dürfen, was sie ihm schließlich auch zugestanden hatte. Arsen hat dreimal die Person gesehen, die seine Gruppe angesprochen hatte. Es war ein Tschetschene mit dem Beinamen Boka, der den jungen Männern unter anderem gesagt haben soll: »Helft den Tschetschenen, und ihr werdet ohne Schmerzen in den Himmel gelangen.« Boka redete auf sie ein, sie sollten mit ihm ans Meer fahren. »Dort werden wir dann über alles reden.« Es war ganz offensichtlich, dass die meisten von ihnen nur aus einem Grund mitgefahren sind, einfach weil sie ans Meer wollten. Arsen beispielsweise war sich sicher, dass er noch am gleichen Abend nach Hause zurückkehren werde.

Ja, ans Meer. Aber wie lässt sich dann erklären, dass man verabredet hatte, sich in der Ortschaft Nuradilowo zu treffen? Das liegt doch genau in der anderen Richtung, und zwar näher an Tschetschenien? Und anschließend ist die Gruppe doch in Richtung Tschetschenien gezogen?

Der 16-jährige Jusup Daskajew hatte überlebt. Als er begriffen hatte, dass man gar nicht Richtung Meer ging, fragte er: »Da ist doch kein Meer. Wohin gehen wir denn?« Und man antwortete ihm: »Hauptsache, wir bewegen uns fort; zurück können wir jetzt schon nicht mehr.«

Jusup arbeitete bei einem technischen Service, wo er seinem Bruder half. Der hatte gesehen, wie ein Wagen zu seinem Servicepoint gekommen ist, aus dem heraus man Jusup angesprochen habe: »Jusup, willst du nicht ans Meer?« Und Jusup habe geantwortet, dass er gerne mit ans Meer wolle, aber wie solle er mitkommen, er habe ja noch seine Arbeitskleidung an. Doch aus dem Auto heraus habe man ihm gesagt, das sei nicht tragisch.

Die Anwerber wussten, dass keine Kleidung benötigt wurde. Wussten sie bereits, dass auf die jungen Männer der Tod wartete? Jusup überlebte trotz seiner Verletzungen (er hatte drei Schusswunden am Bein und eine am Schulterblatt). Er brach angeschossen in einem Weizenfeld zusammen. Am nächsten Morgen machte er sich dann auf den Weg zur Miliz von Nowolak.

Muslim Sultanmuradow überlebte nur deshalb, weil er von den Schüssen auf die Gruppe verletzt wurde, bewusstlos ins Wasser fiel und schließlich ans andere Ufer getrieben wurde. Dieses gehörte zu Tschetschenien. Am anderen Morgen sah er Einheiten von Kadyrow, die ihn auf irgendein Feld trugen und mit ihren Mobiltelefonen fotografierten.

Die Überlebenden äußerten sich anschließend folgendermaßen: Als sie in Nuradilow eingetroffen seien, habe sie der Mann, der sie dort in Empfang genommen habe, gefragt, warum sie nur so wenige seien. Offensichtlich waren mehr junge Männer erwartet worden, aber einige hatten offensichtlich von ihren Eltern kein Geld für die Fahrtkosten erhalten und so die Reise nicht angetreten. Aber auf wen hatte man noch gewartet? Es gibt Gerüchte, die Kadyrow-Leute hätten auf jemand ganz anderen gewartet, nämlich auf Rappani Chalilow, einen bekannten Bandenchef, den man offensichtlich in einen Hinterhalt locken wollte. Doch die Anwerber haben so die Kadyrow-Leute hintergangen. Und es stellt sich die Frage, ob die Täter, nachdem sie begriffen haben, dass sie Minderjährige getötet hatten, einfach die Spuren verwischen wollten.

Nach wie vor ist diese ganze Sache voller Widersprüche. Und genau deswegen ist eine eindeutige Antwort der Ermittlungsbehörden auf die Frage »Was genau ist in der Nacht vom 12. auf den 13. in Dagestan passiert?« so wichtig.

Das Interview führte Anna Politkowskaja.

12 DER MORD AN ANNA POLITKOWSKAJA

Dass Anna Politkowskaja jederzeit umgebracht werden könnte, war allen bewusst. Sie hatte immer wieder Drohungen bekommen, nicht nur per Brief und am Telefon. Ihr Name fand sich auch in einer Reihe von Listen mit »Feinden des russischen Volkes«. In Tschetschenien drohte man ihr mit einer Abrechnung, nachdem sie ein Interview mit Ramsan Kadyrow geführt hatte. Ich glaube nicht, dass Anna keine Angst gehabt hat. Nur all das, was um sie herum geschah, war so schrecklich, dass ihr die eigene Sicherheit nicht mehr vorrangig erschien.

In den letzten Jahren ihres Lebens war Anna immer schutzloser. Sie war bereit, auf jeden Hilferuf, auf jedes schmerzliche Stöhnen zu antworten.

Anna war eine der wenigen, die sich nicht scheuten, Dinge anzusprechen, die für Kadyrow unangenehm waren, über seine Grausamkeit, seine Feigheit und seine Verlogenheit zu berichten. Sie nannte ihn den »Stalin des tschetschenischen Volkes«, den sie »auf der Anklagebank sehen« wollte. Manche Journalisten schlugen einen anderen Ton an, wenn sie über Kadyrow schrieben. Sie klangen leicht ironisch, mit einem Unterton von Bewunderung, ungefähr so: »Ja, ja, dieser junge Mann. Was sich der so alles erdreistet.«

Anna war nie begeistert von seiner dreisten Offenheit, aus ihren Interviews spricht vielmehr purer Sarkasmus. Nur mit einfachen Fragen hat sie ihn dazu gebracht, sich zu öffnen und das Niveau seines Denkens zu zeigen. Ein Beispiel:

Was für eine Ausbildung haben Sie?

Eine gehobene juristische. Ich mache sie gerade fertig, habe bald meine Examina.

Welche?

Was heißt hier »welche«? Examina eben.

Und wie heißt das Institut, an dem Sie Ihren Abschluss machen werden?

Es ist die Filiale des Moskauer Business-Institutes in Gudermes, also ein juristisches Institut.

Und Ihre Fachrichtung?

Ich bin Jurist.

Und Ihr Diplom ist zu welchem Recht? Zivilrecht oder Strafrecht?

Ich habe es vergessen. Das Thema habe ich mir notiert, aber vergessen. Derzeit passiert eben einfach sehr viel.

Am Samstag, den 7. Oktober 2006, rief mich Oleg Orlow, der zu diesem Zeitpunkt Vorsitzender des Menschenrechtszentrums »Memorial« war, aus einem Moskauer Vorort an und sagte mir, in Moskau hätte man Politkowskaja ermordet. Ich stürzte sofort zum Radio. Es stimmte, was er gesagt hatte. Trotzdem war es zu schmerzlich, um es glauben zu können.

Nach einer halben Stunde klingelte es erneut bei mir. Dieses Mal war Wladimir Solowjow am Telefon, ein Moderator des Kanals NTV. Er bat mich, ins Studio zu kommen. Das war bereits zu der Zeit, als der Kanal NTV schon von »Gasprom-Media« übernommen worden und zu einem der gefügigsten Sender mutiert war. Meine erste Reaktion war deswegen ablehnend. »Ich will nicht teilnehmen«, antwortete ich. »Überlegen Sie es sich noch einmal«, insistierte er. Und ich überlegte für mich: »Wenn ich absage, könnte es gut sein, dass sie jemand anderes einladen. Eine Person, für die Anna eine Fremde ist.« Ich kam zu der Auffassung, dass Anna das Recht hatte, dass ich sagte, was ich über sie dachte und was ich über sie fühlte. Mir wurde klar, dass ich die Einladung ins Fernsehstudio annehmen musste. Und ich habe sie angenommen.

In dieser Fernsehsendung traten außer dem Moderator und mir noch zwei weitere Personen auf: Genrich Borowik, ein seit Sowjetzeiten bekannter Journalist. Sein Sohn Artjem war ebenfalls Journalist und gab die Zeitung *Vollständig geheim* heraus, die sich gerne mit den Geheimnissen des politischen Lebens beschäftigte. Artjem war bei einer Flugzeugkatastrophe ums Leben gekommen. Die Umstände seines Todes sind bis heute ungeklärt. Der andere Studiogast war Alexander Khinshtein, ein eher unangenehmer Journalist, der in der Regel immer solche Geheimnisse lüftete, die auch die Regierung gelüftet haben wollte.

Mir fiel es in dieser Situation sehr schwer, mich zu äußern. Aber ich denke, es ist mir gelungen, das über Anna zu sagen, was ich sagen wollte. Ich habe davon gesprochen, wie viel Anna für uns alle bedeutet hatte, dass sie unbeirrt gegen das Böse gekämpft hatte und dass ihr Tod für uns alle einen sehr großen Verlust bedeute. Und ich habe noch etwas hinzugefügt: »Sie hat gegen ein System gekämpft und sie wurde das Opfer dieses Systems, wer auch immer nun ihr Mörder war.« Khinshtein bezog sofort eine Gegenposition zu meiner Auffassung. »Ich bin mir nicht sicher, ob Politkowskaja ausgerechnet Opfer des Systems geworden ist. Und ich glaube auch nicht, dass hinter diesem widerlichen Verbrechen der Staat oder Vertreter des Staates stehen.« Es bestand hartnäckig darauf, dass es für den Kreml oder die Geheimdienstzentrale in der Lubjanka gar keinen Sinn ergeben hätte, Politkowskaja zu töten. Schließlich sei es doch viel einfacher, das zu verschweigen, was diese geschrieben hatte.

Khinshtein äußerte weiter, dass alle Journalisten Drohungen erhielten und gefährdet seien. Daher sei auch nicht auszuschließen, dass er das nächste Opfer werde.

Genrich Borowik war dagegen eher auf meiner Seite: »In erster Linie sind hier die Machthaber schuld«, sagte er. »Denn dort sieht man in den Journalisten Feinde der Macht. Das ist natürlich Unsinn. Journalisten sind Beobachter, die Amerikaner nennen sie auch ›watch dogs‹, das heißt, sie beobachten sehr genau, was die Machthaber machen.«

Spätabends auf dem Heimweg fragten mich die Mitarbeiter des Studios, ob ich denn bereit sei, mit Genrich Borowik in einem Auto zu fahren. Natürlich war ich dazu bereit, warum denn auch nicht. Borowik in seiner naiven Art fragte Khinshtein. »Sascha, fährst du mit?«, und Khinshtein antwortete: »Macht euch um mich keine Sorgen. Ich habe einen Wagen des Innenministeriums mit Personenschutz.« Nun, diesem Journalisten hatte man also mehr Schutz angedeihen lassen als Anna.

Putin äußerte sich erst einige Tage nach dem Mord an Anna, und zwar in Dresden nach einem Treffen mit Angela Merkel. Auf die Frage eines Journalisten sagte Putin: »Wer auch immer diese Tat begangen hat und wovon auch immer der Täter sich leiten lassen haben mag, dieses Verbrechen darf nicht ungesühnt bleiben ... Dieser Mord fügt der Macht einen größeren Schaden zu, als es ihre Veröffentlichungen taten.« Dann meinte er noch, dass der Einfluss von Politkowskaja auf das politische Leben im Land nur sehr untergeordnet gewesen wäre.

Ich sehe in dieser Antwort drei Fehler auf einmal:

Erstens die falsche Annahme, dass man beim Mord an einer Journalistin möglicherweise sogar gute Motive gehabt haben mag. Oder wie soll man sonst seine Worte »... wovon auch immer der Täter sich leiten lassen haben mag« verstehen?

Zweitens die Annahme, dass die Veröffentlichungen von Politkowskaja den Machthabern Schaden zugefügt hätten. Die Veröffentlichungen von Politkowskaja haben vielmehr Menschenleben gerettet: Ihre leidenschaftlichen Artikel zogen die Aufmerksamkeit auf jene Personen, die sie als Journalistin beschrieb, und verhinderten, dass diese Menschen getötet wurden; sie haben Ermittlungsbeamte dazu bewegt, rechtsstaatlichen Grundsätzen zu folgen. Das sind doch alles Dinge, an denen Machthaber eigentlich interessiert sein müssten.

Drittens war der Einfluss, den Anna auf das Leben unseres Landes ausübte, wirklich gewaltig. In Annas Artikeln erfuhren die Menschen, was wirklich los ist in Russland und vor allem in Tschetschenien.

Die Stimme von Anna war gut zu hören, in jeder Ecke unseres kleinen Planeten. Und man kann sie selbst heute noch hören, denn ihre Veröffentlichungen gingen um die ganze Welt.

Ein Jahr später wurde zur Erinnerung und zu Ehren von Anna eine Fotoausstellung unter freiem Himmel eröffnet. Die Fotos waren laminiert, um sie besser auf der Straße ausstellen zu können. Lange überlegten wir, wo wir denn am besten die Fotos festmachen konnten. Schließlich erhielten wir von Bauarbeitern Gerüste, die wir für unsere Ausstellung nutzen konnten. Als die Arbeiter erfahren hatte, wofür die Ausstellung war, lehnten sie es ab, uns für das Verleihen ihrer Ausrüstung Geld in Rechnung zu stellen. Und das Interesse war trotz des strömenden Regens gewaltig.

Das Gerichtsverfahren

Es sah so aus, als sei der Mord an Anna Politkowskaja aufgeklärt: Die Ermittlungen waren alle abgeschlossen, die Täter verurteilt.

Man hatte die drei Machmudow-Brüder aus Tschetschenien und noch drei weitere Personen angeklagt, deren Handlungen und deren Rollen bei dem Mord von den Ermittlungsbehörden beschrieben wurden. Im Mai 2014 erklärte ein Geschworenengericht fünf der Angeklagten für schuldig und verurteilte sie zu hohen Haftstrafen. Ein Beschuldigter, Dmitri Pawlitschenkow, Oberst der Miliz aus Moskau, war schon 2012 verurteilt worden. Er hatte sich bereits vor der Verkündung des Urteils mit den Ermittlungsbehörden auf einen Deal geeinigt, indem er vorab seine Schuld eingestanden und gleichzeitig Informationen zum Tathergang weitergegeben hatte. Sein Fall war getrennt von den anderen verhandelt worden, das heißt, es wurden weder Beweise untersucht noch Zeugen befragt.

Die restlichen Angeklagten wurden zwei Jahre später auf der Grundlage seiner Angaben verurteilt. Als Organisator des Mordes hatte man Lom-Ali Gajtukajew, den Onkel der Machmudows, ausgemacht. Sein Name ist in der Unterwelt bekannt. Während des Prozesses zum Politkowskaja-Mord war er außerdem noch in einer anderen Sache zu 15 Jahren Haft verurteilt worden, und zwar wegen der Organisation eines Mordes an einem ukrainischen Geschäftsmann.

Rustam Machmudow und Lom-Ali Gajtukajew wurden zu einer lebenslangen Freiheitsstrafe verurteilt, Dschabrail und Ibragim Machmudow erhielten 14 bzw. zwölf Jahre, Sergej Chadschikurbanow 20 Jahre Freiheitsentzug.

Das Oberste Gericht bestätigte das Urteil, senkte allerdings die Strafe von Dschabrail um ein halbes Jahr. Doch der Auftraggeber für den Mord an Anna konnte nicht gefunden werden. Es waren nicht einmal Ermittlungen zu seiner Feststellung eingeleitet worden. Ich will nicht groß sinnieren, warum das so ist. Wirkliches Vertrauen habe ich in das Verfahren um den Politkowskaja-Mord und in das Urteil nicht.

Dieser Prozess war ja nicht der erste Prozess, der den Mord an Anna Politkowskaja behandelte. Schon 2009 fanden hierzu gerichtliche Anhörungen statt. Schon damals saßen zwei Machmudow-Brüder auf der Anklagebank. Der dritte Bruder war noch auf der Flucht.

In diesem Prozess hatte ein Geschworenengericht die Angeklagten freigesprochen. Ich habe damals selbst einigen gerichtlichen Anhörungen beigewohnt. Über den Anwalt der Machmudow-Brüder und seine Art der Verteidigung wurde viel Negatives geschrieben, aber der Mann hat einfach nur seinen Job gemacht und dabei die Fälschungen der Ermittlungsbehörden aufgedeckt. Ein Moment hatte auf mich besonderen Eindruck gemacht, der sicherlich entscheidend zum Ausgang des Prozesses beitrug. Um die Schuld der Angeklagten zu beweisen, hatte der Staatsanwalt eine CD vorgespielt, auf der sich zahlreiche Aufzeichnungen von Telefonaten der Machmudow-Brüder befanden. Die Staatsanwaltschaft versuchte, durch die Wiedergabe ihres Bewegungsprofils zu beweisen, dass sie die Ermordete verfolgt hatten.

Murad Musajew bat das Gericht, ihm die CD zur Verfügung zu stellen. Dabei stellte sich Folgendes heraus: Wenn man die Liste der ausgehenden Anrufe einer Person überprüfte, konnte es sein, dass sich in der Liste der eingehenden Anrufe des Angerufenen zum entsprechenden Zeitpunkt überhaupt kein Eintrag eines Anrufes befand. Das heißt, man hatte einem Anrufer noch zwei weitere Telefonanrufe zusätzlich in die Liste eingetragen.

Dann war Musajew beim Durchsehen der Verbindungsdaten, die angeblich von der Telefongesellschaft stammten, auf folgende Formulierung gestoßen: »Die Ergebnisse der Hausdurchsuchung des Verdächtigen XYZ …« Derartige Formulierungen, so Musajew, seien bei Telefongesellschaften für das Protokollieren von Verbindungsdaten doch eher unüblich.

Und dann ersetzte Musajew, nur zu Demonstrationszwecken und ohne die Datei zu speichern, den Namen eines Verdächtigen durch den Namen eines Ermittlers. Damit belegte er, wie leicht sich Dateien dieses Typs manipulieren ließen.

Die Geschworenen lachten und zeigten damit, dass das Vertrauen in die bisherigen Ermittlungen dahingeschwunden war.

Dieses Vorgehen der Ermittlungsbehörden, die die Datei mit den Verbindungsdaten manipuliert hatten, diskreditierte die Ermittlungsergebnisse. Und es gab noch weitere Ungereimtheiten.

Wenn vor Gericht eine Schuld nicht nachgewiesen werden kann, dann müssen sich die Geschworenen für »unschuldig« aussprechen. Und so wurden die Angeklagten freigesprochen und konnten den Gerichtssaal als freie Menschen verlassen. Das Oberste Gericht revidierte jedoch den Freispruch, und so wurde alles wieder neu aufgerollt.

Vielleicht wird irgendjemand im hohen Alter die Wahrheit über den Auftraggeber des Mordes an Anna Politkowskaja preisgeben, weil er das Geheimnis nicht mit ins Grab nehmen möchte.

Maschud Abdullajew

Am 20. Juni 2009 erhielt ich einen Anruf aus Baku von dort lebenden Tschetschenen, Flüchtlingen aus Russland. Sie waren sehr beunruhigt über die jüngste Abschiebung der Tschetschenen Achmed Asimow und Maschud Abdullajew aus Ägypten. Unsere Mitarbeiterin Elena Sannikowa hatte die beiden Abgeschobenen auf dem Moskauer Flughafen »Domodedowo« in Empfang genommen. Kurz nach der Landung des Flugzeuges war Asimow in der Halle erschienen. Von Abdullajew war nichts zu sehen. Gemeinsam warteten sie fast bis zum Morgen, doch ohne Erfolg.

Sie wandten sich an die FSB-Vertretung auf dem Flughafen, aber dort erhielten sie widersprüchliche Angaben. So sagte man ihnen einmal – es waren bereits fünf Stunden seit der Landung vergangen –, man habe Abdullajew vorläufig festgenommen, weil es etwas zu klären gebe. Gleichzeitig hatte man Elena Burtina, die die beiden in meinem Auftrag in Empfang nehmen sollte, gesagt, Abdullajew habe schon vor drei Stunden den Grenzbereich verlassen. Und ein anderes Mal teilte man ihr wiederum mit, Abdullajew sei wohl bei seinem Gepäck oder »von anderen Sicherheitskräften vorübergehend festgenommen worden«.

Um den Aufenthaltsort von Maschud Abdullajew herauszufinden, stellten wir Anfragen an alle relevanten Behörden.

Inzwischen war seine Mutter, Maschuda Sazita Abdullajewa, in großer Aufregung um ihren Sohn. Sie bat uns um Hilfe, da ihr Sohn nicht wie vereinbart bei ihr angerufen habe. Und das, so die Mutter, sei für ihren Sohn absolut untypisch.

Grund genug hatte Sazita, um beunruhigt zu sein. Ihr Mann Supjan Abdullajew ist einer der führenden Köpfe der illegalen bewaffneten Einheiten. Unter Maschadow war er stellvertretender Sicherheitschef. Sazita wurde schnell klar, dass man ihren Sohn offensichtlich verhaftet hatte, weil man wollte, dass sich daraufhin seine Mutter und seine Schwestern bei den Behörden melden. Ihrer Meinung nach wollten die Behörden über Mutter und Schwestern von Maschud an den Vater herankommen. Am Telefon sagte mir die Frau: »Das ist ein sinnloses Unterfangen. Ich kenne Supjan. Es gibt nichts und niemanden, der ihn dazu bewegen könnte, sich zu stellen. Helfen Sie mir, meinen Sohn zu retten.«

Anschließend übermittelte mir Sazita Abdullajewa eine notariell beglaubigte Vollmacht, die mich berechtigte, im Auftrag der Mutter nach dem Sohn zu suchen.

Völlig unerwartet war Maschud Abdullajew dann am Abend des 29. Juni im Fernsehen zu sehen. Es war die Sendung »Tochka opora« des Fernsehkanals GTRK Grosny. Im Interview berichtete er, dass er eine Nacht im Moskauer Flughafen Domodedowo verbracht hatte und dann nach Grosny weitergereist sei. In Tschetschenien, so seine Rede im Fernsehen, sei eben alles besser, als er geglaubt habe. Mehrfach betonte er: »Hier darf man beten.« Und er sagte auch, dass er beobachte (seltsamerweise aus einem Fenster), dass sich die Menschen in der Stadt frei bewegen könnten.

Erst nach diesem Fernsehinterview beantworteten die Behörden unsere Anfragen. In ihren Antworten bezogen sie sich auf das Interview und einen wenig später im *Moskowskij Komsomolez* erschienenen Artikel, der berichtet, dass Maschud frei wäre.

Einige Tage nach dem Fernsehinterview zeigte man Maschud Abdullajew neben Nurdi Nuchaschiew, den Menschenrechtsbeauftragten der Tschetschenischen Republik. Für mich jedoch ist er der Beauftragte der Rechte einer einzigen Person. Anschließend berichtete der Pressesekretär von Ramsan Kadyrow, der ehemalige Redakteur der Zeitung *Tschetschenische Gesellschaft,* er habe Maschud bei einem Fußballspiel gesehen.

Zwar konnte man sich jetzt sicher sein, dass Maschud lebte. Das hieß aber nicht, dass es keinen Grund zur Sorge gab. Er trat immer noch nicht mit seiner Familie in Verbindung. Und niemand konnte bestätigen, dass er sich aus freien Stücken in Tschetschenien aufhielt.

So entschloss ich mich, kurzfristig nach Grosny zu reisen. Natalja Estemirowa hatte vorab Gespräche mit der Staatsanwaltschaft, dem Innenministerium und den Ermittlungsbehörden der Tschetschenischen Republik vereinbart. Ich bat um ein Gespräch mit Maschud. Doch man sagte mir, das könnte man nur Familienmitgliedern erlauben. »Ich bin auch Mitglied der Familie. Ich habe eine Vollmacht der Mutter. Bitte, finden Sie ihn. Ich will ja nur sichergehen, dass mit ihm alles in Ordnung ist. Wo lebt er? Was tut er? Seine Mutter macht sich Sorgen«, brachte ich vor. Der stellvertretende Innenminister Tschetscheniens, Andrej Janischewski, war sichtlich verärgert, aber er versprach, mir zu helfen und ein Treffen zu organisieren. Zusammen mit meinen Kollegen erstattete ich Anzeige gegen unbekannt wegen der Entführung und gewaltsamen Freiheitsberaubung von Maschud Abdullajew.

Ich habe mich auch mit Timur Aliew getroffen. Er bestätigte mir, dass er Maschud im Stadion gesehen habe. »Aber wissen Sie denn nicht, dass seine Familie ihn sucht und in der Presse schon Artikel über sein Verschwinden erschienen sind?«, fragte ich ihn. »Warum sind Sie nicht auf ihn zugegangen und haben ihm gesagt, er solle seine Mutter anrufen?« Er antwortete mir nicht.

Am 15. Juli wurde Natalja entführt und ermordet. Darüber werde ich an anderer Stelle noch ausführlicher schreiben. Zunächst aber weiter in der Sache Maschud Abdullajew.

Am 20. Juli rief mich abends um 18 Uhr ein junger Mann an, der sich als Beslan Labasanow vorstellte, Ermittler der Tschetschenischen Republik. Er sagte, er prüfe gerade meine Anzeige zu dem Verschwinden von Maschud Abdullajew. Er habe Maschud gebeten, in seine Behörde zu kommen, und bat mich jetzt, ihn zurückzurufen, dann könnte ich mit Maschud selbst sprechen.

Auf meine Frage, wie es ihm denn gelungen sei, Maschud zu finden und zu sich einzubestellen, sagte er, er habe dies über Bekannte bewerkstelligen können.

Ich bat ihn nicht nur um ein Gespräch mit Maschud. Ich wollte auch, dass jemand von meinen tschetschenischen Kollegen mit ihm sprechen könnte. Anschließend rief ich unser Büro in Grosny an. Und sofort nach meinem Anruf machte sich unser Vertreter Schachman Akbulatow auf den Weg ins Büro des Ermittlungsbeamten.

Wenig später rief Labasanow zurück und übergab Maschud Abdullajew den Hörer für das Gespräch. Es entspannte sich folgender Dialog:

»Maschud, wo waren Sie nur die ganze Zeit?«

»Hier in Grosny.»

»Wo leben Sie?«

»Bei Freunden.«

»Warum haben Sie nicht Ihre Mutter in Baku angerufen? Sie macht sich Sorgen.«

»Ich habe heute angerufen.«

»Warum haben Sie nicht früher angerufen?«

»Nun … (lange Pause) es hat eben nicht geklappt.«

»Warum haben Sie sich nicht mit den Verwandten in Grosny getroffen?«

»Ich weiß nicht.«

»Welche Pläne haben Sie für die nächste Zukunft?«

»Für Donnerstag wurde mir mein Pass zugesagt, dann werde ich nach Baku reisen.«

Aus jedem Wort Maschuds hörte ich seine Anspannung heraus. Wir verabschiedeten uns. 20 Minuten später rief ich Schachman Akbulatow an, der sich zur gleichen Zeit beim Ermittlungsbeamten aufgehalten und Maschud gesehen hatte. Schachman berichtete, man habe Maschud gebeten, sich bezüglich meiner Anzeige über eine Entführung zu erklären. Und in dieser Erklärung berichtete er, dass er bei seiner Ankunft auf dem Moskauer Flughafen von Mitarbeitern der staatlichen Organe Tschetscheniens in Empfang genommen worden sei. Diese hätten ihn anschließend nach Tschetschenien gebracht. Er selbst habe nichts dagegen gehabt, da er ja selbst geplant hatte, nach Tschetschenien zu reisen.

Auf meine Bitte hin hatte Schachman Maschud gefragt, wo er sich denn in Grosny aufhalte. Und Schachman antwortete, Maschud wolle aus Sicherheitsgründen die Adresse seiner Freunde, bei denen er wohne, nicht mitteilen. Schachman berichtete weiter, dass Maschud kein Mobiltelefon besitze und die Telefonnummer seiner Freunde nicht kenne. Maschud habe noch einmal erklärt, dass er am Freitag nach Baku reisen werde.

Direkt vor dem Gebäude wurde Maschud wieder von seinen »Freunden« in Empfang genommen und in deren Auto manövriert.

Anschließend bestätigte Maschuds Mutter Sazita, dass sie von ihrem Sohn tatsächlich angerufen worden sei. Er habe ihr gesagt, dass er mit dem Auto nach Baku reisen möchte und darum gebeten habe, man möge ihn an der Grenze abholen.

Wieder hatten wir nicht die Möglichkeit, mit Maschud direkt Kontakt aufzunehmen. So konnten wir nur hoffen, dass er am Freitag, dem 24. Juli, wirklich an der Grenze auftauchen würde und dann wieder bei seiner Familie wäre.

Am 21. Juli erhielt ich einen Anruf aus der Staatsanwaltschaft Tschetscheniens. Man fragte mich, mit was für einer Antwort ich eigentlich rechne. Ich sagte, die beste Antwort für mich wäre ein gemeinsamer Anruf von Sazita und ihrem Sohn Maschud aus Aserbaidschan, in dem sie mir mitteilen, dass seine »Freunde«, von denen er weder Adresse noch Mobiltelefonnummer kennt, nicht mehr bei ihm seien.

Eine Stunde später rief mich Sazita an und sagte mir, dass man sie aus Tschetschenien angerufen und ihr mitgeteilt habe, sie könne Maschud am nächsten Tag an der Grenze treffen.

Und tatsächlich riefen mich am nächsten Tag, dem 22. Juli, Sazita und Maschud an, berichteten mir, dass sie sich getroffen hätten und auf dem Heimweg seien. Dieses Mal klang Maschuds Stimme ganz anders als noch vor zwei Tagen.

So endete alles noch einmal in Wohlgefallen. Ob dieser gute Ausgang vielleicht auch mit dem Mord an Natalja Estemirowa in irgendeiner Weise zusammenhängt?

2011 wurde Maschuds Vater Supjan Abdullajew getötet.

Als ich eines Tages in Baku bei einem Seminar für Journalisten weilte, die über den Karabach-Konflikt arbeiteten, habe ich mich auch mit Sazita getroffen. Tschetschenen holten mich direkt am Flughafen ab. Maschud war nicht da. Ihn hatte man schon vor einiger Zeit von Baku aus an einen anderen Ort gebracht, wo er noch sicherer war vor irgendwelchen »Freunden«.

Nataljas letzte Tage

Natalja Estemirowas letzter Tag war der 14. Juli 2009. Wir waren gemeinsam unterwegs, von morgens bis abends. Ich war nicht nur deswegen nach Tschetschenien gereist, weil ich etwas für Maschuds Freilassung tun wollte. Kurze Zeit zuvor hatte sich in Tschetschenien etwas sehr Dramatisches ereignet: Am 7. Juli hatten Angehörige der staatlichen Machtstrukturen am helllichten Tag ein Auto angehalten, in dem Riswan Albekow und sein Sohn Asis unterwegs waren. Die Milizionäre setzten sich einfach ans Steuer des Wagens. Riswan Albekow und sein Sohn mussten auf dem Rücksitz Platz nehmen. Dann gesellte sich noch ein weiterer Wagen dazu, und beide Autos fuhren an einen unbekannten Ort.

Am gleichen Tag tauchten Bewaffnete in Kampfuniformen in der Ortschaft Achkintscha-Borsoi im Rayon Kurtschalojewsk auf. Dort lebten die Albekows. Zunächst fuhren die Männer durch das Dorf, dann hielten sie im Zentrum in der Nähe einer Gruppe junger Männer an und zogen Riswan aus einem der Autos. Er war nur mit Unterwäsche bekleidet. Vor den Umstehenden befragten sie ihn, ob er den Aufständischen geholfen habe. Riswan verneinte das, indem er den Kopf schüttelte. Dann schossen sie mehrfach auf ihn und riefen gleichzeitig, das werde man auch mit allen anderen machen, die den Aufständischen halfen.

Riswan Albekow hatte mit seiner Familie lange im Gebiet Stawropol gelebt, wohin er vor dem Krieg geflohen war. 2008 war die Familie nach Achkintscha-Borsoi zurückgekehrt. Am Rand der Ortschaft hatten sie sich ein kleines Haus gekauft und sich darin niedergelassen. 2009 beendete Asis Albekow dort die Schule.

Im Oktober 2000 wurde Riswans Bruder Wachaschi Albekow, als er seine Kühe suchte, von russischen Militärs festgenommen und im Wald von Achkintscha-Borsoi in die Luft gesprengt. Ein weiterer Bruder, Ali Albekow, hatte sich darauf mit einer Beschwerde an den Europäischen Gerichtshof für Menschenrechte gewandt, der im Oktober 2008 in der Sache »Albekow und andere« zugunsten der Kläger entschied. Doch der Kläger hatte dies nicht mehr erlebt, da er zuvor seiner Krebserkrankung erlegen war.

Das war nur eine von vielen Geschichten, über die Natalja Estemirowa berichtet hatte. Und sie hat dabei ihren Namen nie verheimlicht.

Am 10. Juli bat Nurdi Nuchaschiew Schachman Akbulatow zu sich. Nurdi sagte Schachman, Ramsan Kadyrow sei sehr verärgert über diese Veröffentlichung. Es entsprach ganz der Vorstellungswelt von Kadyrow, dass alle Menschenrechtler doch Nuchaschiew untergeordnet sein müssten. Deswegen hatte sich Kadyrow bei ihm über das schlechte Verhalten der Menschenrechtler beschwert.

Uns war klar geworden, dass Natalja in Gefahr war und so schnell wie möglich aus Tschetschenien heraus musste. Alle unsere tschetschenischen Mitarbeiter versammelten sich in Grosny, und wir entschieden, dass Natalja die Gegend verlassen müsse. Sie bat um eine Woche Aufschub, da sie noch einige Dinge erledigen wollte.

Den ganzen Tag verbrachten wir mit Gesprächen bei den Behörden. Andrej Janischenski, Oberst des Innenministeriums, war noch am ehesten zu einem offenen Gespräch über außergerichtliche Hinrichtungen, Entführungen und Folter bereit. Und so vereinbarte Natalja, mit ihm am nächsten Tag nach Stawropol zu fahren, wo sie die Vermisstendatenbanken von Innenministerium und »Memorial« miteinander abgleichen wollte.

Am Abend meiner Abreise nach Inguschetien habe ich mich von Natalja verabschiedet und sie gebeten, mich anzurufen, sobald sie zu Hause sei. Und das tat sie dann auch. Es schien alles in Ordnung zu sein.

Am nächsten Morgen war ich in Nasran und machte mich auf den Weg in eine Siedlung von Flüchtlingen, denen man Gas und Strom abgeschaltet hatte. Nach einem längeren Gespräch sicherte mir der Besitzer zu, er werde die Flüchtlinge weiter mit Gas und Strom versorgen. Das war seinerseits eine Geste des guten Willens, wusste er doch, dass er das Geld von den Behörden nicht bekommen würde.

Ich war deswegen den ganzen Tag sehr zufrieden mit mir. Ich rief Natalja an. Doch ich hörte nur einmal ein Freizeichen, dann brach die Verbindung ab. Nun wurde ich nervös. Ich rief meine Freunde in Grosny an. Sie sagten mir, dass Natalja vor ihrer Abreise nach Stawropol eigentlich mit ihrer Tochter Lanka habe essen wollen. Doch sie sei nicht zu der Verabredung erschienen.

Obwohl ich nun innerlich sehr unruhig war, flog ich trotzdem nach Moskau. Ich wurde aber von finsteren Albträumen verfolgt. »Wenn ich jetzt meiner Panik erliege, mein Ticket wieder zurückgebe und bleibe, wird es auch nicht besser«, sagte ich mir. Es wird wohl das Beste sein, zu reisen, wie ich es geplant hatte.

In Moskau angekommen, rief ich gleich bei »Memorial« an und erfuhr, dass Natalja immer noch nicht aufgetaucht war. Ich kaufte mir sofort ein Ticket zurück nach Mineralnyje Wody. Und während ich auf meinen Flug wartete, erhielt ich einen Anruf. Man teilte mir mit, dass man die Leiche von Natalja in einem Wald in Inguschetien gefunden hatte. Oleg Orlow warnte mich, dass er den Journalisten von Kadyrows Schuld berichten werde. Ich sagte ihm, dass ich seiner Meinung sei. Als sich daraufhin bei »Memorial« die Journalisten versammelt hatten, sagte Oleg Folgendes:

»Ich weiß, ja ich bin überzeugt davon, zu wissen, wer für den Mord an Natalja Estemirowa verantwortlich ist. Wir alle kennen diesen Menschen. Und er heißt Ramsan Kadyrow und ist der Präsident der Tschetschenischen Republik. Ramsan hatte Natalja schon früher gedroht, er hatte sie beleidigt, sie als seine persönliche Feindin betrachtet. Wir wissen nicht, ob er den Befehl selbst gegeben hat oder ob das seine engsten Vertrauten erledigt haben, um ihrem Vorgesetzten zu gefallen. Präsident Medwedew scheint es offensichtlich nichts auszumachen, dass ein Mörder der Chef eines Mitgliedstaates der Russischen Föderation ist.«

Diese Worte gingen durch alle Medien Russlands und wurden auch im Ausland bekannt. Die Aussagen von Oleg Orlow machten auch deswegen die große Runde, weil Ramsan Kadyrow vor Gericht klagte und von ihm forderte, seine Ehre und Würde wiederherzustellen und einen Schadensersatz in Höhe von zehn Millionen Rubel zu zahlen. Dieser Klage wurde stattgegeben, allerdings setzte man für die Ehre Kadyrows nur 20 000 Rubel an, die Orlow zu bezahlen hatte, und 50 000, die man von »Memorial« einforderte. Kadyrow war damit nicht zufrieden und ging nun auch strafrechtlich gegen Orlow vor. Er klagte auf Verleumdung. Nach einer langwierigen Verhandlung wurde Orlow wieder freigesprochen. Das Stenogramm dieses Prozesses wurde in mehrere Sprachen übersetzt. Es ist ein Dokument, das Kadyrows Regime trefflich entlarvt.

Während ich zurückflog, befragten unsere Mitarbeiter alle aus der Nachbarschaft von Natalja. Ein Frau sprach uns an und fragte: »Suchen Sie Natalja? Sie wurde am Morgen entführt.« Sie selbst habe gesehen, wie Natalja unweit ihres Hauses in ein weißes Auto gestoßen worden sei. Dabei habe sie laut geschrien: »Ich werde entführt!«

Das habe sie gesehen, den Schrei habe sie gehört und Natalja habe sie gekannt. Aber wer hat sie nicht gekannt? Und sie wusste auch, wo Natalja arbeitete. Sie hat alles gewusst und trotzdem nicht angerufen, weder bei »Memorial« noch bei der Miliz. Wie kann man nur solch ein Verhalten erklären? Nur mit der Angst, die in Tschetschenien die Seelen der Menschen verzehrt.

Die Familie hat diese Zeugin sofort aus der Stadt geschafft und versteckt. Alle hatten Angst, dass ihr etwas zustoßen könnte. Und so ist es auch nicht gelungen, diese Frau als Zeugin zu befragen; wir haben sie danach auch nie wiedergesehen.

In Mineralnyje Wody wartete der Fahrer schon auf mich, um mich nach Nasran zu bringen. Dort saßen wir lange in unserem Büro zusammen und dachten, dass es sehr unklug gewesen war, ihr diese eine Woche Wartezeit noch einzuräumen. Man hätte sie sofort wegbringen müssen, nicht einen Tag hätte man warten dürfen.

Am nächsten Morgen machte ich mich auf den Weg ins Leichenschauhaus, um Natalja zu sehen. Sie war übel zugerichtet, wies Einschüsse in Kopf und Brust und noch einen Kontrollschuss auf. All das hat sich tief in mir eingebrannt. Ich hatte weder irgendwelche Gefühle noch Gedanken, nur kaltes Entsetzen breitete sich aus.

Erst nach einer Weile kam mir ein erster Gedanke: »Wie hatten wir sie auch nur eine Minute allein lassen können? Wir hatten doch gewusst, in welcher Gefahr sie schwebte. Wir hatten doch gewusst, wozu diejenigen in der Lage waren, die sie offensichtlich gereizt hatte. Warum nur haben wir sie überhaupt Bus fahren lassen? Wir hätten sie immer mit einem eigenen Fahrer abholen lassen müssen.«

Nach muslimischem Brauch muss ein Toter innerhalb von 24 Stunden beerdigt werden. Am nächsten Tag kamen sehr viele Menschen in Grosny zusammen, um sich von Natalja zu verabschieden. An einer Säule auf dem Boulevard der Journalisten gegenüber dem »Memorial«-Büro fand sich eine Inschrift: »Wer ist der Nächste?« Hinter dem Wagen mit ihrem Leichnam folgte eine große Prozession. Die Polizei versuchte, diese aufzulösen. Ich redete auf die Polizisten ein, um sie von ihrem Vorhaben abzubringen. »Das sind doch Freunde der Toten. Das ist keine Aktion«, sagte ich zu ihnen. Doch sie hatten offensichtlich den Befehl, keine Massenaktion zuzulassen. Eine halbe Stunde nachdem wir uns von Natalja verabschiedet hatten, wurde direkt auf dem Boulevard ein Fest für Jugendliche mit Tänzen in Nationalkleidung veranstaltet. Die Menschen waren darüber sehr ungehalten, doch wir bekamen das Konzert schon nicht mehr mit, da wir uns auf den Weg in das Heimatdorf von Nataljas Vater, Koschgeldy, gemacht hatten. Dort wurde sie nach muslimischem Ritual beerdigt. Auf dem Friedhof kamen nur die Männer zusammen, während sich die Frauen im Haus der Verwandten von Natalja verabschiedeten. Wir trugen alle Kopftücher, die unsere Haare vollständig bedeckten. Ich erinnere mich, wie Natalja einmal gesagt hatte: »Ich ziehe mir dann ein Kopftuch an, wenn alles andere nur zu Provokationen führen würde.«

Ermittlungen auf dem Pfad der Lüge

Zunächst hatte es den Anschein, als werde ehrlich in diesem Mordfall ermittelt. Niemand hatte Zweifel daran, dass Natalja wegen ihrer Arbeit als Menschenrechtlerin und Journalistin ermordet worden ist.

Es wurden mehrere Versionen in Betracht gezogen, aber als die wahrscheinlichste galt, dass Natalja durch Leute aus dem Umfeld der Machthaber Tschetscheniens ermordet wurde, weil sie oftmals über deren gesetzwidrige Handlungen geschrieben hatte. Die letzte Veröffentlichung in dieser Richtung behandelte die öffentliche Hinrichtung von Riswan Albekow.

Doch plötzlich legte man den Ermittlungsbehörden eine andere Version nahe: Mord aus Rache wegen einer Veröffentlichung in den Chroniken des Menschenrechtszentrums »Memorial«. Gemeint war offensichtlich ein Text über Alchasur Baschajew, der Bewohner der Ortschaft Schalaschi für bewaffnete ungesetzliche Einheiten angeworben haben soll. Natalja war tatsächlich nach Schalaschi gefahren und hatte mit Verwandten von Männern gesprochen, die vor Kurzem die Ortschaft verlassen hatten, um sich den Aufständischen anzuschließen. Doch in den Chroniken von »Memorial« wird Natalja in diesem Zusammenhang namentlich nicht erwähnt.

Bereits im November 2009 hatte Ramsan Kadyrow erklärt, dass Alchasur Baschajew während einer Sonderoperation ums Leben gekommen sei. Bei dieser Operation sei man auf Baschajews Pass gestoßen. Doch eine DNA-Analyse ergab keine Gemeinsamkeiten des Toten mit Verwandten von Baschajew.

Trotzdem blieben die Ermittlungsbehörden bei dieser Version. Die Beweise für die Schuld von Alchasur Bachajew bauten sie darauf, dass man im Januar 2010 im Haus der Baschajews – auf wessen Hinweis auch immer – ein Waffenlager entdeckt hatte, das sich als regelrechtes Waffenarsenal entpuppte. Darunter fand sich eine Pistole, mit der in der Tat ein Mord begangen worden war, und ein Ausweis eines Milizionärs, in den Alchasur Baschajews Bild eingeklebt worden war. Elena Milaschina, Journalistin der *Nowaja Gazeta* und eine sehr gute Freundin von Natalja, war in der Nacht vor dem Mord noch zu Gast bei Natalja. Sie schreibt hierzu Folgendes:

»Hier hätten die Ermittler mit ihren Ermittlungen aufhören können. Doch dann begingen sie eine Freud'sche Fehlleistung. Als Motiv der Rache gaben sie an, Baschajew habe den Mord begangen, um ›die Machtorgane Tschetscheniens zu diskreditieren‹. Anders gesagt: Baschajew habe sich ausgerechnet: Wenn er Estemirowa tötet, werde der Verdacht sofort auf Ramsan Kadyrow fallen. Nach deren Version sollte das Ganze so abgelaufen sein: Alchasur Baschajew war in den Untergrund abgetaucht, hatte den Wohnort von Natalja Estemirowa ausfindig gemacht und beobachtet, welche Routen sie auf dem Weg zur Arbeit wählte (sie waren sehr unterschiedlich). Eines Morgens hatte er vor den Augen von Zeugen Estemirowa entführt, durch alle Checkpoints hindurch nach Inguschetien gebracht und sie aus welchen Gründen auch immer genau dort ermordet. Es stellt sich die Frage, warum er sie ausgerechnet nach Inguschetien gebracht und dort ermordet haben soll, wenn es doch sein Ziel war, die tschetschenische Führung in Misskredit zu bringen?« (*Nowaja Gazeta* Nr. 78 vom 18. Juli 2014).

Und warum nur hatte Baschajew eine Pistole neben sein Foto gelegt? Dann hätte er auch gleich ein schriftliches Bekenntnis ablegen können. Ein Gutachten hat belegt, dass das Foto in dem Ausweis manipuliert war: Man hatte das Gesicht auf den Körper kopiert, der eine Polizeiuniform trug.

Mit Lena Milaschina habe ich oft und zu verschiedenen Themen zusammengearbeitet und natürlich auch im Mordfall Estemirowa. Deswegen hier noch ein weiteres Zitat aus ihrem Artikel:

»Nataljas Kollegen haben den Bruder von Alchasur Baschajew ausfindig gemacht. Er heißt Ansor. Dieser machte ihnen gegenüber eine Aussage und stellte ihnen Blutproben zur Verfügung, die man für eine DNA-Analyse nutzte. Die DNA von Ansor Baschajew wurde mit der DNA der Mörder verglichen, die sich unter den Beweismitteln des Mordfalls Natalja Estemirowa finden. Die DNA-Proben der Mörder hatte man von Hautresten gewonnen, die man unter den Fingernägeln von Natalja Estemirowa entdeckte. Offensichtlich hatte Natalja Estemirowa bei ihrer Entführung Widerstand geleistet. Ihr Körper wies zudem deutliche Spuren physischer Gewalt auf, die ihr zugefügt wurden, als sie noch lebte. Insgesamt liegen den Ermittlungsbehörden vier DNA-Proben der Mörder vor, darunter auch die Probe einer Frau.

Dieses Ergebnis bedeutet eigentlich einen Trumpf für die Ermittlungsbehörden, aber sie haben diesen nie ausgespielt. Man erinnerte sich erst wieder daran, als Nataljas Kollegen das Ergebnis ihrer eigenen Ermittlungen präsentierten. In dem Bericht ›Zwei Jahre nach dem Mord an Natalja Estemirowa: Ermittlungen auf dem Pfad der Lüge‹, den ich Präsident Dmitri Medwedew persönlich überreicht hatte, wird die offizielle Version der Ermittlungsbehörden genau unter die Lupe genommen. Und auch die Ermittlungen, die auf Bitte der Menschenrechtler von führenden russischen Genetikern vorgenommen worden waren, wurden genauestens untersucht. Man kam zu einem eindeutigen Schluss: Die DNA der Mörder und die DNA von Ansor Baschajew, dem Bruder des Mannes, der laut Ermittlungsbehörden der Mörder sein soll, stimmen *nicht* überein. Dazu ist anzumerken, dass die Untersuchung der DNA eines Bruders für Genetiker von sehr hohem Informationsgehalt ist und sich daraus eindeutig folgern lässt: Unter den vier Mördern von Natalja (und nach Auffassung der Ermittlungsbehörden waren es nur vier) findet sich kein Alchasur Baschajew.«

Ich habe Präsident Medwedew unseren Bericht vom 5. Juli 2011 übergeben. Medwedew wiederum hat ihn an den Chef der russischen Ermittlungsbehörden Bastyrkin weitergeleitet. Dort suchte man nach dem Autor des Berichtes, und irgendjemand muss dabei meinen Namen ins Spiel gebracht haben. Dabei bin ich von meiner beruflichen Laufbahn überhaupt nicht für eine derartige Arbeit prädestiniert.

Die Ermittlungen im Mordfall Estemirowa sind ins Stocken geraten. Ein Beamter der Rechtsschutzorgane, der nach Tschetschenien versetzt worden war, vertraute mir an: »Wenn Ihnen irgendjemand sagen sollte, in Tschetschenien zu arbeiten sei schwer, dann glauben Sie ihm nicht. In Tschetschenien zu arbeiten ist überhaupt nicht möglich.«

13 DIE LAGE IN DER TSCHETSCHENISCHEN REPUBLIK

Was die Lage der Frauen in Tschetschenien betrifft, so hat sich seit meinem Artikel in der *taz* vom 23. Februar 2009 (Tödliche Traditionen) nicht viel geändert. Deshalb sei er an dieser Stelle erneut wiedergegeben:

»In Tschetschenien werden immer wieder Frauen umgebracht, weil sich Männer durch ihr Verhalten ›beleidigt‹ fühlen. Der Menschenrechtsbeauftragte gibt den Opfern die Schuld, weil sie gegen einen Kodex verstoßen hätten.

Drei Frauenleichen wurden im Staropromyslowski-Stadtteil Grosnys gefunden, zwei weitere Tote lagen in der Nähe eines verlassenen Kindergartens an der Straße von Grosny nach Schatoi, die sechste Leiche auf der Straße unweit der Ortschaft Petropawlowsk. Alle waren mit gezielten Schüssen in Kopf und Brust getötet worden. Die Patronenhülsen lagen direkt neben ihnen auf dem Boden.

Zwei Tage später wurde unweit des Dorfs Engena im Bezirk Gudermes eine siebte Frauenleiche entdeckt. Sie war teilweise verkohlt. Auch diese junge Frau war mit einem Kopfschuss aus nächster Nähe buchstäblich hingerichtet worden. Die Ermittlungsbehörden haben ihre Arbeit aufgenommen. Ergebnisse gibt es noch nicht.

›Leider haben bestimmte Frauen bei uns vergessen, dass für Frauen der Bergvölker ein Verhaltenskodex gilt. Und so kommt es gelegentlich vor, dass deren Verwandte, Männer, die sich durch das Verhalten der Frauen beleidigt fühlen, Lynchjustiz üben.‹ Dies war der Kommentar des Menschenrechtsbeauftragten Tschetscheniens, Nurdi Nuchaschiew, zu den Morden an sechs jungen Frauen Ende November 2008.

Warum fiel dem Menschenrechtsbeauftragten in Tschetschenien zu dieser schrecklichen Tragödie nur ein, die Frauen hätten den ›Verhaltenskodex von Frauen der Bergvölker‹ vergessen? Warum fand er nicht mit einem Wort Mitleid für die getöteten Frauen?

Tschetscheniens Präsident Ramsan Kadyrow fand kritischere Worte: ›Die Taten der Mörder lassen sich durch keinerlei Traditionen rechtfertigen. Weder in unserem Volk noch im Islam gibt es Traditionen, die Derartiges rechtfertigen würden‹, sagte er bei einer gemeinsamen Sitzung von Ministerrat und den Chefs der einzelnen Rayone, den Bezirken. Deswegen werde er ›immer wieder dazu aufrufen, verstärkt prophylaktisch zu arbeiten. Die spirituelle und moralische Erziehung sowie eine gesunde Entwicklung der Gesellschaft müssen verstärkt gefördert werden.‹

Zwei Monate zuvor jedoch hatte der Präsident noch ganz anders geklungen: ›Eine Frau muss wissen, wo ihr Platz ist. Sie muss uns ihre Liebe schenken. Der Mann ist ihr Eigentümer. Wenn eine Frau bei uns über die Stränge schlägt, wird sie von den Verwandten getötet. So sind unsere Sitten. Dass ein Bruder seine Schwester, ein Mann seine Frau tötet, das kann vorkommen. Als Präsident darf ich es nicht tolerieren, dass sie töten. Dann sollen aber die Frauen auch bitte keine Shorts tragen‹, sagte er in einem Interview mit der Zeitung *Komsomolskaja Prawda*.

Mit ›moralischer Erziehung‹ will Kadyrow gegen Frauenmorde angehen. Was er darunter verstehen mag, kann man in einem Interview auf seiner Internetseite nachlesen: ›Heute beunruhigt mich die Kleidung unserer jungen Frauen sehr. Mitunter steht eine Braut vor dem Bräutigam, der Schwiegermutter, den Verwandten des Ehemannes, entschuldigen Sie bitte, fast nackt da, ohne jegliche Kopfbedeckung. Und auf den Straßen sieht man Frauen in Miniröcken und mit offenem Haar. Die Mentalität unseres Volkes lässt Derartiges nicht zu.‹ Er wünsche sich, dass ›eine junge tschetschenische Frau auch von ihrem Äußeren her als echte Muslimin erkennbar ist, sie sich an die Sitten und Traditionen ihres Volkes hält‹. Eine Vorstellung, wie dieser Wunsch erfüllt werden kann, hat er bereits: ›Derzeit plant der Jugendausschuss, bekannte Textildesigner zu beauftragen, die einheitliche Schuluniformen entwerfen sollen.‹ Die Frau ist also Eigentum des Mannes und hat ihn glücklich zu machen. Sie soll sich aber hüten, ihn zu kritisieren. Und sie sollte auch keinen Gewaltakt durch das Tragen von Shorts provozieren. Ich selbst habe übrigens noch nie eine Tschetschenin in Shorts gesehen.

Gleichzeitig kann der Mann mehrere Frauen haben. Und wenn sich eine von ihnen unbotmäßig verhält, kann er sie verstoßen und eine neue Frau erwerben. Frauen sollen sich in ihr Los finden, zu Hause bleiben, sich ganz dem Haushalt widmen und nicht das Feuer, hier sogar im direkten und nicht im übertragenen Sinn des Wortes, auf sich ziehen.

Es ist noch gar nicht so lange her, dass ein schrecklicher Krieg in Tschetschenien wütete, Dörfer und Städte bombardiert wurden, Menschen dabei ihr Leben verloren. Junge Männer wurden bei den sogenannten Säuberungsaktionen mitgenommen, ohne dass man sich dafür interessiert hätte, ob sie schuldig oder unschuldig waren. Man folterte und tötete die Verschleppten. Damals waren es Frauen, die sich der Willkür und den Panzern entgegenstellten. Sie harrten stundenlang vor den Büros der Staatsanwälte und Kommandeure aus, um die eigenen Söhne, Männer und Brüder zu retten.

Eine dieser Frauen ist Zejnab Goschajewa. Sie war unter denjenigen, die Meetings gegen den Krieg organisierten. Wieder und wieder kehrte sie nach Tschetschenien zurück, um dann vor der Welt zu bezeugen, was passiert war.

Auch Eliza Musajewa, Lida Jusupowa und Lipchan Basajewa waren dabei: In den Kriegsjahren haben sie Beratungsstellen aufgebaut, sich während der ›Säuberungsaktionen‹ bewaffneten und alkoholisierten Militärs in den Weg gestellt. Sie sagten den höchsten Vertretern des Staates die Wahrheit direkt ins Gesicht. Natalja Estemirowa gehört ebenfalls zu diesen furchtlosen Frauen. Damals reiste sie eigens nach Moskau, um Bilder der Zerstörungen, der Morde und Gräber zu veröffentlichen. Dieselbe Natalja Estemirowa ist es, die der tschetschenische Präsident vor Kurzem aus dem Gesellschaftlichen Rat für die Menschen- und Freiheitsrechte gejagt hat. Der Grund: In einem Fernsehinterview soll sie gesagt haben, dass sie auch an öffentlichen Plätzen nicht immer ein Kopftuch trage.

Es waren Frauen, die ihre Familien aus dem Bombenhagel in andere Gebiete Russlands brachten. Es waren Frauen, die ihre Familie versorgten, Stunden in der Kälte auf dem Markt standen. Dort handelten sie mit Gemüse, reinigten Bushaltestellen oder wuchteten riesige Mülltonnen über das Marktgelände. Zugleich trauten sich die Männer oftmals nicht vor die Haustür, weil sie Angst hatten. Angst davor, man könnte ihnen Rauschgift, Waffen oder Sprengstoff in die Taschen stecken und sie mithilfe dieser manipulierten Beweismittel anklagen.

Tschetschenische Frauen müssen auch noch etwas anderes erdulden: die ›kaukasische Sitte‹ des Brautdiebstahls. Die junge Frau wird auf der Straße entführt, man schlägt ihren Kopf auf den Asphalt, und wenn sie dann in das wartende Auto gesteckt wird, hat sie oft schon das Bewusstsein verloren. Wenig später wacht sie im Haus ihres künftigen Ehemannes auf. Sie wird wenig von dem begreifen, was mit ihr passiert ist. Doch sie kann sich sicher sein, dass ihr keiner helfen wird.

Eines Tages suchte mich eine Frau in meiner Beratungsstelle auf und erzählte mir von Erniedrigungen an ihrem Arbeitsplatz. ›Jeden

Augenblick können junge bewaffnete Männer in mein Dienstzimmer eindringen, um sich davon zu überzeugen, ob die jungen Frauen um mich herum auch wirklich ein Kopftuch und keine zu freizügige Kleidung tragen. Auch ich bin von deren Aufforderungen nicht geschützt. Noch nie habe ich es erlebt, dass sich fremde Männer mir gegenüber so verhalten. Dabei bin ich älter als sie und habe eine höhere Position inne.‹ Auf einmal erkenne ich die Angst in ihren Augen.

›Bitte nennen Sie auf keinen Fall meinen Namen, bitte geben Sie dieses Gespräch niemandem weiter. Denn dann stehe ich auch auf deren Liste.‹ Ich habe dieser Frau versprochen zu schweigen. Und ich habe geschwiegen über all die jungen Frauen, die entführt und dann zwangsverheiratet worden sind. Ich redete nicht über Mütter, deren minderjährige Mädchen entrissen worden sind. Sie konnten sich nicht an die offiziellen Vertreter des Staates wenden. ›Niemand hilft dir‹, sagte mir eine Mutter, ›die heiraten doch selbst Minderjährige.‹

Doch jetzt kann ich nicht mehr schweigen, weil ich glaube, dass diese sieben Frauen von ihren Familien ermordet worden sind, wenngleich sich das derzeit nicht belegen lässt. Ich kann nicht mehr einfach schweigen, weil ich die zahlreichen Reaktionen der tschetschenischen Gesellschaft auf diese Morde gesehen und auf Internetseiten gelesen habe. Und es macht mir Angst, wenn ich an diejenigen denke, die ich in den vergangenen Jahren lieben gelernt habe.

Ihnen gebührt Freiheit der Persönlichkeit, unabhängig von Geschlecht, Glauben, Rasse oder Nationalität. Das ist übrigens auch in der Verfassung der Russischen Föderation klar und eindeutig festgeschrieben. Deren Einhaltung hat der Präsident Tschetscheniens, Ramsan Kadyrow, so häufig gelobt.«

Es ist zwar einiges über die Lage der Frauen in der Tschetschenischen Republik geschrieben worden, aber immer ist erkennbar, dass man dies in Russland oder auch außerhalb Russlands nur wenig verstanden hat. Es fehlt auch an den notwendigen Informationen aus Tschetschenien. Uneheliche Kinder, Beziehungen zwischen Mann und Frau, ganz zu schweigen von sexuellen Minderheiten, all diese Themen sind Tabuthemen in der tschetschenischen Kultur, wie überhaupt im ganzen Kaukasusgebiet.

Deswegen sind diese Fragen dort aber nicht weniger aktuell, und die Bedeutung dieser Themen nimmt sogar zu. Verschärft wird diese soziale Lage durch neue Probleme, denn die angebliche Sorge des Umfeldes des tschetschenischen Republikchefs um tschetschenische Werte sind in Wahrheit Lippenbekenntnisse, und an ihre Stelle ist Willkür getreten.

Aus diesem Grund kommt es nicht selten vor, dass Menschen, die mit der eigenen Kultur wenig vertraut sind, aber eine große Machtfülle haben, die Traditionen so auslegen, wie es ihnen genehm ist. Und ihrer Auslegung muss sich das Umfeld beugen.

Die Vorstellungen der Führung Tschetscheniens über die Traditionen sind einem regelmäßigen Wandel unterworfen. Ramsan Kadyrow legt die Traditionen so aus, wie es seiner Interessenlage und mitunter auch seinen vorübergehenden Launen entspricht. Hatte man lange Zeit das Stehlen einer Braut als »schönen kaukasischen Brauch« akzeptiert, so änderte sich dies, nachdem Kadyrow eines Tages erklärt hatte, wer eine Braut stehle, müsse sehr hart bestraft werden. Dabei machte man sich gar nicht mehr die Mühe zu unterscheiden, ob das Stehlen der Braut mit oder ohne ihre Einwilligung passiert war. Es ist ein Fall bekannt, bei dem die junge Frau in diesen Brauch eingewilligt hatte. Sie wollte selbst einen Kommilitonen heiraten, aber ihre Verwandten zwangen sie, wieder zurückzukehren. Anschließend töteten sie die Frau. Es wurde ein Strafverfahren eingeleitet. Da aber die Frau nicht aufzufinden war, wurden keine Ermittlungen aufgenommen. Offensichtlich hatte es sich nicht bis zu den Behörden herumgesprochen, dass die Leiche der Frau vor dem Haus der Familie und vor den Augen der Nachbarn auf den Boden geworfen worden war. Die Verwandten der Frau hatten sogar versucht, den Bräutigam zu töten, aber dafür hatten sie nicht genügend Einfluss.

Der Fall zeigt: Ein und dieselbe Sache kann man als Tradition oder als Verletzung der Tradition werten, das hängt ganz davon ab, wer die Tat begangen hat.

Im Weiteren möchte ich einige Fälle schildern, in denen die Lage der Frauen in Tschetschenien sehr gut zum Ausdruck kommt.

Die sogenannten »Ehrenmorde«

In den letzten Jahren hat es in der Tschetschenischen Republik nicht wenige »Ehrenmorde« gegeben. Männer hatten Frauen allein aus dem Grund getötet, weil sie in unwichtigen Dingen von der »Verhaltensnorm einer tschetschenischen jungen Frau« abgewichen waren.

Auch früher hatte es Ehrenmorde gegeben. Doch die Ehrenmorde der jüngsten Zeit geschehen nicht einmal aus einer Tradition heraus. Es ist oft die reine Willkür von Verwandten, die eine hohe Stellung innehaben. Und dann scheuen sich die nahen Angehörigen der Ermordeten, Anzeige zu erstatten, denn diese Anzeigen bewirken nichts, im Gegenteil: Sie lassen die Tote und ihre Familienmitglieder in der Gesellschaft nur in einem schlechten Licht dastehen.

Am 6. Juli 2013 wurde in Grosny die 20-jährige Chadischat Elimchanowa entführt. Sie ist seitdem spurlos verschwunden. Offensichtlich hatten an dieser Entführung staatliche Machtstrukturen mitgewirkt.

Mitarbeiter des Menschenrechtszentrums »Memorial« haben am 23. Juli von dieser Entführung aus nichtoffiziellen Quellen erfahren. Sie trafen sich mit der Mutter der Entführten, Lejla Chasijewa, befragten sie und nahmen ihre Erklärung entgegen.

Chadischat Elimchanowa hatte mit der Mutter in einer Mehrzimmerwohnung in Grosny gelebt. Der Vater hatte die Familie oft allein gelassen, weil ihn seine Reisen häufig außer Landes führten.

Am Abend des 6. Juli hatte Chadischat die Wohnung verlassen. Ihrer Mutter hatte sie gesagt, dass sie ihre Freundin Salina aufsuchen wolle, die im Nachbarhaus lebte. Bei Salina blieb sie jedoch nur 15 Minuten. Dann war sie wieder auf die Straße gegangen, weil sie nach Hause wollte. Eine halbe Stunde später hatte man die beiden noch in der Nähe eines Geschäfts gesehen, doch dann hatte Salina ihre Freundin verlassen. Chadischat bemerkte, dass sie sich verspäten würde, und verschickte noch eine SMS.

In diesem Augenblick hielt ein Wagen neben ihr an. Zwei junge Männer sprangen aus dem Auto. Einer der beiden, ein groß gewachsener, hagerer Mann, trug eine Kampfuniform und eine Pistole im Halfter. Der zweite Mann war untersetzt und stämmig; er war in Zivil. Vor den Augen mehrerer Passanten stürzten sich die Männer auf die junge Frau. Chadischat wehrte sich. Doch die Angreifer schlugen sie, drängten sie schließlich in ihren Wagen und brausten davon. Der ganze Vorgang war sogar von der Überwachungskamera des Geschäfts aufgenommen worden.

Als Salina nach Hause kam, erfuhr sie von der Entführung. Besucher des Geschäfts hatten ihr davon berichtet. Doch sie hielt es nicht einmal für nötig, die Mutter der Entführten zu informieren.

Da Chadischat nicht nach Hause zurückkehrte und auch nicht an ihr Handy ging, begann ihre Mutter Lejla Chasijewa sie zu suchen. Sie kam in das Geschäft, erfuhr von der Entführung und konnte sogar mit einigen Zeugen sprechen. Diese hatten ihr berichtet, dass ein Mann die Entführung verhindern wollte, doch der bewaffnete Entführer habe ihn mit der Waffe bedroht. Ein anderer Zeuge hörte, wie die Entführer zu den Passanten gesagt hätten: »Wir sind aus Chosi-Jurt.« Dies ist der Geburtsort von Ramsan Kadyrow. Offensichtlich hatten sie damit klarmachen wollen, dass sie zur obersten Führungselite und Kadyrows Umfeld gehörten. Zeugen berichteten ferner, die junge Frau habe einen der Entführer beim Namen genannt. Er soll Muslim geheißen haben. Diesen habe sie gebeten, man möge sie doch in Ruhe lassen.

Heute kann es sich in Grosny nur jemand, der zur Machtelite gehört, erlauben, offen mit einem Revolver am Revers durch die Stadt zu laufen. Noch am gleichen Abend hatte Lejla Chasijewa eine Anzeige wegen der Entführung ihrer Tochter bei der Polizei von Grosny aufgegeben. Doch kein Polizist erschien daraufhin am Ort der Entführung; es wurde nichts unternommen, um einer heißen Spur nachzugehen.

Erst drei Tage nach der Entführung tauchten Mitarbeiter der Polizeidienststelle des Stadtteils Staropromyslowsk bei Chasijewa auf, nahmen den Tatort in Augenschein und beschlagnahmten die Videoaufzeichnung.

Am 12. Juli wandte sich Chasijewa in einer schriftlichen Erklärung an die Ermittlungsbehörden der Tschetschenischen Republik. Und erst danach, so Lejla, hätte man ernsthaft ermittelt.

Die Nachbarn berichteten, am Tag des Verschwindens von Chadischat Elimchanowa seien sie von zwei Männern, auf die die Beschreibung der Entführer passt, befragt worden, wo denn Lejla und ihre Tochter Chadischat wohnten.

Das Kennzeichen des Autos, in dem die junge Frau entführt worden ist, findet sich in keiner Datenbank. Derartige Kennzeichen verwenden in der Regel Angehörige der staatlichen Sicherheitsstrukturen, wenn sie besondere Einsätze fahren.

Lejla Chasijewa geht davon aus, dass bei der Entführung ihrer Tochter ein Verwandter des Vaters, ein gewisser Muslim, eine Rolle spielt. Dieser gehöre zu einer Sondereinheit der Polizei und habe früher schon Chadischat über eine Freundin Drohungen übermittelt. Ihm gefalle ihr Verhalten nicht, hatte er sie wissen lassen.

Offensichtlich war das der Grund für die Entführung. Über das Schicksal der jungen Frau ist nach wie vor nichts bekannt.

Frauen, die sehr selbstständig leben, sind für gewisse Männer, die der Auffassung sind, dass der Platz einer Frau die Küche ist, eine Provokation. Dieser Ärger über allzu selbstbewusste Frauen kann tragische Folgen haben und sogar zu Mord führen, wie das Beispiel dieser Frauen zeigt:

Am Morgen des 10. Mai 2013 hatte Zaman Aydamirowa, die in dem Dorf Nogornoe, Bezirk Grosny lebt, auf ihrem Mobiltelefon den Anruf eines gewissen Sultan erhalten. Er stellte sich als Milizionär aus dem Dorf Geldagan vor und wollte wissen, wo sich ihre Töchter Sazita und Zargan aufhielten. Die Mutter sagte, sie müssten wohl im Dorf an der Autowaschanlage sein. Sultan erwiderte, er habe gesehen, dass in dieser Autowaschanlage alles auf dem Boden verstreut liege; er habe dort auch viel Blut gesehen, die Frauen selbst aber nicht.

Nach Angaben von Zaman ist ihre Tochter Aydamirowa Sazita Almanowna, geboren 1988, Mutter von zwei Kindern, ihre jüngere Tochter Zargan Almanowna, geboren 1990, Mutter von einem Kind. Beide seien geschieden und kämpften entgegen der Tradition dafür, dass ihre Kinder bei ihnen leben dürften.

Die Schwestern hatten ein kleines Geschäft eröffnet. In dem Dorf Geldagan hatten sie Räumlichkeiten für eine Autowaschanlage angemietet. Entsprechend dem Vertrag mit dem Vermieter Ibrahim Khamzatow waren die Schwestern verpflichtet, diesen Raum auf eigene Kosten zu renovieren. Das hatten sie auch erfüllt und anschließend ihr Geschäft eröffnet. Im ersten Monat – vom 15. April bis zum 15. Mai – mussten sie wegen der Kosten für die Reparaturen keine Miete bezahlen, aber anschließend waren sie nicht mehr von der Miete befreit. Anfang Mai hatten sie die Anlage eröffnet.

Am 9. Mai hatte die Mutter um 22 Uhr mit den Töchtern telefoniert. Sie hatten ihr versichert, dass alles in Ordnung sei. Die Schwestern wohnten im Büro der Anlage und hatten Besuch von ihrer Freundin Selima erhalten. Nach Angaben der Mutter war Selima ungefähr 20 Jahre alt, zierlich und schlank. Sie trug einen Arm in Gips, da sie ihn gebrochen hatte. Am nächsten Morgen hatte die Mutter versucht, die beiden Frauen telefonisch zu erreichen, aber niemand ging ans Telefon; es war ausgeschaltet.

Zaman schrieb eine Erklärung an die Polizeidienststelle, worin sie detailliert die Vorfälle der letzten Tage schilderte.

Die Mutter versuchte in den folgenden Tagen etwas über das Schicksal ihrer Töchter herauszufinden, aber ohne Erfolg. Ibrahim Hamzatow, der Vermieter, erzählte ihr am Morgen des 10. Mai, dass auch er versucht habe, die beiden anzurufen, aber das Telefon sei ausgeschaltet gewesen. Als er an der Waschanlage vorbeifuhr, habe er gesehen, dass die Türen offen standen; überall im Raum sei Blut gewesen, Überreste von menschlichem Leben. Aber einen Körper konnte er nicht finden.

Zaman wandte sich an die Polizei des Rayons Grosny, um eine Vermisstenmeldung aufzugeben.

Mitarbeiter von »Memorial« haben ihrerseits den Fall untersucht, und mithilfe verschiedener Quellen konnten sie Bruchstücke dessen rekonstruieren, was vorgefallen ist.

In der Nacht vom 9. auf den 10. Mai hatten sich die Schwestern und Selima spät zu Bett begeben. Als sie eingeschlafen waren, drangen bewaffnete Männer ein und schossen auf die Frauen mit schallgedämpften Kalaschnikows und einer PSM-Pistole. Viele Patronenhülsen dieser Waffen wurden von den Ermittlern am nächsten Morgen um 10 Uhr auf dem Boden entdeckt. Doch die Leichen waren von der Bildfläche verschwunden. Lediglich Blut und geringe Fragmente von Knochen und Organen waren noch zu finden. Nachdem die Ermittler den Tatort untersucht hatten, verschwanden diese Hinweise.

Neben der Waschanlage befindet sich eine Tankstelle mit Überwachungskamera. Eigentlich müsste die Tat aufgezeichnet worden sein, doch ausgerechnet die Aufzeichnungen über diesen Zeitraum fehlen. Die Autowaschanlage liegt am Rande des Dorfes. Wenn kein Schalldämpfer eingesetzt wurde, müssten die Bewohner der umliegenden Häuser die Schüsse gehört haben.

Als die ersten Polizisten am Tatort ankamen, bildete sich eine Menschentraube um ihren Wagen. Dabei fiel ein bärtiger bewaffneter Mann auf, der sich »Ranger« nannte. (In Tschetschenien lassen sich viele Sicherheitskräfte lieber mit einem Spitznamen anreden. Nicht selten ist es der gleiche Name, den sie sich in ihrer Zeit als Aufständische zugelegt haben, wie etwa »Jihad«, »Lord«, »Der Bär«, »Der Geheimdienstler«, »Richard« etc.) Einer nannte sich »Ali«. Seinen Nachnamen nennen wir hier aus Sicherheitsgründen nicht. Die Bewohner konnten ein Gespräch verfolgen, das »Ali, der Ranger« am Telefon führte. Dabei sagte er: »Das ist unsere Arbeit, die da oben wissen davon.«

Es wurde eine Vermisstensuche gestartet. Die Ermittlungsbehörde leitete ein Verfahren nach § 105 StGB (Mord) ein. Mitarbeiter der Ermittlungsbehörde suchten den Tatort auf. Am 17. Juli tauchte der neue Chef der Ermittlungsbehörde der Russischen Föderation in der Tschetschenischen Republik, S. I. Bobrow, auf. Gleichzeitig erschien auch der »Ranger« am Tatort. Er sah sich das alles an, ohne ein Wort zu reden; nur gelegentlich telefonierte er.

Der Vermieter der Autowaschanlage wurde verhaftet. Ich glaube kaum, dass es eine rechtliche Grundlage für diese Verhaftung gab.

Frauen, die sich sehr selbstständig verhalten, können in Tschetschenien aggressive Reaktionen hervorrufen. Allein ihr Verhalten ist schon ein Verfolgungsgrund. Dann schützt sie niemand, nicht einmal die eigenen Angehörigen, die aus Furcht vor Repressionen von den Verfolgern die gewünschte Aussagen machen.

Chawa, eine Studentin der Tschetschenischen Staatlichen Universität, hatte von 2009 bis 2011 an einem Projekt des »Komitees Zivilen Unterstützung« mitgewirkt. Projekttitel war »Aufklärungsarbeit über Menschenrechte im Nordkaukasus«. Im September 2010 hatte Chawa in dieser Gruppe die Bekanntschaft der Studentin Reseda (Name geändert) gemacht, die nach einer Unterbrechung am letzten Kurs teilnahm. Reseda hatte große familiäre Probleme, von denen sie Chawa mit Tränen in den Augen immer wieder berichtete. Nach ihrem Abschluss an der Universität wandte sich Reseda an Chawa mit einer Bitte. Sie wusste, dass Chawa aktiv an dem Projekt »Bildung für Menschenrechte im Nordkaukasus« mitwirkte. Vor diesem Hintergrund bat sie Chawa um ein vertrauliches Treffen. Dabei berichtete sie ihr von ihrem Leben und ihren Lebensumständen, sagte ihr, dass sie schwanger sei und einen gewalttätigen Ehemann, Ruslan, habe, der sie missbrauche und misshandle.

Im Juli 2011 kam Reseda, nachdem sie erneut von ihrem Mann geschlagen wurde, ins Krankenhaus. Chawa kümmerte sich um sie, brachte ihr Lebensmittel, Bettwäsche und Geld, ohne das man sie in Tschetschenien nicht behandelt hätte. Unterdessen hatte Resedas Mann von ihrem Bruder gefordert, die Familie sollte Reseda wieder zu sich nehmen. Doch die Brüder weigerten sich.

Chawa half Reseda, ein Schreiben an den Mufti aufzusetzen. Daraufhin wurden Reseda und ihr Mann zum Mufti einbestellt. Der Stellvertreter des Mufti, gleichzeitig ein Verwandter von Ruslan, sprach mit jedem der Ehepartner. Reseda sagte er, ihr Mann sei doch ein guter Muslim. Sie verhalte sich nicht richtig, strebe nach Freiheit. Sie müsse ihrem Mann gehorchen. Nach dem Gespräch erklärte der stellvertretende Mufti den Brüdern von Reseda, der Konflikt zwischen den Eheleuten sei bereinigt.

Chawa bat Ruslan an diesem Tag, er solle es zulassen, dass Reseda die Universität besuchen könne. Tatsächlich aber sind sie nicht in die Universität, sondern in die von Ramsan Kadyrow geschaffene Kommission zur Schlichtung von Familienstreitigkeiten gegangen. Der Vorsitzende der Kommission schlug Reseda vor, sie solle schriftlich erklären, dass ihr Mann sie schlage. Anschließend machte er sich auf den Weg zu ihrem Mann. Vor den Mitgliedern der Kommission beschuldigte Ruslan die Frau, dass sie sich weigere, nach Moskau zum Scheich zu reisen, der sie von den Teufeln befreien wolle, dass sie kein Kopftuch trage, oft spät vom Unterricht nach Hause komme, nicht den Hörer abhebe, wenn er sie anrufe. Daraufhin las der Vorsitzende der Kommission Reseda einen Auszug aus dem Koran vor und erklärte anschließend, nun sei sie von den Teufeln erlöst. Dann zerriss er Resedas Erklärung und sagte ihr, sie müsse dem Mann gehorchen. Dem Mann wiederum sagte er, er solle seine Frau nicht schlagen, solange sie schwanger sei.

Doch nicht einmal das hat geholfen. Der Mann schlug Reseda auch in der Schwangerschaft weiter.

Die Brüder drohten Reseda: Sollte sie in ihr Elternhaus zurückkehren, würde man sie bis zur Geburt des Kindes einsperren, sie anschließend töten und das Kind dem Vater geben. Die junge Frau stand kurz vor dem Selbstmord.

Vor diesem Hintergrund entschloss sich Chawa, der Freundin dabei zu helfen, dem tyrannischen Ehemann und ihren Brüdern zu entfliehen. Sie informierte das »Komitee Zivile Unterstützung«, und man beschloss, Reseda heimlich nach Moskau zu bringen.

Anfang August 2011 entschloss sich Reseda zur Flucht. Chawa half ihr beim Verkauf des Goldschmucks und löste für sie eine Busfahrkarte nach Moskau, wo sie wenig später einen Sohn zur Welt brachte. Dabei mussten wir die Ärzte bitten, sie und das Kind nicht zu registrieren, denn eine Meldung bei den Behörden wäre nach Tschetschenien übermittelt worden.

Einige Zeit später wurden Reseda und ihr Kind in Norwegen aufgenommen.

Nach Resedas Flucht übermittelten wir einen Brief Resedas an ihre engsten Angehörigen, die Großeltern, in dem sie ihnen berichtete, sie sei jetzt in Sicherheit. Der Brief war so gehalten, dass Resedas Aufenthaltsort nicht erkennbar war.

Kurze Zeit nach Resedas Flucht erhielt Chawa plötzlich einen Anruf von Ruslan. Er drohte ihr und forderte sie auf, ihm Resedas Aufenthaltsort mitzuteilen. Er erzählte ihr, seine Verwandten und die Miliz würden ihm Druck machen, weil sie glaubten, er habe seine Frau umgebracht.

Chawa vereinbarte daraufhin ein Treffen mit Resedas Mann, zu dem er jedoch nicht erschien. Zwei Stunden später wurde Chawa von ihrer Mutter und ihrer Schwester angerufen. Sie warfen ihr vor, eine verheiratete Frau vom rechten Weg abgebracht zu haben. Sie beleidigten Chawa und forderten sie auf, Reseda wieder zurückzubringen.

In den nächsten Tagen wurde Chawa regelrecht mit Anrufen bombardiert. An manchen Tagen erhielt sie 200 Anrufe. Chawa ging nicht mehr ans Telefon. Als dann auch noch Drohungen per SMS bei ihr eingingen, warf sie die SIM-Karte weg.

Drei Wochen später wartete Chawa eines Tages an der Bushaltestelle in Stari Atagi, weil sie in die Stadt fahren wollte. Plötzlich näherte sich ihr ein Auto mit vier Männern darin. Sie zwangen Chawa in das Auto und brachten sie zur Polizei.

Die Personen im Auto, einem Toyota mit getönten Scheiben, waren in Zivil; sie stellten sich nicht vor. Im Auto sagten sie ihr, man habe erfahren, dass eine Person vermisst werde und dass Chawa in diesen Fall verwickelt sei. Dann fragten die Männer sie, ob sie Reseda kenne. Chawa bestätigte, dass sie gemeinsam studiert hätten. Sie wüsste nicht, was die Männer von ihr wollten, und forderte sie auf, sie gehen zu lassen. Sie solle schweigen, antwortete ihr der Fahrer sehr grob.

Bei der Polizei angekommen, wurde sie verhört und weiter über Reseda ausgefragt. Man wollte wissen, warum Reseda sie angerufen habe. Zunächst schwieg Chawa. Doch irgendwann hielt sie dem Druck nicht mehr stand und berichtete von Resedas Schicksal. Sie sagte, Reseda sei zu ihrem Bruder nach Ufa gereist. Zwei Tage später wurde sie erneut zum Verhör vorgeladen. Man sprach mit ihr und fotografierte sie. Man ging mit ihr gemeinsam auf den Markt, wo sie den Händler aufsuchten, dem sie Resedas Goldschmuck verkauft hatte. Wieder im Büro angekommen, verfassten sie ein Protokoll des Verhörs. Sie verboten ihr, sich eine neue Telefonnummer zu beschaffen. Außerdem dürfe sie die Gegend nicht verlassen. Und sie drohten ihr mit einem Strafverfahren wegen der Falschaussage gegenüber Resedas Verwandten.

Nach Rücksprache mit ihrer Mutter entschloss sich Chawa, aus Tschetschenien zu fliehen. Unsere Kollegen organisierten für sie ein langfristiges Praktikum außerhalb von Tschetschenien. Nach zwei Monaten erhielt Chawa einen Anruf ihres jüngeren Bruders; er berichtete ihr, dass er mit der Mutter nach Kasachstan zu ihren Verwandten gereist sei und dass ihn nach Chawas Abreise Verwandte von Reseda kontaktiert hätten. Sie hatten Chawas Vater aufgefordert, ihnen seine Tochter zu geben, weil schließlich mit deren Hilfe ihre schwangere und verheiratete Tochter entführt worden sei; deshalb müsse Chawas Vater für die Handlungen seiner Tochter büßen. Auf Betreiben dieser Verwandten schlug der Vater seine Frau und seinen Sohn und forderte die Rückkehr von Chawa.

Im November 2011 reiste Chawa zu den Verwandten ihrer Mutter. Diese litt an den Folgen eines Infarktes, sie hatte sich von der Tochter und ihren Problemen innerlich vollkommen gelöst, und auch die Verwandten der Mutter behandelten Chawa sehr grob. Man glaubte, sie sei schuld an der Trennung der Eltern und der Erkrankung der Mutter.

Chawa blieb bei einer Verwandten, die ein Café besaß, und arbeitete dort als Hilfskraft

Im Dezember 2011 tauchte auf einmal völlig unerwartet Chawas Vater in Kasachstan auf. Er sagte, Chawa solle mit ihm nach Tschetschenien reisen. Die Verwandten von Reseda würden von ihm verlangen, ihnen seine Tochter auszuliefern. Andernfalls würden sie ihn töten. Chawa versuchte, dem Vater zu erklären, was mit Reseda passiert war, aber dieser hörte nicht einmal zu. Darauf schlug Chawa dem Vater vor, er sollte den Ältestenrat einberufen, um den Konflikt zu regeln, oder sich an die Staatsanwaltschaft wenden. Doch der Vater blieb dabei: Chawa sollte den Verwandten von Reseda ausgeliefert werden. Nach diesem Vorfall verließ Chawa ihre Verwandten und zog in ein Wohnheim. Ihren Lebensunterhalt verdiente sie in Cafés als Geschirrspülerin und Reinigungskraft und als Verkäuferin auf dem Markt; außerdem handelte sie mit Kosmetika. Im Sommer arbeitete sie auf Kartoffel-, Tomaten-, Melonen- und Maisfeldern und lebte in einem Wohnwagen. Chawa erkrankte, sie hatte Probleme mit der Wirbelsäule und verschiedenen Organen, trotzdem arbeitete sie weiter. Wie viele andere Migranten in Russland bekam Chawa Schwierigkeiten, weil sie nicht registriert war und die kasachische Sprache nicht beherrschte; deshalb musste sie häufig die Arbeit wechseln.

Im Oktober 2013 tauchte Chawas Vater erneut in Kasachstan auf und erschien in dem Laden, in dem Chawa an der Kasse arbeitete. Er versuchte, Chawa zu packen, aber sie konnte sich von ihm losreißen. Er schrie sie an der Kasse an, wollte sie mit sich zerren, aber erfolglos. »Du elende Kreatur«, schrie er sie an, »wie viel Ärger habe ich nur wegen dir. Komm endlich zurück und trage die Verantwortung für die entführte Frau. Ich kann nicht einmal mehr heiraten.«

In dem folgenden Handgemenge schaffte es Chawa, ihrem Vater zu entkommen. Von ihren Kolleginnen erfuhr sie später, dass er sehr wütend gewesen sei und die Telefonnummer und Adresse von Chawa gefordert habe.

So musste Chawa auch diese Arbeit aufgeben. Die anschließenden Nächte verbrachte sie im Kiosk einer Bekannten.

Schließlich rief Chawa einen Mitarbeiter des »Komitees Zivile Unterstützung« an und berichtete ihm von den Vorfällen. Man lud sie ein, nach Moskau zu kommen.

Ich konnte die hier erwähnten jungen Frauen nicht mit ihrem richtigen Namen nennen, und zwar nicht nur zu ihrer eigenen Sicherheit, sondern auch zur Sicherheit derjenigen, die ihnen beigestanden haben. Inzwischen leben beide Frauen nicht mehr in Russland, aber die Verwandten sind weiterhin auf der Suche nach ihnen.

Verrat an den allernächsten Verwandten

Dies ist die Geschichte einer jungen Frau namens Ajmat.

Irgendwer hatte Ajmat mit ihrem Verlobten und weiteren Personen in einem Café entdeckt. Und derjenige hätte auch gern mit Ajmat eine Beziehung gehabt. Er hatte einiges unternommen, um sie zu einem Treffen mit ihm zu bewegen, doch sie hatte ihm einen Korb gegeben. Irgendwann hatte er es mit Drohungen versucht, er werde anderen von ihrem angeblich so ausschweifenden Leben erzählen. Und schließlich hatte er es getan, war zu ihrer Mutter und anderen Verwandten gegangen und hatte diesen berichtet, Ajmat würde sich mit mehreren Männern treffen. Daraufhin verließ sie ihr Verlobter, obwohl sie von ihm schwanger war.

Der Druck der zahlreichen Verwandten, die hohe gesellschaftliche Stellung des Mannes, der allen von ihren angeblichen Ausschweifungen erzählte – all das hatte seine Folgen: Ihr Bruder und ihre Mutter entschieden sich, Ajmat zu töten. Die Mutter sperrte sie in einem Zimmer ein und sagte ihr, dass ihr Bruder sie umbringen werde, sobald er nach Hause komme.

Nur der Vater hatte Mitleid mit seiner Tochter. Obwohl das Urteil über die junge Frau bereits gefällt war, brachte er sie weg aus Tschetschenien. Ajmat ging nach Moskau, wo sie sich lange mit Gelegenheitsarbeiten durchschlug. Schließlich brachte sie eine Tochter zur Welt und suchte irgendwann einmal unsere Beratungsstelle auf, um uns um Hilfe zu bitten. Ein Jahr lebte sie in unserem »safe house«. Dabei handelt es sich nicht um ein Haus, sondern um eine kleine Wohnung, die wir mit dem Geld einer Preisverleihung des französischen Außenministeriums finanzierten. Kaum war sie gesundheitlich wieder auf der Höhe, ging Ajmat arbeiten. Bei der Arbeit in einem Café lernte sie einen Russen kennen und heiratete ihn. Zu ihren Verwandten hatte sie jeden Kontakt abgebrochen.

Elwira und ihr Mann, der vor Kadyrows Leuten geflohen war, waren aus einem europäischen Land abgeschoben worden. Entsprechend der »Dublin-II-Verordnung« wurden sie in das Land zurückgeschickt, über das sie in die Schengen-Staaten eingereist waren. Und aus diesem Land wurden sie zurück nach Russland geschickt. In Europa war ihr erstes Kind auf die Welt gekommen, und zum Zeitpunkt der Abschiebung war Elwira bereits mit dem zweiten Kind im siebten Monat schwanger. Kurz nach ihrer Rückkehr nach Russland war ihr Mann unter sehr merkwürdigen Umständen bei einem Autounfall ums Leben gekommen. Man hatte ihr gesagt, es sei zu einer Karambolage gekommen, bei der ihr Mann tödlich verletzt worden sei – sonst sei niemand zu Schaden gekommen. Am Tag seines Todes hatte sie eine Frühgeburt, und ihre zweite Tochter kam zur Welt.

Nun forderten die Eltern des Mannes, dass sie ihnen die Kinder überlasse. Sie war inzwischen zu ihren Eltern gezogen. Ihr hatte es nicht gefallen, wie der Schwiegervater mit ihrem Kind umging, deswegen war sie auch nicht bereit, ihm die Kinder zu überlassen. Doch sogar die eigenen Eltern unterstützten ihre Schwiegereltern und verlangten von ihr, einen neuen Mann zu heiraten, den sie bereits für sie ausgesucht hatten. Sollte sie sich weigern, müsste sie mit unangenehmen Folgen rechnen. Daraufhin verließ Elwira Tschetschenien mit den Kindern.

Auch in Tschetschenien ist das, was Elwira widerfahren ist, keineswegs die Norm. Normalerweise lieben Eltern ihre Töchter und Enkel und versuchen, sie vor Personen zu schützen, die ihnen Böses wollen oder wehtun. Doch im Gegensatz zu anderen Ländern gibt es in Tschetschenien in diesen Fällen keine Stelle, wo die Frauen Schutz finden, sollten sie diesen nicht von ihren Eltern erhalten. Und dann haben sie das ganze System gegen sich.

Unsere Kollegen bemühen sich, Frauen zu helfen, die in eine Notlage geraten sind, aber die einzige Möglichkeit, ihnen zu helfen, ist ein sicheres Asyl.

Subajr Subajrajew

Subajr war naiv. Er hatte geglaubt, in Tschetschenien herrsche wieder Frieden, und daraufhin beschlossen, 2006 zusammen mit seiner Frau aus Österreich in seine Heimat zurückzukehren. Seine Mutter war an Krebs erkrankt, und er wollte sich um sie kümmern. Er hatte zu keiner Zeit in Tschetschenien gekämpft. Seine Familie hatte sich an Aktionen gegen den Krieg beteiligt, und mitunter hatten sie Flüchtlinge aus Grosny beherbergt: Zivilisten, Russen und Tschetschenen.

Doch das reichte im Nachkriegstschetschenien bereits aus, um die Sicherheitskräfte misstrauisch zu machen. Mehrfach hatte man ihm mitgeteilt, dass er nun in einer »schwarzen Liste« geführt werde. Und so floh er erneut nach Wien.

Nach seiner Rückkehr nach Tschetschenien hatte sich zunächst niemand für ihn interessiert. Am 23. Februar 2007 verschwand

Subajrajew spurlos. Drei Monate lang suchten ihn seine Verwandten. Schließlich fanden sie ihn bei der Miliz von Grosny.

Malika, Subajrs Schwester, berichtet, er sei dort misshandelt worden: »Man hat ihm die Nägel rausgerissen und ihn mit Strom gefoltert. Man wollte aus ihm Informationen über Aufständische herauspressen.«

Außerdem drohte man ihm ständig mit neuer Folter; sollte er die von den Ermittlern erdachten Verbrechen nicht gestehen, würde man auch seine Verwandten verfolgen. Man drohte auch seiner schwangeren Frau, die nach seinem Verschwinden in ein Krankenhaus gebracht werden musste.

Anfang Juni 2007 sagte Subajr seinen Schwestern bei einem Besuch, dass er unter der Folter Dinge gesagt habe, die er inzwischen bereue. Das Oberste Gericht der Tschetschenischen Republik verurteilte ihn zu fünf Jahren Haft. Man hatte ihn angeklagt, einen Mitarbeiter der Sicherheitskräfte angegriffen zu haben (Artikel 317 StGB) und Waffen zu besitzen (Artikel 222). Von Tschetschenien brachte man Subajrajew in die 25. Kolonie des Gebietes Wolgograd.

Was dann mit ihm geschah, lässt sich nur als Folter bezeichnen. Mehrfach wurde er geschlagen. Wächter der Kolonie drangen einfach in seine Zelle ein, schlugen ihn mit vollen Plastikflaschen auf den Kopf, bis er das Bewusstsein verlor. In das Hautgewebe stach man Eisenstäbchen ein. In der Folge bildeten sich an diesen Stellen Wunden, die sich entzündeten. Subajr, der vor seiner Verhaftung ein starker und gesunder Mann war, litt unter Schmerzen in der Herzgegend, in Nieren und Leber. Innerhalb weniger Monate wurde er zum Invaliden.

Subajr beschwerte sich beim stellvertretenden Chef der Kolonie, der ebenfalls zu denjenigen gehörte, die ihn geschlagen hatten. Wegen Gewaltanwendung wurde ein Ermittlungsverfahren eingeleitet, und man verlegte Subajrajew in die Kolonie Nr. 9 von Wolgograd. Von dort schickte man ihn in die Sanitätshaftanstalt LIU-15. Doch auch dort wurde er geschlagen. Nun forderte man von ihm, er solle schriftlich den Foltervorwurf zurücknehmen. Als die Verwandten von anderen Gefangenen dies erfuhren, informierten sie seine Schwester und sagten ihr: »Wenn Sie ihn nicht in nächster Zeit von hier wegbringen können, kommt er nur noch als Leiche heraus.«

Malika und Fatima Subajrajew erlaubte man nur unter einer Bedingung, ihren Bruder zu besuchen: Sie sollten ihn überreden, das geforderte Papier zu unterschreiben. Die Schwestern waren von dem Zustand ihres Bruders Subajr erschüttert: »Subajr war derart verkrüppelt, dass er sich nicht mehr selbstständig fortbewegen konnte und uns nur an der Stimme erkannte«, berichtete Malika einem Journalisten. »Als ich fragte, warum mein Bruder in einem derartigen Zustand sei, sagten mir Aufseher der Kolonie, dass Subajr, der nie zuvor an Epilepsie gelitten hatte, zweimal bei einem Anfall vom Stuhl gefallen sei und sich dabei den Kopf angeschlagen habe.«

Nun erschienen auch in den Medien Berichte über Subajr.

Am 9. und 10. November 2008 machte sich eine Gruppe von Menschenrechtlern auf den Weg nach Wolgograd. Imran Eschiew, der Vorsitzende der nordkaukasischen Abteilung der »Gesellschaft für russisch-tschetschenische Freundschaft«, berichtete über diesen Aufenthalt: »Dreimal habe ich Subajr besucht. Meiner Auffassung nach erhält er nicht die erforderliche medizinische Hilfe. An den Wunden, die ihm vom Aufsichtspersonal zugefügt worden waren, tritt bereits Fäulnis ein. Auch wird Subajr nicht fachgerecht verbunden.« Unterdessen hatte ein Vertreter der Administration erklärt, der Verurteilte Subajrajew habe die besten Haftbedingungen, würde sich aber selbst Schaden zufügen: »Er rennt wild herum, mit dem Kopf gegen die Wand, um so eine Verlegung nach Tschetschenien zu erreichen.« »Das ist doch nicht wahr«, hielt Eschiew entgegen. Unter Subajrs Besuchern war auch Alichan Soltachanow, Mitglied des Beirates der Internationalen Stiftung »Gutes ohne Grenzen«. Er ist der Koordinator der medizinischen Programme der Stiftung,

Chirurg und Orthopäde. Soltachanow beschrieb Subajrajews Zustand wie folgt: »Er sieht sehr ausgezehrt aus, kann sich kaum aus eigener Kraft fortbewegen. Physisch und psychisch ist er am Ende seiner Kräfte. Die linke Hälfte des Gesichts ist von einem großen Hämatom bedeckt, sein Gesicht ist geschwollen, auf der linken Seite hat er das Gefühl verloren. Offensichtlich ist hier eine Lähmung eingetreten. Von der linken Hand hängt Fleisch herunter. Auf dem rechten Knie ist eine Wunde, an der der Fäulnisprozess eingesetzt hat. Die Wunde wurde ihm, so Subajr, mit einem Schraubenzieher zugefügt, den man durch das Gelenk geschoben hat. Auf dem linken und rechten Unterschenkel finden sich Wunden mit einem Durchmesser von jeweils 5 cm, die schon etwas vernarbt sind und bei entsprechender Behandlung in kurzer Zeit verheilen würden. Doch er wird nicht sachgemäß verarztet. Nur vor unserem Besuch hat man die Binden gewechselt. Auf beiden Füßen sind Wunden in einer Größe von 0,5 cm zu sehen, die Füße hatte man mit Nägeln traktiert. Deswegen kann sich Subajr kaum bewegen, muss sich auf einen Stock stützen. Auch diesen will man ihm nehmen, aber ohne den Stock kann er sich gar nicht fortbewegen. Er klagt über ständige Schwindelgefühle und Ohnmacht. Das sind Anzeichen einer schweren Gehirnerschütterung.«

Das Schicksal dieses Gefangenen aus Tschetschenien erregte die Aufmerksamkeit von russischen und westlichen Menschenrechtlern (auf dem Nowopuschkinski Platz wurde zu diesem Fall im November 2008 eine Mahnwache veranstaltet; auch »Amnesty International« hat sich für Subajrajew eingesetzt). Ungeachtet der Reaktion der internationalen Gemeinschaft erschien in russischen Medien kein einziger Artikel über den Fall, und es wurde auch nichts über den Besuch von I. Eschiew in der Kolonie veröffentlicht. Die Haftbedingungen von Subajrew haben sich nicht geändert, so wurde er nach der Abreise der Menschenrechtler erneut in die Strafzelle geschickt.

Am 11. Februar 2009 gaben Imran Eschiew, Elena Sannikowa, Lew Ponomarew und ich in Moskau eine Pressekonferenz. Dabei wurden den Journalisten Fotos gezeigt, die während des Besuches bei Subajrajew aufgenommen worden sind. Darauf sind die Spuren der durchgeschlagenen Nägel auf den Füßen eindeutig zu erkennen. Eschiew berichtete von Subajrajews Zustand, dem beginneneden Fäulnisprozess seiner Wunden, seinem von Knüppelschlägen geschwollenen Gesicht. Nach der Pressekonferenz ließen die Misshandlungen für eine gewisse Zeit nach. Doch am 13. März wurde auf Initiative der Verwaltung der Kolonie von einem Gericht die Entscheidung getroffen, Subajr in ein Gefängnis zu überstellen, was eine Verschärfung der Haftbedingungen bedeutete.

Am 22. März beauftragte das Menschenrechtszentrum »Memorial« den Anwalt Mussa Chadisow mit dem Mandat. Er reiste sofort nach Wolgograd, um sich mit Subajr zu treffen. Auch Chadisow kam zu dem Schluss, dass Subajr in der Haft misshandelt werde, und reichte Klage gegen die Inhaftierung von Subajr in diesem Gefängnis ein.

Der Aufenthalt von Mussa Chadisow war dringend notwendig gewesen. Inzwischen hatte auch die Journalistin und Menschenrechtlerin Elena Maglewannaja Probleme, die sehr viel dazu beigetragen hat, dass der Fall bekannt wurde. Am 20. März reichte die Verwaltung des Gefängnisses LIU-15 bei Gericht eine Klage gegen die Journalistin wegen Verletzung der Ehre und der beruflichen Reputation des Hauses ein.

Die Angestellten der Kolonie forderten zunächst einen Schadensersatz von 5000, im Weiteren von 500 000 Rubel wegen Rufschädigung sowie eine Entschuldigung der Journalistin. Der Text, den Elena Maglewannaja vorlesen sollte, hätte ungefähr so begonnen: »Die Mitarbeiter des Strafvollzuges stehen im Staatsdienst. Dieser Dienst verlangt von ihnen Mut, Durchhaltevermögen, Kraft und ganzen Einsatz ...«

Am 26. März 2009 bestätigte Subajr Subajrajews Anwalt Mussa Chadisow vor Gericht (Rayon Kirow, Wolgograd) bei der ersten Anhörung in der Sache Elena Maglewannaja, dass er diesen am Tag zuvor gesehen habe, mit einer große Zahl von Folterspuren am Körper, insbesondere an den Beinen. Die nächsten gerichtlichen Anhörungen waren für den 12. Mai geplant. Diesmal wollte das Gericht auch die Provider auf der Anklagebank sehen, die die Artikel von E. Maglewannaja gepostet hatten.

Unterdessen wurde Subajr im Gefängnis weiter misshandelt.

Für ihn hatten wir lange gekämpft. 2012 schließlich wurde er aus der Haft entlassen, erhielt einen Reisepass und konnte nach Deutschland ausreisen. Es war erstaunlich, dass man ihm einen russischen Reisepass ausgehändigt hatte, denn häufig erhalten Strafgefangene auch nach ihrer Freilassung noch keinen Pass, wenn ihre Schuld beispielsweise mit einer zusätzlichen Gewährungsfrist noch nicht abgegolten scheint. Auch seine Schwestern und seine Mutter, die man ebenfalls bedroht hatte, mussten aus Russland ausreisen. Als ich vor einiger Zeit in Köln einen Vortrag hielt, hatten mich die drei besucht. Ich war sehr froh, sie alle lebend zu sehen, auch wenn Subajr aufgrund der Verletzungen an der Wirbelsäule nur mit einem Krückstock laufen kann.

Ein Schreiben an Präsident Medwedew

Im Kaukasus wird gegen bewaffnete illegale Einheiten gekämpft. Und ständig bekommen wir Erfolgsmeldungen serviert, in denen uns berichtet wird, dass man erneut eine dieser Gruppen zerschlagen habe. Wie bei jedem anderen Kampf möchte man auch hier gern Rechenschaft über die Erfolge ablegen. Putins Ausdruck »Wir machen sie im Klo kalt« war um die ganze Welt gegangen. Und so schritt die Führung im Kaukasus zur Tat. Wenn sie Leichen wollen, bitte, die können sie gerne haben.

Es war eine verführerische Hoffnung, anzunehmen, Medwedew würde es auf andere Weise versuchen, der Probleme im Kaukasus Herr zu werden. Medwedew ist ein Mann der Wissenschaft, hat eine humanistische Ausbildung und Erziehung genossen und kommt nicht aus dem KGB. Die Geschichte kennt viele Fälle, in denen eine Person nach ihrem Machtantritt einen ganzen Clan oder eine Gruppe an die Macht heranführte und schon bald unabhängig vom Vorgänger handelte. In Russland ist sehr viel Macht beim Präsidenten konzentriert. Und bei uns gibt es Leute, auf die man hätte setzen können. Zunächst schien es, als würde Medwedew tatsächlich eine gewisse Eigenständigkeit an den Tag legen. So hat er beispielsweise den einflussreichen Moskauer Bürgermeister Luschkow abgesetzt.

Wir hatten aber auch eine andere Politik in Bezug auf den Kaukasus erwartet. Bei einer der Begegnungen mit dem Präsidenten sagte er nach meinem Vortrag über die Verletzung der Menschenrechte in Tschetschenien: »Nun, Sie sehen doch, ich wechsle auch Gouverneure aus.« Doch was sollten wir mit diesen Worten anfangen?

Passiert ist nichts. Im Fernsehen sah man den damaligen Premierminister häufiger als den Präsidenten. Als ich einmal im Westen gefragt wurde, warum das so ist, gab ich zur Antwort: »Wieso wundern Sie sich darüber? Wladimir Putin ist befördert worden. Er war russischer Präsident und ist jetzt der Vorgesetzte des Präsidenten.« Ein trauriger Witz.

Ganz besonders beunruhigt war ich über die Entführungen, die Morde, die Folterungen und das Töten von Menschen, die angeblich zu den Aufständischen gehörten. Die Rhetorik von Medwedew hob sich im Grunde genommen nicht sehr von der Putins ab. Als ich einmal Beweise dafür, was sich im Kaukasus abspielte, in der Hand hatte, schrieb ich dem Präsidenten einen Brief und veröffentlichte ihn gleichzeitig auf unserer Internetseite. Hier ist das Schreiben an Medwedew:

An den Präsidenten der Russischen Föderation,
Herrn D. A. Medwedew
Sehr geehrter Dmitri Anatoljewitsch!
Terroranschläge sind fast schon zur Norm unseres Lebens geworden. Sie wurden zu einer Form des Dialoges von Opposition und staatlichen Strukturen. Mit Terror werden in der Geschäftswelt gewisse Fragen geklärt, und mit Terror wird auch gegen Menschenrechtler und Journalisten vorgegangen. Mit Terror wird Rache geübt an Angehörigen der Rechtsschutzorgane, die ja von der Macht befugt sind, Waffen zu tragen, und mit Terror werden außergerichtliche Abrechnungen durchgeführt.

Auch Sie wissen, wie viele Opfer die Zivilgesellschaft im letzten Jahr zu beklagen hatte. Unter denen, die ihr Leben lassen mussten, waren viele, die uns sehr nahestanden. Und genau deswegen wissen wir, wie wichtig der Kampf gegen den Terrorismus in all seinen Ausprägungen ist. Sicherzustellen, dass seine Bürger in Sicherheit leben können, zählt zu den wichtigsten Aufgaben des Staates. Jeder von uns persönlich ist daran interessiert, dass der Staat diese Aufgabe wahrnimmt.

Allerdings darf der Staat in seinem Kampf gegen den Terrorismus – auch dann nicht, wenn dieser Kampf mit sehr brutalen Methoden geführt wird – nicht dem Terrorismus selbst Vorschub leisten. Die Vertreter des Staates dürfen sich nicht vom Prinzip einer kollektiven Verantwortung leiten lassen; ihre Handlungen dürfen nicht in einer Weise geführt werden, dass sie schon an Rache erinnern.

Die obersten staatlichen Organe formulieren Strategieprinzipien eines Kampfes gegen diese schreckliche Erscheinung unserer Zeit, den Terrorismus, während sie gleichzeitig taktische Fragen den Profis vor Ort überlassen.

Mit dem Ausdruck großen Bedauerns muss ich feststellen, dass Ihre Äußerungen, die hier strategische Richtungen vorgeben, mich sehr beunruhigen.

So hatten Sie bei Ihrem Vortrag auf einer Sitzung des Nationalen Sicherheitsrates von den Machtstrukturen gefordert, *»die Banditen nicht mit Glacéhandschuhen anzufassen«*. Gleichzeitig forderten Sie auf dieser Sitzung, man solle Ihnen Bericht erstatten, wie viele Banditen im Nordkaukasus in der jüngsten Zeit getötet worden sind.

Wir hatten damals den Eindruck, diese Worte seien von Ihnen in einem Augenblick großen Zorns ausgesprochen worden, nämlich nach einem Anschlag auf den Präsidenten von Inguschetien, Junus-bek Jewkurow. Mit seinem Namen verknüpfte das inguschische Volk große Hoffnungen, aus einer Situation herauszukommen, die sie zwischen zwei Quellen der Gewalt festhält: der Gewalt der Staatsmacht und der Gewalt des bewaffneten Untergrundes.

Dieser dramatische Moment machte eine Diskussion über die Methoden des Kampfes gegen den Terror unmöglich.

Nun hätte man aber erwarten können, dass von Ihrer Seite in der Folgezeit klarere Vorgaben zu Handlungen gemacht würden, die sich eindeutig auf einer rechtlichen Grundlage bewegten.

Doch am 8. Januar 2010 erließen Sie auf einer Sitzung mit dem Direktor des FSB, Alexander Bortnikow, erneut eine Vorgabe: *»Bei all dem, was die Banditen betrifft, ist unsere Politik beständig. Sie muss man vernichten. Und man muss sie brutal und systematisch, das heißt regelmäßig, vernichten. Das muss getan werden, weil es eben nun mal den bewaffneten Untergrund gibt. Man muss handeln, in der ganzen uns zur Verfügung stehenden Bandbreite. Kommen wir ihnen auf die Spur, verfolgen wir sie und vernichten sie anschließend.«*

Menschen regelmäßig, grausam, systematisch und methodisch zu vernichten, das haben schon viele zu tun gelernt. Aber es ist auch kein Geheimnis, dass bei einer derartigen Aufgabenstellung auch die Berichterstattung über die ausgeführten Handlungen sehr einfach organisiert werden wird. Genau damit haben unsere vorzüglich arbeitenden Rechtsschutzorgane überhaupt keine Schwierigkeiten.

Und da haben sie auch ihre Erfahrungen gemacht. Sie sind es gewohnt, Banditen nicht mit Glacéhandschuhen anzufassen. Und das machen sie auch mit gesetzestreuen Bürgern und sogar mit dem Gesetz selbst.

Wenn man also für die Statistik Leichen benötigt, dann werden sich diese schon finden lassen. Bleibt nur noch diese eine Frage offen: Und der Terror des Untergrundes – wird er dadurch weniger werden?

Es könnte doch sein, dass man mit solchen neuen Opfern auch die Zahl derer, die sich dem bewaffneten Untergrund anschließen wollen, in die Höhe treibt.

Die Bevölkerung wendet sich immer weniger an Menschenrechtler, wenn sie Hilfe braucht, auch nicht an die Rechtsschutzorgane.

Weder von den einen noch von den anderen erwartet man sich Hilfe. Deswegen verlieren die Menschen zusehends den Glauben daran, dass man ihnen auf dem Rechtsweg helfen kann.

Sehr geehrter Dmitri Anatoljewitsch,
im Weiteren möchte ich Ihnen eine Begebenheit der letzten Monate berichten. Sie handelt von einem Bewohner der Tschetschenischen Republik, dem wir leider nicht helfen konnten.

Unsere Organisation versucht seit Juli 2006 herauszufinden, unter welchen Umständen der Bewohner der Stadt Argun in der Tschetschenischen Republik, Alichan Sultanowitsch Markujew, verhaftet, besser gesagt entführt worden ist. Der 1988 geborene Alichan wurde im Juli 2007 Mitglied einer illegalen bewaffneten Gruppierung, die er jedoch ein Jahr später wieder verließ. Er hatte sich freiwillig der Miliz von Argun gestellt und durchlief 2008 offiziell die Prozedur der Amnestie. Anschließend lebte er völlig offen ein Jahr bei seiner Familie und renovierte das Haus.

Trotzdem wurde am 5. November 2008 gegen Markujew ein Strafverfahren eingeleitet nach § 222 StGB der RF (Erwerb und Besitz von Waffen) und § 317 (versuchte Tötung eines Mitarbeiters der Rechtsschutzorgane).

Außerdem wurde Markujew zur Fahndung ausgeschrieben, obwohl er sich gar nicht versteckt und dem Ermittlungsbeamten der Tschetschenischen Republik, Jaub Nikajew, der für ihn zuständig war, seine Telefonnummer übermittelt hatte.

Das Mandat von Alichan Markujew hatte ein Anwalt übernommen, der für das Menschenrechtszentrum »Memorial« arbeitet.

Am 28. Juli 2009 wurde Alichan Markujew plötzlich von Mitarbeitern der Miliz von Argun aus seinem Haus verschleppt.

Der Anwalt rief den Ermittlungsbeamten Nikajew an. Dieser informierte ihn, dass man das Verfahren gegen Alichan eingestellt habe. Ihm sei von einer Verhaftung Alichans nichts bekannt.

Anschließend wandten sich Alichans Angehörige an die Miliz von Argun. Doch der Chef der Miliz und der Verwaltungschef der Stadt Argun rieten ihnen, sie sollten besser ihre Versuche einstellen, etwas über das Schicksal von A. Markujew herauszufinden. Ansonsten müssten sie mit einer gewaltsamen Handlung rechnen.

In einem nächsten Schritt wandten sich die Verwandten an den Menschenrechtsbeauftragten der Tschetschenischen Republik. Sie wurden von einem seiner Mitarbeiter mit dem Namen Selimchan empfangen. Dieser lehnte es ab, ihr Schreiben anzunehmen, und riet ihnen, sie sollten sich an die Staatsanwaltschaft wenden.

Am gleichen Tag suchte der Anwalt die Miliz auf. Er hatte eine schriftliche Erklärung in seiner Tasche und wurde von einem Mitarbeiter in Empfang genommen, der sich als Chef der Fahndungsabteilung vorstellte. Dieser Mann erklärte dem Anwalt ungefähr Folgendes: »Du verteidigst einen Teufel. Und wenn du keine Probleme haben willst, dann tauche hier nie wieder auf. Wir jedenfalls haben keinen Markujew.«

Am nächsten Tag schickte ich auf der Grundlage der Informationen, die ich von unseren tschetschenischen Kollegen erhalten hatte, ein Fax an den stellvertretenden Innenminister der Tschetschenischen Republik, A. B. Janischewski, und den Staatsanwalt der Tschetschenischen Republik, M. M. Sawtschin. Ich bat sie, Maßnahmen zu ergreifen, um etwas über den Aufenthaltsort von Alichan Sultanowitsch Markujew in Erfahrung zu bringen. Außerdem bat ich sie, einen Kontakt des Anwalts mit seinem Mandanten zu ermöglichen.

Anschließend rief ich bei den Behörden in der Tschetschenischen Republik an, denen ich das Fax geschickt hatte. Man versprach mir, Maßnahmen in die Wege zu leiten, die ein rechtswidriges Vorgehen gegen Alichan Markujew verhindern würden.

Am 2. August 2009 lud man mitten in der Nacht die Verwandten von Alichan Markujew zur Miliz von Argun vor.

Sie kamen dieser Vorladung sofort nach und fuhren mit einem Wagen zur angegebenen Adresse. Der Chef der Fahndungsabteilung übergab ihnen gegen eine Unterschrift den am 28. Juli 2009 verhafteten Alichan.

Alichan stieg zu seinen Verwandten ins Auto, und sie fuhren nach Hause. Sie waren ungefähr auf halbem Weg, als ihnen andere Wagen, in denen maskierte Bewaffnete saßen, plötzlich den Weg versperrten.

Sie sprangen aus ihren Wagen, zwangen die Verwandten von Alichan, ihren Wagen zu verlassen, setzten sich in diesen Wagen und brausten davon.

Die Verwandten hatten dadurch keine Möglichkeit, die Entführer zu verfolgen.

Später fanden sie einen Zeugen, der ihnen sagte, dass die Männer wieder zur Miliz von Argun gefahren seien.

Wir sandten sofort eine Anfrage an die Rechtsschutzorgane der Tschetschenischen Republik. Der weitere Schriftwechsel dauerte bis zum Oktober 2009, doch wir konnten nicht ein positives Ergebnis erzielen.

Man antwortete uns, man habe strafrechtliche Ermittlungen wegen einer Entführung eingeleitet, man berichtete uns über Maßnahmen, die man getroffen habe. Aber im Ergebnis sei man dazu gekommen, so die Antwort, dass sich unsere Angaben nicht hätten bestätigen lassen.

Alichan Markujew ist spurlos verschwunden. Gleichwohl führen seine Verwandten und sein Anwalt die Suche nach ihm fort. Dabei wurde ihnen gedroht, sie sollten sich besser nicht mehr für sein Schicksal interessieren.

Am 19. Oktober 2009 rief eine unbekannte Person in unserer Moskauer Beratungsstelle an und teilte uns mit, dass seinen Informationen zufolge Alichan Markujew und drei weitere Vermisste Tschetscheniens in Gudermes festgehalten würden, an einem Ort, der vom Innenministerium kontrolliert werde.

Er nannte auch den Namen eines weiteren Inhaftierten, des 15-jährigen Rasuchan Riswanowitsch Elpijew. Der Unbekannte sagte uns, man plane, ihnen Kampfuniformen anzuziehen und sie anschließend als Angehörige einer illegalen bewaffneten Einheit darzustellen, die man bei einem Sondereinsatz vernichtet habe.

Nach Angaben des Anrufers hätte man diese Aktion schon längst ausgeführt, wenn nicht dieser Wirbel um Alichan Markujew gewesen wäre. Vor dem Hintergrund dieser Information musste schnell gehandelt werden.

Wir sandten sofort ein Fax an die Staatsanwaltschaft und das Innenministerium der Tschetschenischen Republik. Unerwartet schnell kam eine Antwort aus der Staatsanwaltschaft, datiert auf den 22. Oktober. Das bedeutet, man hatte sich nur zwei Tage mit der Antwort Zeit gelassen. Aber natürlich: Unsere Angaben konnte man dort nicht bestätigen.

Leider entwickelten sich die Ereignisse so, wie von dem unbekannten Anrufer beschrieben.

Am 27. November 2009 wurde am Rand von Serschen-Jurt der

Leichnam eines Mannes mit Einschüssen entdeckt; neben dem Getöteten lag eine Schnellfeuerwaffe.

Als man den Leichnam identifizieren musste, wurden die Angehörigen von Alichan Markujew verständigt. Man sagte ihnen, Alichan sei während eines Sondereinsatzes getötet worden. Dies bedeutet also, die Mitglieder der Einheiten des Innenministeriums wussten, um wen es sich handelte.

Die Verwandten identifizierten in dem Getöteten Alichan. Man übergab ihnen die Leiche zur Beerdigung, die in der Ortschaft Awtury stattfand und ziemlich rasch durchgeführt wurde. Offensichtlich hatte man den Angehörigen von Alichan sogar noch nach seinem Tod gedroht.

Der Tod von Alichan Sultanowitsch Markujew ist keine Ausnahme. Derartige Dinge geschehen regelmäßig im Nordkaukasus.

Wir wissen von einer ganzen Reihe ähnlich ablaufender Entführungen. In diesen Fällen hatten sich die Angehörigen dafür entschieden, sich überhaupt nicht bei den Rechtsschutzbehörden zu beschweren und den Fall öffentlich zu machen. Dass sie sich so entschieden haben, dürfte wohl der Angst um ihr eigenes Leben geschuldet gewesen sein.

Aber wie viele derartige Vorfälle hat es gegeben, von denen wir überhaupt nichts erfahren haben?

Sehr geehrter Dmitri Anatoljewitsch!
Ich kann mir vorstellen, dass in der Sache Alichan Sultanowitsch Markujew noch nicht das letzte Wort gesprochen ist. Hier muss sehr sorgfältig ermittelt werden, die Mörder müssen dingfest gemacht und strafrechtlich zur Verantwortung gezogen werden.

Und hier bitte ich Sie um Unterstützung. Alle Umstände dieses Falls lassen leider nicht die geringsten Zweifel daran aufkommen, dass Alichan Markujew von Mitarbeitern staatlicher Organe entführt und getötet worden ist. Außerdem war der Mord an ihm dazu genutzt worden, um im Kampf gegen den bewaffneten Untergrund Erfolgsergebnisse vorlegen zu können.

Dieses von Angehörigen des Staates begangene Verbrechen steht in einer Reihe mit Terroranschlägen, denn dieses Verbrechen zerstört die Gesellschaft, es zerstört das Vertrauen der Menschen in das Gesetz.

Einen großen Teil der Verantwortung dafür, dass derartige Morde an der Tagesordnung sind, trägt die oberste Führung des Landes.

Es ist nicht das erste Mal, dass die erste Person im Staat ein klares Signal gibt und seinen Untergebenen sagt, dass sie sich wegen der Einhaltung des Gesetzes nicht unnötig Gedanken machen sollten, dass es vielmehr wichtig sei, Rechenschaft über die Getöteten abzugeben. Dabei sollte man sich nicht zu sehr mit langen Erklärungen aufhalten. Dafür braucht es kein Gericht und auch keine Ermittlungsbehörden, um einen aufrechten Menschen von einem Schuldigen zu unterscheiden.

Wir müssen es klar begreifen: Solange die Rechtsschutzorgane nicht endlich aufhören, das Recht zu missachten, so lange wird die Bevölkerung in diesen Organen weiterhin eine Quelle der Gefahr sehen. Und so lange werden wir weder im Nordkaukasus noch im restlichen Russland Stabilität bekommen.

Mit freundlichen Grüßen,
Swetlana Alexejewna Gannuschkina
Vorsitzende des »Komitees Zivile Unterstützung«,
Vorstandsmitglied der Gesellschaft »Memorial«
Mitglied des beim russischen Präsidenten angesiedelten Rates
für Zivilgesellschaft und Menschenrechte
11. 1. 2010.

Eine Antwort auf diesen Brief kam, und zwar aus Tschetschenien. Darin hieß es, man habe die Angaben in diesem Brief geprüft, könne deren Richtigkeit jedoch nicht bestätigen.

Es gab nur eine einzige Folge dieses Schriftverkehrs, noch dazu eine sehr merkwürdige. Eines Tages erhielt ich von einem mir nicht bekannten Mann einen Anruf. Er berichtete mir, dass er sich in Europa aufhalte und Asyl beantragt habe. Und er bat mich, ihm zu bestätigen, dass für ihn eine Abschiebung zurück nach Russland mit Gefahren verbunden wäre. Normalerweise, wenn uns die Fälle und die Vorgänge vertraut sind, stellen wir auch derartige Schreiben aus. Ich sagte ihm: »Aber ich kenne Sie doch gar nicht.« »Erinnern Sie sich denn nicht?«, gab er mir zur Antwort. »Ein Unbekannter hatte Sie mal angerufen und Ihnen gesagt, dass Alichan Markujew von den Behörden festgehalten wird. Und dieser Anrufer damals, das war ich.« Ich konnte ihm nicht glauben, denn ich hatte meinen damaligen Informanten sehr wohl gekannt. Ich durfte nur nicht seinen Namen nennen. Nein, lügen ist nicht gut, weder gegenüber dem Staatsanwalt noch dem Präsidenten. Doch wenn ich mit einer Lüge das Leben von Markujew hätte retten oder sein Schicksal hätte erleichtern können, dann hätte ich zu seiner Rettung gelogen.

14 DIE ENTFÜHRUNG DES NORDKOREANERS JONG KUM CHON

1997 hatte sich der Nordkoreaner Jong Kum Chon auf den Weg nach Russland gemacht. Er war einer von vielen Bauarbeitern. Die schlechten Arbeitsbedingungen und die niedrige Bezahlung hatten ihn dazu bewegt, seine Heimat zu verlassen. Die letzten sechs Jahre hatte er in einem Dorf in der Nähe von Jekaterinburg mit Anna Nikanorowa zusammengelebt. 2007 war ihr gemeinsamer Sohn Anton schon dreieinhalb Jahre.

Seinen Status in Russland hatte Jong mithilfe eines FSB-Mitarbeiters namens »Wolodja« erhalten. Das Verhältnis der beiden war jedoch irgendwann merklich abgekühlt. Zu viele Dinge hatte der FSB-Mann seinem nordkoreanischen Bekannten abverlangt.

Im April 2007 wandte sich Jong Kum Chon an unsere Organisation mit der Bitte, sich um seinen Aufenthaltsstatus zu kümmern. Unser Jurist erklärte ihm, wo er beim Föderalen Migrationsdienst Asyl erhalten könne. Schließlich sei ja bekannt, dass gerade Nordkorea in grober Weise die Menschenrechte verletze. Und mithilfe unserer Mitarbeiter stellte Kum Chon einen Antrag auf Asyl beim Föderalen Migrationsdienst in Moskau. Im November endete die halbjährige Bearbeitungsfrist.

3. November 2007

Am 2. November war Jong Kum Chon auf Veranlassung des Föderalen Migrationsdienstes des Gebietes Moskau um 12 Uhr in dessen Sprechstunde in der Pjatnizkaja-Straße Nr. 2 erschienen. Er führte einen vom Föderationsdienst ausgestellten Passersatz mit sich. Außerdem hatte er eine ID-Card vom UNHCR bei sich, die bestätigte, dass er in den Dateien des Flüchtlingswerkes der UNO registriert war. Er war allein. Normalerweise hatte er derartige Behördengänge immer gemeinsam mit seiner blauäugigen Anetschka unternommen. Doch an diesem Tag hatte Anton, ihr Junge, schlechte Laune und wollte die Mutter nicht aus dem Haus lassen.

Vom Büro des Migrationsdienstes telefonierte er mit seiner Anetschka und sagte ihr, dass er sich wohl um eine halbe Stunde verspäten würde. Anschließend sollte die Frau lange nichts von ihm hören.

Am Morgen des 3. November wandte sie sich an den UNHCR und das »Komitee Zivile Unterstützung« und berichtete diesen, dass Jong Kum Chon immer noch nicht nach Hause zurückgekehrt sei.

Unsere Mitarbeiter richteten Anfragen an die Generalstaatsanwaltschaft, den FSB, den UNHCR und das russische Außenministerium. Außerdem hatten wir uns wegen des Verdachts auf Entführung an den Europäischen Gerichtshof für Menschenrechte gewandt. Dieser wiederum richtete seinerseits sofort eine Anfrage an Russland wegen der Vorgänge um Jong.

8. November 2007

Am 8. November um 12 Uhr rief Jong Kum Chong plötzlich seinen Freund an und teilte ihm eine Telefonnummer mit, über die man sich mit ihm in Verbindung setzen könne. Außerdem bat er seinen Freund, er solle sich mit seiner Lebensgefährtin in Verbindung setzen. Diese wählte die angegebene Nummer und hatte tatsächlich Jong am anderen Ende der Leitung. Jong berichtete ihr, man habe ihn nach seinem Besuch beim Föderalen Migrationsdienst gegen seinen Willen in ein Auto gesetzt und zum Moskauer Flughafen »Vnukowo« gebracht. Von dort aus habe man ihn unter anderem Namen nach Chabarowsk geflogen. (Später stellte sich heraus, dass man ihn nicht nach Chabarowsk, sondern nach Wladiwostok geflogen hatte. Der umsichtige Koreaner hatte bewusst einen anderen Städtenamen angegeben. Dass dies eine kluge Idee war, sollte sich zu einem späteren Zeitpunkt zeigen.) Seiner Annahme zufolge war diese ganze Aktion vom Inlandsgeheimdienst FSB geplant gewesen. Und aus deren Gesprächen hatte er begriffen, dass man ihn offensichtlich unter einem anderen Namen nach Nordkorea schicken wollte. Jong Kum Chon wurde in ein Gebäude gebracht, das nach seiner Vermutung nicht weit vom Flughafen entfernt war. Sobald er im Raum allein war, löste er das Gitter aus dem Fenster, sprang aus dem Fenster im dritten Stock und floh.

Zum Zeitpunkt des Anrufes hatte er sich bei Leuten versteckt, die ihm Unterschlupf gewährt und die Nutzung ihres Telefons erlaubt hatten.

Jong Kum Chon war sehr verängstigt und bat seine Lebensgefährtin, sie möge sofort etwas zu seiner Rettung unternehmen.

Anna Nikanorowa informierte uns über dieses Telefonat. Wir wiederum informierten den Menschenrechtsbeauftragten der Russischen Föderation, Wladimir Lukin. In diesem Appell an Lukin betonten wir, dass das Schicksal von Jong Kum Chon nur auf der Grundlage der Gesetze der Russischen Föderation entschieden werden dürfe.

Als die Mitarbeiter des »Komitees Zivile Unterstützung« erneut bei Jong Kum Chon anriefen, um weitere Einzelheiten über die Vorgänge zu erfahren, erhielten sie die Antwort, dass es unter dieser Nummer keine Person mit diesem Namen gäbe. Gleichzeitig bat die Stimme am anderen Ende der Leitung, von weiteren Anrufen abzusehen.

9. November 2007

Am 9. November setzte sich Jong wieder mit seiner Lebensgefährtin in Verbindung. Er sagte, er habe auf den Anruf des »Komitees Zivile Unterstützung« nicht geantwortet, weil ihm die Nummer nicht bekannt war.

Der russische Menschenrechtsbeauftragte Wladimir Lukin setzte sich dafür ein, dass die Rechtsschutzorgane den Nordkoreaner unter ihre Fittiche nehmen sollten.

12. November 2007

Einem weiteren Anruf von Jong Kum Chon entnahmen wir, dass er sich gar nicht in Chabarowsk versteckte, sondern in der Nähe von Wladiwostok. Diese verfälschte Information hatte er deswegen gegeben, weil er Angst hatte, das Telefon könnte abgehört werden. Sollten seine Frau und Mitarbeiter unserer Organisation zu seinem Aufenthaltsort kommen, dann würden die Personen, die ihm Schutz gewährt hatten, sie vom Flughafen abholen.

13. November 2007

Wladimir Lukin schickte ein Schreiben an die Menschenrechtsbeauftragte im Gebiet Primorje, S. W. Schekowa. Der Leiter des Apparats der Menschenrechtsbeauftragten sagte zu, sich um die Organisation des Treffens der Lebenspartnerin von Jong Kum Chon und der Anwältin Dorina sowie der UNHCR-Vertreter und eines Vertreters des Föderalen Migrationsdienstes zu kümmern.

Als Vorsitzende des »Komitees Zivile Unterstützung« besprach ich einen Handlungsplan mit Michail Schurawski und dem Leiter der UNHCR-Vertretung in Russland, Wolfgang Milzow. Dieser hatte zwei Mitarbeiter für den Fall Jong abgestellt. Nach Gesprächen mit dem Föderalen Migrationsdienst von Russland setzte sich der Leiter der Abteilung für Flüchtlingsangelegenheiten mit dem Migrationsdienst im Gebiet Primorje in Verbindung und vereinbarte mit diesem, dass man Jong Kum Chon nach Ablauf der Aktion zum Migrationsdienst bringen solle, wo man ihm eine neue Bescheinigung über seinen Aufenthaltsstatus ausstellen werde. Mit dieser Bescheinigung sei es einfacher, eine Rückfahrkarte von Wladiwostok zu buchen.

14. November 2007

Eine Gruppe aus vier Personen, die Anwältin des »Komitees Zivile Unterstützung«, zwei Mitarbeiter des UNHCR der UNO und die Lebensgefährtin von Jong machten sich auf den Weg von Moskau nach Wladiwostok.

15. November 2007

Die Gruppe erreichte Wladiwostok am Morgen. Sie wurde von Vertretern des Menschenrechtsbeauftragten, den Eheleuten Valeri und Ljudmilla, bei denen sich Jong hatte verstecken können, in Empfang genommen. Sie erklärten der Gruppe, wie man ihre Ortschaft am besten erreichen könne. In Begleitung eines Vertreters des Menschenrechtsbeauftragten machte sich die Gruppe auf den Weg in das Büro des Migrationsdienstes der kleinen Ortschaft, in der sich Jong gerade befand. Dort stellte man ihm das neue Papier mit einem Foto aus, das die Lebenspartnerin mitgebracht hatte.

Während des Gesprächs mit dem Migrationsdienst rief Valeri mich an. Er teilte mir mit, dass bereits zweimal Milizionäre bei ihm vor der Haustür gestanden hätten, um eine Hausdurchsuchung durchzuführen. Valeri ließ das nicht zu, verlangte von ihnen einen Durchsuchungsbefehl. Schurawski rief darauf bei der Miliz an. Dort sagte man ihm: »Das waren unsere Leute. Sie haben das auf Anweisung des FSB gemacht.«

Die Gruppe der vier Reisenden aus Moskau und die Mitarbeiter des Menschenrechtsbeauftragten machten sich sofort auf den Weg zu Jong. Nicht weit von Valeris Haus bemerkten sie einen Jeep und darin Personen mit asiatischen Gesichtszügen. Valeri und Anna führten den weinenden Jong sofort aus dem Haus und setzten ihn in eines der wartenden Autos. Kaum waren die Autos losgefahren, wurden sie von zwei Jeeps verfolgt, in denen Koreaner saßen.

Nun begann eine regelrechte Rallye. Dabei zeigten die Mitarbeiter des Menschenrechtsbeauftragten, dass sie nicht nur gute Juristen sind, sondern auch gute Fahrer mit einer außerordentlichen Erfindungsgabe. So ließen sie das Auto mit Jong als Erstes vorneweg fahren, und der zweite Wagen bemühte sich, die Koreaner in eine falsche Richtung zu locken. Erst in Wladiwostok gaben die Jeeps die Verfolgung auf.

Als Ergänzung zu diesem Krimi ist noch ein Detail anzumerken: Während der Jagd mit den Autos hatte die Gruppe von einer Mitarbeiterin des UNHCR SMS-Nachrichten von ihrem Büro erhalten, die das Büro so gar nicht verschickt hatte.

Schließlich nahm die Geschichte nach der ganzen Aufregungen doch ein Happy End. Nach einem Anruf von Lukin konnte Ljudmilla nach Hause und die Miliz von Wladiwostok stellte Jong Kum Chon Personenschutz zur Verfügung. Die ganze Nacht über gab es keine besonderen Vorkommnisse mehr.

16. November 2007

Jong Kum Chon und seine Lebensgefährtin wurden an einen sicheren Ort gebracht.

Anschließend berichtete Jong Kum Chon sehr genau über den ganzen Vorfall. Sofort nachdem er das Gebäude des Migrationsdienstes verlassen hatte, so Jong, haben ihn Milizionäre in ein Auto gezwungen. Sie hatten ihn zunächst Richtung Kreml gebracht und hielten ihn in der Nähe für einige Minuten auf einer Polizeistation fest (offensichtlich handelt es sich um die Polizeistation o/m Nr. 1). Dort seien Mitarbeiter des FSB aufgetaucht, und nach einer gewissen Zeit sei er Mitarbeitern des nordkoreanischen Geheimdienstes übergeben worden. Diese hätten ihn zunächst in die Botschaft von Nordkorea gebracht. Der listige Jong tat so, als sei dieser Gang der Dinge ganz in seinem Interesse, weil er sich schon seit einiger Zeit zur Heimreise entschieden hätte. Er sagte ihnen, dass er an seiner russischen Frau und seinem Sohn nicht sonderlich hänge und bereit sei, sich von ihnen zu trennen. Seinen langen Aufenthalt in Russland begründete er damit, dass er Angst vor einer Bestrafung gehabt habe. Doch die Freude über eine Rückkehr in seine wunderbare Heimat habe alles andere überwogen. In der Botschaft war man mit dieser Rhetorik vertraut. Deswegen sagten sie ihm, würden sie ihm nicht das Bein brechen, sondern nur einen Gips anlegen, der seine Beweglichkeit etwas erschweren sollte. Aus diesem Grund war er barfuß mit einem Gipsbein aus dem Fenster im dritten Stock gesprungen. Die Nacht habe er irgendwo in einem Gestrüpp verbracht, wo er sich nur mit großer Mühe des Gipses hatte entledigen können. Am nächsten Morgen entdeckte er im Müll alte Sandalen und machte sich leicht hinkend auf die Suche nach einer Unterkunft. Unterwegs traf er auf koreanische Straßenarbeiter, aber sie weigerten sich, ihm zu helfen. Sie sagten ihm lediglich zu, niemandem zu berichten, dass sie ihn gesehen hätten. Dann traf er auf weitere Menschen, die es ebenfalls ablehnten, ihm zu helfen. Schließlich stieß er auf Ljudmilla und Valeri, die dem frierenden Mann ein Obdach gaben und ihn vor den Verfolgungen des FSB schützten. Dadurch waren sie selbst ein gewisses Risiko eingegangen.

Valeri versteckte Jong in einem Kellerraum. Dort war es eng, dunkel und stickig, aber er musste einige Zeit darin verbringen. Irgendwann hörte er plötzlich Schritte. Irgendjemand öffnete eine Tür in der Kellerdecke. Jong war sehr aufgeregt und verängstigt. Auf einmal blendete ihn grelles Licht. Er konnte nicht erkennen, wer da gekommen war. Doch dann begriff er, dass es sich um seine

Lebensgefährtin Anna handelte. Er kam aus seinem Keller hervor und weinte in den Armen seiner Frau.

Vier Monate später machte sich Jong auf den Weg nach Südkorea. Eigentlich hatte er nie nach Südkorea gewollt. Auch zu uns war Jong immer in Begleitung seiner russischen Lebensgefährtin und seines kleinen Sohnes gekommen. Jong war nicht bereit, ohne die beiden nach Südkorea zu reisen. Eines Tages hatte sein Sohn wieder einmal schlechte Laune und war durch nichts zu bewegen, aus dem Haus zu gehen. Schließlich konnte ihn Jong doch dazu bringen, mit ihm zu kommen, indem er versprach, ein Visum nach Südkorea für die beiden zu beantragen.

Bald hatte er genügend Geld zusammen, um die Flugtickets für Anna und seinen Sohn zu bezahlen. Auch sie hatte in der Zwischenzeit ihr Visum erhalten. So verschwanden alle drei aus unserem Blickfeld in Richtung Südkorea. Der Europäische Gerichtshof für Menschenrechte konnte diese Akte guten Gewissens schließen.

Der russische Menschenrechtsbeauftragte ehrte Schekow und Schurawski mit einer Medaille. Allerdings hatte er Valeri und Ljudmilla vergessen. Und die örtliche Miliz, die sich in diesem Fall so blamiert hatte, zeigte nun auf einmal ein gesteigertes Interesse an den beiden. Valeri rief mich an, und ich erinnerte Lukin an unsere Absicht, dass wir doch auch die beiden hatten ehren wollen, die eigentlichen Retter von Jong. Sofort wurden die Medaillen in das Gebiet Primorje entsandt und feierlich an Ljudmilla und Valeri übergeben. Diese Medaillen sollten ihre Rettung sein.

Das war ein wunderbarer Schlusspunkt der Entführung und Befreiung von Jong Kum Chon. Ich habe einen Traum. Die Hauptrolle in diesem Traum spielt ein Regisseur, den das Schicksal von Jong so sehr begeistert, dass er sich entscheidet, hierüber einen Film zu drehen. Und in diesem Film wird alles sein, was in einen spannenden Film gehört: quietschende Reifen, Liebe, Verrat, Aufopferung und Feigheit. Und am Schluss ein Happy End!

Die Anti-Pädophilie-Kampagne

In der folgenden Geschichte wurden die Namen der Betroffenen geändert, da der Fall noch nicht beendet ist. Fast jeden Tag erhalte ich eine E-Mail von einem gewissen Michail Wasiljewitsch. Er entstammt der Familie eines Priesters, die unter den politischen Folgen gelitten hatte. Doch das war vor langer Zeit. Eigentlich hatte das berufliche Leben von Michail Wasiljewitsch einen guten Verlauf genommen. Angefangen hatte er als einfacher Chauffeur und stieg dann bis zum Chef eines großen Fuhrparks auf. Er lebte in einem Land, in dem man als Arbeiter einen hohen Posten erlangen konnte, und er war immer ehrlich. Er hatte eine gute Familie und einen wunderbaren Sohn, Nikolai. Für seine Verdienste hatte Michail Wasiljewitsch ein Stück Land bekommen, das direkt an das Grundstück des stellvertretenden Vorsitzenden des Bezirksgerichtes grenzte.

Eines Tages hatte dieser Richter beschlossen, seinen Garten mit einem Zaun einzugrenzen, allerdings rutschte dieser Zaun um anderthalb Meter auf das Grundstück von Michail Wasiljewitsch. Man hätte nun sagen können: »Was soll's!« Doch Michail Wasiljewitsch wollte diese Ungerechtigkeit nicht ertragen, wandte sich an die Presse und machte viel Wirbel um die Sache. Dem Richter behagte das gar nicht, und er klagte gegen seinen Nachbarn wegen Verleumdung. Mehrere Monate dauerten die Ermittlungen. Schließlich wurden neue Vermessungen der Grundstücke vorgenommen, und die Experten kamen zu der Auffassung, dass Michail Wasiljewitsch tatsächlich im Recht war. Da sagte ihm sein Nachbar: »Weißt du was, du wirst das mit dem Stück Land noch bereuen. Bezahlen wirst du mit deinem Sohn.«

Einige Zeit später wurde gegen seinen Sohn Nikolai ein Verfahren wegen Pädophilie eingeleitet. Warum gerade Pädophilie? Zu der Zeit war gerade die Kampagne gegen Drogenmissbrauch vorbei, und der Kampf gegen Pädophilie hatte begonnen.

Ich habe erlebt, wie gegen Drogenmissbrauch vorgegangen worden ist. Eines Tages hatte mich ein Vater aufgesucht und mir erzählt, dass ein Drogensüchtiger in einer Diskothek drei Jungs zu Drogendealern gemacht habe. Er hatte sich beklagt, dass man ihm schlechte Ware verkauft hätte, und einen Jungen oder eine junge Frau gebeten, ihm doch an einer bestimmten Stelle eine Dosis zu besorgen. Als dann ein gutgläubiger Junge oder ein naives Mädchen ihm den Gefallen getan hatte und für ihn an der beschriebenen Stelle eine Dosis kaufen wollte, wurden sie, auf frischer Tat ertappt, festgenommen. »Mein Sohn ist unschuldig«, hatte mir dieser Vater gesagt. »Was heißt unschuldig?«, antwortete ich. »Hat er denn nicht gewusst, dass es verboten ist, Rauschgift zu kaufen?« Glücklicherweise stellte sich heraus, dass sich in den Vernehmungsprotokollen der Name des Sohnes nur an einer Stelle fand; an den anderen Stellen stand ein anderer Name als Beschuldigter – hier hatten die Ermittler schlampig gearbeitet –, deswegen kamen die Beschuldigten in diesem Fall mit Geldstrafen davon.

Pädophilie allerdings ist ein Vorwurf, der eine sehr hohe Haftstrafe nach sich ziehen kann. Und Nikolai wurden 40 Delikte vorgeworfen, bei denen er mit Minderjährigen sexuelle Handlungen vorgenommen haben soll. Die Anklage klang schrecklich, die Opfer sollten zehn minderjährige Mädchen sein. Der Anwalt konnte dieses Verfahren nicht im Stadium der Ermittlungen zum Einstellen bringen, und so kam es zur Gerichtsverhandlung.

In 26 Fällen sprach das Gericht Nikolai mit der Formulierung »es konnte kein Verbrechen festgestellt werden« frei. Es hatte also in diesen Fällen überhaupt keine Handlung stattgefunden. Mit anderen Worten: 26 Fälle waren erfunden, es hatte überhaupt keine Treffen mit den sieben Mädchen gegeben, was diese auch genau so im Gericht bestätigt hatten. »Ich kenne diesen Herrn nicht«, lautete die Aussage. »Mich hat ein Milizionär direkt auf der Straße angesprochen und mich gebeten, einen Wahnsinnigen dingfest zu machen. Ich war einverstanden und habe das geschrieben, was sie mir vordiktiert haben.«

Natürlich stammten diese Mädchen nicht gerade aus den wohlhabendsten Familien, sonst hätten die Eltern die Sache an die Öffentlichkeit gebracht, denn die Kinder waren nicht in Anwesenheit der Eltern oder des Jugendamtes verhört worden. Doch zwei Mädchen waren bei ihrer Aussage geblieben, obwohl Nikolai in einigen der restlichen 14 Fälle ein Alibi vorweisen konnte. Entweder war er auf Dienstreise gewesen, als das Mädchen in der Stadt war. Oder er war in der Stadt gewesen, und das Mädchen hielt sich zu diesem Zeitpunkt auf dem Dorf bei seiner Oma auf.

Überhaupt: Kann man an die verbliebenen Delikte glauben, wenn sich jemand aus irgendeinem Grund die 26 anderen in diesem Verfahren behandelten Vorfälle ausgedacht hat? Man müsste diejenigen ermitteln, die einen Unschuldigen beschuldigen, und diese Personen strafrechtlich zur Verantwortung ziehen. Aber das Gericht entschied, den Angeklagten zu verurteilen – zu einer Haftstrafe von 19 Jahren.

An diesem Punkt hatte sich Michail Wasiljewitsch an mich gewandt. Irgendwer hatte ihm meine Telefonnummer gegeben. Ich werde die hochstehenden Personen, mit denen ich in dieser Sache schon gesprochen habe, hier nicht namentlich nennen. Sie haben sich bereits an die oberste Ebene der Gerichtsbarkeit gewandt.

Und jetzt stellen Sie sich das Gespräch eines hochgestellten Richters und seines Stellvertreters vor, der soeben einer Klage in der Sache Nikolai nicht stattgegeben hatte:

»Ich werde das Urteil kassieren.«

»Schade, die Sache war doch gut.«

»Jaja, gut schon, nur gab es keine Beweise.«

»Jaaaa, das stimmt. Mit den Beweisen hat es irgendwie nicht so geklappt.«

Ja, an den Beweisen hat es gewaltig gehapert. Doch irgendwie passte die Geschichte ganz hervorragend zu der aktuellen Kampagne gegen Pädophile.

Nikolai wurde jedoch nicht freigelassen, sondern man übergab die Angelegenheit an ein anderes Gericht zu einer erneuten Verhandlung. Dort, im benachbarten Gerichtskreis, hat sich alles wiederholt, und Nikolai wurde zu 17 Jahren Gefängnis verurteilt.

Nun ging der Fall weiter zum Obersten Gericht. Dort hat man ihm großzügigerweise vier weitere Jahre erlassen. Das bedeutet, er muss also noch 13 Jahre absitzen, und wenn man die fünf Jahre Untersuchungshaft abzieht, bleiben ihm noch acht Jahre.

Michail Wasiljewitsch kämpft weiter für seinen Sohn. Doch das Einzige, was ich für ihn tun kann, ist, ihn moralisch zu unterstützen und ihm zu helfen, nicht zu verzweifeln.

Er sagt immer wieder: »Aber das kann doch nicht sein.« Und ich sage ihm: »So etwas kommt oft vor.« Aber er will nicht glauben, dass wir ihm nicht zur Gerechtigkeit verhelfen können. Nicht einmal mithilfe der Presse. Es hatte mitunter noch Veröffentlichungen in der seriösen Presse gegeben, doch inzwischen ist sie schon lange nicht mehr die vierte Macht.

Für Michail Wasiljewitsch brach eine Welt zusammen. Vielleicht ist unsere Welt ja wirklich am Zusammenbrechen. Mit so einem Rechtssystem kann ein Staat jedenfalls nicht lange existieren.

Positive Nachrichten

Woher nur nehmen wir eigentlich unsere Kraft? Zum einen sorgt der Staat jeden Tag für jede Menge Adrenalin. Während des Großen Vaterländischen Krieges haben die Menschen Hinweisschildchen an die Türen der Parteibüros gehängt: »Das Komitee ist geschlossen. Alle sind an der Front.« Aber wir können nicht einfach an unsere Tür ein Schild hängen, auf dem zum Beispiel stehen würde:

»Das Komitee ist geschlossen, wir leiden alle an Depression.« Manchmal komme ich von meiner Beratung zurück und denke mir: »Das ist doch alles sinnlos. Ich würde die Arbeit am liebsten hinschmeißen.« Doch dann kommt schon der nächste Anruf herein. »Ein 13-jähriges Mädchen wurde soeben auf der Straße festgenommen und sitzt nun auf der Polizeistation.« Oder ein Anrufer teilt uns mit: »Unser Verwandter darf keinen Besuch von seinem Anwalt empfangen. Wir befürchten, dass man ihn misshandelt.« Und in so einem Fall ruft man natürlich sofort bei der Polizei oder dem diensthabenden Staatsanwalt an.

Für einige Mitarbeiter des Migrationsdienstes ist es eine Erleichterung, dass sie die Flüchtlinge zu unserer Beratungsstelle schicken können. »Gehen Sie doch zum ›Komitee Zivile Unterstützung‹, rät man ihnen häufig, wenn man selbst nicht mehr weiterweiß. »Dort erhalten Sie Geld für die Rückreise, Kleidung etc.« Diese staatliche Organisation hat nicht einmal ein Budget für derart lebenswichtige Dinge. Und wir schaffen es immer wieder, hierfür Gelder zu bekommen. Wir können ja die Leute nicht mehr weiterschicken und ihnen einfach sagen: »Geht doch besser da oder dort hin ...«, denn für die meisten sind wir die letzte Instanz in einer langen Kette.

Im August 2013 läutete mein Telefon: »Ich bin es, Sudaba. Erinnerst du dich an mich?«

Natürlich erinnerte ich mich. Niemals werde ich vergessen, wie ich vor 17 Jahren angerufen wurde und eine mir bis dahin unbekannte Frauenstimme fragte: »Kennst du Lejla Junusowa?« Ja, ich habe diese Stimme sofort wiedererkannt.

Lejla Junusowa ist eine der bekanntesten Menschenrechtlerinnen Aserbaidschans. Und sie hatte kurz vor diesem damaligen Telefonat mit mir über die Familie von Aliakram Gummatow gesprochen, der 1996 zum Tode verurteilt worden war. Gummatow war ehemaliger Präsident der Autonomen Republik Talysch-Mugansk und Führungsperson der aserbaidschanischen Volksfront in Lenkoransk.

Die Talyschen hatten übrigens nie die Ablösung von Aserbaidschan gefordert, aber sie wollten einen höheren Autonomiestatus, der es ihnen ermöglicht hätte, die eigene Kultur und die eigene Sprache weiterzuentwickeln. Diese Forderung hatte jedoch bereits ausgereicht, um Aliakram des Vaterlandsverrates zu bezichtigen.

Sudaba musste mit ihren drei Kindern nicht nur ohne Unterstützung von ihrem Ehemann auskommen, sondern sich gleichzeitig auch vor den Verfolgungen in Acht nehmen. Ein Erlass zu ihrer Verhaftung sollte schon schriftlich formuliert gewesen sein. Daher hatte mich Lejla gebeten, Gummatows Frau und ihre Kinder in Moskau aufzunehmen.

Ich gebe zu, diese Bitte von Lejla hat mich etwas aus der Fassung gebracht. Es ist ja bekannt, dass sich die Geheimdienste der Bruderrepubliken in Russland wie zu Hause fühlen. Wohin also sollte ich die Frau mit den drei Kindern bringen? Wie sollte ich es schaffen, dass sie sich in Moskau aufhalten konnten, ohne sich in dieser Stadt zu registrieren? Wie lange wollten sie bleiben? Und wie sollte es weitergehen? Ich bat daher Lejla, es doch irgendwo anders zu versuchen, diese Frau unterzubringen. Sie könnte es ja bei einer europäischen Botschaft in Aserbaidschan versuchen oder ihre Schützlinge sollten das Land über die damals offene südliche Grenze verlassen.

Doch dann erfolgte dieser Anruf. Und ich begriff, dass da etwas auf mich zukam, was nicht einfach war.

Doch ich sollte mich irren, denn es geschahen wundersame Dinge. An diesem Tag rief mich Alexander Podrabinek an, er wollte etwas Geld für die Zeitung *Express-Chronika*. Diese Gelegenheit nutzte ich sofort und fragte ihn, ob er nicht wüsste, wo man in den nächsten Tagen in Moskau eine vierköpfige Familie unterbringen könnte. Und es geschah ein Wunder: Ja, er habe da was für die Familie. Sascha, ein Bekannter, habe gerade eine Wohnung für seinen Vater angemietet. Und in dieser Wohnung sei noch ein Zimmer frei. Die Unterbringungsfrage war damit geregelt.

Während Sudaba mit ihren Kindern Romal, Turan und dem kleinen Leman in dieser Wohnung saß und sich vor lauter Furcht vor den Geheimdiensten nicht einmal traute, ihre Nase aus dem Fenster zu stecken, kümmerten sich Olja Trusewitsch und Sascha Tscherkassow um die Familie. Das war nicht immer einfach, und sie mussten schon mal in angespannten Situationen zwischen den aserbaidschanischen Gästen und den anderen Bewohnern der Wohnung vermitteln.

Und das waren nicht die einzigen Fragen, die es zu klären galt. Um die Übersiedlung in ein anderes Land kümmerten sich die Moskauer Vertretung der UNHCR und Dietrich Lochmann, der damals das Büro der Menschenrechtsorganisation »Human Rights Watch« in Moskau leitete.

Schließlich fanden wir ein Land, das bereit war, die Familie aufzunehmen: die Niederlande, Dietrichs Heimat. Die Niederlande sind eines der wenigen Ländern, die Flüchtlingen bereits im Herkunftsland Papiere ausstellen, das sogenannte Laissez-passer.

Als es dann darum ging, diese Papiere vorzubereiten, besuchte ich die niederländische Botschaft und gab die Passfotos der Familie dort ab. Beim Ausfüllen der Dokumente fragte mich der holländische Beamte nach der Augenfarbe und Größe der Familienmitglieder. Die Augenfarbe wusste ich, die Größe nicht. Und so gaben wir einfach eine plausible Körpergröße an. »Ihr habt ja schon seltsame Pässe«, sagte ich ihm. »Wieso muss man bei euch im Pass Augenfarbe und Körpergröße angeben?« »Und Ihr Land hat erst seltsame Pässe«, antwortete er mir. »Wieso nur muss man in Ihren Pässen sogar die Nationalität eintragen?«

Aber noch waren nicht alle Probleme aus dem Weg geräumt. Auf dem Flughafen zeigte sich, dass die Grenzpolizisten nicht wussten, was ein Laissez-passer ist. Olja Trusewitsch, die die Familie begleitete, drohte, sie werde alle Hebel in Bewegung setzen und auch der Presse mitteilen, dass man an der Grenze nicht einmal wisse, was ein Laissez-passer sei, wenn man die Familie nicht endlich ausreisen lasse. Offensichtlich hat sie die Grenzpolizisten überzeugt. Die Familie konnte in die Niederlanden ausreisen.

Dort angekommen, haben sich Sudaba und ihre Kinder sofort darangemacht, Holländisch zu lernen. Und sie hat nicht nur ihre Kinder großgezogen, sondern gleichzeitig auch für ihren Mann und andere politische Gefangene in Aserbaidschan gekämpft. Ihre Kontakte zu Politikern auf europäischer Ebene halfen ihr offensichtlich. Der damalige Bundestagsabgeordnete Helmut Lippelt übergab persönlich dem damaligen aserbaidschanischen Präsidenten die Liste der politischen Gefangenen, die ihm von Sudaba übermittelt worden war. Ganz oben auf der Liste: Aliakram Gummatow. 2001 wurde Aserbaidschan unter der Bedingung in den Europarat aufgenommen, dass es seine politischen Gefangenen freilasse.

Kurze Zeit später wurde das Todesurteil von Gummatow in eine 15-jährige Haftstrafe umgewandelt. Im September 2004 schließlich wurde Gummatow von Präsident Ilcham Alijew begnadigt und konnte zu seiner Familie in die Niederlande ausreisen. Dieses kleine Holland, das dem Meer ein ganzes Stück Land abgetrotzt hat, gab der Familie Arbeit, eine gute Ausbildung und die niederländische Staatsbürgerschaft. »Wir sind Holländer«, sagte mir Sudaba bei ihrem Besuch in unserem Komitee völlig unaufgeregt. In den 17 Jahren dort hat sie sich kaum verändert, nur ihre Haare trägt sie jetzt blond. Aliakram habe ich vor drei Jahren wiedergesehen. Auch er hat uns mit einem holländischen Pass besucht. In den Niederlanden wurde er von der Tuberkulose geheilt, die er sich in der aserbaidschanischen Haft zugezogen hatte. Vom Europäischen Gerichtshof für Menschenrechte wurde sein Fall 2007 positiv beschieden.

Mehrfach besuchte ich auch Norwegen, wo ich mit den Migrationsbehörden über Asylanträge russischer Staatsbürger sprach. Bei einem dieser Besuche wurde mir von Elnur Gasanow berichtet. Ich kenne Elnur gut, hatte ihn schon lange vor diesem Norwegen-Besuch kennengelernt, als er gerade einmal zehn Jahre alt war und zusammen mit seiner Mutter Aida, einer Halbarmenierin, aus Aserbaidschan vertrieben wurde. Nachdem der Vater die Familie verlassen hatte, waren seine Frau und Elnur plötzlich auf sich allein gestellt. Sie fühlten sich, gerade vor dem familiären Hintergrund der Mutter, nicht mehr sicher in Aserbaidschan und flohen nach Russland. Das war 1997. Doch Russland wollte diese Flüchtlinge nicht. Man glaubte ihnen nicht, dass sie schutzlos seien, weil die Mutter zur Hälfte Armenierin war und der Vater die Familie verlassen hatte.

Einige Jahre haben sie trotzdem versucht, sich irgendwie in Russland durchzuschlagen. Sie lebten teilweise auf der Straße. Aida konnte nicht arbeiten. Elnur ging auf die vom »Komitee Zivile Unterstützung« betriebene Schule für Flüchtlingskinder. Schon damals fiel uns auf, dass der Junge besondere Fähigkeiten hatte. Und wir entschieden uns: Der Junge muss raus aus Russland, in ein anderes Land. Schließlich hatte sich Norwegen bereit erklärt, Elnur aufzunehmen. Gemeinsam mit seiner Mutter Aida kam er in Norwegen an. Und schon ein Jahr später legte er in der Schule seine ersten Prüfungen ab, in englischer und norwegischer Sprache. Er besuchte anschließend die Universität, machte ein Praktikum im Europarat, schlug die diplomatische Laufbahn ein und wurde schließlich in den diplomatischen Dienst Norwegens übernommen – als erster nicht norwegischstämmiger Diplomat.

Bald schon reiste er mit einer Gruppe junger Diplomaten nach Russland. Im ersten russischen Fernsehen zeigte man diese norwegische Gruppe und den schwarzhaarigen jungen Mann, der russisch sprach wie ein Moskauer.

Und dabei hätte alles ganz anders kommen können: Elnur hätte heute vielleicht auch Diplomat Russlands oder Aserbaidschans sein können …

15 DU SOLLST NICHT TÖTEN! KÖNNEN WIR IN FRIEDEN ZUSAMMENLEBEN?

Warum nur lernen wir Menschen nicht, nach dem biblischen Verbot zu leben: »Du sollst nicht töten!«? Es gibt nicht eine Religion auf der Welt, die das Töten gutheißt. Eine Ideologie, die Mörder hervorbringt, hat kein Existenzrecht. Das moderne Recht fordert, dass sogar Staaten selbst bei sehr schweren Verbrechen nicht töten. Derzeit ist diese Sichtweise allerdings von mehreren Seiten bedroht.

Eine Bedrohung ist der aggressive Islam, der von einer Religion zu einer Protestideologie wurde.

Ich kann natürlich nicht die Grundzüge des Islam auslegen, deshalb beziehe ich mich auf eine angesehene Quelle. Hier ein Auszug eines Artikels des Lehrstuhlinhabers für Verfassungsrecht der juristischen Fakultät der Tadschikischen Nationalen Universität, Asis Musojewitsch Dinorschojew:

»... Das Leben ist von Allah gegeben. Und deswegen kann es auch von keinem als dem Allerhöchsten genommen werden. Vor diesem Gut sind alle Menschen gleich, unabhängig von ihrem sozialen Status, ihrer rassischen Zugehörigkeit oder anderen Privilegien. Niemand hat das Recht, das Leben eines anderen Menschen infrage zu stellen.« Im Weiteren führt der Autor einen Text aus dem Koran an: »Wer eine Seele ermordet, ohne dass er einen Mord oder eine Gewalttat im Lande begangen hat, soll sein wie einer, der die ganze Menschheit ermordet hat.« Sure 5, Vers 32.

Die ganze Welt hat miterlebt, was in der Redaktion von *Charlie Hebdo* passiert ist. Der grausame Mord an zwölf Journalisten und Polizisten, zwei weitere Terroranschläge mit noch einmal fünf Opfern. Und währenddessen lief in den russischen Medien eine nicht enden wollende Diskussion über die Freiheit des Wortes und zulässige Einschränkungen. Das mag durchaus ein wichtiges Thema sein. Doch wichtiger ist mir gerade jetzt eine Diskussion über das Recht auf Leben. Was auch immer von manchen Menschen geschrieben wird, wie sehr sich auch andere Menschen von Geschriebenem gekränkt fühlen mögen, es gibt weder das Recht noch die Religion, die es den Gekränkten erlauben würde, denen das Leben zu nehmen, die sie gekränkt haben.

In der Zeitung *Moskowskij Komsomolez* war in einem Artikel zu lesen, 2006 habe einer der getöteten Künstler, Jean Cabut, den Propheten Mohammed weinend und verzweifelt gezeichnet, weil man seine Lehren nicht annehme. Der Autor des Artikels empfindet eine derartige Zeichnung als grob und beleidigend. Ich denke, er hat unsere heutige Situation sehr gut getroffen. Ich hätte neben Mohammed auch noch Christus, Buddha, die Autoren der »Erklärung der Menschenrechte« und vielleicht noch Andrej Dmitrijewitsch Sacharow gezeichnet.

Und wenn die Zeichnung dann vielleicht sogar komisch aussieht, umso besser. Lachen macht die Menschen gütiger, weicher und klüger, Lachen bringt sie Gott näher.

Die Journalisten von *Charlie Hebdo* haben nicht deswegen gelitten, weil sie das Gesetz eines Landes verletzt hatten. Sie haben gelitten für die Freiheit des Wortes, für die Freiheit, zu denken, zu zeichnen, zu streiten. Und getötet haben sie diejenigen, die eine andere Freiheit erstreben: die Freiheit, zu töten, zu vergewaltigen, zu entführen und anderen den Mund zu verbieten. Mir ist die erste Freiheit sehr nahe.

Ich denke, eine Diskussion um moralische Grenzen in der Kunst ist sicherlich wichtig, aber nicht im Zusammenhang mit den grausamen und widerlichen Morden von Paris.

Impfungen gegen Hitler und Stalin

Die nächsten Generationen unserer Völker benötigen ihre Impfung gegen Stalinismus und Faschismus. Sobald wir anfangen zu vergessen und glauben, wir sind von diesen Ideologien geheilt, wird alles wieder von vorne beginnen. Das können wir doch jeden Tag sehen.

Ich wohnte einmal einer Diskussion von Mitgliedern einer großen Familie bei. Allen Kindern dieser Familie hatte das Schicksal anders mitgespielt. Ein Bruder war aus der Armee entlassen worden und litt als Gefangener in einem Stalin'schen Lager. Ein anderer Bruder war im Lager umgekommen. Eine Schwester hingegen hatte immer an Stalin geglaubt. So entspann sich eines Abends auf einmal eine hitzige Diskussion über Stalin.

In einem Moment, als alle schwiegen, stand plötzlich die ansonsten immer sehr ruhige Frau eines Bruders auf und erzählte ihre Geschichte. Katja hatte während des Krieges als Funkerin gearbeitet. Ihre Einheit war bis nach Berlin vorgedrungen. Im April 1946 hatte sie sich mit einer Deutschen namens Elisabeth angefreundet. Das war im Frühjahr, es herrschte wunderbares Wetter, die Sonne schien. Die Deutschen kauften sich an diesem Tag an den Marktständen Veilchen, schenkten sie einander und sagten dabei: »Gratuliere.« Elisabeth hatte an diesem Tag Katja zu sich nach Hause zum Kaffee eingeladen. Auch Katja hatte ein Sträußchen Veilchen gekauft und überreichte sie ihrer deutschen Freundin mit den Worten: »Gratuliere.« Elisabeth freute sich sehr. Schließlich fragte Katja:

»Und was feierst du heute eigentlich?« Darauf antwortete Elisabeth: »Heute ist Hitlers Geburtstag.«

Man kann sich natürlich vorstellen, was Katja in diesem Augenblick durch den Kopf gegangen ist. Sie war entsetzt. »Dein Mann ist an der Front ums Leben gekommen. Euer Sohn war in der Hitlerjugend, ist auch nicht aus dem Krieg zurückgekehrt. Er war noch ein Kind. Wie kann man nach all dem Schrecken noch Hitlers Geburtstag feiern?« Elisabeth betrachtete die Porträts ihres Mannes und Sohnes, die in einem schwarzen Rahmen steckten, und Tränen flossen über ihre Wangen. »Du verstehst nicht, Katja. Hitler war prima, prima.«

Die zweite Begebenheit spielte sich viele Jahre später ab. Es war wieder der Geburtstag von Hitler. Mehrere Wochen schon hatten sich hartnäckig Gerüchte gehalten, dass wohl Pogrome gegen Kaukasier geplant sein sollten. Ich saß an diesem Tag mit meinem Mann in der Straßenbahn. Zwei ältere Damen unterhielten sich:

»Guck mal, unsere Faschisten. Da haben sie den Schwarzen ja mal tüchtig Angst eingejagt. Die gehen mir eigentlich lange schon auf die Nerven. Ich kann sie nicht mehr ertragen.«

Ich wollte mir das nicht wortlos anhören und mischte mich ein:

»Wie können Sie denn nur so etwas sagen? Wir beide erinnern uns doch sicherlich noch an den Krieg. Oder? In diesem Krieg haben unsere Väter die Faschisten besiegt. Und ihr sprecht jetzt so wohlwollend von Faschisten.«

Darauf meinte die zweite Frau zur ersten:

»Sie hat recht. Als wir in Usbekistan waren, damals bei der Evakuierung, da sind wir aufgenommen worden wie die eigenen Leute. Und jetzt? Eigentlich sind jetzt an unserem ganzen Leid vor allem sie schuld, die Juden.«

Eine dritte Frau kam auf uns zu, die offensichtlich das Gespräch mitbekommen hatte:

»Mensch, worüber sprecht ihr eigentlich? Wir sind doch alle Kinder der Sowjetunion: Russen, Juden, Usbeken, Tadschiken. Wir haben es doch schon in der Schule gelernt, die Völkerfreundschaft.«

Beim Verlassen der Straßenbahn bedankte ich mich bei ihr: »Danke, dass Sie mich unterstützt haben.«

»Ist doch klar. Die Leute haben es immer noch nicht begriffen. Die Amerikaner sind es, die den ganzen Mist zu verantworten haben.«

Wir trennten uns, und jeder ging seiner Wege.

All das passiert nicht einfach so. Wir müssen uns immer klar sein, dass dieser Virus uns jederzeit wieder befallen und eine Epidemie auslösen kann. Und genau deswegen ist es so wichtig, dass wir jede Generation dagegen impfen.

16 WÜNSCHE FÜR DIE ZUKUNFT

Ich selbst habe viel vom Leben bekommen. Ich habe nie etwas machen müssen, was ich gar nicht machen wollte – oder fast nie. Ich habe als Lehrerin gearbeitet und diese Arbeit sehr geliebt. Ich habe ein gutes Verhältnis zu meinen Studenten gehabt, manchmal schreiben sie mir sogar auf Facebook oder schicken mir alte Fotos, auf denen ich selbst wie eine Studentin aussehe. Ich arbeite in zwei Nichtregierungsorganisationen, an deren Gründung ich wesentlich beteiligt war.

Ich hatte wunderbare Eltern. Ich habe einen Mann, der mich versteht, auch wenn er manchmal grollt, weil er sich eigentlich Sorgen um mich macht. Mein Mann ist gleichzeitig mein Freund, der sich in der letzten Zeit sehr rührend um mich kümmert. Ich habe Kinder, die mich lieben, und wunderbare Enkelkinder.

Unsere Kinder leben in den USA. Ich kann mich nur schwer damit abfinden, dass sie ausgereist sind, aber es war ihre Entscheidung. Beide haben Russland fast gleichzeitig verlassen, und zwar im Jahr 2000. Meine Tochter Anna, ihr Mann Dmitri und ihr Sohn Aljoscha sind ausgereist, weil sie eine Greencard gezogen haben. Als sie ihre Unterlagen für die Verlosung eingereicht hatten, war sich Anna sicher, dass das ein sinnloses Unterfangen sei. Doch sie hatte dem Drängen ihres Mannes nachgegeben. Sie sind beide Ärzte, haben beide einen Doktortitel, allerdings verlief ihre berufliche Laufbahn in Russland unterschiedlich. Anna spezialisierte sich auf plastische Chirurgie bei Kindern. Auf ihrer Station wurden ganz offiziell viele teure Operationen durchgeführt, und so konnte ihr Chef sie auch gut bezahlen. Sie war finanziell nicht von der materiellen Situation der Patienten abhängig. Ob man einen reichen Ausländer oder einen russischen Arbeitslosen behandelte, war finanziell nicht von Bedeutung.

Dmitri, der Mann von Anna, ist ein sehr talentierter Arzt. Er fing auf einer staatlich geführten Station an, und sein Gehalt war auch staatlich, das heißt, es reichte gerade mal für das bescheidene Leben eines Menschen. In dieser Station waren die Ärzte darauf angewiesen, ab und zu mal ein »Dankeschön« von den Eltern der Patienten zu erhalten. Das lief so ab, dass der Oberarzt bei dem Vorgespräch mit den Eltern durchblicken ließ, dass man eine kleine Aufmerksamkeit gern annehmen würde. Das war alles sehr erniedrigend.

Zu Annas großer Verwunderung haben sie die Greencard gewonnen und konnten nach Amerika ausreisen. Inzwischen gilt ihr Mann als der beste Arzt des Krankenhauses, in dem er arbeitet. Und auch ihr bereits in den USA geborener Sohn Andrej möchte später Arzt werden.

Unser Sohn Petr ist EDV-Fachmann. Er ist ein kluger Kopf und hat die beste mathematische Schule in Moskau abgeschlossen, wobei er mehr als guter Musiker und Koordinator von touristischen Programmen in Erscheinung getreten ist. Zu Beginn der Perestroika war er schon im Institut eingeschrieben. In den Ferien hatte seine Schule ein Austauschprogramm mit Schülern aus New York organisiert. Petja wurde aufgrund seiner touristischen Erfahrungen mit den Kindern in das Fan-Gebirge nach Tadschikistan geschickt. Das war noch vor den bewaffneten Auseinandersetzungen, als man dort noch nicht fürchten musste, unversehens auf eine Mine zu treten.

Auf dieser Reise lernte er die Amerikanerin Judy kennen. Sie war 16, er 19. Nun, in diesem Alter verliebt man sich schnell. Drei Wochen später kehrte Judy wieder in die USA zurück, und Petja blieb in Moskau. Drei Jahre lang haben sie sich regelmäßig geschrieben, doch mit der Zeit wurden die Briefe seltener. Er beendete schließlich sein Studium, nahm eine Arbeit auf, richtete die Internetseite www.jazz.ru ein, auf der er viel über musikalische Themen veröffentlichte. Dann zog er weiter nach Prag, wo er die Homepage von Radio Free Liberty betreute.

Natürlich hatte er Freundinnen, aber irgendwie schien keine Beziehung von Dauer zu sein. Irgendwann erinnerte er sich wieder an Judy, die er in der romantischen Zeit in den Fan-Bergen kennengelernt hatte. Sie zu finden war im Zeitalter des Internets nicht schwierig. Und er schrieb ihr: »Sind Sie nicht die junge Frau, die vor elf Jahren …« Ja, sie war es, und sie war von diesem Brief sehr gerührt. Doch Petja hatte ihr nicht unter seinem richtigen Namen geschrieben. Als er ihr schließlich mitgeteilt hatte, wer er wirklich war, dauerte es nicht mehr lange, bis ihn Judy besuchte. Wenige Monate später heirateten sie. Inzwischen haben sie drei Kinder: Katja, Wanja und Kostja.

Die geografische Entfernung zu meinen Kindern ist für mich sehr schmerzlich, aber ich verstehe, dass es so besser ist. Einmal drohte uns ein Nationalist: »Eure Kinder bekommen wir auch.« Und ich dachte mir, wie schnell etwas passieren kann. Zum ersten Mal war ich froh darüber, dass meine Kinder in einem Land lebten, wo sie für diese Leute nicht mehr erreichbar sind.

Für mich selbst habe ich keine Wünsche. Das Schicksal hat es gut mit mir gemeint. Und dafür bin ich ihm dankbar.

Dem Land, in dem ich lebe, wünsche ich, dass es alle aktuellen Herausforderungen überlebt. Ich wünsche mir sehr, dass wir die russische Kultur nie verlieren werden, vor allem unsere Literatur, unsere

Sprache und unsere Musik. Ich wünsche mir, dass das individuelle Glück jedes Einzelnen in unserem Land oberste Priorität hat, nicht ein abstraktes Glück abstrakter Massen. Ich wünsche mir, dass jeder Mensch die Möglichkeit erhält, sich zu verwirklichen und das in sich auszubauen, was ihm die Natur geschenkt hat. Ich wünsche mir, dass man bei uns Invaliden nicht als Menschen mit begrenzten Möglichkeiten versteht, sondern als Menschen mit erweiterten Bedürfnissen. Und ich wünsche mir, dass wir als Land alle die, die zu uns kommen, mit Wohlwollen betrachten und dass die menschliche Würde nicht mit Füßen getreten wird.

Wir Menschen müssen verstehen, dass wir auf einem kleinen Planeten leben, auf dem Grenzen immer weniger Bedeutung haben. Wir müssen begreifen, dass es nur eine einzige Menschheit gibt, die eine gemeinsame Aufgabe hat: unseren Planeten für die Zukunft zu bewahren. Die Menschheit steht vor der Frage, wie sie ihre zukünftige Existenz sichern will, nicht nur ihre natürliche Umwelt, sondern auch ihre spirituelle Welt. Diese Herausforderung geht uns alle an. Und ich habe kein Rezept, wie wir diese Aufgabe lösen können.

Im Lauf unserer Arbeit habe ich immer wieder mit sehr schrecklichen Begebenheiten zu tun, wenn sich Menschen in verzweifelter Lage mit der Bitte um Hilfe an uns wenden. Und wir begreifen, dass wir nicht einfach sagen können: »Das geht mich nichts an.« Uns eint ein Gefühl von Verantwortung für all das, was um uns herum geschieht. Dieses Verantwortungsgefühl muss real umgesetzt werden. Die Möglichkeit, dieses Verantwortungsgefühl umsetzen zu können, das ist für mich Freiheit. Ich denke, ein Mensch ist dann frei, wenn er versteht, dass etwas in dieser Welt von ihm abhängt. In diesem Sinne wünsche ich allen Menschen auf der Erde Freiheit.

AUSZEICHNUNGEN FÜR SWETLANA GANNUSCHKINA

Swetlana Gannuschkina wurden für ihr Engagement folgende Auszeichnungen und Preise verliehen:

1997

Preis des Instituts »Offene Gesellschaft« (Soros-Stiftung) »für ihre Mithilfe«. Der Preis war verliehen worden anlässlich des 10. Jahrestages der Arbeitsaufnahme der Soros-Stiftung in Russland.

2000

Medaille der Interparlamentarischen Versammlung der GUS-Staaten »Der Baum der Freundschaft« für ihren »hervorragenden Beitrag zur Bildung des Informationsraumes in der GUS«.

2001

Ehrenzeichen des Wohltätigkeitsrates der Stadt Moskau »für Verdienste in der wohltätigen Arbeit«.

2003

Menschenrechtspreis der deutschen Sektion von »Amnesty International« für »Verdienste im Bereich der Menschenwürde«.

2004

Nanson-Preis des Flüchtlingshilfswerkes der UNO. Er wurde Swetlana Gannuschkina am 20. Juni, dem Tag der Flüchtlinge, als Vertreterin des Menschenrechtszentrums »Memorial« und für ihre

Arbeit für das Netzwerk »Migration und Recht« zum Schutz von Migranten verliehen.

2006
Preis »Menschen für den Menschen« der tschechischen Nichtregierungsorganisation »Der Mensch in Not« für ihren »persönlichen Beitrag zum Schutz der Menschenrechte und für die Hilfe für Migranten«.

2007
Sacharow-Preis des Norwegischen Helsinki-Komitees für Menschenrechte »für ihre mehrjährige aufopfernde Tätigkeit und ihren Einsatz zum Schutz der Menschenrechte in Russland«.

2008
Danksagung durch den russischen Präsidenten für ihre Arbeit im Menschenrechtsrat.

2010
Ehrenkreuz der Russischen Kasaken »für den Glauben und den Dienst an Russland«.

2011
Orden der Französischen Ehrenlegion (Ordre national de la Légion d'honneur).

2012
»Sjur Lindebrækkes«-Preis für Demokratie und Menschenrechte der Norwegischen Konservativen Partei.

2013
Stieg-Larsson-Preis für »die Arbeit im Geiste von Stieg Larsson und für den nachhaltigen und mutigen Schutz der Menschenrechte in Russland«.

2013
Preis der Französischen Nationalen Consulting Kommission für Menschenrechte (14 000 Euro für das Frauenhaus des »Komitees Zivile Unterstützung«).

2014
Preis der Heinz-Schwarzkopf-Stiftung »Junges Europa«, Hamburg.

2014
Preis der Moskauer Helsinki-Gruppe für den historischen Beitrag zum Schutz der Menschenrechte und ihre Arbeit in der Menschenrechtsbewegung.

2014
Medaille »für den Schutz der Menschenrechte in der Republik Inguschetien«.

2015
Jegor-Gajdar-Preis »für ihren Einsatz für die Entwicklung einer Zivilgesellschaft«.

2016
Alternativer Nobelpreis der »Right Livelihood Award Foundation«.

GLOSSAR

Anschlag im Dubrowka-Theater
Am 23. Oktober 2002 nahmen ca. 40 bewaffnete tschetschenische Terroristen, darunter auch 15 Schachidinnen (Selbstmordattentäterinnen mit Sprengstoffgürteln), unter dem Kommando von Mowsar Barajew im Moskauer Dubrowka-Theater während einer Aufführung des Musicals »Nord-Ost« über 800 Zuschauer und Akteure als Geiseln. Ihre Forderung lautete, die russischen Truppen sollten sich aus Tschetschenien zurückziehen. Die Verhandlungen dauerten zweieinhalb Tage, dann stürmten Spezialeinheiten des FSB das Theater, nachdem man zuvor ein unbekanntes Gas in das Ventilationssystem geleitet hatte. Die betäubten Terroristen wurden an Ort und Stelle getötet, unter den Geiseln gab es 130 Opfer, wobei der weitaus größte Teil an der Vergiftung durch die eingeleitete Chemikalie starb.

Beslan
Stadt in der zur Russischen Föderation gehörenden Republik Nordossetien-Alanien. Am 1. September 2004, dem ersten Schultag nach den Ferien, drangen ca. 30 schwerbewaffnete tschetschenische und inguschetische Terroristen in eine Schule ein und brachten über 1000 Kinder, Eltern und Lehrer in ihre Gewalt. Sie verbarrikadierten sich in der Turnhalle, die sie mit Sprengkörpern verminten. Die Geiselnehmer forderten den Rückzug der russischen Truppen aus Tschetschenien, den Rücktritt Präsident Putins und die Freilassung von Kampfgenossen, die in Inguschetien inhaftiert waren. Nach drei Tagen setzten russische Spezialeinheiten zum Sturm auf das Gebäude an; bei den Explosionen und Schusswechseln kamen nach offiziellen Angaben fast alle Terroristen und 334 Geiseln ums Leben.

Bolschewiki
(= Mehrheitler), radikale Fraktion der Sozialdemokratischen Arbeiterpartei Russlands (SDAPR), die von Wladimir Iljitsch Uljanow (Lenin) geführt wurde; im Gegensatz zur gemäßigten Fraktion (Menschewiki) strebten die Bolschewiki nicht nur soziale Reformen, sondern einen radikalen Umbruch an, mit dem Ziel, die zaristische Herrschaft zu stürzen und eine sozialistisch/kommunistische Diktatur zu errichten. Lenin organisierte die Bolschewiki, die sich 1912 formell als selbstständige Partei mit der Bezeichnung SDAPR (B) konstituierten, als straffe Kaderpartei von Berufsrevolutionären. In der Oktoberrevolution von 1917 übernahmen die Bolschewiki die Macht, stürzten die sozial-liberale Übergangsregierung von Alexander Kerenski aus Menschewiki und Sozialrevolutionären und errichteten die Diktatur des Proletariats. Von

1918 bis 1925 nannten sich die Bolschewiki Kommunistische Partei Russlands (Bolschewiki), ab 1925 Kommunistische Partei der Sowjetunion mit dem Anhang Bolschewiki = KPdSU (B). 1952 wurde die Bezeichnung Bolschewiki aus dem Namen der Partei (KPdSU) getilgt und tauchte im offiziellen Sprachgebrauch der UdSSR nicht mehr auf.

BORN
(= Kampfgruppe russischer Nationalisten), neonazistische Terrorgruppe, die für mehrere Morde an Antifaschisten, Journalisten und linken Oppositionellen in Russland verantwortlich ist.

ECRE
(= European Council on Refugees and Exiles), europäischer Flüchtlingsrat, eine Vereinigung aus 90 verschiedenen europäischen Nichtregierungsorganisationen, die sich für die Rechte von Flüchtlingen, Vertriebenen und Asylsuchenden einsetzt. Eines der Ziele des ECRE ist es, die Regierungen zu einer fairen Flüchtlingspolitik anzuhalten, die im Einklang mit den internationalen Menschenrechten steht. Darüber hinaus informiert ECRE über Menschenrechtsverletzungen und schlägt in Konflikten faire dauerhafte Lösungen vor.

Europäischer Gerichtshof für Menschenrechte
Gerichtshof mit Sitz in Straßburg, der auf der Grundlage der Europäischen Menschenrechtskonvention (EMRK) eingerichtet wurde. Seine Aufgabe ist es, Akte der Gesetzgebung, der Rechtsprechung und der Verwaltung in Bezug auf die Verletzung der Konvention in allen Unterzeichnerstaaten der EMRK (das sind außer Weißrussland und dem Vatikanstaat alle 47 Mitglieder des Europarats einschließlich Russland, der Türkei sowie der Kaukasusrepubliken Armenien, Aserbaidschan und Georgien) zu kontrollieren. Der Europäische Gerichtshof für Menschenrechte kann von jedermann angerufen werden, wenn er der Meinung ist, von einem dieser Staaten in einem Recht aus der Konvention verletzt worden zu sein.

FSB
(= Föderaler Dienst für Sicherheit der Russischen Föderation), bezeichnet den Inlandsgeheimdienst der Russischen Föderation, der am 3. April 1995 gegründet wurde und dem Innenministerium der Russischen Föderation untersteht. Zu seinen wichtigsten Aufgaben zählen Spionageabwehr, Staatsschutz, Bekämpfung von Kriminalität sowie Inlandsspionage und Abwehr. Der FSB steht praktisch in der Nachfolge des sowjetischen KGB (Komitee für Staatssicherheit) sowie des russischen MBWD (Ministerium für Sicherheit und innere Angelegenheiten der Russischen Föderation) und des russischen FSK (Föderaler Dienst für Gegenaufklärung), die 1991 bzw. 1993 durch Boris Jelzin ins Leben gerufen wurden.

KGB
(= Komitee für Staatssicherheit), von 1954 bis zur Auflösung der Sowjetunion 1991 Name für den sowjetischen Geheimdienst. Zu seinen Aufgaben zählten neben Auslandsspionage, Gegenspionage und Einflussaufnahme auf die Länder des ehemaligen Ostblocks auch der Schutz der inneren Sicherheit und der Staatsgrenze. Der KGB, oft auch als »Schwert und Schild der Partei« bezeichnet, sollte darüber hinaus die Herrschaft der KPdSU sichern, die innere Opposition (Dissidenten) überwachen und gegebenenfalls ausschalten und den Funktionärs- und Staatsapparat kontrollieren. Zentrale des KGB war die »Lubjanka«, ein am gleichnamigen Platz in Moskau gelegenes Gebäude, in dem auch Folterungen und Hinrichtungen durchgeführt wurden.

Komitee Zivile Unterstützung
das Komitee Zivile Unterstützung ist eine Flüchtlingshilfeorganisation, die 1990 von Vika Tschalikowa, Lidia Grafowa, Ida Bestawaschwili, Alexander Schajkewitsch, Wjatscheslaw Igrunow, Swetlana Gannuschkina und anderen gegründet wurde. Die Nichtregierungsorganisation hat es ich zur Aufgabe gemacht, Flüchtlinge und Binnenflüchtlinge, die vorwiegend aus den ehemaligen Mitgliedsstaaten der Sowjetunion bzw. der GUS nach Russland kommen, in allen wichtigen Belangen zu unterstützen.

Kommunalka
(= Gemeinschaftswohnung), eine spezielle Wohnform in Russland, die bis ins 19. Jahrhundert zurückreicht: Mehrere Personen, Familien oder Parteien teilen sich eine Wohnung, wobei die jeweiligen Zimmer exklusiv, bestimmte Einrichtungen wie Küche, Bad und Toilette jedoch gemeinsam genutzt werden. Diese Art des gemeinsamen Wohnens geht auf den Wohnraummangel im Zarenreich zurück, der sich in der Sowjetunion und nach deren Auflösung auch in einzelnen Landesteilen fortsetzte. So leben beispielsweise in St. Petersburg heute noch 20 Prozent der Einwohner in Kommunalkas.

Komsomol
(= Leninscher Kommunistischer Allunions-Jugendverband, auch Gesamtsowjetischer Leninscher Kommunistischer Jugendverband), bezeichnet die Jugendorganisation der Kommunistischen Partei der Sowjetunion (KPdSU) für die 14- bis 28-Jährigen, die 1918 im Anschluss an die Oktoberrevolution als »Kommunistischer Jugendverband Russlands« ins Leben gerufen wurde. Ziel war es, die Jugend der Sowjetunion im Sinne der Partei politisch-ideologisch zu erziehen und ihr die kommunistischen Ideale näherzubringen. Der Komsomol entwickelte sich schnell zu einer Massenorganisation mit Millionen von Mitgliedern und erlangte in den 1920er- und 1930er-Jahren große Bedeutung beim Aufbau der sowjetischen Schwerindustrie und später bei verschiedenen Kollektivierungsmaßnahmen und Industrialisierungskampagnen. Die Jugendorgani-

sation löste sich auf Beschluss eines außerordentlichen Kongresses im September 1991 nach dem Putschversuch konservativer kommunistischer Militärs gegen Michail Gorbatschow auf.

Krimtataren
turksprachige Volksgruppe sunnitischen Glaubens; es sind Nachfahren verschiedener Bevölkerungen, die im Laufe der Jahrhunderte die Halbinsel Krim eroberten und besiedelten, darunter Kumanen (Kiptschaken), Tataren, Nogaier-Tataren und osmanische Türken, aber auch Griechen, Genueser und Venezianer. Nach der Rückeroberung der Krim nahm Stalin die Kollaboration einiger weniger Krimtataren mit den Deutschen zum Anlass, mehr als 220 000 Menschen nach Zentralasien zu deportieren. Die Krimtataren wurden 1967 rehabilitiert, durften aber erst nach einem Beschluss vom 28.11.1989 wieder auf die Krim zurückkehren. Die meisten Krimtataren leben heute in der Diaspora, vor allem in der Türkei und in Usbekistan.

Lubjanka
Gebäude am gleichnamigen Platz in Moskau, von 1921 bis 1991 Hauptsitz, zentrales Gefängnis und Archiv des sowjetischen Geheimdienstes. Nach der Auflösung der Sowjetunion 1991 und des sowjetischen Geheimdienstes KGB wurde die Lubjanka Hauptquartier der Grenztruppen Russlands; außerdem beherbergte sie einen Teil des neugegründeten russischen Inlandsgeheimdienstes FSB und erfuhr 1998 unter Leitung des damaligen FSB-Chefs Wladimir Putin eine Reorganisation.

Memorial
internationale Menschenrechtsorganisation, die im Jahr 1987 als Bewegung politisch-sozialer Selbstorganisation in Moskau, später auch in anderen Teilen Russlands entstand und die sich 1988 als gesellschaftliche Organisation konstituierte. Die offizielle Eintragung erfolgte 1990. Memorial achtet auf die Einhaltung der Menschenrechte und beschäftigt sich vor allem mit der historischen Aufarbeitung politischer Gewaltherrschaft, dem Andenken an die Opfer des Stalinismus sowie der sozialen Fürsorge für die Überlebenden der sowjetischen Arbeitslager. Als Gründungsvorsitzender fungierte Andrei Sacharow. Heute gibt es über 70 Memorialverbände in Russland und 80 internationale Gruppen, unter anderem auch in Deutschland und Frankreich. Memorial bietet Flüchtlingen und Vertriebenen juristischen Beistand sowie medizinische und psychologische Hilfe. Die Organisation wird von verschiedenen Stiftungen unterstützt und erhält Mittel des UNHCR und des Europarats für ihre Arbeit mit Flüchtlingen. 2001 wurde Memorial mit dem Erich-Maria-Remarque-Friedenspreis, 2004 mit dem Right Livelihood Award und 2009 mit dem Sacharow-Preis des Europäischen Parlaments ausgezeichnet.

Menschewiki
(= Minderheitler), gemäßigtere Fraktion der Sozialdemokratischen Arbeiterpartei Russlands (SDAPR); anders als die Bolschewiki um Lenin setzten die Menschewiki auf einen orthodoxen Sozialismus und proklamierten vor der Revolution der Arbeiter eine Revolution des Bürgertums. Die Führungsrolle in der Revolution sollte auch nicht, wie es die Bolschewiki forderten, die Partei einnehmen, sondern die Massen. Während sich die Menschewiki auf dem 2. Parteitag der SDAPR 1903 in London mit ihrer Forderung, die Partei auf eine demokratisch-parlamentarische Basis zu stellen, nicht durchsetzen konnten, gelang es ihnen nach der Revolution von 1905, die führende Position innerhalb der russischen Sozialdemokraten einzunehmen. Nach der Februarrevolution 1917 dominierten die Menschewiki gemeinsam mit den Sozialrevolutionären die Arbeiter- und Soldatenräte (Sowjets), traten gegen den Willen des linken Flügels in die Provisorische Regierung ein und waren damit für die Handlungen der Regierung, insbesondere für die Weiterführung des Krieges, mitverantwortlich. Während der Oktoberrevolution lösten die Bolschewiki die Russische Konstituierende Versammlung mit Gewalt auf. Unter den Menschewiki errang zwar der linke Flügel, die sogenannten Menschewiki-Internationalisten, die Vormachtstellung, aber der Versuch einer gemeinsamen Regierung mit den Bolschewiki und den Linken Sozialrevolutionären scheiterte, da die Bolschewiki eine Einparteienherrschaft anstrebten. 1923 wurde die Fraktion der Menschewiki offiziell verboten.

NKWD
(= Volkskommissariat für Innere Angelegenheiten), bezeichnet von 1917 bis 1946 das Innenministerium der Sowjetunion, das in der Nachfolge des zaristischen MWD hauptsächlich für die innere Sicherheit zuständig war und dem Polizei, Wachmannschaften und später auch der Staatssicherheitsdienst unterstanden. 1946 wurden die Volkskommissariate wieder in Ministerien umbenannt, und das NKWD fungierte wieder unter seinem früheren Namen MWD. Nach Auflösung der Sowjetunion ist das MWD Russlands zuständig für die Polizei und die Spezialeinheit OMON.

OMON
(= mobile Einheit ohne besondere Bestimmung), eine Spezialeinheit der russischen Polizei, die direkt dem Innenministerium MWD unterstellt ist. Zu den Aufgaben der mit schweren Waffen ausgerüsteten Elitetruppe zählen Antiterroreinsätze, Geiselnahmen, Einsätze gegen organisierte Kriminalität, Überwachung von Demonstrationen und Massenveranstaltungen, Überführung von Strafgefangenen und der Schutz besonderer Objekte.

Perestroika
(= Umgestaltung, Umbau); darunter ist der von Michail Gorbatschow ab 1986 initiierte Prozess zu verstehen, der das gesellschaftliche, politische und wirtschaftliche System der Sowjetunion ändern und modernisieren und die jahrzehntelange Vorherrschaft der Einheitspartei KPdSU einschränken bzw. aufheben sollte. Im weiteren Sinn ist damit eine Demokratisierung des Staates, die Wiedereinführung von Meinungs- und Pressefreiheit sowie ein erster Schritt zur Aufhebung der zentralen Verwaltungsherrschaft und zur Einführung der Marktwirtschaft gemeint.

Pogrom in Baku
ein von Aserbaidschanern durchgeführtes Pogrom an der armenischen Bevölkerung von Baku, das vom 12. bis zum 21. Januar 1990 dauerte und bei dem über 90 Menschen getötet wurden.

Pogrom von Sumgait
In der aserbaidschanischen Stadt Sumgait fielen am 27. Februar 1988 unzählige Menschen armenischer Herkunft einem von Aserbaidschanern durchgeführten Pogrom zum Opfer. Das Massaker führte zu einer Zuspitzung des ethnischen Konflikts um Nagornij Karabach.

Rat für Zivilgesellschaft und Menschenrechte
(= Menschenrechtsrat beim Präsidenten der Russischen Föderation), ein beratendes Gremium, das am 6. November 2004 vom damaligen Präsidenten Wladimir Putin ins Leben gerufen wurde. Zu den Aufgabe dieser Institution gehört es, dem Präsidenten Vorschläge zu unterbreiten, wie man den Schutz der Rechte und Freiheiten der Bürger verbessern kann, und ihn darüber in Kenntnis zu setzen, wie mit den Menschenrechten und Grundfreiheiten in der Russischen Föderation umgegangen wird. Eine weitere wichtige Aufgabe des Gremiums ist es, die Aktivitäten von Nichtregierungsorganisationen zu koordinieren, die in der Russischen Föderation tätig sind. So wurde aufgrund einer Initiative Präsident Medwedews von einer Arbeitsgruppe des Rates eine Reform der Gesetzgebung für Nichtregierungsorganisationen erarbeitet und 2010 als Gesetz verabschiedet, das eine bessere Unterstützung von Nichtregierungsorganisationen gewährleisten soll. Auf dieses Gremium geht auch die Wiedereinsetzung einer Kommission zur Migrationspolitik zurück. Ihre Aufgabe ist es, den Hunderttausenden zu helfen, die lediglich die sowjetische Staatsangehörigkeit besitzen und im heutigen Russland als staatenlos gelten.

Samisdat
(= Selbstverlag, Eigenauflage, selbst Veröffentlichtes), bezeichnet in der UdSSR und anderen Ländern des ehemaligen Ostblocks die Verbreitung von Literatur, die unter die Zensur fiel oder die nicht den staatlich vorgegebenen

Normen entsprach. Diese Schriften wurden mit außergewöhnlichen Mitteln vervielfältigt und weitergeleitet, beispielsweise durch Abschreiben per Hand oder Schreibmaschine oder mittels Foto- und Tonbandkopie. Die russische Menschenrechtsorganisation Memorial führt und verwaltet in Russland ein Archiv, das seit den 1950er-Jahren Dokumente aus der Geschichte der Dissidenten und Nonkonformisten sammelt.

Silbernes Zeitalter
bezeichnet die ersten zwei Jahrzehnte des 20. Jahrhunderts bis zum Bürgerkrieg, in denen die russische Dichtkunst nach dem Goldenen Zeitalter im 19. Jahrhundert eine weitere Blüte erlebte. Bedeutende Vertreter waren Nikolai Minski, Waleri Brjussow, Alexander Blok, Marina Zwetajewa, Maximilian Woloschin, Iwan Bunin u.v.a. Erste Erfolge feierten in dieser Zeit auch Anna Achmatowa, Boris Pasternak und Ossip Mandelstam.

Staatskomitee für den Ausnahmezustand
eine Gruppe von Funktionären der kommunistischen Partei der Sowjetunion (KPdSU), die zwischen dem 19. und dem 21. August 1991 gegen den Staatspräsidenten Michail Gorbatschow putschten; das Staatskomitee setzte sich überwiegend aus konservativen, reaktionären Kommunisten zusammen, denen die wirtschaftlichen Reformen Gorbatschows zu weit gingen und die den neu ausgehandelten Unionsvertrag ablehnten, weil er den Unionsrepubliken zu viel Macht und Eigenständigkeit einräumte. Zu den Putschisten zählten u.a. Gennadi Janajew, der Vizepräsident der UdSSR, Premierminister Walentin Pawlow, Innenminister Boris Pugo, Verteidigungsminister Dmitri Jasow und Wladimir Krjutschkow, der Leiter des KGB.

Todesspiel
So wird ein Fußballmatch bezeichnet, das während der deutschen Besetzung am 9. August 1942 in Kiew zwischen der einheimischen Mannschaft »FC Start« und der sogenannten »Flakelf«, einer Mannschaft aus Mitgliedern der deutschen Flugabwehr, ausgetragen wurde. Der »FC Start« setzte sich zu einem Großteil aus früheren Spielern des Clubs Dynamo Kiew zusammen und siegte mit 5:3 gegen die Deutschen. Die in der Sowjetunion kursierende Version, Kiewer Spieler seien nach der Partie aus Rache für die Demütigung von der SS erschossen worden, gilt als historisch umstritten; obwohl vier Spieler der Mannschaft vom »FC Start« später unter Folter starben oder im KZ ermordet wurden, konnte kein direkter Zusammenhang zu dem Fußballspiel hergestellt werden.

UNHCR
(= United Nations High Commissioner for Refugees); Hoher Flüchtlingskommissar der Vereinten Nationen, auch Hochkommissar der Vereinten Na-

tionen für Flüchtlinge, persönliches Amt der Vereinten Nationen mit Sitz in Genf, dessen Hauptaufgabe der Schutz von Flüchtlingen und Staatenlosen ist; wurde 1950 als Nachfolgeorganisation des Flüchtlingskommissariats des Völkerbundes gegründet. Die Organisation kümmert sich um den rechtlichen Schutz, aber auch um humanitäre Hilfe für Flüchtlinge. Sie gibt jährlich den UNHCR Global Report, der über die Arbeit des UNHCR berichtet, und den UNHCR Global Trends Report heraus, der eine Aufstellung der aktuellen weltweiten Flüchtlingszahlen enthält. Der UNHCR finanziert sich weitestgehend aus Spenden und Fördergeldern von Staaten, Nichtregierungsorganisationen, Stiftungen, Unternehmen und Einzelpersonen und beruft, ähnlich wie die UNESCO, Sonderbotschafter, um weltweit auf seine Aufgaben aufmerksam zu machen.

Vereinbarungen von Chassawjurt
Mit dem Abkommen von Chassawjurt im August 1996 wurde der Erste Tschetschenienkrieg zwischen Russland und der Tschetschenischen Republik Ischkerien beendet. Der russische General Alexander Lebed und der Chef der tschetschenischen Übergangsregierung Aslan Maschadow handelten ein Waffenstillstandsabkommen aus, das den Abzug der russischen Truppen aus Tschetschenien beinhaltete, nachdem Maschadow kurz zuvor die von der russischen Armee kontrollierte Stadt Grosny mit etwa 5000 tschetschenischen Separatisten zurückerobert hatte. Am 12. Mai 1997 unterzeichneten der russische Präsident Boris Jelzin und der inzwischen zum Staatschef gewählte Aslan Maschadow einen formellen Friedensvertrag.

Weißgardisten
auch Weiße; so werden Angehörige der russischen »weißen Armeen« bezeichnet, die während des von 1918 bis 1921 dauernden Bürgerkrieges in Sowjetrussland gegen die Rote Armee der Bolschewiki kämpften. Die Weißgardisten vereinten politisch sehr unterschiedliche Kräfte der russischen Gesellschaft, deren Vorstellungen über die Methoden, die Richtung und die Ziele des Kampfes gegen Sowjetrussland stark differierten. Sie rekrutierten sich überwiegend aus Offizieren der Zarenarmee, Monarchisten, bürgerlichen Kräften, Sozialrevolutionären und Kosaken. Da es nicht gelang, ein einheitliches politisches und militärisches Ziel zu formulieren, sondern lediglich der gemeinsame Kampf gegen die Rote Armee (Rotgardisten) als einigendes Band fungierte, mussten die Weißgardisten, denen zudem der Rückhalt in der Bevölkerung fehlte, im Bürgerkrieg unterliegen. Zu den wichtigsten militärischen Führern der Weißgardisten zählten General Anton Iwanowitsch Denikin, General Nikolaj Nikolajewitsch Judenitsch, Admiral Alexander Wassiljewitsch Koltschak und Baron Pjotr Nikolajewitsch Wrangel. Nach ihrer endgültigen Niederlage flüchteten die Reste der Weißgardisten ins Ausland und bildeten zum Teil Emigrantenorganisationen.